학습자 중심의
초등 문학 교육 방법

한국초등국어교육연구소 기획총서 **3**

학습자 중심의
초등 문학 교육 방법

신헌재 곽춘옥 진선희 구서영 김갑이 김정임
박희진 변미애 송서영 안상희 정상선 진 현

도서
출판 박이정

한국초등국어교육연구소 기획총서 **3**
학습자 중심의 초등 문학 교육 방법
1쇄 발행 2004년 9월 6일
3쇄 발행 2005년 7월 7일

지은이 신헌재 곽춘옥 진선희 구서영 김갑이 김정임 박희진
　　　　변미애 송서영 안상희 정상선 진현
펴낸이 박찬익

편　집 홍현보 김설경 송하나
영　업 김재롱 박찬일 송경오
펴낸곳 도서출판 **박이정**
130-170 서울 동대문구 용두동 129-162
전화 922-1192～3 팩스 928-4683
http://www.pjbook.com E-mail book@pjbook.com
온라인 국민 729-21-0137-159
등　록 1991년 3월 12일 제1-1182호
ISBN 89-7878-752-5(93370)
값 15,000원

※ 저자와 협의하에 인지를 생략합니다.

우리는 매일 말과 글로 의사소통하며 살아간다. 그리고 이 말과 글을 다루는 국어교과야 말로 초등학교에서는 가장 많은 수업시수를 차지하는 기초도구 교과가 된다. 우리 어린이들 은 매학기 초에 잉크 냄새 구수한 새 국어 책을 받으며, 하루도 빠짐없이 국어책을 들고 학 교에 와서 수업을 받는데, 국어 교재 가운데 제일 재미있는 대목을 물으면 모두 하나같이 문학제재들을 든다. 그만큼, 어린이를 대상으로 한 동요, 동시, 동화, 아동소설, 아동극본들 이야말로 우리 어린이들이 가장 좋아하고 즐기는 제재라는 것이다.

그런데, 우리는 어린이들이 이렇게 선호하고 기대하는 문학 제재들을 과연 어떻게 다루 고 있는가? 과연 우리는 거기 아동문학작품에 담긴 풍요로운 가치들을 십분 발현하여 맛보 일 수 있도록 하기에 충분한 방법과 장치들을 우리 교실에 마련해놓고 있는가? 아니, 우리는 과연 아동문학작품 속의 그 풍요로운 가치들을 제대로 인식하고 있으며, 이들을 소중히 다 뤄서 추출해낼 의욕이나 제대로 갖고 있는가?

우리 저자들은 바로 이런 문제의식과 더불어 초등학교 문학교육에 대한 반성적 관점을 공유하고서 연구의 출발선에 섰다. 그리하여 이 책의 제1부에서는 주로 이런 반성적 고찰과 더불어 아동문학 작품들이 우리 어린이들에게 줄 만한 가치들을 찾아보는 일에 초점을 맞 추었다. 그리고 제2부에서는 우리 저자들이 모두 초등 현장에서 다년간 어린이들을 가르친 경험을 지녔다는 장점을 바탕으로 해서 우리 어린이들에게 아동문학의 가치들을 십분 발현 시킬 수 있는 방도들을 모색하는데 초점을 맞추었다. 여기서는 되도록 학습자가 주체가 되 기를 권장하는 독자반응이론(讀者反應理論)의 관점에서, 교사와 학습자가 좀더 많은 재량 권과 선택의 여지를 가질 수 있도록 하는 구체적인 방법론들을 모색해보았다. 그리고 이런 공동의 지향점에 의미를 두어서 이 책의 제목에 '학습자 중심의'라는 말을 덧붙인 것이다.

우리 저자는 이 책이 초등 국어교육 현장에서 우리 어린이들이 주체가 된 문학교육이 활성화되도록 하는 기틀을 마련하는데 조금이나마 보탬이 될 수 있다면 더없는 보람으로 삼는 바이다. 그리고 앞으로도 문학교육의 발전을 위해 우리 저자들과 같이 초등 현장에서 직접 아이들을 가르친 경험을 가진 이들이 주체적으로 이런 연구를 지속해나갈 수 있도록 하는데 이 책이 조금이나마 동기부여를 할 수 있다면 더없는 보람으로 삼겠다.

끝으로 어려운 여건에서도 이 책을 펴내는데 큰 몫을 담당해주신 박이정 사장님과 관계자 여러분께 심심한 사의를 표한다.

2004. 8. 27.　저자 대표 신헌재

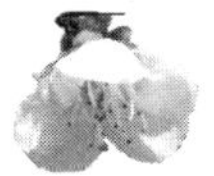

차례

책머리에

제1부

제2부

1부

1장 문학교육의 위상과 새로운 지평

1. 들어가며

현대 문명이 급속도로 발전해감에 따라, 인간 관계와 대자연 관계는 점차 각박해져 가는 실정이다. 그런 현 세태를 체득하며 사는 현대인들, 그 중에도 특히 서구가 수백 년을 거치며 이끌어온 문명 발달과정을 몇 십 년으로 압축해서 급격한 변모를 겪어온 우리 국민들은 더욱 이런 삭막하고 여유 없음을 보완해 줄 만한 그 무엇이 필요하다는데 공감한다. 따라서 현대는 이를 위한 보완책으로서 정서고양을 지향한 정의성 계발의 필요성을 절감하고, 바로 이를 담당한 문학교육을 학교 교육에서도 더욱 소중한 것으로 삼지 않을 수 없게 되었다.

여기서는, 우선 문학작품이 문학교육을 통해 우리 아동과 청소년들에게 어떤 영향을 줄 수 있는지 가늠해보고자 한다. 그리고 이를 바탕으로 문학과 문학교육이 차지할 만한 비중을 과연 우리나라 국어교육계에서는 제대로 갖고 있는지 짚어보고자 한다. 그리하여 우리 교육 현장에서 차지해야 할 문학영역의 입지점을 재점검하고 이를 활성화시킬 방안을 모색하는 출발점을 삼고자 하는데 이 글의 목표를 둔다.

2. 문학작품이 주는 힘

문학작품 속에는 우리 마음을 움직이는 요소가 있다. 인간이 성장하는 과정에서 어떤 문학작품을 접하고서 그 이후의 생애를 좌우할 만한 영향을 받았다는 유의 크고 작은 경험담들을 우리는 주위에서 어렵지 않게 듣는다. 서두에 거론한 바, 우리나라 인문대학의 국어국문학과 전공 대학생이나 중등 국어과 교사들 사이에 보이는 문학애호 현상 이야기도, 따지고 보면 사춘기 나이에 문학의 강력한 힘에 압도된 경험을 해보았던 젊은이들에 대한 이야기이다. 이렇게 사람의 마음을 움직이고 생애를 좌우하게 하는 강력한 힘이 문학작품 속에 존재한다는 인식은 논리적인 해석에서보다는 대체로 자신의 체험이나 이웃의 경험들을 통해서 나오고 있다.

그런데 고대에는 글자와 그것이 가리키는 대상을 구분하지 못하는 사고의 단순성 때문인지, 고대인들은 글 속에 담긴 주술 대상을 지칭하는 어구들이 바로 그 문학작품으로 하여금 그런 신비한 힘을 발휘하게 한다고 생각하는 경향을 보인다. 그런 주술신앙(呪術信仰) 적인 문학관의 면모와 그 예들은 우리나라 고대의 무가(巫歌)적 성격을 띤 상대가요(上代歌謠)와 초기 향가(鄕歌)들의 작품세계 속에서 쉽게 찾아 볼 수 있다. 한편 고대 희랍 이후에는 뮤즈와 같은 시와 노래의 신들이 특수한 작가들 마음에 들어와서 그런 작품을 낳게 했다고 보기도 한다. 이상에서 우리는 문학작품이 품고있는 힘의 근원을 나름대로 설명하는 고대인들의 소박한 사고방식을 엿볼 수 있었다.

중세시대 이후 낭만주의시대에는 탁월한 작가의 성품과 창조적 재능에 초점을 두고 거기에서 그 힘의 근원을 찾기도 한다. 그러다가 근대 이후 소위 리얼리즘 시대에 이르러서는 이 시대와 사회의 중심 경향을 이루는 핵심 요소들 자체에 비중을 둔 뒤, 이 요소들이 재능 있는 작가를 통해 묘파됨으로 해서 그 작품의 가치와 위력을 담보할 수 있다고 좀더 논리성을 띄고 설명한다.

이와 같이 문학이 갖는 힘의 근원을 작가에게서도 찾아보고, 작품을 낳은 그 시대의 핵심세력에게서도 찾아보려고 하지만, 좀더 객관성을 띈 합리적인 설명을 하려고 할 때는 한계를 느낀다. 그러다가 20세기초 구조주의 영향 아래 신비평이론(新批評理論)이 득세하면서, 문학작품의 미학 구조 자체에서 그 미학적 힘의 근원을 구할 때, 좀더 객관적이고 합리적인 설명을 할 수 있다고 기대해보지만 거기서도 문제점을 발견한다. 곧, 피상적인 형식미는 분석해낼 수 있었을지 몰라도 독자의 심금을 울리는 작품의 힘에 대한 설명은 제대로 해주지 못했던 것이다.

그러다가 볼프강 이저 (W. Iser) 등이 수용 미학(受容美學)을 들고 나오고, 이어서 미국의 로센블렛 (L. M. Rosenblatt) 등이 독자 반응이론(Reader Response Theory)을 제기하면서부터 문학 작품 그 자체보다 그것을 읽는 독자 자신에게 관심의 초점을 두고, 독자의 읽는 행위 속에서 문학의 힘의 근원을 찾고자 하는 경향으로 바뀐다. 이런 설명방식은 같은 작품을 읽고도 왜 독자들에 따라 반응이 다양한지 하는 현상을 설명할 수 있으며, 특히 학습자의 특성과 발달 수준에 맞게 문학작품의 독서지도를 연구하는 입장에서는 주요 관심의 대상이 될 수

밖에 없는 분야이다.

따라서 본고에서는 독자 반응이론(讀者反應理論)의 요체를 잠깐 일별한 뒤에, 이 관점에서 문학작품이 갖는 힘의 근원과 그 영향력에 대해서 살펴보고자 한다.

독자 반응 이론의 요체는 한마디로 독자들이 문학 작품과의 교류(transaction)를 통해서 형성된 반응을 강조하는 설명 방식이다. 이것은 문학 텍스트 내에 고정된 의미가 존재한다고 보고 그 형식적 특성을 객관적으로 분석하려는 신비평이론과 대조가 되는 이론이다. 로센블렛과 그 추종자들이 제시한 이 이론의 근간이 되는 점을 요점만 간추려 말하면 다음과 같다 (Rosenblatt, 1978).

첫째, 독자는 단지 텍스트의 의미를 수동적으로 받아들이는 것이 아니라, 텍스트와의 교류(交流)를 통해 의미를 창조한다고 가정한다. 즉 텍스트는 독자에게 언어 상징·내용을 전달하고, 독자는 자신의 경험·생각 등을 텍스트에 부어넣는 교류의 과정 속에서 새로운 의미가 창출된다. 따라서 문학의 독서활동에서 독자의 주체성이 강조된다.

둘째, 독서에는 원심적(effernt) 교류 방식과 심미적(aesthetic) 교류 방식의 두 유형이 있다. 원심적 독서는 독자가 신문이나, 약 처방, 역사책을 읽을 때처럼 정보 획득이나 문제의 논리적 해석에 주의를 한다. 이에 비해 심미적 독서는 독자가 소설이나 시, 희곡 등을 읽을 때처럼 관심의 초점이 자신의 내부로 이동하며 실제 독서하는 동안 자기 내면 속에 재창조되는 것에 주의를 기울인다.

셋째, 독자는 텍스트와 교류하는 과정에서 그 텍스트가 자신에게 불러일으키는 환기(evocation)내용에 대하여 나름대로 반응(response)한다. 여기서 환기와 반응의 개념이 구분되는데, 환기는 독자가 텍스트와 심미적인 교류를 하는 동안 자신의 언어적, 문학적, 삶의 경험으로부터 아이디어, 감각, 느낌, 이미지를 선택하여 새롭게 경험하는 과정을 말한다. 그리고 반응은 독자가 심미적 교류를 하는 동안이나 그 후에 생성되는 것으로, 텍스트의 경험에 참여하고, 작중 인물과 동일시(同一視)하거나 그들에 대한 갈등과 느낌을 나누는 독자의 감정과 복잡한 인식 작용 일체를 가리킨다. 독자들은 이 반응의 일환으로, 때로 많은 상상적 이미지(envisionment)를 갖게도 되는데, 이는 독서하는 과정에서 계속 변화하기 마련이다.

이상의 독자 반응이론이 강조하는 바는 문학 작품이 주는 힘이 문학 작품 자체에만 내재한 것도, 독자 스스로의 자질에만 있는 것도 아니고, 독자가 작품을 읽어 가는 과정, 곧 독자와 작품이 서로 교류하는 과정에서 그 힘이 생성된다고 보는 것이다. 여기서 강조되는 바는 독자가 주체적으로 작품을 읽어 가는 과정 그 자체에 있다. 문학 작품이 주는 힘은 바로 작품을 읽는 이 과정 자체에서 생겨나기 때문이라는 것이다. 그런데 이 읽는 과정에서 독자가 어떤 텍스트를 어떤 관점에서 읽느냐에 따라 원심적 읽기와 심미적 읽기로 양분되는데, 그 가운데 문학교육에서 관심을 두는 바는 바로 심미적 읽기이다. 곧, 문학 작품들을 읽으면서 거기 문학적 세계에 몰입하여 나름대로 의미를 재구성해나감으로써 내면화 과정을 심화시키는 것이다. 이때 내면화(內面化) 과정을 로센블렛은 환기(喚起)와 반응(反應)이라고 하는 상호 연계성을 지닌 두 단계로 세분하여 설명하고 있다. 여기서 환기란 독자가 텍스트와 교류하는 과정 곧, 독서 과정에서 자기 마음 속에 의미를 재구성해 가는 과정을 말하고, 반응은 이 교류과정과 그 결과로 체득된 인식 작용 일체를 가리킨다.

이러한 독자 반응이론을 토대로 하여, 문학작품이 지니는 힘의 근원과 그 영향력을 가늠해보고자 한다.

갈다(L.Galda)는 독자반응이론의 관점에서 문학작품이 주는 힘을 아예 문학작품 읽기(reading literature)가 본디 갖는 잠재력[1]이라고 지칭하면서, 이 심미적 읽기 행위야말로 예측불가능성과 복잡성과 더불어 강력한 힘을 지닌 것이라고 말하고 있다. 곧, 문학이 주는 힘의 근원을 바로 이 심미적 읽기 행위 자체에서 찾고 있는 셈이다. 그러면서 그는 이 심미적 읽기의 특징을 교류적(transaction)이고, 시간적이고, 사회적이며, 문화적이라고 분석하면서 그 각각을 다음과 같이 설명하고 있다.

우선 교류적이란 말은 로센블렛의 독자반응이론에서 주요 개념으로 사용한 용어로서, 심미적 읽기란 문학 작품에 담긴 어구들을 독자가 자기 경험과 지식을 첨가시켜 재구성한 의미들로 탈바꿈시켜 가는 주체적 행위라고 보는 것이다. 그리고 가상의 문학의 세계를 자신의 삶과 견주어 반추함으로써, 자신과 이웃의 삶에 대한 통찰력을 기르는 계기도 가질 수 있다고 그 의의를 말한다.

둘째, 시간적이란 특징은 이 읽기 행위로 하여금 일종의 여행으로 비유하여 설명하게 할 만한 면이 있다는 것이다. 그리하여 이 읽기를 통해 독자는 담화욕(narrative lust)에 끌려서 서사작품에 나오는 인물에 동일시하고, 사건의 진행과정에서 독자의 경험을 바탕으로 한 가상적 경험을 만들고, 예상행동도 그려보면서 서사작품을 끝까지 읽어 가는 마음속의 여행을 하는 셈이라는 것이다.

셋째, 사회적이고 문화적인 특성이란, 독자가 책을 읽으면서 구성해내는 의미들이 바로 독자의 사회적·문화적으로 제한된 경험들을 원료로 해서 빚어지는 것이기에 생기게 마련이라는 것이다. 그리고 문학을 이루는 언어 자체도 사회적·문화적으로 구성된 체제를 지

---

1) T.T. Raphael and K.H. Au ed. <u>Literature-Based Instruction: Reshaping the Curriculum</u>, (Christopher-Gordon Publishers,Inc.,1998), p.1

니고 있기에 더욱 그렇다는 것이다. 이런 특성을 바탕으로 하여, 우리의 실제 삶에서 얻은 경험과 문학 작품에서 얻은 경험은 상호간에 영향을 주며 불가분의 관계를 갖는다고 말하고 있다. 그리하여 심미적 읽기는 우리 삶과의 관련 속에서 의미 부여되는 구성주의적이고, 상호텍스트적인 활동이라고까지 개념을 확장시키고 있다(Galda, 1998: 3).

결국, 심미적 읽기는 갈다의 언급대로, 독자가 자신의 경험을 바탕으로 하여 주체적으로 의미를 재구성하는 마음의 여행이요, 창조적 활동이라고 할 만하다.

심미적 읽기의 개념을 이렇게 확대하면서 갈다(L. Galda)는, 심미적 읽기 텍스트가 독자의 삶을 한정짓고 형상화한다고 한 브리튼(J. Britton,1970)의 말을 빌어서 그 기능과 의의를 더욱 강조해나가고 있다. 곧, 일반 독서가 단어를 의미로 바꾸는 일을 한다면, 심미적 읽기는 독자들의 평범한 일상의 경험들을 보다 가치로운 의미들로 변형시키는 일을 한다는 것이다. 왜냐하면 독자들은 창조적 세계를 펼치는 문학 작품을 심미적으로 읽을 때에야 비로소, 거기서 단순히 그들 자신의 경험 세계를 구축하는 데만 그치지 않고, 그 작품에 표현된 정서, 태도, 가치들을 음미하고 판단하면서 자기 나름의 가치 체계를 구성해가기 때문이라는 것이다. 이와 같이 심미적 읽기는 독자로 하여금 스스로의 삶과 가치 체계까지 변형하고 일신시켜 가는 그런 힘을 누릴 수 있게 한다는 것이다.

그리고 이런 심미적 읽기를 할 때에 문학 작품의 구실은 다름 아닌 '거울'과 '유리창'이라는 말로 비유하여 설명할 만하다는 것이다(Galda, 1998: 4). 여기서 유리창이란 문학작품이 이웃의 다양한 삶을 관조하는 안목을 갖게 해준다는 뜻의 메타포이고, 거울이란 작품이 독자 자신의 삶을 좀더 명확하게 볼 수 있도록 도와주는 구실을 한다는 점을 은유한 말이다. 독자는 이런 거울과 유리창의 구실을 하는 문학작품을 심미적으로 읽음으로써, 자신의 삶을 의미롭게 재구성하고, 인간의 보편적인 삶을 좀더 잘 이해하는 통찰력과 같은 힘을 얻어낼 수 있다는 것이다.

이상의 문학이 갖는 '거울과 유리창'과 같은 구실과 거기서 나오는 힘이야말로 문학을 교육의 대상으로 삼는 이들을 고무하는 견인력(牽引力)이 될 만하다. 그리고 이런 문학이 주는 힘을 우리 학교 교육에서 십분 발휘시키고자 하는 의욕을 진작시켜줄 만도 하다. 그러면 과연 우리 교육현장에서 문학교육은 이런 힘을 제대로 발휘할 만한 여건과 대접을 받고 있는가? 학교교육에서 문학교육은 과연 어떤 위상을 갖고 있는가?

3. 문학교육이 학교교육에서 갖는 위상(位相)

우리나라 학교 교육에서 문학교육이 갖는 위상을 살펴보는 데는 기존에 나온 문서로서의 교육과정과 편찬된 국어 교과서들을 꼼꼼히 분석하여서 객관적이고도 귀납적으로 추출해내는 방법이 있다. 또는 이 교육과정과 교과서 편찬에 직·간접으로 관여했거나 영향을 준 바 있는 이 방면의 전문가들이 어떤 국어교육관과 문학교육관을 갖고 있는지 살펴서, 문학영역이 국어교육 내에서 차지하는 의미와 비중을 추출해내는 방법도 있다. 이 후자의 방법은 비록 원론적 담론이 갖는 공소한 점이 없지 않지만, 국어 교육 전체에서 문학이 갖는 위상을 조감하는데 있어 핵심을 놓치지 않으면서 그 배경과 추이(推移)까지도 살펴볼 수 있게 한다는 점에서 장점도 있다고 보기에, 본고에서는 이 후자의 방법을 따르기로 한다. 그리고 구체적으로는 심영택의 글 (심영택, 2000)을 통해서 우리 국어교육에서 차지하는 문학교육의 위상과 그 변모과정을 살펴보고 문제점을 짚어 보고자 한다.

심영택은 국어교육 전체에서 문학이 차지하는 비중에 따라 문학관을 비교적 치밀하게 세분하고 있다. 그는 우선 우리나라 4차 이후 7차까지의 국어과 교육과정 제정에 직·간접으로 관여한 사계 전문가, 10명의 저서를 선별하고, 거기에 담긴 국어교육관을 살펴서 10개의 관점들을 추출해내었다. 그리고, 여기에 녹아있는 문학교육관을 정립관(鼎立觀), 배제관(排除觀), 보조관(補助觀), 통합관(統合觀), 중심관(中心觀) 등으로 분석 정리해내는 작업을 했다. 이는 문학교육관 각각의 배경과 서로의 차이점을 살펴서 비교적 정치하게 분석해놓은 설득력 있는 작업이었다고 본다.

이 작업의 특징을 살펴보면 다음과 같다. 심영택은 우선, 국어교육 전체의 목표·내용과 문학교육의 목표·내용, 이 둘 사이의 대척(對蹠)여부와 포함의 정도 여부로 구분하고 있고, 포함관계는 다시 주종 관계냐, 대등 관계냐에 따라 세분하고 있다. 이때 주종과 대등 관계 여부를 따지는 대상 주체는 처음에는 국어교육과 문학교육의 목표·내용이었다가 점차적으로 다음 두 가지 요소로 변하는 면도 보이는데, 하나는 언어사용기능 내지 방법적인 지식 요소이고, 또 하나는 언어와 문학적 지식 요소이다.

4차 교육과정 때처럼 그 언어 기능과 언어 지식 및 문학적 지식을 대등한 관계로 두었을 때의 문학관이 '정립관'이라면, 5차 교육과정 이후처럼 언어사용 기능을 강조하며 이를 중심에 두고 언어·문학적 지식을 방편으로 치부할 때의 문학관은 '보조관'이라고 하겠다. 그리고 언어사용기능과 문학감상 영역은 상존할 수 없는 것이라며 대척적인 관계로 본 것이

‘배제관’이라면, 포함관계 중, 주종관계를 대변한 것이 ‘통합관’과 ‘중심관’이라고 하겠다. 곧, 언어사용의 기능과 체계를 중심에 두고 문학을 종속시킨 것이 ‘문학교육 통합관’이라면, 문학교육을 중심으로 언어사용의 내용과 원리를 그 안에 포용한 것이 ‘문학교육 중심관’이다.

이상의 심영택의 글에서 취할 점은, 국어교육 전체와 문학교육 사이의 역학관계를 면밀히 살펴서 문학교육의 위상을 어느 정도 밝혀주고 있다는 점이다. 그리고 4차 교육과정을 제정할 때, 문학을 국어교육의 주요 대상의 하나로 인식하며 자리잡아 가려는 모습을 보이다가, 언어사용 능력을 중시하기 시작한 5, 6차 교육과정기에 이르러, 문학교육의 정체성에 대한 다소의 갈등을 겪어가던 그 동안의 추이과정도 찾아볼 수 있게 해준다는 점이다.

그런데 여기서 한번 재고할 점은 이 다섯 가지 문학교육관의 구분 기준에 관한 문제다. 앞서와 같이 단순히 국어교육과 문학교육 간의 역학 관계를 따져서 문학관을 구분하기보다는, 문학을 보는 관점이 어떠하며, 문학교육에서 중시해야할 바를 무엇으로 보느냐 하는 경향에 초점을 두고서 구분 기준을 잡아야 더 타당하지 않겠는가 하는 것이다.

예컨대, 문학관의 추이도 다음과 같이 설명하면 어떨까?

4차, 5차 교육과정기 때까지만 해도 문학에서 중시하는 바는 신비평이론에서 온 객관적인 장르이론과 지식들이었고, 문학교육에서도 이런 문학적 지식을 바탕으로 문학을 분석 감상하는 일을 중시했다. 이것은 그 이전까지 교훈주의 일변도로 문학교육을 기획·운영하던 것에 비해서는 진일보한 면이 있다.

4차 교육과정기에 처음으로 국어교육의 독자성을 확보하기 위한 일환으로 문학영역을 독립시킬 때에, 언어지식과 대등한 관점에서 문학영역을 쉽게 독립시킬 수 있었던 것도 바로 이 신비평이론 입장에서 문학적 지식을 언어적 지식과 대가 되는 존재로서 염두에 두었기 때문이라고 본다. 국어교육 전문가들도 바로 이렇게 문학을 언어지식과 대등한 하나의 지식으로 간주하는 지식 중심의 문학교육관을 어느 정도 지니고 있었기에, 언어사용기능을 강조하던 5차 교육과정 이후에는 때로 문학 영역이 배제 대상이 되어야한다는 이론도 나왔다. 그리고 때로는 문학을 하나의 보조적 지식 기반이라는 수단으로 쉽게 치부하는 보조관이 나올 수도 있었던 것이다. 그러다가 문학이론과 문학교육이 신비평 이론을 극복하고 좀 더 새로운 차원으로 나오면서부터, 이를 바탕으로 통합관과 중심관이 나오기에 이르렀다고 설명할 수도 있는 것이다.

이런 관점에서 보면, 통합관과 중심관은 문학과 문학교육을 바라보는 전망과 그 깊이 면에서 기존의 다른 관점보다 한발 앞선 것이라고 할 수 있다. 그러나 이 두 문학교육관도 그동안 온축된 문학 및 문학교육이론을 토대로 하여 검증 연구를 거치면서 커나온 것이라 기보다는, 90년대 이후, 국어교육에서 대립하던 바, 언어사용기능 중시 대 문학감상 중시 사이의 갈등에서 온 산물이요, 단지 선언적 의미 이상이 아닐 수 있다는 한계점이 있다. 그리고 문학교육 통합관 경우도, 기술해놓은 일부 내용들을 살펴볼 때, 만일 앞서 우리가 살펴본 심미적 읽기를 통한 문학교육의 힘을 인식했더라면 문학교육 전반적인 것을 그렇게 쉽게 국어교육의 일반적인 체제 속에 잡아 둘 수 있었을까 하는 의구심을 가져볼 만하다. 통합관은 물론 중심관에서도 앞서 우리가 살펴본 바, 독자반응이론을 토대로 하여, 독자 입장에서 문학작품을 가지고 심미적 읽기를 했을 때 기대할 수 있는 그런 문학의 힘을, 별로 충분히는 인식하지 못하고 있음을 본다.

이런 인식의 미흡은 국어교육에서 문학교육의 위상과 그 교육적 가능성을 제한시키는 것으로 작용할 수 있다. 비록 7차 교육과정에 와서는 학습자를 중시하여 그들의 특성과 수준에 따른 교육과정을 제정하고 교과서도 편찬하는 등 제도적인 기본 틀을 마련하고자 하는 의욕은 보였으나, 정작 제시된 내용들을 보면 교육 현장에서의 여러 가지 물리적 한계말고도 학습자 중시에 관한 인식의 미흡으로 인하여 아직 기대에 부응할 만한 것이 되지 못하고 있는 실정이다. 마찬가지로 문학교육에서도 비록 의욕 있는 일부 교사들이 '열린 교육'이란 이름으로 학습자의 반응 양상을 토대로 한 문학 수업을 산발적으로 시도하고는 있으나[2], 이를 지속적으로 종합하고 정리하여 문학교육을 체계화하려는 의지나 제도적인 장치가 현재 별로 보이지 않는 실정이다. 그리고 이런 실정이 이루어진 데에는 독자 중심의 심미적 읽기를 통한 문학의 힘에 대한 인식의 미흡이 있기 때문이라고 본다.

결국 우리나라 국어교육에서 문학교육의 위상을 돌아 볼 때, 앞서 서술한 문학의 힘을 십분 발휘할 수 있는 분위기도 제도적인 장치도 아직 충분히 마련되지 못했다는 것을 알 수 있다. 다만 문학교육의 보조관적 입장에서 문학 작품이 여전히 읽기교육의 주요 수단으로서 그 의의를 인정받는 정도이고, 그 이상의 문학작품이 줄 수 있는 큰 힘을 발휘하도록 조장시킬 여건도 갖춰지지 못한 채, 문학의 그런 가능성을 바탕으로 문학교육을 크게 대접할 준비도, 분위기도 되어있지 못한 실정이라고 하겠다.

---

2) 이 연구는 교사 재교육 차원의 교육대학원 석사 학위 논문과 현장 연구보고서들 가운데에서 그 좋은 예들을 찾아볼 수 있다. 그중 한두 가지만 예를 들어 보인다.
  Cf) - 김홍이, 초등학교 학습자 중심 시 감상 학습 방법 연구, 석사 학위 논문(한국교원대 대학원, 2000.8)
    - 진선희, 아동의 주체적 반응 활동 조장을 통한 시 감상 능력 신장 연구, 현장보고서(대구 효명초등학교, 1998)

4. 문학교육의 지향점(指向點)

흔히 문학교육의 이상론을 펴는 자리에서는 우선, 문학이 우리 학생들에게 줄 만한 가치와 영향력을 충분히 인지시키는 일로부터 출발한다. 그리고 나서 어떻게 하면 이 문학의 가치와 영향력을 학교 교실에서 학습자들에게 구현시킬 수 있도록 만드느냐 하는 방법론적인 문제를 피력해나가는 순서를 밟는다.[3] 그런데 문학의 영향력이란 결코 문학작품 자체에만 한정되어 있는 것이 아니라, 독자 입장에서 문학에 어떻게 접근하느냐 하는 방법론적인 것과 불가분의 관계에 놓여있다는 것이 필자의 입장이기 때문에 여기서는 위 두 가지를 하나로 합쳐서 다루고자 한다.

문학교육을 제대로 하기 위한 지향점을 말하려면, 그에 앞서 기존의 문학교육 현상에서 보이는 문제점을 지적할 필요가 있다. 그리고 이를 개선해 나가고자 하는 모색 단계에서 지향점을 제시하는 것이 적절한 기술 방식이라고 하겠다.

우선, 문학의 가치와 영향력에 관해서는, 앞서 학습자가 주체가 되는 심미적 읽기를 통하여 극대화시킬 수 있는 여지가 있음을 살펴본 바 있다. 곧, 문학작품은 독자 스스로를 반성하게 하는 '거울'과, 이웃의 삶을 잘 통찰하게 해주는 '유리창'의 구실을 하고 있는데, 독자인 학습자가 이런 문학작품의 구실을 제대로 체득하고 그 영향력을 충분히 맛보려면 바로 이 심미적 읽기 행위를 통해서만이 가능하다고 보았다. 그리고 거기서 독자는 예측 불가능한 강력한 힘을 얻어낼 수 있다는 점을 언급한 바 있다.

그런데 여기서 우려하는 점은 다름 아니다. 전문가들이 교육과정을 짜고 교재를 구성하는 동안, 기존의 다소 고답적인 잣대를 가지고 이 문학교육을 그 틀 속에 넣을 소지가 있다는 것이다. 그리하여, 문학이 지닌 그 강력한 힘을 십분 발휘하지 못하게 제한할 가능성이 있다는 점이다. 대체로 기존의 잣대들은 문학교육에서 문학작품 자체와 그것을 해설한 권위자들의 견해에 기초를 둔 전통적인 미학적·교훈적 가치관 위주로 제한되기 십상이다. 그리하여 문학을 감상하는 중심 자리에 정작, 이해·감상의 주체인 독자로서의 학습자로

---

3) 이런 '내용'과 '방법'이라는 2분법적인 사고방식은 사범대학의 모든 교과교육의 교육과정 체제 속에서도 잘 드러나있다. 먼저 그 교과에서 가르칠 내용을 다루는 강의과목들이 나열되고, 이어서 이를 학생들에게 전달할 방법론을 다룰 과목들이 이어진다. 하긴 이 가운데 전자가 그를 뒷받침하는 내용학문의 위세로 힘을 발휘하는 반면, 후자는 그런 배경학문의 힘이 딸려서 늘 뒷전에 처지고 때로는 유명무실한 지경에 놓인 경우도 있다. 하지만 그래도 '교과내용학', '교과교육학'이라는 구조로 사범대학의 교육과정이 짜여져 운영되고 있다. 그러나 이런 교육과정 체제와 운영 방식은, 학습자의 주체성을 존중하는 구성주의적 입장에서 볼 때, 재고할 여지가 많다고 본다.

하여금 주동적으로 설자리를 갖지 못하게 할 여지가 있다는 점이다. 이것은 또한 감상 대상 작품을 선정하는 과정에서도 생길 수 있는데, 기존의 잣대로 제한된 작품들이 때로 자라나는 학습자들에게는 진부한 것이 될 수 있고, 오히려 그들의 관심과 흥미를 끌고 다양한 생산적인 사고를 촉발하게 하는 작품들은 교육이란 미명의 검열로 차단될 소지도 있다. 또 학생발달수준을 1년 단위로 획일화시켜 계획한 교육과정과 교과서의 체제에 매이다보니 학습자의 다양한 개인차를 무시할 소지도 있다. 그리하여, 문학이 줄 풍부한 영향력에서 학습자들을 소외시키는 결과를 갖고 오기 십상인데, 그 원인은 모두 문학교육을 계획하고 자료를 준비하는 단계에서부터 학습자 중심 입장에 서지 않은 때문이라고 본다. 그리고 이로 인한 앞서의 우려는 그동안 50년대 이후 계속 교육과정을 짜고 교과서를 만들어온 우리나라 교육계에서 보아왔던 결과이고, 7차 교육과정이 제정되고 교과서가 편찬되는 지금에 이르러도 여전히 사라지지 않는 문제로 남아있다.

이 문제를 개선할 해결책은 무엇인가? 결국, 문학 교육을 계획하고 준비하는 교육과정이나 교과서를 만들 때, 기성인이 갖는 기존의 문학에 대한 전통적 관점으로만 재단할 것이 아니라 학습자의 눈높이로 할 것이고, 교수학습 내용의 정도나 작품대상의 수준 면에서도 1년 단위의 학습자 발달 수준에 너무 융통성 없이 매이지 않도록 현장 교사와 학습자에게 좀더 많은 재량권을 주어야 할 것이라고 본다.

또 하나 들 만한 문제점은, 소위 문학 교육 보조관 입장에 서 있는 이들에게서 흔히 볼 수 있는 바, 문학 작품을 단순히 읽기 능력 신장의 수단으로서만 치부하고 마는 경향을 들 수 있다.

헤이드(D.M.Hade, 1993)는 교사가 수업시간에 문학작품을 다루는 목적을 다음 네 가지로 꼽은 바 있다. 첫째는 읽기 기능을 신장시키는 것이고, 둘째는 문학적 지식을 확대시키는 것이며, 셋째는 자기 통찰력을 계발시켜 주는 것이고, 넷째는 사회적 책무감을 함양시켜주는 것이라고 했다.

그리하여 문학작품을 가지고 다원적인 목표를 수행할 수 있는데, 문학작품에 접근시킬 때, 너무 이런 목표에만 집착하거나 그 중 한두 가지의 목표에만 초점을 두고 편향되게 지도하다보면 자칫 본래의 문학적 양식이 주는 안목을 갖는 일도 놓치고, 그 책이 주는 강력한 영향력을 얻어 누릴 가능성도 놓칠 우려가 있다는 것이다. 물론 문학작품을 다루는데 있어서 작품내용을 학습자들의 삶과 연관지워 서로 말하고, 듣고, 읽고, 쓰는 활동을 하면서 서사적 형태 속에서 언어사용기능도 익히고, 그 작품세계에 상상적으로 참여하도록 하는 것은 좋은 수업 운영의 예로 들 만하다(Galda, Bisplinghoff,& Pellegrini,1994). 그러나 문학작품을 단지 읽기 기능 신장을 위한 여러 기초 텍스트 가운데 단지 좀더 매력적인 텍스트 정도로만 삼고, 작품이 주는 힘과 맛을 누려보게 하지 않은 채, 수업에서 다만 지치도록 읽기 기능을 철저히 훈련시키는 교재로만 다룬다면 다음 몇 가지 점에서 해를 끼친다는 것이다.

첫째, 그 교재는 읽기 기능 훈련을 위한 수단일 뿐으로 여기다보니, 거기서 그 이상으로 얻을 만한 교육과정상의 가치로운 것들을 놓치고 만다는 것이다. 둘째, 더 큰 문제는 독서하는 학생들로 하여금 책에 몰입할 줄 아는 독자가 되도록 학습시키지 못한다는 점이다. 셋째, 읽기 방법은 배우되, 기쁨을 누리며 독서하는 일을 저하시키는 분위기 속에서 학습한다는 점이다. 나아가, 의미를 개인적으로 구성하는 일을 마치 남을 기만하는 행위쯤으로 여기는 그런 분위기 속에서 학습한다는 점이다.

이와 같이 비록 문학작품을 가지고 만들었더라도 미리 방향을 지어주는 질문과 지시로 이뤄진 훈련용 워크북이나, 독자들로 하여금 경험보다 정보 취득 위주 읽기로만 내모는 형태의 책들은, 문학 교육이 추구하는 바, 문학작품을 제대로 감상하면서 거기서 강력한 변용적 경험을 학습자들에게 맛보게 해주려는 의도를 이루지 못하게 한다는 것이다(Galda;1998:5).

결국, 이상의 내용은 우리나라에서 80년대 후반부터 지금까지 문학교육 보조관 입장에 있는 기존의 여러 전문가들이 해온 일들 가운데, 문학을 단지 읽기 기능 훈련용 텍스트 자료 정도로만 치부하거나, 문학적 지식을 단지 텍스트 이해를 위한 보조 수단정도로 만 삼아온 행태에 대하여 그 문제점을 짚어준 것들로 다시금 음미해볼 만한 견해라고 본다.

그리고 이런 문제점을 극복하기 위해서는, 문학작품을 더 이상 제한된 읽기의 세부 목표 구현 수단이라는 울 속에만 가둬놓지 말고, 국어교육현장에서 그 작품을 통해 학습자들이 더욱 풍성한 것들을 얻어낼 수 있도록 해야한다고 본다. 그리고 이를 위해서는, 학습자 입장에서 작품을 선택하고 접근할 수 있는 여지를 갖도록 교수·학습 계획과 방법을 열어 놓아야할 것이라고 본다.

그리하여 앞서 헤이드(D.M.Hade)가 든 바, 문학 교육을 통해 추구할 만한 네 가지 목표를 매달, 매주, 매일의 교육과정 운영에서 균형 있게 실현하도록 시도하면서 다음을 도모하도록 권장해야할 것이다. 곧, 심미적 읽기를 권장하되 그것이 제공하는 것이 때로 위험스러울 정도로 강한 힘을 경험할 기회라도 독자에게 허용할 것이며, 독서를 통해 읽고 쓸 줄 아는 능력을 계발하면서 중요한 것은 학습자들로 하여금 계속 더 읽고 싶은 동기를 부여하고, 궁극적으로는 독서후의 자발적인 자기 성찰과 대화를 통해 개인반응을 서로 나누고 세련시키면서, 나아가 타인의 눈을 통해서도 세계를 보는 자세를 기르는 데까지 이르러야 할 것이다.

이럴 때에 문학교육이 지닌 보고(寶庫)와 같은 가치와 힘을 우리 교육현장에 십분 발휘시킴으로써, 문식성(文識性) 교육 중심의 국어교육의 틀을 벗어나 인성교육(人性敎育)의 큰 몫을 감당할 만한 교육의 영역으로 확대 심화시켜 나갈 수 있다고 본다.

5. 나오며

지금까지 필자는 문학 작품은 심미적 읽기 방법을 통해 읽도록 할 때, 독자가 지닌 능력을 토대로 우리 인성교육(人性敎育)에 큰 힘을 발휘할 수 있는 대상이란 점을 독자반응이론(讀者反應理論)의 관점에서 제시하고, 이어서 그런 큰 영향력을 가진 문학 작품인데 비해, 우리나라 교육계에서는 아직 문학 교육 보조관적인 입장에서 문학 교육을 그리 크게 대접하지 못하는 실정임을 지적했다. 그리고 문학의 큰 역량을 우리 교육계에서 십분 발휘시키기 위해서는, 국어과의 교육과정과 교과서를 만드는 단계에서부터 교수학습의 단계에 이르기까지, 독자반응이론의 관점에서 교사와 학습자에게 좀더 많은 재량권과 선택의 여지를 가질 수 있도록 열어놓아야 한다는 점을 언급했다.

필자는 또한 서두에서, 이 글이 문학교육을 좀더 활성화시켜서 우리 교육 현장에서 문학 영역이 제 본연의 입지점을 확보하는 출발점이 되기를 바란다고 언급한 바 있다.

그런데 바로 이 문학교육 활성화와 제 본연의 입지점을 확보하는 일이야말로, 대학강단과 연구실에 있는 이들보다는, 교실에서 직접 학습자에게 문학교육을 담당하는 교사와 학습자들이 주체가 되어야 한다고 본다. 문학교육의 활성화는 일반 연구자들의 고답적인 이야기보다는 실제 현장에서 연구하는 교사들이 문학작품을 읽고 반응하는 학습자의 목소리들을 토대로 개선책을 모색해나가는 주체적인 연구가 있을 때 이룰 수 있다고 보기 때문이다.

본고는 다만 이를 위한 문제 제기를 한데 그칠 뿐이고, 실제 연구는 이제부터 현장에서 연구하는 교사들이 본격적으로 해야한다고 본다. 다만 필자는 이 글을 통해, 현장에서 묵묵히 연구하는 교사 제현에게 조금이나마 이 방면 연구에의 동기 부여를 했다면, 그것으로 이 글을 쓴 보람으로 삼고자 한다.

참고문헌

심영택(2000), ‘국어교육관의 양상 연구’, 박갑수 외, 『국어표현·이해교육』 서울: 집문당.

Britton,J.(1970). *Language and learning*, London: Penguin

Galda,L.(1998). 'Mirrors and Windows:Reading as Transformation'. Raphael,TT and Au,K.H. (Eds.), *Literature-Based Instruction: Reshaping the Curriculum*, Christopher-Gordon Publishers, Inc.

Galda L., Bisplinghoff B.S.,& Pellegrini A.D.(1994). 'Sharing Lives: Reading, writing, talking, and living in a first-grade classroom', *Language Art*, no.72.

Hade,D.M.(1993). 'Books in the classroom: The differences among us', *The Horn Book* (September/Octomber).

Rosenblatt,L.M.(1978). *The reader, the text, the poem*, Carbondale, IL: Southern Illinois University Press.

2장   초등학교 시 교재 선정 기준 탐색

1. 들어가며

시는 언어 사용의 정수이며 언어로 축조된 상상의 세계이다. 따라서 시를 공부하는 것은 예로부터 인문학의 핵심으로 자리 잡고 인격도야와 자기 수양의 방편이 되어왔다. 그리고 최근에는 이러한 시적 언어를 통한 독창적인 상상력과 아름다운 감수성 및 도덕성을 지닌 인간을 기르는 일의 중요성이 제기되고 있다.

요즘 어린이들은 학교와 학원 공부에 매달려 시를 가까이 하는 기회가 적을 뿐 아니라 그들의 일상에 다가와 있는 문화 또한 대중연예오락문화가 주조를 이루고 있어 시를 선택하여 읽고 즐기는 기회조차도 거의 주어지지 않는다. 따라서 어린이들이 처음 시를 배우게 되는 학교의 시 수업과 그 수업에서 활용하는 교과서의 시 작품의 질은 매우 중요하다고 본다. 다시 말해 어린이들이 시 수업에서 접하게 되는 시가 그들의 미감을 촉발하고 감동적인 작품일 때 그들은 스스로 시를 찾아 읽고 즐기는 주체적인 독자로 자라날 수 있을 것이다.

그러나 교과서에 수록된 시는 그 역할의 중요성에 비해볼 때, 제대로 기능할 수 있기에는 질적·양적 측면에서 많은 문제를 가지고 있다. 우선 제시되는 시의 편수가 매우 적은 편이며,[1] 질적으로도 문제가 있다는 비판의 목소리가 높다.[2] 교과서에 실릴 수 있는 작품의 수는 한정되지만 그렇기 때문에 더욱 더 그 선정기준이 엄격하여야 하고 질적 우수성 및 적합성을 인정받아야 한다고 본다. 그럼에도 불구하고 현실적으로 초등학교 교사는 질적·양적으로 빈약하거나 문제점을 안고 있는 교과서 시 단원의 재구성과 보충자료 활용

---

1) 6학년 2학기 읽기 교과서에 실린 시는 모두 3편이고, 말하기·듣기·쓰기 교과서에 실린 시는 6편이다.
2) 대표적 논자들을 들면,
   김상욱(2003), 『문학교육의 길찾기』, 나라말.
   김제곤(2003), 『아동문학의 현실과 꿈』창작과 비평사.

을 위해 수많은 시를 읽고 선정하여야 할 뿐만 아니라, 어린이들이 시를 알고 즐기는 삶의 길로 나아가도록 그 출발을 안내하여야할 의무와 필요가 있다.

그런데 이러한 시 선정의 문제는 고스란히 현장교사에게로 넘겨진다. 교사들은 어린이들에게 제시할 시를 선정할 때 어떤 시를 선정하여야 하는지에 대한 뚜렷한 기준도 없이 교과서 수록 시를 대체할 시나 보충 자료로 제시할 시를 고르는 실정이다.

따라서 초등학교 어린이들에게 제공할 시 작품의 선정 기준에 대한 논의는 올바른 시 교육을 위해서 매우 중요한 작업이며, 그 논의의 바탕은 예술로서 시가 가지는 문학성의 평가 원리와 일반 독자가 아닌 학습 독자로서의 초등학교 어린이들의 특성, 그리고 실제 수업상황에서 보이는 어린이들의 시에 대한 반응 양상이 고려되어야 한다.

2. 시 작품 평가 및 교재 선정의 원리

에밀리 디킨슨은 무엇이 시이고 아닌가를 아는 것에 대하여 '그 때 내 전신이 어떤 불로도 따뜻하게 할 수 없을 만큼 차가와졌을 때, 그것을 시라고 나는 안다. 머리가 달아나 버린 것처럼 내 몸이 느꼈을 때, 그것을 시라고 나는 안다. 내가 시를 아는 방법이라곤 이런 길밖에 없다.'[3]고 했다. 이는 시와 시가 아닌 것 혹은 좋은 시와 그렇지 못한 시의 구별은 개개인의 '감동'에 의존하여 판단될 수밖에 없음을 단적으로 드러낸 말이다. 더 좋은 시를 선정하는 기준을 '감동'이라는 말 이외에 더 분명하게 설명할 방법을 제시하기가 힘든 것이 사실이며 시와 시 아닌 것의 평가를 위한 보다 객관적이고 뚜렷한 기준을 설정하기가 어려움을 드러내어 말해주고 있다. 시는 감상의 대상으로 존재하는 것으로 특정한 용도를 만족시키거나 이해의 대상이 아니기 때문이다.

그러나 한편으로 '감상의 대상'이라는 것은 결국 평가를 의미하고, 문학사를 보더라도 좋은 작품은 존재해왔고 상대적으로 좋지 못한 작품으로 평가되는 작품도 있다. 시가 주는 감동은 구체적으로 시 감상에서의 어떤 면모들이고 시를 시라고 여기게 하는 것들을 어떻게 설명할 수 있는가를 살피는 것은 곧 시가 얼마나 시다운가를 평가하는 척도가 될 수 있으리라고 본다.

---

3) 릴리언 H. 스미드, 김요섭 역(2000), 『아동문학론』, 교학연구사, 140.

 학습자 중심의 초등 문학 교육 방법

가. 시 작품 평가의 기준

‘좋은 시’를 선정할 때 ‘좋다’는 말은 객관적 인식을 의미하지 않는다. 그 가치를 평가하는 사람의 필요나 욕망과의 관계에서만 이해될 수 있다. 그러나 또 다른 한 편으로 가치를 평가한다는 것은 그 가치 평가의 기준을 전제로 한다. 예술 작품에 대한 가치 평가의 기준을 제시하는 이론은 크게 세 가지로 나누어 생각할 수 있다. 첫째, 평가의 기준을 작품 속에 내재하는 구성 요소 즉 문학 속성소에서 찾아야 한다는 이론, 둘째, 그것을 감상하는 사람들의 반응에서 찾아야 한다는 이론, 셋째, 문학작품의 기능에서 평가 기준을 찾아야 한다는 주장이 그것이다.[4]

만일 시 속의 구성 요소들이 가치 판단의 기준이 된다면 객관적 평가 기준이 될 수 있을 것이다. 그런데, 예를 들어 이미지, 리듬, 비유 등의 속성들이 골고루 들어 있거나 높이 평가되는 시를 좋은 시라고 할 수 있는가? 그렇다면 그 요소들은 또 왜 좋은 것인가? 요소들이 자명하게 밝혀져도 또다시 그 요소들의 가치에 대한 물음에 논리적 설명이 어려워진다. 또, 그 요소들의 배열 형태에 따라 다른 평가가 내려지고, 같은 요소라 하더라도 시 작품 속에서 모두 긍정적으로 평가되지는 못한다는 한계가 보인다. 따라서 이것만으로는 충분한 평가 기준이 될 수 없어 보인다.

두 번째 주장에 따르면 문학 작품 자체에 가치가 있는 것이 아니라 대상에 대한 감상 주체자의 반응이 그 문학 작품의 가치를 결정한다는 주관주의적 이론이다. ‘이것이 시요, 이것이 시가 아니다’라고 시를 아는 방법은 우리들이 읽는 그 시의 힘에 좌우될 뿐만 아니라 우리들이 시를 읽는데 있어 가지는 공감의 폭과 감상력의 정밀도에 좌우된다는 것[5]이다. 이러한 주장들은 세 가지[6]로 나누어 검토될 수 있는데, 우선 작품을 평가한다는 것은 좋다거나 훌륭하다는 감정이나 느낌을 나타내는 것으로 근본적으로 객관적이거나 합리적 근거를 내릴 수 없다는 주장이다. 다른 하나는 어떤 기준을 전제로 판단을 하지만 그 기준은 합리적으로 찾아질 수 있는 것이 아니라 결국은 결단에 의존한다고 보는 주장이다. 감상자들은 서로 다르거나 상반된 근거를 제시하고 그것을 토대로 자신들의 판단을 합리화한다는 것이다. 마지막으로 평가 이유는 규범으로 될 수 없으며 만약 규범이 될 수 있다면 시는

---

4) 박이문, 『예술철학』, 1999, 문학과 지성사. 153쪽 참조.
5) 릴리언. H. 스미스, 김요섭 역(2000), 『아동문학론』, 교학연구사, 139쪽.
6) 예술 평가에 대한 탄감주의(emotivism), 비평단일주의(critical singularism), 상대주의(relativism)(박이문, 1999)에 따라 구분하였음.

예술이 아니고 과학이 된다는 것이다.

이러한 무정부주의적 평가라면 현실에서 훌륭한 작품으로 평가되는 시들은 다수결에 의하거나 소수의 사람들의 기호에 의해 독단적으로 선택된다는 것으로 설명될 수밖에 없다. 그러나 좋은 시는 개인의 감정이나 판단에만 의존하지도 않고 다수 대중들이 느낀다고 해서 훌륭한 작품이 되는 것은 아니다. 그러므로 이 주장도 평가 기준으로 충분하지 못함을 알 수 있다.

그렇다면 문학의 기능에서 평가 기준을 찾아볼 수 있는데, 시의 기능은 무엇인가? 박이문은 예술 작품의 자율적 기능과 타율적 기능을 구분하여 설명하였다.[7] 예술로서 시의 고유한 기능과 거기서 파생된 타율적 기능은 장식적 기능, 교육적 기능, 심리적 기능으로 나누어 볼 수 있다.

이 논리에 비추어 보면 시의 타율적 기능 중 장식적 기능은 시가 우리에게 쾌감을 준다는 측면에서 아름답다는 것이다. 그것들은 우리들의 사고를 자극하기도 하며 경직된 논리를 유순하게 풀어주기도 한다. 이러한 기능은 인간 생활·감수성·생각을 장식해주어 문화를 아름답게 한다.

시의 교육적 기능은 너무나 잘 알려져 있고 오랫동안 강조되어 왔다. 시가 감성적으로, 지적으로, 도덕적으로 인간을 계발해 준다는 것이다. 시를 통해 세계를 새로운 눈으로 보게 되고 삶의 지평을 확대하며, 사물 현상이나 문제를 새로운 차원에서 느끼고, 보다 총괄적이고 조화롭게 볼 수 있도록 도와주는 상상력과 창조력을 계발한다. 게다가 시는 도덕 교과서나 교훈 서적 보다 더욱 훌륭하고 효과적인 도덕 가르침이 되기도 하다.

시의 심리적 기능은 시가 주는 정신위생학적 역할을 말한다. 예술적 활동으로서 시 감상은 실질적 목적과 무관하며 유희, 즉 놀이와 통한다. 놀이의 근본적인 기능은 정신적 기능을 풀어 즐겁게 하는데 있으므로 시를 체험하고 우리의 감정에 평화와 기쁨을 주며 행복을 느끼거나 가슴 속에 맺힌 응어리가 풀어지는 해방감을 느끼게도 하는 것이다. 문학의 심리적 기능 중 또 다른 하나는 샤르트르가 말하는 인간의 궁극적 욕망을 충족시켜주는 것이다. 시적 언어는 일상적 언어와 다르게 사물 현상을 구체적으로 표상하고자 하는데, 이는 언어 아닌 언어 즉 사물 현상 자체로 존재하면서도 동시에 언어로 존재하고자 하는 것이다. 이것은 인간이 즉자(卽自)와 대자(對自)로 동시에 존재하고픈 욕망과 동일하다고 볼 수 있으며 문학은 인간의 실존적 욕망을 어느 정도 충족시키는 심리적 만족을 가져오는 기능을 한다.

---

7) 박이문(1999) 참조.

그러나 이러한 시의 장식적, 교육적, 심리적 기능은 예술로서 시의 고유한 기능이라고는 볼 수 없다. 시의 고유한 기능은 무엇인가? 박이문은 이른바 예술 작품에 대한 기존의 실재적 정의와 제도적 정의를 분석 검토하고 예술을 <가능 유일의 세계>로 규명하였다.[8] 여기서 '가능하다'는 것은 새로움을 뜻하는데 상상력의 소산인 독창성이 높이 평가된다. 이미 알고 있거나 밝혀진 생각, 관점, 느낌은 가능이라는 범주에서 벗어나며 모든 예술 작품은 독창성을 가지고 있다. <유일 가능 세계>로서 문학 작품 혹은 시는 생각, 세계관, 사물에 대한 감정 등의 차원에서 우리를 자유롭게 해주는 기능을 한다. 이러한 독창성이 시의 가치를 평가하는데 중요한 기준이 되며 상상력이 바로 이러한 독창성을 탄생시킨다. 시를 향유함으로써 우리들이 갇혀 있는 세계를 탈출할 수 있게 하는 기능을 한다는 것이다. 이러한 시의 고유한 기능인 독창성이 시를 평가하는 중요한 본질적 기준이 되어야 한다.

시의 예술 작품으로서의 자율적 기능과 타율적 기능, 예술적 가치와 비예술적 가치는 분명히 구별되어야 한다. 그러나 예술적 가치로서 시의 독창성만을 추구하거나 시의 예술적 가치만을 중요하게 생각할 수는 없다. 예술은 인간의 삶이라는 가치에 종속되는 것이기 때문이다. 시의 가치 평가가 어려운 것은 바로 이러한 삶과 예술과 사회의 실존적 결단이나 실존적 선택의 문제이기 때문일 것이다.

나. 시 교재 선정의 원리

예술작품으로서 좋은 시로 평가된 시는 일단 훌륭한 시 교재[9]가 될 수 있다고 하더라도 초등학교 문학교육이라는 특수한 상황에서는 학습 독자인 어린이를 상정하면 또 다른 측면에서 검토되어야 할 문제가 제기된다. 이를테면 학습 독자인 어린이의 발달 정도나 흥미, 지적 능력, 경험에 따라 시 작품의 선정이 조절되어야 하고 구체적인 문학교육의 교육과정에 따라 선정되는 작품은 그 목표 구현에 적절한 것이어야 하기 때문이다. 분명한 것은 시 교육의 교재로 선정되는 작품은 이러한 학습 독자와 교육과정 맥락에 바탕을 둔 요인들을 고려하더라도 문학작품으로서 높이 평가된 작품의 범위 안에서 선정되어야 할 것이라는 것이다.

---

8) 박이문(1999) 참조.
9) '교재'라는 용어는 그 의미 폭이 사람마다 다를 수 있는데, 본고에서는 어린이들에게 수업시간에 지도·보충 자료로 제시하거나 쉬는 시간에 읽도록 제시할 시 전체를 포괄하는 개념으로 사용한다.

　따라서, 예술로서 시의 본질적 기능인 '가능 유일의 세계' 창조로서 독창성이 시 선정의 중요한 기준이 되어야 하겠지만 그렇다고 해서 시의 교육적, 장식적, 심리적 기능에 따른 기준이나 감상자의 반응을 가볍게 여길 수 없으며, 문학교육의 측면에서 시의 내적 기준도 중요한 시 선정의 기준이 되어야 한다. 이러한 관점에서 초등학교 어린이들에게 주는 시를 선정할 때 고려해야할 원리들을 다음과 같이 정리해 볼 수 있다.

1) 새로운 세상을 열어 보이는 독창성

　예술로서 시는 현실을 그대로 보여주지 않는다. 시는 현실을 초월한 가상이며 독창적인 세계이다. 보다 포괄적이고 참신한 세계를 열어주어 현실 세계에 갇힌 생각, 관점, 감정 등을 해방시켜주고 확장시켜 준다. 그러나 독창성은 규정할 수 없다는 것을 그 특징으로 한다. 시의 본질적 특징이 독창성임을 생각하면 시를 선정할 때 정확한 잣대를 마련하기 어려운 것은 바로 이 점 때문이라고 생각한다.

　그러나 교사에게는 분명 독창적인 시와 그렇지 않은 시를 분별할 수 있는 감각이 있어야 한다. 어설픈 말장난이나 낱말의 나열이나 미사여구가 시가 될 수 없다는 것을 아는데도 그런 시들이 교과서에도 등장하는 것은 한두 가지 기준으로만 시를 선정하기 때문이다. 이를테면 교육과정의 지도내용이나 목표에만 맞추어 그것을 지도하기 위한 시를 선정하는 경우10)나 어린이들의 흥미나 발달만을 염두에 둔 작품 선정이 그 예이다. 교육과정 목표 및 지도내용과 어린이들의 흥미 기준이 교재 선정 기준으로서 부적합하다는 것이 아니라 그 기준들과 함께 시의 본질적 특성인 새로운 세계를 열어 보여주는 정도를 중요한 기준으로 생각하고 전제되어야 한다는 것이며, 나아가 어느 한 관점에서만 시를 바라보고 좋은 시로 평가하고 교재로 선정하는 것은 바람직하지 않다는 것이다.

　시의 독창성에서 비롯되는 교육적 기능은 인간을 여러 가지 측면에서 계발해 준다. 그 중에서 시가 가지는 가장 큰 기능은 과학으로 도달할 수 없는 인간의 진실성을 보여준다는 것이다. 시는 우리에게 세계를 새롭게 볼 수 있게 하며 인간 행위의 의미를 새로운 빛으로 조명한다. 고착화된 개념의 테두리에서 벗어나서 사물 현상을 보고 생각하게 하는 상상력

---

10) 교육과정의 문학영역 지도내용은 시의 내적 구성요소를 중심으로 개별 항목이 설정되어 있고, 그 항목에 따른 지도 자료로 적합한 시를 선정할 수밖에 없어, 시 선정에 있어서 유기체로서의 생명력이라는 점을 고려한 선정이 어려워질 수 있다.

이나 논리적 사고를 뛰어넘는 직관을 전제로 하는 창조성을 길러주는 기능이 시의 주요한 교육적 기능이다. 모든 사고가 경직되고 그에 따라 기계화되고 있는 오늘 날의 정신적·문화적 상황에 있어서는 사물 현상을 새로운 감수성으로 접하고 새로운 각도에서 보다 총괄적이고 조화롭게 볼 수 있도록 도와주는 상상력의 계발은 더욱 절실하다.

　시 교재 선정에서 그 시가 새로운 세상을 열어 보여주는 독창성의 정도와 그 작품을 읽을 어린이들이 그것을 음미함으로써 상상력을 계발하고 창의적으로 사고할 수 있는가의 여부는 중요한 기준이 되어야 한다.

2) 경직된 사고를 풀어주는 쾌감과 카타르시스

　시가 주는 기쁨은 그 종류가 다양하겠으나 시의 언어와 의미가 만들어내는 조화로움이나 쾌감이 큰 비중을 차지한다. 상상의 세계를 통하여 억압되거나 실현하지 못한 욕망이나 이상들을 실현하고 시의 유희성을 통하여 언어가 지닌 조화감과 쾌감, 감미로움을 의식하며 즐거움을 느끼게 하는 것은 시의 가장 큰 혜택일 것이다.

　아리스토텔레스는 예술의 카타르시스적 기능, 즉 인간 정신의, 특히 영혼의 정화를 강조하였다. 잘 구조화된 소리는 인간에게 사고를 유발하며 쾌감과 카타르시스를 준다. 이러한 음악적 쾌감은 인간의 사고와 논리를 통하여 얻어지는 것인데[11] 소리와 사고와 언어의 관계는 언어 예술인 시의 가장 큰 특징이라고 볼 수 있다.

　대개의 어린이의 경우 내부에서 시를 받아들일 자연적인 반응이 마련되어 있다고 한다. 시인이 그것을 울리기만 하면 언어의 울림에 대하여 어린이들은 스스로 반응을 나타낸다[12]는 것이다. 어린이들은 본능적으로 리듬을 즐기므로 말의 가락이나 감각을 통하여 좀더 쉽게 시의 세계에 끌려 들 수 있다. 시에서 언어는 읽는 사람에게 피를 끓게 하는 씩씩한 가락, 귀에 경쾌하게 들리는 기쁨, 닦아 놓은 보석처럼 반짝이는 쾌감을 준다. 그러나 단순히 반복된 리듬이나 가락을 주는 것이나 단순한 조각난 어구를 제시하는 것만으로는 어린이들의 신선하고 생생한 상상력에 기쁨을 줄 수 없다.

　이렇게 산문을 읽을 때와는 다른 기쁨이나 쾌락을 맛볼 수 있는 시를 선정하는 것이 시 교재 선정의 중요한 기준이 되어야 한다. 그러나 시어가 주는 즐거움은 시의 다른 요소들과

---

11) 윤현섭(1998), 『예술심리학』, 을유문화사, 참조.
12) 릴리언 H. 스미드, 김요섭 역(2000), 『아동문학론』, 교학연구사, 121쪽.

한데 어울려 생명을 얻었을 때라야만 진정한 기쁨을 안겨줄 수 있을 것이다. 의미와 정감을 나누어 놓기 어려울 정도로 하나로 되어 있는 어떤 경험만이 어린이들에게 싱싱한 반응을 불러일으킬 수 있을 것이다.

3) 삶을 성찰하고 북돋우는 도덕성

예로부터 '온유하고 돈독함은 시가 가르치는 바(溫柔敦厚詩敎也)'[13]라 한 것이나 '시는 감흥을 일으키며, 사물을 살필 수 있게 하고, 무리와 어울릴 수 있게 하며, 불의를 원망할 수 있게 하고, 가까이는 부모를 섬기고 멀리는 임금을 섬길 수 있게 하며, 새와 짐승, 풀과 나무의 이름을 많이 알게 한다(詩는 可以興이며 可以觀이며 可以群이며 可以怨이며 邇之 事父며 遠之事君이요 多識於鳥獸草木名이라)'라 한 것은 시의 도덕적 감화력이나 인간 형 성력을 시사하는 것으로서, 넓은 의미의 정서 교육, 인간 교육적 효용을 인정하는 진술이다.

그렇다면 어떤 주제나 내용이 어린이들에게 적절할 것인가? 박민수는 아동문학에 요구 되는 교육적 측면의 주제의식으로, 인간과 자연 현실에 대한 올바른 이해, 인생에 대한 참 된 가치관, 인간적 정서를 풍부히 하는 것, 모든 생명에 대한 경외감, 우리 민족의 자긍심, 진취적이고 건강한 삶의 생명력 등 여섯 가지를 들고 있다(박민수,1993).

그러나 중요한 문제는 주제가 부드러운 살 속에 싸여 있어야 하고, 겉으로 뼈가 앙상하 게 드러나서는 곤란하다는 것이다. 그렇다면 도덕 교과서와 다를 바가 없기 때문이다. 교사 는 여기서 전문성을 드러내어야 한다. 아름다운 외양에 잘 싸여진 뼈를 볼 줄 아는 투시력 이 있어야하고, 그것이 어린이가 제대로 받아들이고 체험할 수 있는 것인지도 판단하여야 한다. 어린이들을 위해 선정된 시는 아름답고 의의 있는 어느 순간의 경험을 포착하여 제시 할 수 있어야 하고 그 경험을 통하여 놀라움과 감동을 체험할 수 있는 것이어야만 한다. 감 동이 없이 단순히 교훈적 내용을 나열한 것은 시가 아니다.

4) 정서적 감동으로 일깨워지는 지력

흔히 시를 감상하는 것은 정서적 능력만을 기르는 것으로 혹은 정서적 감동 체험만을

---

13) 『禮記』「經解」

얻는 것으로 생각한다. 그러나 시적 상상력은 그 자체로 지적 능력을 키워 줄 수 있다. 인지주의자들은 예술행위들도 인식 능력의 증진에 기여할 수 있다고 말한다. 굿맨은 예술을 창작하거나 감상하는 것은 작가가 일정한 패턴을 확립하고 또한 독자가 그것을 인지〔앎, knowing〕하는 것으로 간주한다.[14] 또한 비어즐리는 예술 작품의 가치 규준을 통일성, 강렬성, 복잡성으로 나누어 설명하고 있다.[15] 생명체로서 한 편의 시가 가진 질서와 일관성, 조화의 속성은 통일성에 해당하고, 주제의 폭과 깊이 등은 복잡성, 감동의 깊이나 작품 짜임새의 밀도나 독창성 등은 강렬성으로 설명될 수 있다. 독자는 시를 읽으면서 이러한 세밀한 식별 능력을 기르게 되고 시가 주는 형식적·내용적 체험은 정서적 경험과 함께 지적 능력을 기를 수 있다.

따라서 어린이에게 읽힐 시는 그 작품의 정서적 측면뿐만 아니라 지적 측면의 수준도 고려해야 한다. 시어의 난이도, 시의 형식적·내용적 요소들과 그 짜임새들이 어린이들의 생각이나 느낌에 대한 식별력과 지적 능력을 길러줄 수 있는 것인지 고려해 봐야 할 것이다. 그러나 이 지력의 문제는 시 감상 활동의 주변부에 해당된다고 볼 수 있으므로 최우선적으로 고려할 사항은 아닐 것으로 본다.

5) 어린이의 시 수용 경향 및 수용 능력

우리가 시를 아는 방법은 우리들이 읽는 그 시의 힘에 좌우될 뿐만 아니라, 우리들이 시를 읽는데 있어 가지는 공감의 폭과 감상력의 정밀성에도 좌우되는 것이다. 그런데 어린이들의 시에 반응하는 감각의 폭을 넓히고 잡아 끌 수 있는 시는 그러면 어떤 시인가?

흔히 어린이들을 위한 작품을 선정하는 기준 연구에서 아동의 발달 단계를 정리하고 지적, 정서적, 사회적, 도덕적 발달 단계에 맞는 작품을 선정해야 한다는 논의가 많다. 이는 아무리 좋은 작품이라도 어린이들의 반응을 불러일으키는 호소력이 없으면 예술로서의 문학 작품의 기능 혹은 비본질적 측면에서의 문학 작품의 기능이 제대로 발휘되지 못한다는 것을 인식하고 있기 때문이다. 어린이들의 반응을 촉발하고 확장할 작품을 선정하는 것은 감상자인 어린이들에 대한 연구결과에 맞추어 이루어져야 한다는 것이다.

그러나 어린이의 인지적, 정의적, 사회적, 도덕적 발달 단계 이론은 아직도 일반적 진술

---

14) 김중신(2003), 『한국문학교육론의 방법과 실천』, 한국문화사, 187쪽에서 재인용.
15) 박이문(1999) 참조

의 수준에서 막연한 도움을 주는데 그치고 있으며 보다 구체적이고 개별적인 상황 맥락에 맞는 준거를 제시할 수 있는 연구결과가 나오지 못하고 있다. 구체적으로 어린이들이 어떤 문학 작품이나 시를 읽고 어떤 반응 양상을 보이는지, 어린이들의 성별, 연령, 상황에 따라 어떠한 작품들에 어떠한 반응을 보이는지에 대한 연구가 축적되면 그것을 바탕으로 어린이들의 반응을 중심으로 한 기준이 마련될 수 있을 뿐만 아니라, 어떤 연령이나 상황에 적절하거나 부적절한 시 텍스트의 특성과 목록을 작성할 수 있게 될 것이다. 그러자면 우선 개별 어린이들의 시에 대한 반응 하나하나를 소중히 여기고 수집하고 정리하는 일이 필요할 것이다.

아무튼 어린이들의 전(全) 감각을 움직이고 어린이들의 마음을 끌어당기는 시를 선정하는 것은 많은 경험적 연구의 집적으로만이 가능한 일이긴 하나, 어린이를 위한 시를 선정하는데 있어서 특히 교육용 시를 선택하는데 있어서는 매우 중요한 기준임에 틀림없다.

6) 문학교육과정 내용과 작품 내적 요소

일반적으로 예술 작품으로서 시를 대할 때는 시의 내적 요소들을 분석하며 읽는 원심적 읽기만으로는 그 가치를 충분히 경험하지 못하게 된다. 문학 작품으로서 시 읽기는 심미적 읽기를 중심으로 하는 시 체험에서 비롯된다. 그러나 문학교육 상황에서는 문학적 문법에 미숙한 학습독자들에게 문학적 문법을 지도해야할 필요가 있다.

그래서 초등학교 교육과정의 문학 영역 지도 내용은 학년별로 시의 요소들이 안배되어 지도되도록 설계되어 있다. 저학년에서는 재미있는 말과 운율, 분위기를 중심으로, 고학년에서는 행과 연, 운율, 분위기, 감각적 표현 등을 중심으로 시의 구성요소를 아는 것을 지도 내용의 중요한 부분으로 하고 있다.

또 문학교육과정은 시의 구성요소 뿐만 아니라 시를 수용하고 창작하는 방법적 요소도 그 지도 내용으로 제시하고 있다. 즉, 저학년의 경우 말의 쓰임 알기, 몸짓하기, 그림 그리기, 느낌 말하기, 낭송하기 등의 활동이고, 고학년은 비유나 표현 알아보기, 창의적으로 시 읽기, 느낌쓰기, 토의하기 등의 활동을 제시하고 있다.[16] 문학교육 운영이라는 특수 상황 아래서 현행 제7차 교육과정 교과서는 다분히 이러한 방법적 측면과 단위 수업시간의 목표

---

16) 졸고(2004), 반응으로서 창작의 의의 및 활동유형 탐색, <초등국어교육연구> 제 4호, 대구경북초등국어교육학회. 활동유형을 분석하여 제시하였음.

진술과 직결되는 어느 한 구성 요소 지도에 효율적인 시를 선정한 경향이 농후하다.

교과서에 제시된 시들에 대한 비판적 목소리들은 대부분 문학교육과정에 제시된 시의 구성 요소나 시 읽기 활동 기준에만 치중하여 시를 선정하였음을 지적하고 있다. 교과서에 수록된 시들이 교육과정 이외의 다른 선정 기준, 즉 시로서의 예술성이나 어린이들의 반응을 충분히 고려하지 못함으로써 초등학교 시 교육을 본질에서 벗어나게 한다는 것이다. 교과서에 선정된 시들이 유기체로서 생명력을 갖추지 못하여 감동이 없는 시 교육 현장을 만들고 있을 뿐만 아니라 시가 주는 기쁨을 체험할 수 있는 기회를 오히려 박탈하고 있다고 볼 수도 있다.

분명, 교육과정 지도 내용도 중요한 시 선정의 기준이 될 수밖에 없다. 그러나 이 기준을 적용할 때에 전제되어야 할 것은 시의 내적 구성 요소나 감상 방법 지도에 효율적이되 문학 작품으로서 예술성 혹은 시로서의 유기체적 생명력이 강한 작품이어야 한다는 것이다. 그렇지 못할 경우 어린이들에게 문학적 문법을 가르칠 수는 있으되 문학이 주는 진정한 감동을 체험하도록 할 수는 없으며, 그러한 문학적 문법은 결코 살아있는 것이 아닌 죽은 이론에 불과할 것이다.

3. 시 교재 선정 원리의 적용 가능성 검토

유기체로서의 시를 이런 저런 각도로 분절하여 살펴보는 일은 좋은 시를 분명하게 규정하여 제시할 수 없는 한계를 극복해보려는 하나의 노력일 뿐이다. 원리에 대한 설명이 그러하듯 초등학교에서 어린이들에게 읽힐 시를 선정하는 실제 과정에서도 어느 한 가지 원리를 충분히 만족시키는 시가 반드시 좋은 시라고 할 수는 없다. 좋은 시는 여러 가지 종류의 기준에 충족되는 요건을 갖추고 있으며, 좋은 시를 선정하는 것은 개인의 감각에 좌우되는 문제인 것이기도 하다.

그럼에도 불구하고 작품을 읽고 선정하는 과정에서는 시가 주는 감동을 바탕으로 해석을 하고 설명을 할 수 있고 그 감동이 작품과 독자 사이의 어떤 요건에서 비롯되는지, 그 작품의 어떤 자질이 독자에게 감동을 불러일으킬 수 있었는지를 분석적으로 살펴 볼 수 있다. 예컨대 이미지를 강하게 부각시키면서 감동을 불러일으키는 것을 주요 특징으로 하는 시가 있을 수 있고, 시어가 주는 쾌감이 의미와 조화를 이루어 감동을 불러오는 것을 그 시의 주요 특징으로 볼 수 있는 시가 있다는 것이다.

이러한 맥락에 서면 예술의 측면과 학습 독자의 특성 측면에서 논의된 시 선정의 원리라 하더라도 시 교육이 구체적으로 이루어지는 교실 상황에서 교사와 어린이의 상호작용적 경험에 비추어 다시 한 번 검토되어야 할 필요가 생긴다. 이에 필자가 교실에서 어린이들과 함께 시를 가르치고 배우던 경험을 상기하며 위에서 논의한 시 선정의 원리를 검토하여 그 실현 가능성을 가늠해 본다.

가. 독창적 상상력과 삶의 총체적 체험

예술작품으로서 한 편의 시는 '가능 유일의 세계'로서의 독창성을 가장 큰 특징으로 가질 것을 전제한다. 유일 가능한 세계를 창조하여 보여주는 시는 생각·세계관·사물에 대한 관점·감정 등등의 차원에서 독자들을 해방시켜주는 기능을 한다. 좋은 시는 내용적 측면이나 형식의 차원에서 여러 가지 속성들이 가진 독창성과 관련하여 결정되어야 한다.

어린이들에게 시를 읽히는 것은 단순히 사실을 알게 하는 행위만이 아니라 사실을 둘러싼 느낌의 세계까지 함께 받아들이도록 하는 것이다. 사물과 현상에 대한 이해와 판단의 과학적 사고와 함께 그 사물이나 현상에 대한 느낌이나 마음의 작용까지 함께 받아들일 수 있는 전체를 바라보는 시력을 회복케 하는 것이다.

> 이슬이
> 밤마다 내려와
> 풀밭에서
> 자고 갔습니다.
>
> 이슬이
> 오늘은 해가 안 떠
> 늦잠이 들었지요.
>
> 이슬이 깰까봐
> 바람은 조심조심 불고
> 새들은 소리 없이 날지요.　　　　　　　　　　　≪이슬≫(윤석중)

이 시에서 이슬과 해와 바람과 새들은 제각각의 상투적인 모습으로 비쳐지지는 않는다. 어린이들에게 이슬과 해와 바람과 새들을 지금까지 바라보던 관점이 아닌 또 다른 각도의 눈빛으로 이들을 바라보게 한다. 이슬이 해가 안 떠 늦잠을 자고 바람이 조심조심 불고 새가 소리 없이 나는 모습은 세계를 분절하여 바라보는 눈빛이 아니고 그들을 연관지어 총체적 시선으로 바라보는 눈빛이며 상상의 힘으로 만들어낸 독창적 세계이다. 어린이들은 바람과 새가 이슬이 잠에서 깨지 않도록 조심조심 불고 소리 없이 날아가는 세계를 경험하며 신기 하고 아름다운 세상을 보게 되는 것이다.

비가 여기 저기
웅덩이를 파놓고

하늘보고
오세요
오세요

그래, 부르면 가야지.
해를 데리고 와
별을 데리고 와

누추한 데에도
몸 담그시고 있는

하늘   ≪웅덩이≫[17](박두순)

비와 해와 별과 하늘과 웅덩이는 미처 생각하지 못했던 관계로 세계를 형성하고 있고 어린이들은 비온 뒤 물웅덩이에 비치는 하늘을 보고 '누추한 데에도 몸 담그고 계시는 하 늘'로 볼 줄 아는 총체적 시각을 가지게 된다. 이 시를 읽은 어린이들은 얼굴에 미소를 머금 고 '역시 하늘다운 넓은 마음씨'에 감동하면서 비 온 뒤의 세계를 평소에는 생각지 못했던 또 다른 프레임을 통해 세계를 느끼고 바라보게 되었고 여러 번 반복하여 읽는 모습을 보 여 주었다.

어린이들은 자신들이 미처 생각하지 못했던 재미있는 눈빛이 들어있는 시를 좋아한다. 일상에서 쉽게 아무런 생각 없이 지나쳤던 것을 낯설게 바라보며 새로운 방법으로 생각한

---

17) 박두순(2001), 『망설이는 빗방울』, 21문학과 문화, 76쪽.

시를 읽고 희한하고 신기하고 재미있다는 생각을 한다. 어린이가 가지는 이러한 시 읽기는 삶을 보다 참신하고 총체적으로 체험하게 함으로써 기존의 갇힌 세계나 시선으로부터 해방되게 하고 삶의 폭을 확장하게 한다.

    산딸기 세 개
    개미나라 가로등

    꼬불길 어두울까
    가로등 세 개

≪산딸기≫(유경환)

작은 산딸기나무에 달린 산딸기는 조그만 개미들의 가로등이라는 상상은 일상적으로 산딸기를 바라보던 시선과는 다른 시선이다. 그러면서도 산딸기가 개미들의 가로등이라는 비유는 빨간 산딸기 세 개와 개미의 관계를 새롭게 관련지어 참신한 세계를 창조하여 보여주고 있다. 어린이들에게 친숙한 곤충인 개미와 그 개미들의 꼬불길을 밝혀주는 가로등 세 개를 바라본 시선은 세상 모든 것들을 단절하여 바라보는 분절적 시선이 아니라 세상의 사물이나 생명들을 연결짓고 아우르는 총체적 시선을 경험하게 한다.

어린이들에게 읽힐 시는 시 장르 고유의 본질을 더욱 잘 보여주는 것이어야 한다. 이제 막 시를 경험하기 시작한 어린이들은 시가 열어 보이는 독창적 세계를 경험하며 일상성과 실제성에서 벗어나는 상상의 즐거움과 새로운 시각으로의 해방이 얼마나 큰 감동을 주는지 경험하도록 하여야 하기 때문이다. 시가 언어로 열어 보이는 새로운 세상을 어린이들이 경험하도록 하기 위해서는 '가능 유일의 세계'가 들여다보이는 시를 선정하여야 할 것이다.

나. 운율과 상상

시가 가지는 가장 큰 특징 중의 하나는 의미와 언어와 리듬이 조화를 이루어 쾌감을 준다는 것이다. 시에서 언어는 읽는 사람에게 용솟음치는 씩씩한 가락, 귀에 경쾌하게 들리는 기쁨, 닦아 놓은 보석처럼 반짝이는 쾌감을 준다. 그러나 단순히 반복된 리듬이나 가락을 주는 것이나 단순한 조각난 어구를 제시하는 것만으로는 어린이들의 신선하고 생생한 상상력에 기쁨을 줄 수 없다. 시의 음악성이 주는 기쁨은 의미와 정감을 떼어 놓을 수 없이 조화를 이룬 가운데 탄생되는 것이다.

　고학년도 마찬가지이지만 특히 저학년 어린이들에게 읽힐 시를 고를 때는 '재미있어요'라는 어린이들의 말을 떠올리면서 시를 찾게 된다. "뭐가 재미있지?"라고 물으면, 어린이 자신의 입술이나 몸으로 흉내를 내며 여러 번 읊조리는 것을 자주보곤 한다. 어린이들은 시를 읽으면서 입술이나 귀에, 그리고 온몸에 본능적으로 느껴지는 리듬감이나 말의 재미를 느낀다. 자신들에게 의미가 쉽게 다가오거나 이미지가 뚜렷한 시는 물론이고 그 의미가 무엇인지 확실하게 파악되지 않은 경우에도 말이 주는 재미 자체만을 즐기는 경우도 많다. 시의 리듬이 가져오는 상상도 그 내용과 함께 시의 주요한 특질 중의 하나이다.

꼬마 병정들이
흰말을 타고
두두둑 두두둑
내려옵니다.

꼬마 병정들이
큰 북을 치며
두두둑 두두둑
몰려옵니다.　　　　　　　　　　　　　　≪소나기≫(문삼석)

　'두두둑 두두둑'이라는 소나기 소리를 나타내는 말이 재미있게 쓰였다. 그냥 빗소리를 흉내 내는 말이 반복된 것이 아니고, 말 타는 모습과 소리, 큰 북치는 모습과 소리가 함께 어우러져 더욱 실감나고 재미있게 들린다. 어린이들은 말을 타는 모습을 흉내 내며 뛰고 싶은 충동을 느끼고 세차게 내리는 소나기의 소리를 흉내 내며 큰 북을 치듯 책상을 두드리기도 한다. 저학년 어린이들이 시가 주는 즐거움을 몸과 귀와 입술로 느끼는 활동을 하기에 적절한 시다.

작은 두 귀가
망망망

작은 엉덩이가
망망망

작은 꼬랑지가
망망망

우리 강아지가
맨 처음 짖던 날   ≪망망망≫(이상교)

　시를 읽고 어린이들은 강아지 울음소리를 흉내낸다. 두 손을 강아지처럼 바닥에 내리고
엉덩이에 꼬랑지가 붙은 것을 상상하며 흔들면서 '망망망' 짖어댄다. '멍멍멍'이라고 표현
하는 것이라고 생각했는데 시에서 '망망망'이라고 하니까 더 재미있다고 한다. 진짜 강아지
소리와 닮게 흉내 내면서 교실을 기어 다니는 아이들도 있다. 그래도 읽고 외울 때는 '망망
망' 소리를 내며 웃는다. 엉덩이도 함께 흔든다.

나물밭에 달팽이
대롱대롱 달팽이

상추쌈이 먹고파
상추잎에 붙고,

아욱국이 먹고파
아욱잎에 붙고.   ≪달팽이≫(권태응)

　저학년 어린이들은 아욱이 무엇인지 잘 모르지만 ≪달팽이≫를 읽을 때 입술에 느껴지
는 재미있는 리듬감을 느끼고 쉽게 외우면서 읊조린다. 네 음절로 된 시어들이 반복되고,
'달팽이', '먹고파', '붙고' 도 두 번씩 반복되어 즐거움을 준다. 거기다가 달팽이가 상추나
아욱이 먹고파서 붙어 있다는 의미도 신선하고 재미있다. 그 장면을 쉽게 떠올릴 수 있다.
어린이들은 상추나 아욱 대신 다른 시어를 넣어보기도 하고 달팽이 대신 친구 이름을 넣어
글자 수와 의미를 맞추어보기도 한다. 이 시는 교과서에 수록되었던 시인데, 이 시를 감상
하는 시간에 1학년의 한 남자 어린이가 "시에는 음악이 있는 것 같아요"라는 말을 하였다.

자주꽃 핀 건 자주 감자
파 보나 마나 자주 감자

하얀 꽃 핀 건 하얀 감자
파 보나 마나 하얀 감자   ≪감자꽃≫[18](권태응)

------

18) 권태응(1995), 『감자꽃』. 창작과 비평사, 17쪽.

한 번 읽어주고 한두 번 따라 읽게 하면 어린이들이 소리내어 웃는다. 한번만 읽고 어디가 재미있냐고 물으니 '파 보나마나'가 재미있다고 한다. 다시 여러 번 소리내어 읽으니 '자주 감자' 하얀 감자'도 재미있고 다른 부분이 재미있다는 이야기를 한다. 어린이들은 자주 감자를 본 적이 없지만 교사는 직접 자주 감자를 본 적이 있다는 이야기를 해주어 개인적 경험을 시와 관련지어 떠올리는 감상 방법을 시범보일 수 있다. 실제로 자주꽃 핀 건 자주 감자가 나오고 하얀 꽃 핀 건 하얀 감자가 나온다는 말에 어린이들은 신기하다는 눈빛으로 시를 읊조린다. '자주 꽃 핀 건', '하얀 꽃 핀 건', '자주 감자', '하얀 감자', '파 보나마나'로 쉽고 간명하게 이루어졌지만 같은 음절수가 반복되거나 같은 낱말이 반복되어 주는 즐거움이 크고, 또 모든 행이 '감자'로 끝나고 '건'과 '나' 그리고 자주 꽃의 '자'와 하얀 꽃의 '하', 파 보나마나의 '파'가 생성한 운율이 여러 번 읽을수록 재미가 난다. ㅏ, ㅗ, ㅜ의 모음들이 자음들과 함께 이루는 조화로움도 즐겁고 그 의미도 재미가 나서 여러 번 읊조리게 된다.

고학년도 역시 리듬이 느껴지는 시를 좋아한다. 리듬이 흥겹고 장면이 분명하게 떠오르는 시를 읽으며 몸짓으로 흉내를 낼 때는 교실이 에어로빅을 추는 듯할 때도 있다. 어린이들은 몸으로 시를 느끼며 흥겨워한다. 다음 시를 읽으면서 몸으로 흉내내기를 할 때는 한 학급의 전체 어린이들이 탈춤 흉내를 내며, 머리 속으로 탈춤의 장면을 그리면서 그 리듬감에 몸을 맡기게 된다. 중요한 것은 이 시가 일정한 음수율에만 의지하고 있지 않고 진술된 내용이 탈춤의 장면을 선명하게 묘사하고 있다는 것이다.

북청 사자 춤을 춘다.
오색 빛깔 털옷 입고
커다란 머리 흔들대고
왕방울 눈 부릅뜨고
북과 통소 장단에 맞춰
가지가지 춤을 추네.

북청 사자 춤을 춘다.
앞에 갔다 뒤로 갔다.
옆걸음도 쳐서 가고
드러누워 턱을 긁고
고개 돌려 등도 핥고
갖은 재주 피워 보내.

북청사자 춤을 춘다.
엉금엉금 걸어오다

앞발 번쩍 들고 나와
공중 높이 일어서서
왕방울 눈 부릅뜨고
빨간 혀를 날름대네.

≪북청사자춤≫(전래동요)

그러나 의성어나 의태어를 많이 썼다고 모두가 다 아이들에게 '재미있다'는 평을 듣지는 못한다. 지나치게 낯익었고 익숙한 노래가사들 - 특히 교과서에 시교재로 제시된 '오리', '송알송알…'- 은 반복과 음절 수 등이 노랫말이 될 정도로 리듬이 강하지만 아이들이 재미있어 하기는커녕 지루해 했다. 이미 노래로 수없이 불러왔기 때문에 새삼스럽게 시로 읽히지가 않는다. 보자마자 노래를 불러버리고 독창적이거나 새로운 느낌이 없어 신선한 시적 체험의 길로 들어서지 못한다.

시는 언어와 의미가 조화를 이루는 가운데 쾌감을 준다. 그러나 한편의 시가 가지고 있는 언어의 쾌감은 단순한 의성·의태어나 시어의 반복 사용으로 만들어지는 것은 아니다. 어린이들에게 보다 고급의 리듬감을 주는 시는 언어와 정감이 나뉠 수 없는 일치를 이루면서도 새롭게 다가오는 것이어야 한다. 초등학교 저학년 어린이들도 언어와 정감이 만들어내는 리듬을 설명으로 찾아내는 것이 아니라 몸으로 느낄 수 있기 때문에 시 선정에서 그 점을 보다 중요하게 생각하여야 할 것이다.

다. 경험의 울림

상상은 과거의 경험으로 얻어진 심상을 새로운 형태로 재구성하는 정신 작용을 말하는데, 기억의 재생은 과거의 경험을 그대로 재현해내는 것이므로 상상이라고 하지 않으며, 사고는 과거의 심상에 의존하지 않고 독자적으로 추상적 개념을 구사하는 것이므로 상상과는 구분된다.[19)]

어린이들도 자신들이 살아온 만큼, 그만큼의 어려움과 기쁨과 바램이 있다. 아이들이 집과 학교와 어울려 사는 사람들 사이에서 겪고 생각하고 상상하는 일들을 떠오르게 하는 시나, 가라앉아 있던 막연한 정서를 건드리고 구체화하여 보여주는 시는 아이들의 마음에 감동의 울림을 줄 수 있다.

---

19) 김중신(2003), 『한국문학교육론의 방법과 실천』, 한국문화사, 195쪽.

엄만
내가 왜 좋아?

-그냥….

넌 왜
엄마가 좋아?

-그냥….

≪그냥≫[20](문삼석)

저학년 어린이들이 엄마와 나란히 앉아 나누는 대화를 연상시킨다. 어린이들은 이 짧은 대화에서 엄마와 나누었던 많은 말들을 떠올리고 엄마 냄새를 맡고 엄마에게 받은 사랑을 모두 다시 꺼내어 음미한다. 이 시를 읽은 어린이들은 '그냥…'이라는 이유가 재미있다고 하면서 '그냥…'을 여러 번 소리 내어 말하면서 이리 저리 돌아다닌다.

조용하다.
빈집 같다.

강아지 밥도 챙겨 먹이고,
바람이 떨군
빨래도 개켜 놓아두고,

내가 할 일이 뭐가 또 있나.
엄마가 아플 때,
나는 철든 아이가 된다.

철든 아이만큼 기운 없는
아이가 된다.　　　　　　　　　　　≪엄마가 아플 때≫[21](정두리)

엄마가 아플 때는 온 집이 빈 집 같은 체험을 한 어린이들은 저마다 다른 모습의 경험을 간직하고 있다가 이 시를 읽으면서 그 안타깝고 서글펐던 경험을 승화하여 자신의 감정을 순화하는 울림으로 체험하게 된다.

---

20) 문삼석(2002), 『우산속』, 아동문예, 100쪽.
21) 정두리(1996), 『작은 거라도 네게는 다 말해 줄게』, 예림당, 92쪽.

공부를 않고
놀기만 한다고
아버지한테 매를 맞았다.

잠을 자려는데
아버지가 슬그머니
문을 열고 들어왔다.

자는 척
눈을 감고 있으니
아버지가
내 눈물을 닦아주었다.

미워서 말도 안하려고 했는데
맘이 자꾸만 흔들렸다.   ≪흔들리는 마음≫(임길택)

　　이 시도 역시 아버지의 마음과 매를 맞고 화가 났다가 풀리는 어린이의 마음을 잘 형상
화해서 감동을 주는 시이다. 부모님께 꾸중을 듣는 일은 어린이들에게는 익숙한 경험 중
하나인데, 속상하고 원망스러운 마음이 아버지의 사랑을 확인하면서 눈 녹듯이 사라지는
경험 밑바닥을 건드리는 울림을 주는 시이다. 아버지의 사랑이 따뜻하게 형상화되었고 그
사랑에 마음이 동하는 어린이의 마음도 소중하게 체험되어서 감동을 준다. 그 감동과 함께
아버지의 사랑을 일상 경험에서 새롭게 찾아 바라보게 되는 것이다.

　　그러나 어린이들의 경험을 소재로 쓴 시라 하더라도 시로 형상화 되는 과정에서 그 소재
가 어떻게 아름답고도 감동적으로 형상화되었는지가 문제이다. 어린이들의 경험을 그대로
옮겨 놓기만 한 것은 감동을 줄 수 없다. 때로는 아이들에게 밋밋하고 단순한 경험 떠올리
기에 불과한 경우가 있다. 아래의 시는 어린이들의 경험과 밀접하다고 생각되어서 선정했
었던 시인데 의외로 어린이들은 단순하게 "그런 경험이 있긴 했다."거나 "그냥 그래요."라
는 밋밋한 반응이었다. 경험의 제시만으로는 결코 시가 될 수 없다. 경험이 어떻게 형상화
되었는가가 관건인 것이다.

가끔은 이불을 뒤집어쓰고
끙끙 앓는 시늉을 해보고 싶을 때가 있어.
"많이 아프니?"
아빠는 걱정스러운 듯 이마를 짚어보겠지.
"뭐 먹고 싶은 거 없니?"

맨날 잔소리만 하던 엄마도 다정스레 묻겠지
"언니 이거 다 가져"
저 혼자 장난감을 다 갖겠다고 떼쓰던 내 동생이
선뜻 내 앞으로 장난감을 밀어 놓겠지.
그런데 하루 종일 꼼짝 않고
어떻게 이불 속에만 누워있는 담.
아마 발에 쥐가 날지도 몰라.
머리도 지끈지끈 아프겠지.
그러다, 그러다, 정말 병이 난다면……
슬금슬금 슬금슬금 뒷걸음질치는 꾀병.   ≪꾀병≫(민현숙)

　어린이들의 경험과 밀접한 시이다. 그런데도 왜 우리 반 어린이들의 호응을 얻지 못했을
까? 이 시에서 그저 꾀병을 생각하기만 할 뿐 별다른 감동을 주지 못하고 독창적인 세계를
형상화해내지 못한 것이 원인이다. 그저 생각을 서술해 놓은 것이기 때문에 별다른 새로움
이나 기쁨을 주지 못한다. 경험과 가깝다고 해서 다 시적 감동을 주는 것은 아니라는 것을
알 수 있다. 어린이들에게 읽힐 시를 선정할 때 그저 문맥의 내용이 어린이 경험과 밀접하
다고 해서 그 시가 어린이에게 감동을 줄 것이라는 생각은 지나친 단견이다. 그 시가 제대
로 시적 형상화를 거친 뒤에야 경험적인 내용이 감동을 줄 수 있기 때문이다.
　다음에 제시되는 '새 고무신'은 요즘 어린이들의 경험과 밀접하다고 볼 수는 없다. 그럼
에도 불구하고 교사가 제시한 여러 편의 시 가운데 이 시를 선택한 어린이가 가장 많았다.

　　읍내장 십 리 길

　　솔가지 한 짐 팔아
　　새고무신 사서

　　곱게만 들고 가는
　　돌이는 맨발.

　　개울 둑 잔디에서
　　'혹시 크지나 않을까?'

　　돌다리 넘어서서
　　또 한 번 신어보고

　　'저 고개마루부터

정말 신고 가야지‘

돌이는 맨발
타박타박 맨발   ≪새고무신≫[22](이종택)

이 시는 요즘 어린이들의 이야기가 아니라고 생각할 수도 있다. 그런데 이 시와 ≪바닷
가에서(정진채)≫[23], ≪사진첩(이미애)≫[24], ≪엄마걱정(기형도)≫[25]를 함께 6학년 어린이
들에게 제시하고 네 편 중 마음에 드는 시 한편을 선택하여 감상문을 쓰도록 하였을 때,
어린이 42명 중 17명(40.5%)의 어린이가 이 시를 선택하였다. 그들의 반응 중 일부는 다음과
같다.

> ......
> 나도 언젠가 비슷한 생각을 많이 했다. 새 학용품을 샀다하면 처음에는 매우 아껴 쓰다가
> 결국 나중에는 더럽다 싶으면 쓰레기 통으로 버린다. 요즘은 더 이상해져서 학용품이 마음에
> 안 들면 새 것인데도 버린다. …(박민정)

> 이 시를 읽으니까 얼마 전에 아버지께서 어릴 적 이야기를 해주신 것이 기억난다. 아버지께
> 서는 정말로 새고무신을 신고 싶어서 헌신을 칼로 째고 벽에 대고 비비고 그러다가 걸리면 혼
> 나시고 그러셨다고 한다. …(배재영)

> …고개 마루부터 신고 간다고 결심했지만 더러워질까봐 돌이는 그냥 새 고무신을 들고 가는
> 것이 머릿속에 금방 떠오른다. 전체 느낌은 아주 경쾌하고 재미있다. …(류준상)

---

22) 박경용 엮음(1992), 『한국명작동시감상』, 가나출판사, 56-57쪽.
23) 박경용 엮음(1992), 『한국명작동시감상』, 가나출판사, 138쪽.
   파도가 밀려간/ 바위 틈,/ 소라게가 집을 업고 놀러 나왔다.//동그란 처마 밑으로/ 빨갛고 예쁜 발이/햇빛에
   반짝인다.//이 넓은 바다의 한 쪽에/ 요렇게 작은 꼬마 소라게가//용하게 살고 있다.
24) 눈높이 문학회(1996), 『어린이를 사랑하는 마음』, 대교문화재단, 38쪽.
   사진첩 속에는/납작납작해진 추억이/마른 미역 줄기처럼/딱딱하게 말린 옥수수알처럼/빼곡 담겨 있다.//가끔
   사진첩을/펼쳐볼 때/추억은 물에 불린 미역처럼/금방 푸들푸들 싱싱해져서/가슴 속으로/미끄러져 들어온다.//
   사진마다 꼭꼭 눌려 있던 추억이/강냉이처럼 튀겨져서/내 머릿속으로/파파팍/튀어 들어온다.
25) 기형도의 ≪엄마걱정≫중에서 마지막 연은 제외하고 제시하였음.
   열무30단을 이고/시장에 가신 우리 엄마/안오시네, 해는 시든지 오래/나는 찬밥처럼 방에 담겨/아무리 천천히
   숙제를 해도/ 엄마 안오시네, 배추잎같은 발소리 타박타박/안들리네, 어둡고 무서워/금간 창틈으로 고요히
   빗소리/빈방에 혼자 엎드려 훌쩍거리네.

 학습자 중심의 초등 문학 교육 방법

　　…요즘 아이들은 새 물건을 사고도 금방 싫증을 내고 새 물건을 산다. 그런 아이들이 이 시를 읽어보는 것이 좋을 것 같다. 이 시에서 재미있는 부분은 3, 4, 5, 6연이라고 생각한다. …(도우헌)

　　이 시를 읽고 생각을 많이 아주 많이 하였다. 5학년 때 축구화를 사고 나서 한 달 정도 닦았다. 이 생각을 했다. 이 시가 편안하면서도 재미있다. …(배형준)

　이처럼 어린이들의 경험의 밑바닥을 울린다는 것은 시의 문맥에 대한 이야기이기도 하겠지만 더 중요한 것은 그 경험의 형상화정도인 것이다. 겉으로 드러난 내용에서 어린이들의 경험과 관련이 있는 것이 중요한 것이 아니라 어린이들의 경험과 관련된 감동을 불러일으킬 수 있는 작품의 형상성이 더욱 중요한 시 선정의 기준이어야 한다.

라. 감동 속에 숨겨진 교훈

　좋은 시는 교훈을 감추고 있다고 볼 수 있다. 도덕 교과서처럼 직설적으로 인간 삶에 필요한 덕목을 나열하고 있지 않지만 훌륭한 시는 어떤 형태로든 삶을 살찌우는 교훈을 준다. 예술로서 시는 그것을 감상함으로 해서 '그 자체가 마술처럼 우리의 가슴을 설레게 하며, 우리 삶의 본보기로 삼고 싶은 대상, 즉 우리가 더 열린 마음, 더 풍요로워진 정신으로 이 세계에 되돌아 올 수 있'게[26] 한다. 시가 가지는 이러한 기능은 예로부터 시를 인격수양과 정서 함양의 방안으로 이용하게 한 원인일 것이다. 더욱이 감동이라는 과정을 통하여 도덕 교과서가 제시하는 설득보다 훨씬 효과적이기도 하다.

　시가 감동을 줄 수 있는 것은 내용만이 아니다. 시적 감동은 내용을 적절하게 형상화하여 제시하는 시인의 기법과 함께일 때라야 진정한 감동을 주는 것이다. 아이들은 거짓말을 하기도 하고 갖고 싶은 물건을 가지려고 친구나 동생과 싸우기도 하고 때로는 훔치기까지도 하거나 개구쟁이 장난으로 남을 괴롭히거나 때리기도 한다. 그러나 그런 아이들을 포함해서 대부분의 아이들은 작고 하찮아 보이는 것을 소중하게 바라보는 눈빛이 있는 시, 따뜻하고 훈훈한 사랑이 담긴 시, 착하고 예쁜 마음이 담긴 시들을 읽고 위로를 받는다. 사랑을 아름답게 형상화한 시를 읽으면서 엄마 품 속 같은 편안함과 마음의 안정을 찾는다. 따뜻한 마음과 사랑이 교훈적인 설명으로 제시되는 것이 아니라 시적 변용을 거친 후 제시될 때

---

26) 수전손택, 이민아 역(2003), 『해석에 반대한다』, 이후. 55쪽.

어린이들의 마음은 어떤 도덕적 설명이나 교훈을 듣는 것보다도 강한 감동을 받게 되고
사랑을 실천하고 싶은 마음이 생기게 된다.

<blockquote>

내 짝이 벌을 선다.
운동장 열 바퀴다.

"선생님, 제가 다섯 바퀴
돌아줘도 됩니까?"

고개 끄덕이는 선생님을 보며
둘은 사이좋게 운동장 트랙을 돈다.　　　　　　　　　≪벌≫(구옥순)

</blockquote>

　새삼스럽게 우정을 설명하고 강조하여 말하는 것보다도 이 시를 읽게 하는 것은 어린이
들의 마음에 우정을 강하게 심어준다. 초등학교 6학년 한 남자 어린이는 이 시를 읽고 "딱
한 번 읽는 순간 마음이 왜 흐뭇해질까? 친구가 벌로 운동장 열 바퀴를 뛰게 되었는데, 자기
가 발 벗고 나서서 뛰어준다는 그 말 한마디가 나의 마음을 흐뭇하게 했다.…"라는 말로
감상을 썼다. 또 다른 어린이는 "이 시는 짧지만·웬지 긴 느낌을 주고 있어 내 마음의 빈
곳도 채워져 있는 것 같다"고 쓰고 있다. 섣부른 강의보다는 훨씬 강한 감동으로 어린이들
의 마음을 채우게 되는 것이 좋은 시이다.

<blockquote>

바쁘고 고된 일이
먼지가 되어 묻어있는
아버지의 구두

아버지의 구두에 손을 넣는다.
우리 집 식구들 무게가 얹혀
크고도 무겁다.

손질을 한다.
구두약을 바른다.

아버지가 딛고 다니는 하루가
반질반질 윤이 나도록
정성을 다해 닦는다.

땀이 나는 내 얼굴 비춰본다

</blockquote>

거기, 환하게 웃으시는
아버지의 얼굴이 보인다.
그러기에
구두에서 묻어나는
아버지의 발 냄새도 싫지 않다.

식구들 신발과
나란히 놓는다.
윤이 나는 아버지의 구두가
자랑스럽고 미덥기만 하다.　　　　　　　　≪아버지의 구두≫(방원조)

위의 시는 어린이들이 아버지의 구두를 닦는 모습으로 그 사랑의 마음을 잘 형상화해 놓았다. 결코 아버지를 사랑하자는 구호를 내걸거나 설명은 하지 않지만 구두를 묘사하고 구두를 닦는 손길과 구두의 무게와 구두에 내 얼굴을 비춰보며 정성스럽게 구두를 다루는 모습, 그리고 자신이 닦은 아버지의 구두가 윤이 나는 것으로 자랑스럽고 미덥기만 아버지에 대한 사랑의 표현을 하고 있지만 어린이들의 아버지에 대한 사랑과 신뢰의 마음에 불을 당기기에 충분하다. 위 시를 읽은 어린이의 감상문 중의 일부를 보자.

> 이 글은 아버지라는 이름이 얼마나 무거운지를 알려주는 것 같다. 아버지의 뒷모습에는 외로움과 쓸쓸함이 담겨 있고, 아버지의 구두에는 아버지의 힘든 모습이 보인다. 나는 아버지의 구두를 잘 닦지 않는다. 그래서 이 글을 읽고 깨우친 점이 많다. '그러기에 구두에서 묻어나는 아버지의 발 냄새도 싫지 않다.'라는 부분이 재미있다. 아버지의 환한 웃음 때문에 냄새가 나지 않은 걸까? 정말 오늘 하루 아버지의 구두를 닦고 싶다. 언제나 회사에 갔다 오시면 힘드시지만 웃음을 짓는 아버지를 보면 불쌍한 생각도 든다. 어쩐지 아버지의 주름살도 늘어난 것 같다. 나는 아버지의 구두를 볼 때마다 다 낡은 구두가 아버지를 잘 받쳐주는지가 궁금하다. 구두 굽이 다 낡아서 점점 신발이 내려가는 것이 아버지의 힘든 모습을 가르쳐 주는 듯하다. …(황영미)

> 나는 이 시가 어딘가 느껴지는 것이 있다. 하루 동안 일하시는 아버지의 신발을 닦는 것이 정답게 느껴진다. 그 아이가 용돈을 타려고 하는 것이 아닌 것 같다. 고된 일을 하시는 아버지를 기쁘게 하려는 것 같다. 나는 아버지의 신발을 한 번도 닦지 않았다. 그런 내가 부끄럽다. 이제부터는 아버지를 기쁘게 해드려야겠다. 구두를 닦는데 왜 발 냄새가 나지 않을까?(김성건)

그런데 여기서 중요한 것은 어린이들에게 우정이나 부모님에 대한 감사의 말을 하고 있지 않으면서 교훈적 기능을 달성할 수 있어야 한다는 것이다. 시가 겉으로 드러내어 교훈을 역설할 때 이미 시적 생명력을 잃어버리고 만다.

외진 산골에
들국화 몇 송이
아이들이 지나가다
보았습니다.

들국화야
들국화야

산과 들에는
아직 한 번도
불려지지 않은
온갖 들꽃들이
그냥 피고 지고 있었습니다.
찬 이슬 글썽이며   《들꽃》

　　한 6학년 어린이는 이 시를 읽고 감상문에서 '마음이 아팠고 들국화가 불쌍하다는 생각
이 들었습니다. …지은이가 누구인지 몰라도 외로웠던 것 같습니다.'라는 표현을 하였다.
산과 들에 한 번도 불려지지 않은 들꽃을 보며 아이들이 '들국화야/들국화야' 불러주는 사
랑의 마음과 외로운 사람에게 이름을 불러주고 싶은 안타까운 감동의 순간을 체험하게 하
는 시이다.

고 작은 것
제비꽃이 피지 않으면
봄이 아니다.

고 작은 것
매미가 울지 않으면
여름이 아니다.

고 작은 것
고추잠자리가 날지 않으면
가을이 아니다.

고 작은 것
눈가루가 날지 않으면
겨울이 아니다.

고 작은 것

고 작은 것들끼리 모여
우주를 만든다.

≪고 작은 것≫(제해만)

　한 남자 어린이의 감상문을 그대로 옮겨 보면, "나는 이 시가 활기차고 반복되는 '고 작은 것', ' - 않으면 아니다'가 들어가서 좋다. 이 시를 읽으면 난 고 작은 것을 하찮게 여기고 밟고 죽이고 한 것들이 후회스러웠다. 이처럼 우리 사회의 작은 회사의 사원, 청소부 등의 사람들을 좀 있다고, 좀 안다고, 좀 쌔다고 해서 무시하는 사람들이 웬지 싫어졌다. 이 작은 것이라도 무시하지 말자!"이다.
　대부분의 어린이들은 감동과 함께 교훈을 받아들일 때 거부감이 없다. 그러나 시가 지나치게 교훈을 앞세우며 드러낸 경우 어린이들에게 감동을 주기가 어렵다. 다음의 시 '고추장'을 읽고 어린이들이 그들 말로 "썰렁하다"는 반응을 보인다.

고추장에 보리밥 빨갛게 비벼
장닭에게 먹이면
닭싸움에서 이겼지
피 흘리면서도 이겼지

올림픽에서 우리 선수들
고추장 한 숟갈 먹으면
힘이 솟았네
금메달 땄네

남의 나라 이민 갈 때도
중동 땅 모래밭에서도
만주벌판에서 독립운동 할 때도
보릿고개 배고플 때도
달랑 고추장 한 종지면
밥 한 그릇 꿀맛이었지

고추장은
을지문덕 장군의 함성이다.

계백 장군의 부릅뜬 눈이다.
이순신 장군의 거북선이다.

고추장은
조상의 빨간 피

위 시를 읽은 어린이들의 반응은 "재미있지만 썰렁한 분위기"라고 하거나, "하찮은 음식이라도 그 나라의 모습과 역사 그리고 정신을 보여 줄 수 있다는 것을 알 수 있었다." 혹은 "고추장만 먹으면 힘이 솟고 싸움에서 이긴다는 게 이해가 안된다.", "빨간 고추장이 강하게 느껴지면서 힘이 들어 있는 것 같기도 하다.'라는 반응이다. 어린이들에게 지나치게 무리하게 고추장과 민족정신을 연결지은 것이다. 보다 정교한 형상화가 없이 우리 민족에 대한 자긍심을 지나치게 직설적으로 드러내어 강조한 것이 이 시가 어린이들에게 "썰렁한"이유라고 생각된다.

시는 독창적 상상력으로 새로운 세상을 열어보여야 한다. 어린이들에게 교훈과 위안을 주기 위한 시일 경우에는 더욱더 정교하게 형상화 과정을 거친 후에라야 감동을 가져올 수 있을 것이다.

마. 말로 그리는 그림

어린이들은 이미지를 쉽게 떠올릴 수 있는 시를 좋아한다. 분명하게 떠오르는 장면을 즐길 수 있을 뿐만 아니라 장면을 쉽게 떠올릴 수 있어서 시의 다른 요소들 - 리듬, 비유적 표현, 재미나는 생각들 -을 즐기기에도 도움이 된다. 아이들은 어른들보다 경험의 양이 적지만 그 대신 상상의 힘이 유연하다. 작은 단서로도 장면을 재미있게 상상할 수 있고 그릴 수 있으며 시가 제시하는 그림이 선명하고 구체적일수록 그와 관련되는 새로운 우주를 상상해내며 즐거워한다.

> 도토리나무가 다람쥐들을 위해
> 도토리 한 알
> 땅바닥에 떨구어 주었다.
>
> 어디로 떨어졌는지 몰라
> 어미 다람쥐 아기 다람쥐
> 서로 바라보고 있다.
>
> 도토리나무가 안타까운 듯

어디로 떨어졌는지 가리켜 주려고
자꾸만 나뭇잎을 흔들고 있다.   ≪도토리나무≫[27](윤동재)

　도토리나무가 나뭇가지를 흔들고 어미 다람쥐와 아기 다람쥐가 두 눈을 똥그랗게 뜨고
도토리를 찾다가 서로 바라보는 모습이 선명하고 구체적이다. 게다가 도토리나무가 안타깝
게 나뭇잎을 자꾸만 흔드는 이유는 어디로 떨어졌는지 가리켜주려는 것이라는 생각도 재미
있고 가슴 따뜻해진다. 어린이들은 도토리나무나 다람쥐의 모습을 선명하게 상상할 수 있
고 흉내 낼 수 있어 즐겁게 읽는다.

눈
눈
눈
받아먹자 입으로

아
아
아
코로 자꾸 떨어진다.

호
호
호
이게 코지 입이냐   ≪눈≫(윤석중)

　이 시는 우선 시행의 배치가 눈이 떨어지는 모습을 연상하게 하고 눈이 오는 날에 입을
벌리고 눈을 받아먹으려고 얼굴을 하늘을 향해 올려다보는 모습을 선명하게 보여주고 있
다. 눈을 받아먹으며 장난을 치고 웃는 모습이 그림처럼 보인다.
　대부분의 어린이들은 시를 읽으면서 감각적 이미지가 분명한 것을 더 좋아한다. 교육과
정 지도내용에 제시된 여러 가지 시 감상 방법들은 시를 읽으며 그림을 그리거나 몸을 움
직이거나 역할극을 하거나 흉내를 내는 것을 소개하고 있다. 가장활동을 통하여 머리 속
그림그리기인 상상 활동을 구체화하고 활성화 시킬 수 있다는 것이 이러한 활동들의 특징
이다. 시에서 감각적 이미지가 선명하고 구체적일수록 쉽게 상상할 수 있다는 점과 이러한
교육과정 지도 내용의 시 감상 활동들이 구체적인 이미지를 가진 시일수록 활동이 용이하

---

27) 윤동재동시집(2002), ≪재운이≫, 창작과 비평사.

다는 점도 있다.

바. 시로 하는 이야기

어린이들은 이야기가 들어있는 시를 좋아한다. 왜 그럴까? 어린이들은 시에 나오는 장치들을 처음부터 쉽게 받아들이지는 못한다. 물론 시가 주는 리듬이나 시어를 입술로 읊조릴 때 본능적으로 느끼는 즐거움은 제외하고 직유나 은유 등 좀 어려운 표현방법들이 처음부터 익숙하지는 않다. 저학년에서는 아주 간단하고 쉬운 시어들로 이루어진 짧은 시들을 접하다가, 고학년이 되면 일단 읽게 되는 시들의 길이가 길어진다. 좀 더 긴 시에서 유기적이고 생명을 가진 한 세계를 경험하기 위해서는 처음에는 스토리가 있는 것이 손쉽기 때문에 이야기 요소를 가진 시를 좋아한다. 그러나 시를 보다 찬찬히 자세히 음미할 수 있는 능력이 생겼을 때는 이야기 요소가 크게 문제되지는 않는다. 아래의 ①, ② 두 편의 시에서 스토리가 있는 것과 없는 것을 비교해보자.

> "보물찾기 시간이 끝났습니다!"
> 선생님의 호루라기 소리에
> 아이들이 하나, 둘 숲에서 나와 매달립니다.
>
> "저는 화석처럼 생긴 돌을 찾았어요."
> "저는 산새 알을 찾았어요."
> "선생님, 이 꽃 봐요. 참 예쁘지요?"
> "이 장수하늘소가 참나무에 붙어있었어요."
>
> 쫑알쫑알 보물 자랑이 끝나갈 무렵
> "제 짝 순임이가 안보여요. 선생님!"
> "아까 상수리나무 밑으로 같이 갔었는데……"
> "점심시간에는 저랑 같이 있었는데요."
> "해가 지면 어떡해요, 선생님?"
> "공부도 못하는 게 늘 말썽이야."
> 아이들이 웅성거립니다.
> 까욱까욱 까마귀가 어지럽게 빙빙 돌고
> 갑자기 산그늘이 아이들을 에워쌉니다.

"순임아!"
"수운니임아아!"
아이들의 목소리가 퍼져가는 숲 속
바위 길을 오르내리며
순임이는 꺾인 꽃대궁을 만져주고 있었습니다.
짓뭉개진 개미집을 살펴주고 있었습니다.   ①≪보물찾기≫[28](김동국)

폭포 앞에 서면
수만 마리로 쏟아지는 새 떼소리
솟아오르는 새 떼소리.

깊은 숲 속
숱한 산새소리들이 몰려와
일시에 토해내는 소리.

곤두박질치며
허연 날개 퍼덕이며
치솟아 오르는 소리.
푸른 물 속에 허연 속살 번쩍이며
자맥질하는 소리.

하늘에도 땅에도
내 몸에도
온통 휘감으며 달라붙는
저 소리
수만 마리의 새 떼소리   ②≪폭포≫(하청호)

　①과 ②는 저마다 특징이 다르긴 하나 두 작품 모두 한 우주을 제대로 형상화해낸 좋은 작품들이다. ①이 스토리를 가진 것이 특징이라면 ②는 폭포의 모습과 소리를 새떼들의 날개짓과 소리에 비유하며 공감각적으로 잘 표현해냈다. 그런데 아이들은 처음에는 ②와 같은 시보다는 ①에서 더 재미를 느끼고, 쉽게 시의 아름다움을 발견한다. ②처럼 비유적 표현을 여러 가지로 사용하여 한 장면을 길게 묘사한 것을 즐기기 위해서는 보다 더 많은 시적 능력을 요구하며 시에 더 많이 익숙해진 후에야 가능한 것이다. 저학년의 경우에도 이야기 요소를 담고 있는 시들을 좋아하는데 다음과 같은 것들이다.

---

28) 김동국(1997), 『대동여지도』, 아동문예, 88쪽.

소가
아기 염소에게 그랬대요
"쪄그만게
건방지게 수염은?
또 그 뿔은 뭐람?"

그러나
아기염소가 뭐랬게요?
"쳇
아저씬 부끄럽지도 않아요?
그 덩치에 아직도 '엄마 엄마'게…"   ≪소와 염소≫(손동연)

짧은 그림책을 보는 듯한 시이다. 어린이들은 이야기가 들어있는 시를 쉽게 이해하고 쉽
게 외우며 더 즐거워하며 흉내 낸다. 그래서 저학년 어린이일수록 이야기 요소가 담긴 시가
쉬우며 점차 시적 문법에 익숙해진 후에는 다른 요소들을 부각시키는 시들로 옮겨 가는
것이 좋다.

마당에선
고양이가 어른이래, 에헴!

들녘에선
염소가 어른이래, 에헴!

냇물에선
메기가 어른이래, 에헴!

왜냐구?
수염이 기니까, 에헴!   ≪어른≫29)(문삼석)

이 시는 이야기 요소와 함께 '에헴'이라는 의성어가 반복적으로 나와서 어린이들에게 즐
거움을 더해준다. 고양이와 염소와 메기의 어른 주장이 많은 어린이들에게 재미있는 이야
기와 시의 함축성을 동시에 즐기게 해주어서 즐겁게 읽고 외울 수 있다.
어린이들이 처음으로 시를 접할 때는 시적 문법들에 익숙하지 않고 그것을 제대로 읽는
일이 어렵기도 하다. 이야기 요소가 가미된 시에 더 쉽게 다가가고 감동한다는 점은 어린이

---

29) 문삼석(2002), 『우산속』, 아동문예, 62쪽.

를 위한 시를 선정할 때 교사가 고려해야할 중요한 부분이다.

4. 나오며

시 교육의 상황에서 어린이들에게 줄 작품 선정 원리들을 몇 가지 항목으로 나누어 논의해 보았다. 그러나 이러한 방식의 논의는 어디까지나 논의의 편의를 위한 것이지 각 항목에 꼭 맞는 작품이 따로 존재하는 것은 아니라고 본다. 오히려 좋은 시는 여러 항목의 요건들을 고루 갖추고 있는 경우가 더 많은 것이 사실이다.

그러나 분명한 것은 개별 시 작품들은 복합적이고 총체적인 요소들을 가지고 있지만 이러한 여러 가지 측면 중에서 어느 한두 가지의 측면이 강하게 부각되어 시적 생명력을 얻는 경우가 대부분이라는 것이다. 따라서 시가 가진 미덕이나 교육적 효용성을 어린이들에게 온전히 전달하기 위해서는 교과서에 게재한 시는 물론이고 교사가 선정해 주는 시들도 더욱 분명한 가치 판단 기준을 토대로 선정되어야 한다는 점이다.

시는 바라보는 각도에 따라 그 평가가 달라질 공산이 크며, 더욱이 동시문학에 대한 평론의 부재 또는 미미함과 초등학교 학습 독자들의 반응에 대한 연구 부진, 그리고 교과서에 게재할 시 작품 선정 시 일부 집필자들의 임의적인 작품 선정으로 인해 초등학교 시 교육이 빈약하게 전개되는 상황을 생각할 때 이러한 논의는 앞으로 더욱 활발하게 전개되어야 할 것으로 생각된다.

참고문헌

교육부(1999), 초등학교교육과정해설Ⅲ

권태응(1995), 『감자꽃』, 창작과 비평사.

김동국(1997), 『대동여지도』, 아동문예.

김상욱(2003), 『문학교육의 길찾기』, 나라말.

김제곤(2003), 『아동문학의 현실과 꿈』, 창작과 비평사.

눈높이문학회(1996), 『어린이를 사랑하는 마음』, 대교문화재단.

문삼석(2002), 『우산속』, 아동문예.

박경용엮음(1992), 『한국명작동시감상』, 가나출판사.

박두순(2001), 『망설이는 빗방울』, 21문학과 문화.

박민수(1993), 『아동문학의 시학』, 양서원.

박이문(1990), 『시와 과학』, 일조각.

박이문(1999), 『예술철학』, 문학과 지성사.

박화목 엮음(1986), 『한국동시선』, 범우오뚜기문고.

신헌재편역(1992), 『아동문학교육론』, 범우사.

유경환(2002), 『마주선 나무』, 창작과 비평사.

유소영(2001), 『아동문학 어떻게 이용할까』, 건국대학교출판부.

윤동재(2002), 『재운이』, 창작과 비평사

윤현섭(1998), 『예술심리학』,을유문화사.

이경화(2003), 『읽기 교육의 원리와 방법』, 박이정.

이준관(1987), 『씀바귀꽃』, 아동문예.

정두리(1996), 『작은 거라도 네게는 다 말해 줄게』, 예림당.

제해만(2001), 『너를 만나고 싶다』, 미리내.

진선희(1999), 「아동의 주체적 반응활동을 조장하는 시 감상 지도법」,『읽기수업방법』, 박이정출판사

진선희(2004), 「반응으로서 창작의 의미와 활동유형 탐색」,『초등국어교육연구』 제4호, 대구경북초등국
　　　　　어교육학회.

한명숙(1997), 「문학작품보고서에 나타난 학생의 반응 분석」『국어수업방법』, 박이정출판사.

한철우(1998), 「문학의 교수학습과 독자반응 연구」『문학교수학습방법론』, 삼지원.

허승희 외(2002), 『아동의 상상력 발달』, 학지사.

Kathleen E. Holland 외(1993), *Journeying-Children Responding to Literature*, Heineman.

릴리언 H. 스미드, 김요섭 역(2000), 『아동문학론』, 교학연구사.

미켈 뒤프렌(1996), 『미적 체험의 현상학』, 이화여자대학교출판부.

수전손택, 이민아 역 (2003), 『해석에 반대한다』, 이후.

Judith Wolinsky Steinbergh(1994), *Reading and Writing Poetry - a Guide for Teachers*, Scholastic Professional Books.

3장 시 지도의 실태

1. 들어가며

현대 사회는 고도의 문명 발달로 인해 물질적으로는 풍족하지만, 그에 비해 인간의 정신은 메말라가고 있다. 이런 때일수록 학교 교육에서는 인간의 아름다운 심성을 기를 수 있는 문학교육 특히 시 교육을 강조해야 할 것이다. 아동들은 시를 통해 미적 감성을 충족시키고 정서를 함양함으로써 생활의 체험을 풍부히 할 수 있으며, 나아가 올바른 판단과 가치관, 건전한 인격을 형성할 수 있다.

아동들이 시를 의식하여 시의 본격적인 독자가 되는 것은 대부분 학교의 국어과 수업을 통해서이며 시와 밀착된 만남을 아동기에 가지지 못한 성인은 시가 가진 미덕을 끝내 경험하지 못할 가능성이 높다.

아동들이 의미 있는 시적 체험을 풍부히 체험할 수 있게 해주는 핵심적인 역할을 교사가 한다(로버트 화이트헤드, 신헌재 편역, 1998). 초등학교 시기의 아동들은 교사가 가르치는 방향대로 쉽게 따라오며 또한 교사의 영향을 많이 받는다. 이런 시기에 시 교육을 통해 아동들이 언어의 아름다움과 삶의 의미를 재발견하고, 상상의 세계를 재창조할 수 있도록 교사가 도와주어야 한다. 교사가 늘 관심을 갖고 아동들이 좋은 시를 접할 수 있게 도와준다면 아동들은 항상 시를 삶의 활력소로서 자연스럽게 받아들일 수 있을 것이며, 더 나아가 평생 시의 아름다움을 느낄 수 있는 토대를 마련할 수 있는 것이다. 아동들이 시를 쉽고 재미있고 친근감 있게 생각할 수 있게 교사들은 시를 지도해야 한다. 교사의 학습 지도 방식과, 교사의 동시에 대한 인식도에 따라 시 교육의 목표 달성도는 달라지게 된다.

국어과 학습 지도에서 가장 어려운 단원으로 시 지도 단원을 꼽는 교사들이 많다. 이러한 반응은 아동들도 마찬가지인데 그 이유는 시적인 언어 형상의 제 양상이 일상적인 언어사용과 달라 의미가 여러 가지로 해석될 수 있기 때문이기도 하지만, 가장 중요하고 실질적인 이유는 시 교육의 방법에 있다고 할 수 있다(천경록 외:304). 다인수의 교실 환경, 교사의 일방적인 작품 해석으로 이루어지는 수업, 아동들의 적극적인 참여 활동이 배제되어 아동 스스로 즐거움을 위해 시를 읽는 활동이 상실된 교실 수업은 시 단원의 학습을 더욱 어렵게 생각하게 만든다.

시 수업의 효과를 높이기 위해서는 아동들이 시 수업에서 어려움에 접할 때 문제 상황에 대해 함께 협의하고 해결 방법을 모색해 나가며 시에 대한 흥미를 지속시킬 수 있는 수업 방법이 필요하다. 협동학습에서는 다른 사람의 견해와 생각을 잘 조율해서 공동의 이해와 생각에 도달할 수 있다. 또한 협동학습을 하는 과정에서 아동들은 자신의 부족한 점을 보충할 수 있고 자신감을 갖게 된다. 이런 협동학습의 장점들을 적용한 시 두레 학습에서는 아동들이 시를 공부하면서 두레원들과 상호작용을 함으로써 효과적으로 문제를 해결할 수 있으며 시에 대한 흥미를 더욱 증진시킬 수 있다는 연구 결과가 많이 나와 있다(김경희, 1998; 정지영, 1999; 김홍이, 2000). 7차 교육과정에서는 시 교육 방법의 일환으로 이런 협동학습의 장점을 이용한 학습 방법들이 다양하게 제시되어 있다.

이 글에서는 시 교육에서의 교사 역할의 중요성과 협동학습의 적용의 필요성을 새삼 강조하며, 초등 교사들의 시 교육 실태를 설문지 분석을 통해 파악하여 현장에서의 시 교육 개선점을 찾아보고 초등 시 교육이 나아갈 방향을 제시해 보고자 한다.

2. 초등학교에서의 시 교육

가. 초등학교에서의 시 교육의 의의

문학교육의 일차적인 목적은 작품의 이해와 감상에 있으며 이것은 또 개인의 문학적 체험을 통하여 궁극적으로 인간 삶의 질 향상에 기여하게 하는 것이라고 할 수 있다. 훌륭한 문학 작품을 교재로 삼아 감동적으로 전 인류의 체험에 참여하게 함으로써 삶의 의미를 깨닫고, 일회한인 자기의 삶을 가치 있는 것으로 꾸려 나가도록 도와주는 것이다.

이원수(2002)는 아동문학이 아동들의 미의 의식을 높여주며, 감동으로써 인간성을 아름답게 키우도록 도와준다고 했다. 그리고 미지의 세계에 대한 인식을 갖게 해주며, 인간으로서의 살아가는 길을 알게 해 준다고 했다.

이러한 맥락에서 살펴보면 시 작품도 아동들에게 미적 의식을 함양시켜 주며 정서적 경험과 쾌감을 통하여 내적 충만감과 위안을 얻게 해 준다. 시가 지니고 있는 음악성 때문에 아동들은 다른 문학 장르보다 더 쉽게 시에 다가설 수가 있다. 작품에서 드러나는 인물의 소망, 태도, 정서, 사고방식은 인간의 내면을 이해하게 하고 성숙하게 하는 기능이 있으며, 작품 속의 여러 가치를 체험함으로써 올바른 가치관과 세계관을 아동들이 형성할 수 있다.

또한 시는 아동들의 언어사용 능력을 향상시켜준다. 언어의 사용 범위나 종류의 증가를 가장 잘 돕는 문학이 소설이라면, 동시는 언어의 미화에 기여한다. 아름다운 말, 고운 표현, 적절한 사용법 등을 우리는 동시에서 찾아볼 수 있는 것이다. 어떠한 감정을 나타날 때, 그 감정을 무슨 말로 나타내느냐 하는 것을 가장 깊이 생각하고 말을 고르는 것은 시이다. 아동들의 감정을 나타내는 동시가 아동 용어 가운데서도 가장 적절한 것을 찾아서 쓰는 것이므로, 동시의 언어에의 노력을 경시할 수 없을 것이다. 동시의 용어는 회화체가 아니기 때문에 일상 회화에서 쓰이기에는 적당치 않은 것이 있겠지만 어떠한 느낌을 정묘하게 적어내는 법을 배우기에는 아주 적합하다(이원수, 2002:259).

진선희(1994)는 문학 교육의 목표에 기반을 두어 동시 교육의 일반 목적을 다음과 같이 세 가지로 정리하였다.

첫째, 시작품의 수용·이해 능력을 기른다. 즉 비유, 상징, 이해, 운율 등 시의 독특한 언어사용에서 언어 감각을 익히며, 시적 상상력의 소산을 수용·이해하는 힘을 기른다.

둘째, 시 감상을 통해 내적 충만감과 위안감을 얻을 수 있도록 한다. 학생들로 하여금 시작품의 수용·이해를 바탕으로 시적 감동을 내면화하여 충만감을 얻고, 일상의 깨어진 리듬을 회복하여 감성의 평형을 유지하게 하여 정서를 순화할 수 있도록 한다.

셋째, 인간을 성숙하게 하고 바른 세계관과 가치관 형성에 도움을 준다. 시를 통해 상상력을 기르고 체험을 확대하여 사물에 대한 애정을 회복하고 관념적 사물인식을 구상적으로 바꾸는 등 인간 성숙 및 바른 세계관 형성에 도움을 준다.

고동덕(1996)은 동시 교육의 교육적 효용 측면에서 동시 교육의 목적을 '일상의 삶에서 비뚤어지고 오염된 마음을 순화시킨다. 시적인 직감을 통해 사물의 본질을 붙잡는다. 참된 삶을 인식하고 인간다운 삶의 태도를 갖는다. 자신의 느낌과 생각을 표현하고 싶은 욕구를 갖는다'라고 정리했다.

이외에 시 교육을 통해 사고력을 신장시킬 수 있다(김은전 외, 2001:38). 시 교육의 다양한 장면 즉 시를 쓰거나 시에 대해서 배우고 시를 활용하는 모든 과정에 사고력은 작용한다.

더구나 시는 의미와 상황이 자세하게 제시되는 갈래가 아니기 때문에 독자가 의미를 재구성하는 활동이 중요하다. 이런 과정에 독자의 상상력, 사고력이 작용할 수밖에 없다. 따라서 시를 교수·학습한다는 것은 학습자의 사고의 폭과 깊이를 확인하는 작업이기 때문에 시 교육을 사고력 신장 교육이라고 할 수 있다.

나. 7차 교육과정의 시 단원 지도 내용 분석

7차 교육과정에서는 창의적인 국어 사용능력 신장과, 학습자 중심의 교육과정의 영향으로 창의적인 내용으로 학습 활동을 하거나, 학습자 중심으로 시 학습을 전개할 수 있는 방법들이 많이 엿보이고 있다. 2학년부터 단순한 시 쓰기 수준이지만 시 쓰기 항목이 나오며, 시의 일부분을 창조적으로 재구성하기, 시를 다른 갈래로 표현하기 등 창작 관련 활동들이 많이 강조되어 있음을 알 수 있다. 정의적인 측면에서 작품에 나오는 다양한 인물의 삶을 이해하고, 반영된 가치나 문화를 이해하는 것을 각 학년 수준에 맞게 제시하고 있다. 또한 문학 작품 즉 시를 즐겨 찾아 읽는 태도를 기르는 것을 학년마다 공통으로 강조하고 있음을 알 수 있다. 교사의 일방적인 지식 전달 위주의 시 교육에서 학생들의 능동적인 참여와 창의적인 활동을 강조하는 방향으로 문학 교육이 나아가고 있으며, 문학 작품을 즐겨 읽는 태도 형성을 중요시하고 있음을 알 수 있다.

1) 동시 학습 내용 요소와 수준

7차 교육과정 초등학교 국어과 교과서와 교사용 지도서를 분석한 결과 각 학년별 동시 학습 내용 요소와 수준과 특징은 다음과 같다.

① 저학년 동시 학습 내용 요소와 수준

저학년에서는 아동들이 시 속의 언어에서 재미(유희성)를 느낄 수 있도록 저학년 수준에 맞는 소리나 모양을 흉내 내는 말이 다양하게 들어있는 시를 제시해 주고 있다. 그러나 시 속에 제시된 어휘가 저학년 아동들이 수준에서 이해하기 어려운 단어들로 구성되어 있는데 낱말에 대한 해석이 따로 언급되어 있어야 하겠다.

　시 쓰기에 대한 언급은 2학년 2학기에 제시되어 있으나 친구의 모습을 보고 시의 형식을 떠나 글로 나타내는 단순한 수준의 글쓰기이다. 시 쓰기 입문 교육으로 주어진 시에 들어있는 꾸며주는 말을 바꾸어 넣어 시를 완성하거나, 꾸며주는 말을 넣어 문장을 완성해 보는 수준이다. 저학년 때부터 문학교육에 대한 흥미와 관심을 갖고 자발적인 감상 태도를 기르도록 학습 요소가 제시되어 있다. 또한 교과서에 제시된 시의 제재가 주위에서 자주 접하는 사람들과의 경험을 중심으로 구성되어서 아동들이 쉽게 시의 세계에 다가설 수 있도록 도와주고 있다.

【표 1】 1-2학년의 동시 학습 요소와 수준

학년 학기	교재	동시 학습 내용 요소	수 준
1-1	말하기 ·듣기	▷ 말의 재미를 느끼며 듣기 ▷ 재미있게 표현된 말 고르기	▷ 일상생활, 동요에서 접할 수 있는 흉내 내는 말 찾기 ▷ 시에서 흉내 내는 말의 쓰임과 그것이 주는 느낌 말하기
	읽기	▷ 언어의 유희성 느끼기	▷ 흉내 내는 말이 주는 느낌을 살려 시나 이야기 읽기
	쓰기	▷ 소리를 흉내 내는 말을 넣어 문장 완성하기 (1개 문장 단위) ▷ 표현의 효과 알기 ▷ 모양을 흉내 내는 말을 넣어 문장 완성하기	▷ 소리를 흉내 내는 말 넣어 문장 완성하기(1개 문장 단위) ▷ 모양을 흉내 내는 말 넣어 문장 만들기
1-2	읽기	▷ 재미있게 읽은 책 소개하기 ▷ 지속적으로 작품을 읽는 태도 갖기 ▷ 자발적인 감상 태도 갖기 ▷ 감상을 그림으로 표현하기 ▷ 글을 읽고 느낌 말하기	▷ 시를 찾아 읽고, 자유롭게 느낀 점 말하기
	쓰기	▷ 쓰기를 통한 감정 생각 전달의 장점 이해하기	▷ 본 것을 느낌이 드러나게 표현하기 (5개 문장 수준)

2-1	말하기 듣기	▷ 소리를 듣고 흉내 내는 말로 나타내기 ▷ 흉내 내는 말을 넣어 짧은글 짓기	▷ 시 속에 있는 흉내 내는 말을 다른 흉내 내는 말로 바꿀 수 있는 수준
		▷ 시를 듣고, 떠오르는 장면에 대해 말하기 ▷ 이야기를 듣고 떠오르는 장면을 그려보기	▷ 시를 듣고, 장면과 인물의 행동을 떠올려 그림으로 그릴 수 있는 수준
	읽기	▷ 반복되는 말의 효과 파악하기	▷ 모양, 소리 흉내 내는 말을 대상으로 함.
		▷ 표현이나 생각의 재미를 느끼며 시와 이야기 읽기	▷ 재미있는 표현은 반복되는 말이나 흉내내는 말 정도로 한정
		▷ 장면을 떠올리며 실감나게 읽기	▷ 장면을 떠올리며 읽기
	쓰기	▷ 꾸며 주는 말을 넣어 그림의 내용을 짧은 글로 쓰기 ▷ 꾸며 주는 말을 넣어 시를 완성하기	▷ 그림의 내용을 꾸며 주는 말이 들어간 몇 개의 문장으로 나타낼 수 있는 수준 ▷ 시의 내용에 어울리게 꾸며 주는 말을 넣을 수 있는 수준
2-2	말하기 듣기	▷ 이야기가 자연스럽게 이어지게 말하기 ▷ 주사를 맞았던 경험에 대하여 말하기	▷ 시에 쓰인 화제에 대한 내 경험을 떠올려 말할 수 있는 수준
	읽기	▷ 문학에 대한 흥미 갖기 ▷ 문학을 즐겨 읽는 습관 갖기	▷ 문학에 대한 흥미를 불러일으키는 데에 중점을 둠(놀이로서 접근)
		▷ 문학적 경험에 대한 반응 보이기	▷ 문학적 흥미 유발에 적합한 제재 활용
		▷ 감정을 살려 실감나게 읽기	▷ 주위에서 자주 접하는 사람들(1차집단)과의 경험을 제재로 활용
	쓰기	▷ 친구가 쓴 시 읽기 ▷ 친구의 모습을 글(시)로 나타내기	▷ 단순한 수준에서 글(시)쓰기

② 중학년 동시학습 요소와 수준

중학년에서는 시의 느낌을 친구들과 함께 공유할 수 있도록 시 학습 내용이 많이 구성되어 있다. 시의 분위기를 살려 낭독하기, 인물에 대한 생각과 느낌 말하기 등에서도 혼자가 아닌 친구들과 함께 학습할 수 있도록 내용으로 구성되어 있다.

시 감상에서 자신의 경험에 비추어 이해하는 단계는 저학년과 별 차이가 없으나, 좀 더 발전한 단계로 글 속의 인물이 되어보거나 글쓴이의 생각이나 느낌에 비추어 자신의 생각을 이야기해 보는 내용들이 제시되어 있다. 또한 시 감상 후 자신의 생각과 느낌을 다양한 방법 즉, 말로 표현하기, 글로 표현하기, 행동으로 표현하기, 그림으로 표현하기 등으로 표현할 수 있게 학습 내용이 구성되어 있다. 쓰기 수준은 시의 일부분을 재창조하는 수준이며, 운율과 주제를 알아보는 학습 내용이 제시되어 있다.

【표 2】 3-4학년의 동시 학습 내용 요소와 수준

학년학기	교재	동시 학습 내용 요소	수 준
3-1	읽기	▷ 노래하듯이 시 낭송하기 ▷ 느낌을 살려 시 낭송하기 ▷ 장면을 떠올리며 감정을 살려 실감나게 읽기 ▷ 분위기를 떠올리며 읽기	▷ 시의 특성에 맞게 느낌과 감정을 살리면서 낭송하기 ▷ 내가 좋아하는 시를 낭송하고 친구들과 느낌 공유하기
		▷ 시를 우리들의 생활경험과 관련시켜 이해하기	▷ 겪은 일과 관련지으며 시를 읽기
	쓰기	▷ 내용을 재미있게 구성하기 ▷ 동일한 대상을 다르게 표현하기	▷ 일상적으로 알고 있는 것을 새로운 느낌이 나도록 표현하기
3-2	말하기 듣기	▷ 분위기에 맞게 시 낭송하기 ▷ 좋아하는 시 암송하기	▷ 좋아하는 시 암송하기
		▷ 시를 듣고 나와 관련지어 말하기	▷ 시에 나오는 인물에게 무슨 일이 일어났고, 어떠한 생각을 하겠는지 느끼면서 듣기
	읽기	▷ 시에 나오는 말하는 이를 생각하며 분위기에 어울리게 낭송하기 ▷ 인물의 성격 알아보기 ▷ 이야기의 분위기에 어울리게 실감나게 읽기	▷ 시의 분위기에 어울리는 목소리로 시 낭송하기 ▷ 인물의 성격에 어울리게 이야기하기
		▷ 시나 이야기에 담긴 인물의 마음이나 생각 알기 ▷ 시에 나오는 인물과 같은 경험 말하기	▷ 인물의 마음이나 생각을 내 마음이나 생각과 비교하여 읽기
	쓰기	▷ 새로운 관점으로 대상을 대하고 표현하기 ▷ 시에 나오는 인물이 되어보기	▷ 시에 나오는 인물을 생각하며 시 읽기 ▷ 자신의 경험을 떠올려 시 쓰기
4-1	말하기 듣기 쓰기	▷ 문학적인 글의 앞 뒤 내용 상상하며 듣기	▷ 시의 분위기에 주의하며 이어질 내용 상상하여 표현하기
		▷ 시나 이야기의 주제를 파악하며 듣기 ▷ 주제와 관련 있는 내용 골라 말하기 ▷ 능동적으로 글을 쓰는 태도 기르기 ▷ 작품의 일부분 바꾸어 쓰기	▷ 시에 대한 생각과 느낌을 말, 글, 그림으로 표현하기
	읽기	▷ 작품을 이루는 구성 요소가 작품에서 어떤 구실을 하는지 알기 ▷ 작품의 구성 요소 중 일부를 바꾸어 쓰기 ▷ 작품의 구성 요소의 일부를 바꾸어 쓰고 어떻게 달라졌는지 느낌 말하기	▷ 시의 일부를 바꾸어 쓰기
4-2	말하기 듣기 쓰기	▷ 능동적으로 글을 쓰는 태도 ▷ 작품을 스스로 찾아 읽고, 독서록 작성하기 ▷ 독서록의 내용을 중심으로 친구들과 토의하기	▷ 여러 가지 표현 방법(말하기,쓰기, 노래하기, 그림 그리기 등) 익히기
	읽기	▷ 시의 주제를 파악하기 ▷ 이야기의 내용을 이해하고 주제 파악하기	▷ 시를 읽고 주제를 파악하기
		▷ 작품을 이루는 구성요소가 무엇인지 파악하기	▷ 운율을 느끼며 시를 읽는 수준

③ 고학년 동시학습 요소와 수준

고학년에서는 시의 비유적인 개념을 알고 비유적인 표현을 사용하여 시를 쓰는 수준까지 이를 수 있도록 학습내용이 제시되어 있다. 시를 다른 문학 형식으로 바꿔 쓰기 등 시 쓰기에 대한 본격적인 방법들이 거론되기 시작한다. 인상적인 표현의 효과와 의미를 알고 시 읽기, 감각적 표현의 다양한 특징을 이해하고 음미하며 시 읽기 등의 방법도 교육과정에 제시되어 있다.

또한 시에 대한 생각이나 느낌들을 적극적으로 교환하고, 창의적인 해석 내용을 공유하는 시 두레 학습 적용 내용들이 많이 제시되어 있다. 그리하여 아동들이 시 수용의 다양성을 인정하고, 자신의 생각과 느낌에 대한 자신감을 갖고 정리할 수 있게 유도하고 있다.

【표 3】 5-6학년의 동시 학습 내용 요소와 수준

학년 학기	교재	동시 학습 내용 요소	수 준
5-1	말하기 듣기 쓰기	▷ 비유적 표현의 개념 알기 ▷ 비유하여 표현하는 방법 알기 ▷ 비유적 표현을 사용하여 시쓰기 ▷ 시의 내용이나 형식을 바꾸어 쓰는 방법 알기 ▷ 시의 일부분을 창의적으로 바꾸어 쓰기	▷ 비유적 표현은 사용하여 시 쓰기 ▷ 여러 가지 방법을 사용하여 시의 일부분을 바꾸어 쓰기
	읽기	▷ 비유적 표현의 개념 알기 ▷ 비유적 표현의 효과 알기 ▷ 비유적 표현을 이해하며 시 읽기	▷ 시를 읽고 비유적 표현의 쓰임 알기
5-2	말하기 듣기 쓰기	▷ 인상적인 표현의 특성 찾기 ▷ 시에서 인상적인 표현 찾기 ▷ 인상적이라고 생각한 까닭 말하기	▷인상적인 표현을 찾아 말하기
		▷ 사진, 시 등에 대하여 생각하거나 느낀 점을 정리하기 ▷ 생각하거나 느낀 점을 다양한 방법으로 표현하기	▷ 시에 대하여 생각하거나 느낀 점을 다양한 방법으로 표현하기
	읽기	▷ 인상 깊은 표현 찾기 ▷ 인상 깊은 표현 생각하며 시읽기	▷ 시에 사용된 인상 깊은 표현의 효과와 의미를 알고 시 읽기
		▷ 시 수용의 차이 알기 ▷ 시를 읽고 서로 다른 생각이나 느낌 나누기	▷ 시를 읽고 서로의 생각이나 느낌을 말하는 과정에서 수용의 다양성 이해하기
6-1	말하기 듣기 쓰기	▷ 생각과 느낌을 자유롭게 표현하기	▷ 시나 이야기를 듣고, 자기의 생각이나 느낌을 창의적으로 표현하기
		▷ 시와 이야기의 형식 바꾸기 ▷ 이야기를 다른 갈래로 바꾸어 쓰기	▷ 시를 이야기로 이야기를 시로 바꾸어 써 보기
	읽기	▷ 감각적 표현의 특징 이해하기 ▷ 감각적 표현에 주의하며 시 읽기	▷ 감각적 표현의 다양한 특징 이해하기 ▷ 감각적 표현을 음미하여 시 읽기

6-2	말하기 듣기 쓰기	▷ 작품에 대한 생각이나 느낌을 주고받는 방법 알기 ▷ 시에 대한 생각이나 느낌 주고받기 ▷ 말을 하면서 생각이나 느낌이 풍부해지는 경험 말하기	▷ 시에 대한 생각이나 느낌을 적극적으로 교환하기
		▷ 작품을 다른 갈래로 쓸 때 주의할 점 ▷ 시를 다른 갈래로 바꾸어 쓰기 ▷ 갈래를 바꾸어 쓰는 활동을 통해 작품에 대한 자신의 생각이나 느낌이 정리되는 경험하기 ▷ 이야기를 다른 갈래로 바꾸어 쓰기	▷ 갈래의 형식에 대한 인식과 더불어 자신의 생각과 느낌을 반영하여 개성 있는 글이 되도록 바꾸어 쓰기
	읽기	▷ 시를 창의적으로 읽는 방법 알기 ▷ 시를 읽고, 생각이나 느낌을 나누기	▷ 시를 창의적으로 읽는 방법 이해하기 ▷ 시에 대한 창의적인 해석 내용을 공유하기

2) 동시 단원 시 두레학습 요소

7차 교육과정 시 단원 초등 전학년의 국어 교과서와 교사용지도서를 분석하여 시 두레학습[1] 요소들을 추출했다. 학습자 중심의 교육과정에 맞게 7차 교육과정에서는 모둠별 활동을 통해 문학적인 사고의 폭을 넓히고 다양한 언어사용을 경험할 수 있도록 시 학습 내용들이 많이 제시되어 있다. 시에 대한 생각 느낌을 모둠별로 여러 가지 방법으로 나타내기, 내가 좋아하는 시를 낭송하고 친구들과 느낌 공유하기, 시를 읽고 서로의 생각이나 느낌을 말하는 과정에서 수용의 다양성 이해하기, 시에 대한 생각이나 느낌을 적극적으로 교환하기, 시에 대한 창의적인 해석 내용을 공유하기, 서로의 시작품을 상호 평가하기, 서로 고쳐주기 등이 구체적인 예들이다.

① 저학년(1-2학년) 교재 분석

저학년에서의 시 두레 학습 요소는 아동들의 흥미와 발달단계에 맞게 구성 되어 있으며, 짝과 함께 하는 활동 내용이 많다. 행동으로 표현하기를 좋아하는 저학년 단계에 맞게 시를 읽고 난 느낌을 모둠별로 또는 짝과 함께 몸짓이나 행동으로 꾸며 보는 내용이 많이 제시

---

1) 협동학습의 원리를 적용한 시 학습 방법으로 소그룹(2~4명)으로 모둠을 조직하여 아동들의 문학적 사고의 폭을 넓히도록 도와주는 학습 형태를 말한다.

되어 있다. 또한 시를 읽은 후의 느낌을 놀이로 해 보고 모둠별로 평가하기 방법도 있다. 리듬감을 살려 낭송했는지 상호 평가하기, 친구 앞에서 외어 읽어보고 상호 평가하기 등 주로 짝과 함께 상호 평가하는 내용들이 많이 제시되어 있다. 상호 평가시 능력이 부족한 친구를 도와 줄 수 있도록 활동내용을 제시했다. 저학년에서는 아동들의 수준 차이가 많이 나는데 시 학습을 통해 아동들 서로가 상호 보완해 줄 수 있도록 학습 활동들이 구성되어 있다.

시를 읽어보고 흉내 내는 말을 찾아보거나 흉내 내는 말을 친구와 서로 바꾸어 표현하는 활동들도 많이 눈에 띈다. 재미있는 말을 넣어 짧은 문장을 만들어 보거나, 나의 생각과 느낌을 글로 나타내어 친구에게 읽어주고 서로 고칠 점에 대해 이야기하는 초보적인 글쓰기도 제시되어 있다.

② 중학년(3-4학년) 교재 분석

중학년에서는 짝과 함께 하는 활동보다 모둠별(두레별)활동 내용이 많아지고, 운율, 암송, 등의 용어들이 사용된다. 낭송하기도 느낌을 살려 낭송하기, 시에 담긴 마음을 살려 낭송하기, 분위기에 어울리게 낭송하기 등으로 낭송 목표가 구체적으로 제시되어 있으며, 낭송 후에는 목표에 맞게 낭송했는지 상호 평가를 하게 구성되어 있다. 시의 낭송 방법도 노래로 불러보기, 배경음악을 넣어 낭송하기, 모둠 끼리 번갈아 가며 낭송하기 등으로 다양하게 제시되어 있다. 생각이나 느낌을 표현하는 방법도 말과 행동으로 표현하기, 글로 쓰기, 역할극 하기, 신체동작하기, 그림 그리기 등 구체적으로 제시되어 있으며, 자신이 선택한 방법으로 친구들 앞에서 표현할 수 있게 학습 내용이 구성되어 있다. 시 속의 인물이 되어 역할극 하기, 친구들 앞에서 암송하기, 작품 속의 인물이 되어 인터뷰하기, 친구들 앞에서 시의 주제 발표하기 등 모둠별로 하는 활동이 많이 제시되어 있다.

또한 중학년부터는 시 쓰기 활동이 점차 많이 제시되어 있다. 시의 형식을 강조하는 단계는 아니지만 경험을 살려 시 쓰기, 시를 듣고 이어질 내용 상상하여 쓰기, 생각과 느낌이 드러나게 시의 일부분 바꿔 쓰기 등의 창작활동이 많아지고 있다. 이런 활동 후에는 친구들과 상호 평가를 할 수 있게 활동을 제시해 놓았으며, 이 때 잘된 점만 찾아내는 것이 아니라 친구의 작품에 대한 느낌과 왜 그렇게 생각했는지의 이유까지 상호 교환할 수 있게 구성되어 있다.

③ 고학년(5-6학년) 교재 분석

고학년에서는 비유적 표현, 감각적 표현을 사용하여 구체적인 시 쓰기 교육이 실시되는 단계이다. 그리고 시를 다른 문학 장르로 바꾸어 쓰는 활동들이 이루어진다. 시를 바꾸어 쓰는 활동 전에는 친구들의 도움을 받을 수 있는 활동 즉 친구들과 의견 교환을 통해 자신의 생각을 재정비할 수 있도록 학습 내용이 구성되어 있다. 활동 후의 상호평가 활동 뿐 아니라 활동 전의 상호 의견 교환을 통해 자신의 목표를 달성할 수 있도록 모둠 활동을 강화하고 있는 것이 고학년 시 교육 활동에서의 특징 중 하나이다.

시를 읽은 후 자신의 생각과 느낌을 말하는 단계에서는 같은 시를 읽어도 다른 사람과 의견이 다를 수 있음을 이해할 수 있게 학습 목표를 설정해 놓았으며, 시의 표현의 특징(비유적 표현, 감각적 표현 등)을 이해하도록 학습 활동이 제시되어 있다.

다. 시 두레학습의 개념과 의의

그 동안에 시 교육은 교사 중심, 내용 중심, 결과 중심이었으며, 획일적인 수업 방식은 학습자를 수동적인 위치로 전락시켰다. 그리하여 아동들로부터 시에 대한 즐거움과 관심을 빼앗는 결과를 가져왔다.

시 두레학습은 학생들에게 시를 감상하게 할 때 적용할 수 있는 협동학습 모형이다. 즉 문학 작품에서 의미를 이해하는 즐거움을 맛보게 하고, 문학적 사고를 할 때 마음의 폭을 넓히도록 해주기 위한 것이다. 시의 해석과정에서 발전적 이해를 위해서 학생들은 문학 작품에서 전개하고, 분석하며, 옹호해야 할 책임을 지게 된다. 이러한 학습 환경이 가능하도록 하는 모형이 바로 시 두레학습이다. 이 학습은 학생들이 서로의 의견에 대해 토론하고 질문을 하고 정반대되는 해석들을 절충시키기 위한 충분한 기회를 제공한다. 그렇기 때문에 두레, 즉 소모임 형태는 해석과정에 참여하도록 하는 이상적인 토론장을 제공하게 된다.

협동학습은 언어 교과 내용, 기능 태도와 신념, 실제 세계에 대한 적응 등을 가르치는데 강력한 효과를 나타내므로 특히 국어교과와 의사소통의 내용, 언어 기능 등을 가르치는데 매우 효과적이다.

시 두레 학습을 통해 아동들은 능동적인 언어사용 능력을 향상시킬 수 있다. 시 교재를 서로 분석해 보거나, 두레별 시 쓰기 활동을 할 때 아동들은 상호 충분한 의사소통을 해야만 한다. 글을 읽고 자신이 구성한 의미를 교환하고 동료 학생들의 반응을 통해서 의미를 재구성할 수 있는 기회가 풍부해진다. 아동들은 내 생각과 다른 다양한 의견을 정리하고 자신의 생각을 발표하는 데 적극적으로 참여하게 된다. 그 뿐 아니라 시 두레 학습 과정에서 언어사용의 복잡성을 증대시킬 수 있다. 시 두레 학습에서는 자신이 글을 읽고 이해한 것을 명확히 전달하는 것이 필요하다. 그리고 학생들은 의미구성에서 확장, 반복, 설명, 정교화의 필요성을 인식하고 모둠끼리, 전체 집단에서 의미구성을 해 가는 과정에서 언어사용의 복잡성이 증가된다. 아동들은 이런 활동을 통해 자신이 경험하지 못한 언어 세계를 두레원들에게 배울 수 있게 된다.

또한 사회적 언어사용 능력을 향상시킨다. 두레별 시 쓰기 활동이나 시 감상학습에서 구성원간의 토의와 협상이 무엇보다도 중요하다. 물론 시의 해석과 이해는 개인에 따라 다를 수 있지만 아동들은 다른 사람의 견해와 생각을 잘 조율할 줄 알게 되며, 다양한 생각들을 수용할 수 있는 능력과 다양한 시의 의미 세계를 경험할 수 있게 될 것이다. 이런 과정을 되풀이함으로써 타인과의 사회적 의사소통 능력이 발달된다.

두레 학습은 정의적 영역에 대해서도 효과적이다. 시 두레학습은 인지적 영역뿐 아니라, 인간관계 개선, 자아 존중감, 교과목에 대한 선호, 학습 동기 및 정의적 영역에 대해서도 효과적이다 시를 읽고, 감상하고, 시를 창작하면서 두레원 서로 어려운 부분을 가르쳐주고 배우게 되어 학습에 흥미를 가지고 참여할 수 있다. 자기보다 이해가 늦은 친구들을 도와줌으로써 아동들 스스로도 협력의 필요성을 실감하게 된다.

즉, 시 두레학습에서는 시에 대한 반응이 다양하게 이루어지고 동료 두레원 간의 소통과정을 통해 심미적 체험이 확대될 수 있다. 시 두레 학습을 통해 아동들의 시에 대한 흥미와 관심을 높일 수 있고, 아울러 시 감상 능력과 시 쓰기 능력을 신장시킬 수 있다. 이와 같이 시 두레 학습은 초등 시 교육 발전을 위한 효율적인 학습 방법이 될 수 있다.

라. 시 교육에서의 교사의 역할

학교 교육에서 문학교사는 단순한 지식의 전달자가 아니라, 학생들이 다양한 삶을 이해하게 하고 올바른 세계관을 수용하게 하여 총체적인 삶과 그 의미를 확대시키게 해야 한다(구인환 외, 2002:203). 이와 같이 시 교육에서도 교사가 차지하는 역할은 매우 크다고 할 수 있다.

첫째, 아동들의 시 교육을 위해 교사는 먼저 시에 관심을 보여야 한다.

초등학교 시기의 아동들은 교사를 통해 맨 먼저 시에 대한 관심과 흥미를 느끼게 된다. 좋은 학습 교재와 환경, 교육과정이 아무리 잘 갖추어져 있다고 하더라도 교사의 시에 대한 무관심은 아동들을 시의 세계로 끌어들일 수 없을 것이다. 이런 역할은 결코 어려운 일이 아니라 교사가 아동의 수준에 맞는 가장 좋은 시를 계속해서 접하게 해 준다면 그들은 항상 시를 삶의 활력소로서 자연스럽게 받아들일 것이고 여기에서 평생 시의 아름다움을 느낄 수 있는 토대를 마련할 수 있게 될 것이다(로버트화이트헤드, 신헌재 편역, 1998:138).

둘째, 교사는 아동들의 발달 단계에 맞게 시를 가르쳐야 한다.

시 교육에서 교사는 초등학교 학생들이 쉽게 이해할 수 있는 방법으로 시를 가르쳐야 하는데 그러기 위해서는 시를 가르치는 교사는 가르치는 학생에 대한 전문적인 이해가 필요하다. 초등학교 학생의 인지발달 단계, 언어발달 단계, 도덕성발달 단계, 사회성의 발달 단계는 중. 고등학교의 학생과는 다르기 때문에 시 지도를 통해 거둘 수 있는 학습 효과 또한 다를 것이다. 따라서 문학비평이론을 얼마만큼 쉽게 접근시킬지는 학생들의 발달 단계를 모르고서는 불가능할 것이다.

셋째, 시를 가르치는 교사에게는 시 이론에 대한 이해가 필요하다.

교사가 시를 가르친다는 것은 시 작품 자체를 가르치는 것이 아니라 구체적 작품을 감상하고 이해할 수 있는 방법, 즉 시 비평을 가르치는 셈이다. 따라서 구체적 작품의 이해에 가장 합당한 비평 방법의 이해가 필요한 것이다(박선미, 2002). 초등 교사들은 여러 과목을 가르쳐야 하는 까닭에 한 분야에 대해서만 전문적으로 연구할 수 없는 실정이다. 잘 안다고 잘 가르치는 것은 아니지만 '교육은 교사의 질을 넘어설 수 없다'는 말과 같이 교사의 시에 대한 바른 이해는 아동들에게 시 교육을 바르게 할 수 있는 지름길이 될 수 있다.

넷째, 시 교육을 위한 교실 분위기를 만들고 시 자료를 개발해야 한다.

교사가 아동들의 자연스러운 시적 창의성을 고무하고자 한다면, 우선 아동들이 생각을 자유롭게 표현하고 그들의 생각이 가치 있게 받아들여지는 교실 분위기를 만들어야 한다. 시와 아동들을 이해하고 있는 교사는 아동들이 그들의 삶을 보다 새롭고 시적으로 보는 능력을 어떻게 개발해나가는지 주의 깊게 살펴 볼 것이다. 또한 교사는 아동들이 흥미를 갖고 학습에 임할 수 있도록 도와주는 시 학습 자료의 개발에도 힘써야 한다.

다섯째, 시 교육을 위해 교사는 아동과의 상호 교감 작용을 해야 한다.

시를 가르치는 교사는 학습자 스스로 시를 통해 정서를 체험하고 의미를 생산하게 하기 위해서 학습자와 마주해야 한다. 시의 교수 학습 장면에서 교사의 정서와 학생의 정서, 교사의 의미와 학생의 의미가 만나 소통할 때, 그 교육적 효과가 담보될 수 있기 때문이다. 따라서 시를 가르치는 교사가 수행해야 할 가장 중요한 역할은 시에 관한 지식을 전달하는 것도 학습자로 하여금 시를 음미하도록 하고 방관하는 것도 아닌, 학습자와의 언어적 소통을 이루는 일일 것이다(김은전 외, 2001:297).

시 교육의 목표는 상상력을 길러주고 감성을 풍부하게 하고 아름다운 정서를 길러 삶을 풍부하게 하는데 있다. 이처럼 느낌의 세계를 아동들에게 알려주기 위해서는 교사가 일방적으로 주변 지식을 주입해서는 안 된다. 아동들이 직관을 통해 스스로 느끼고 맛보도록 교사가 도와주어야 한다. 교사가 도와준다는 것은 학생 상호간에 또는 교사와의 대화를 통해 다른 사람의 감동을 통해 자기의 심상을 보완시켜 주는 것이다. 그러기 위해서 교사는 지혜로운 안목을 소유하고 있는 안내자로서 느낌과 생각을 아동들에게 드러내지 말고, 아동 개개인의 개성을 살리면서 작품에 대한 이해와 감상이 깊어지도록 이끌어 주어야 한다. (조미용, 2000:13)

이상에서 언급한 것과 같이 시 교육에서 교사의 역할은 교사 자신이 시에 대한 관심과 흥미 갖기, 학생들에 대한 전문적인 이해, 시 이론에 대한 전문적인 이해, 시적 창의성을 위한 교실 환경의 구성, 아동들의 흥미를 유발할 수 있는 학습 자료의 개발, 학습자와의 다양한 언어 소통, 학습자 상호간의 언어 소통을 보완시켜 주는 것 등이 있다.

3. 시 지도의 실태 분석 및 논의

가. 연구 대상

서울시 지역의 초등학교 10개교(7개 교육구청) 전체 학년 담임교사들을 대상으로 380부의 설문지를 배부하였다. 배부한 설문지 중 회수된 설문지는 364부였으나, 이 중에서 불성실하고 내용이 불분명한 설문지 4부를 제외시킨 후 360부를 연구대상 설문지로 결정하였다. 전국적으로 설문을 실시하여야 하지만 서울시 일부 지역을 무선 표집하여 설문을 실시한데 연구의 한계점이 있다.

나. 연구 방법

선행 연구를 고찰하고 동료 교사의 수업을 관찰하거나 면접을 통해, 그리고 지도교수와 전문가의 의견을 수렴하여 연구 목적과 일치하는 내용으로 설문지를 작성하였다. 7차 교육과정에서는 시 교육 방법이 협동학습 중심으로 많이 구성되어 있는데, 이러한 시 교육 내용을 교사들이 얼마나 이해하고 있으며 어떤 방법과 방향으로 시 교육을 시행하고 있는지 실태를 파악할 수 있게 설문내용을 구성하였다.

설문결과 분석은 문항 내용에 대한 응답차이를 전체 응답 인원에 대한 단순 빈도 %를 이용(소수둘째자리에서 반올림)하여 분석하였다. 문항에 따라서는 두 개 이상의 문항을 선택할 수 있도록 구성하였기 때문에 빈도수가 응답시 인원보다 많을 수 있다. 설문지를 분석하여 질문 문항에 대한 서술적인 분석과 함께 응답 빈도를 %로 나타내거나 그래프를 이용하여 나타내었다.

구체적인 설문지 구성 내용은 다음과 같다.

【표 4】 시 지도 실태 조사 설문지의 구성 내용

영 역	세부 내용	문항수
시 교육을 위한 교사의 관심도와 환경 조성	▷ 정규 시간 이외의 시 교육 실시 여부 ▷ 시 교육을 위한 교실의 환경물, 자료 ▷ 시 교육을 위한 활동 내용	4
시 교육과정에 대한 생각과 이해 정도	▷ 시 교육에 대한 평소의 생각(관점) ▷ 시 교육 목표에 대한 생각 ▷ 7차 교육과정상에 나타난 시 교육에 대한 이해	5
모둠활동을 중심으로 한 시 교육 실태	▷ 시 단원 수업시 학습 형태	1
	▷ 모둠별 시 감상 교육 실태 - 시의 느낌을 아동 상호간에 이야기하기 시행 여부와 그 효과 - 시를 읽은 후의 감상 표현의 다양한 방법 - 시 낭독의 다양한 방법 - 감상 표현 후 상호 평가 시행 여부와 효과	7
	▷ 모둠별 시 쓰기 교육 실태 - 협동시 쓰기 시행 여부, 어려운 점 - 협동시 쓰기의 효과 - 시 쓰기 후의 상호 평가 시행 여부와 효과 - 협동시 쓰기 수행평가에서 비중을 두는 부분 - 협동시 쓰기 수업을 실시해 보지 않은 이유	7
시 교육에 대한 기타 의견	▷ 초등 시 수업과 관련된 개선점이나 의견	1

다. 시 교육 실태 분석

초등학교 교사들의 7차 교육과정에서의 시 지도 실태 설문지 분석 결과는 다음과 같다.

1) 시 교육을 위한 교사의 관심도와 환경 조성

① 정규 시간 이외의 시 교육 실시 실태

교사가 평소 아동들에게 시를 들려주는 교육 차이를 분석한 결과 '동시 단원을 공부할 때 한두 번 정도 읽어준다'는 응답이 가장 많았다. 아동들이 시에 대한 관심을 갖게 하는 방법 중 가장 큰 효과를 거둘 수 있는 것은 시를 많이 접하게 하는 방법이다. 교사의 시에 대한 관심이 아동들에게는 크나 큰 영향이 될 수 있다. 시단원 교과 시간 외에 가끔씩이라도 아동들에게 시를 들려주는 시간을 마련해 본다면 아동들이 시에 대해 조금이라도 관심을 갖게 될 것이다.

또한 '국어 수업 시간 이외의 시 교육 실시'에 대한 내용으로 2개 이상 선택 할 수 있게 물어봤으며, 응답결과 '국어 수업 시간 이외에는 시를 지도 안 한다'는 응답이 34.2%(133명)로 가장 높았으며, 재량활동 시간에 지도한다는 응답은 27.2%(106명)이었다. 7차 교육과정 시수에 포함된 담임재량 시간을 시 교육에 유용하게 활용하는 교사들이 많다는 것을 알 수 있었다.

② 시 교육을 위한 교실의 환경물과 자료

'시 교육을 위해 교실에 준비한 환경물이나 자료'에 대해 두 항목 이상을 선택할 수 있도록 물어봤으며, 응답결과 '동시집'이 가장 많이 준비되어 있었으며, 다음으로 '시작품 전시물' 순이었다. 80% 정도의 교사들이 시 교육을 위한 자료를 준비하고 있는 것으로 나타났으나 동시집이나 시 작품 전시에 한정되어 있었다. 정보화 시대에 적합한 아동들의 흥미를 끌 수 있는 다양한 자료의 개발이 시급하다. '전혀 없다'는 응답도 19.1%(84명)나 됐는데 이는 초등 시교육의 발전을 위해 고려해야 될 문제라고 생각한다.

③ 시 교육을 위한 활동 내용

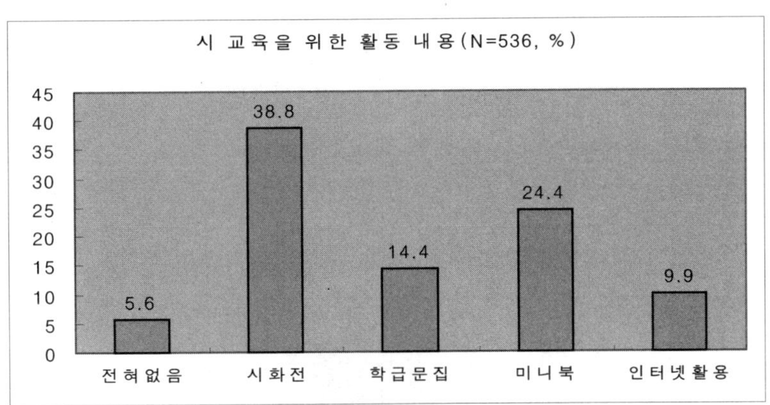

【그림 1】 시 교육을 위한 활동 내용

시 교육을 위한 활동 경험에 대해 분석한 결과 '시화전'과 '미니북 만들기' 순으로 응답이 높았다(기타 동시 낭독대회 등이 6.9%). 이와 같은 활동은 아동들이 손쉽게 시를 접할 수 있게 하는 것으로 권장할 만한 일이다. 인터넷을 활용하고 있는 교사들이 10%정도가 되고 있으나, 정보화시대와 아동들의 흥미 변화에 맞추어 좀 더 많은 교사들이 활용할 수 있도록 노력해야 되겠다.

2) 시 교육과정에 대한 생각과 이해도

① 시 교육에 대한 평소의 생각(관점)

초등학교의 '시 단원 수업의 효율성'을 분석한 결과 61.7%가 '보통'이라고 응답했으며, '효율성이 있다'는 응답은 25.0%였으며, '효율성이 떨어진다'는 응답은 13.4%로 나타났다. 즉 시 교육 효율성에 대해 80%이상의 교사들이 '보통 이상'이라고 대답했다. 이로 미루어 보아 초등 교사들의 대부분은 시 교육을 비교적 정상적이고 효율적으로 운영하려고 노력하고 있다는 사실을 알 수 있다.

시 단원 수업 비효율성 이유를 분석한 결과 30.6%가 '교육과정 운영상 시간 부족'을 가장 큰 이유로 들었으며, 16.9%는 '교사의 지도 기술 미숙'을, 23.8%는 '시 교육 관련 수업 자료 부족'을 원인으로 들었다. 현장에서 교육과정을 운영하기 위해서는 시 교육 이외의 다양한 활동을 해야 하는 관계로 시간 부족의 이유는 금방 해결할 수 있는 문제가 아니지만 교사의 지도 기술 문제와 시 교육 관련자료 부족의 이유는 우리가 고려해야 될 문제들이다. 시 교육을 위한 다양한 연수 기회와 연수 자료가 준비되어야겠으며, 효율적인 시 수업 자료의 개발을 위해 교사들이나 교육당국에서 힘써야 할 것이다.

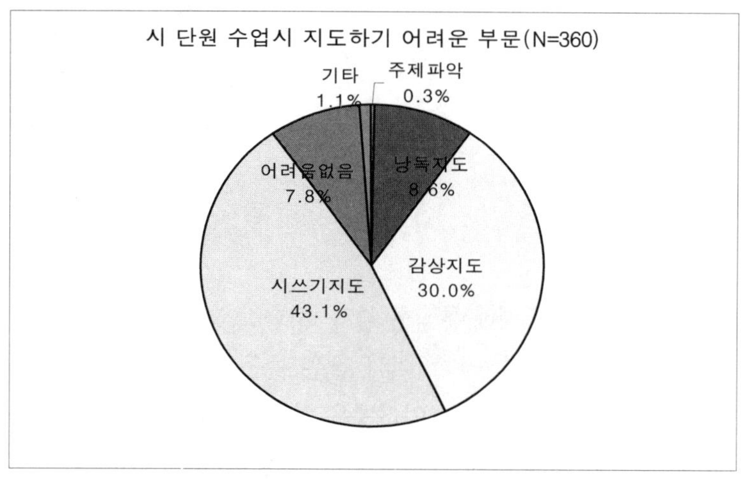

【그림 2】 담당 학년별 시 단원 수업시 지도하기 어려운 부문

시 단원 수업 중 지도하기 어려운 부문을 분석한 결과 '시 쓰기 지도'가 43.1%로 가장 지도하기 어려운 부문으로 나타났으며, 다음으로는 '시 감상지도'로 30.0%가 응답했다. 학년별로는 3학년 담당과 5학년 담당 담임들이 시 쓰기 지도가 가장 어렵다고 응답했으며, 시 감상지도에서는 4학년 담당 담임들이 가장 어렵다고 응답했다. 교사용 지도서에 시 쓰기 지도법과 감상 지도에 대한 지침이 자세하게 제시되어야 하겠으며, 이들을 위한 교수 방법 연수 교재들이 마련되어야 할 것이다.

② 시 교육 목표에 대한 생각

시 교육 목표에 대한 생각을 분석 한 결과 62.8%가 '아동 정서 순화'라고 응답했으며, 22.8%는 '창의성, 상상력 계발'이라고 응답했다. 이로 미루어 보아 교사들은 시 교육의 목표에 대해 긍정적으로 생각하고 있으며, 시를 통해 아동들을 바른 심성을 가진 창의적인 사람으로 이끌려고 노력하고 있다는 것을 알 수 있다.

		빈도	%
7차 교육과정 변경 내용	6차와 변함없음	66	16.1
	시 창작교육 강화	143	34.8
	모둠 활동 많아짐	91	22.1
	정의적 측면 강조	96	23.4
	기타	15	3.6
전체빈도(%)		411	100.0%

'7차 교육과정 시 교육 변경 내용 차이에 대한 이해도'를 2개 이상의 문항을 선택 할 수 있도록 물어 봤다. 7차 교육과정 시 교육 방법의 변화 내용 중에서 '3번 모둠활동 내용이 많아짐'에 대해 바르게 이해하고 있는 교사가 25% 정도 밖에 안 되는 것은 그 만큼 교사들이 교육 과정 변천에 세심하게 대비하지 못한다는 사실이다. 교육과정이 개정될 때 한두 번 시행하는 전체적이고 형식적인 연수가 아닌, 각 교과별 영역별로 자세한 안내가 있어야겠다. 또한 현장 교육을 위해 새로운 교육과정과 시대의 변화에 대비할 수 있는 교사들의 관심과 노력이 필요하다.

3) 모둠활동을 중심으로 한 시 교육 실태

① 시 단원 수업 시간의 학습 형태

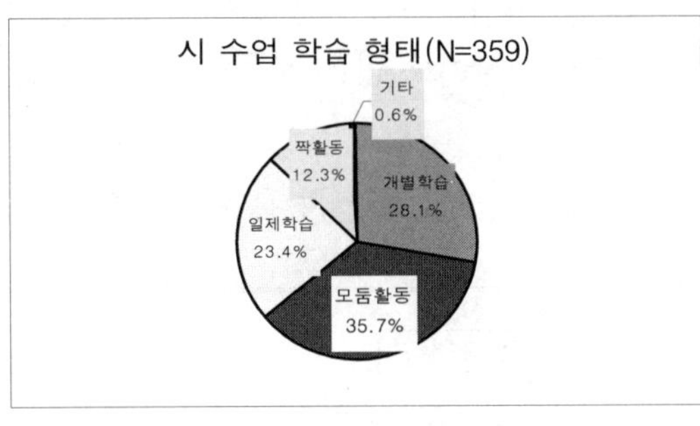

【그림 3】 시 수업 학습 형태

　‘시 단원 수업 시간에 주로 사용하는 학습형태’를 분석 한 결과 35.6%가 ‘4-6명 정도의 모둠활동’을 주 학습형태로 활용한다고 응답했으며, 개별학습은 28.1%로 다음으로 응답이 많았다. 둘 이상의 아동들이 협동으로 활동을 할 수 있는 학습 형태를 활용하고 있는 교사가 반 수 정도 된다는 사실을 알 수 있었다. 교사들이 시 학습 시간에 다양한 학습 형태를 응용하고 있다는 것을 알 수 있었다.

② 모둠별 시 감상 교육 실태 분석

　‘시 수업 후 느낌을 친구들과 상호 이야기하게 한 경험이 있는가’를 분석한 결과 46.4%가 ‘가끔 지도한다’고 응답했으며, 25.6%는 ‘자주 지도한다’고 응답했다. 즉 70%이상의 교사들이 시 감상 후 생각을 아동들 서로 이야기하게 한다는 사실을 알 수 있다.

【표 6】 시 감상 후 상호 이야기하기 실시 효과

		빈도	%
시의 느낌을 상호 이야기하기 실시 효과	무응답	10	2.9%
	효과가 별로 없음	40	11.7%
	아동들의 시 감상 능력 신장	105	30.8%
	아동들 상호 의견 존중	50	14.7%
	시 수용의 다양성 인정	130	38.1%
	기타	6	1.8%
전체빈도(%)		341	100%

　이 문항에는 341명이 응답해 이들을 분석 대상으로 삼았다. 설문 분석 결과 85% 이상의 교사들이 시 감상 후 느낌을 아동 상호 간에 이야기하게 하는 것이 효과가 있다고 응답했다. 시 감상 후 아동들의 상호 이야기하기는 아동들이 시 수용의 다양성을 인정할 수 있는 좋은 기회이며 시 감상 능력의 신장에도 많은 도움을 줄 수 있을 것이다.

【표 7】 시 수업 후 느낌 및 생각 표현 방법

		빈도	%
시 수업 후 느낌 및 생각 표현방법	그림으로 나타내기	225	36.5
	느낌을 말로 표현하기	251	40.7
	글로 쓰기	101	16.4
	몸짓, 행동으로 표현하기	35	5.7
	기타	4	0.6
전체빈도(%)		616	100.0%

‘시 교육 후 느낌이나 생각을 표현하는 방법’을 두 항목 이상 응답할 수 있게 물어봤으며, 응답결과 느낌을 말로 표현하기가 40.7%(251명)로 가장 많이 사용하는 것으로 나타났으며, 그림으로 나타내기도 36.5%(225명)가 많이 사용하는 것으로 응답했다. 시간상 또는 편리한 방법으로 말로 표현하기 방법을 많이 사용하고 있으나, 아동들의 시 감상 능력을 신장시키고 다양한 감각을 자극할 수 있도록 글로 표현하기 몸짓, 행동으로 표현하기 등의 방법들을 학습에 많이 투입해야 하겠다.

또한 ‘느낌이나 생각을 표현하는 방법 가운데 아동들이 흥미를 갖는 방법’을 두 항목 이상 선택 할 수 있도록 물어봤다. 응답결과 ‘그림으로 나타내기’ 방법이 55.9%(256명)로 아동들이 가장 흥미를 갖는 방법으로 나타났으며, ‘몸짓 및 행동으로 표현하기’도 19.2%(88명)가 흥미 있어 한다고 응답했다. 특히 아동들은 ‘그림으로 표현하기’와 ‘몸짓, 행동으로 표현하기’를 선호하는 것으로 나타났으며, ‘그림으로 표현하기’는 학년 구별 없이 아동들이 선호하는 방법으로 나타났다.

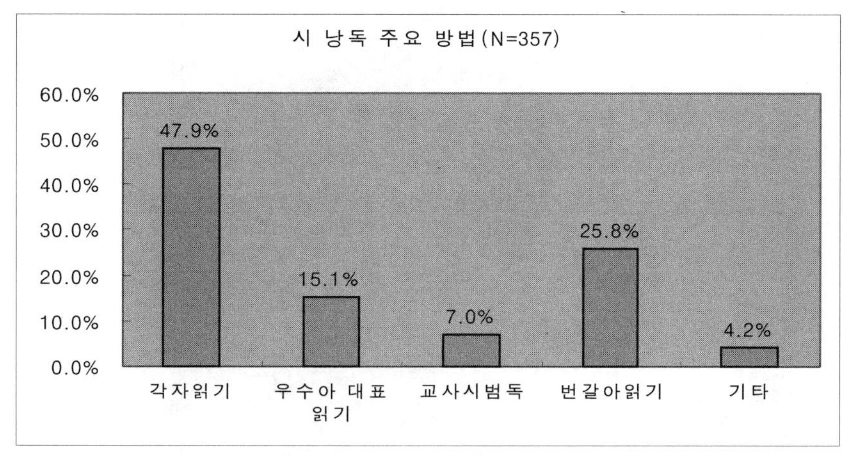

【그림 4】 시 낭독 실시의 주요 방법

시 낭독 실시의 주요 방법으로 ‘각자 소리 내어 읽기’가 가장 많은 47.9% 였으며, 25.8%는 ‘짝 또는 모둠별로 번갈아 읽기 방법’을 실시하는 것으로 나타났다. 시간 운영상 ‘각자 소리 내어 읽기’가 효과를 볼 때도 있겠지만, 우수아 대표읽기, 인터넷 활용 낭송 들려주기, 테이프 이용 등 아동들이 낭송에 대해 자신감을 가질 수 있는 다양한 낭송 방법들이 소개되어야 할 것이다. 또한 시 수업 시간에 적절하게 활용할 수 있는 시범독이 실려 있는 테이프나 비디오의 개발이 필요하다.

시를 읽고 느낌이나 생각을 표현하게 한 후 아동 상호간에 평가를 실시하는가를 분석한 결과 '가끔 실시한다'가 71.0%로 가장 많았으며 '자주 실시한다'는 응답은 22.1%이었다. 상호평가의 효과성을 분석한 결과에서는 '시 수용의 다양성 인정'이 26.4%로 상호평가를 통해 가장 효과가 높은 것으로 나타났으며, 25.3%는 '느낌 표현에 자신감을 갖게 됐다.'였다. 아동들은 시 감상 후 상호 평가를 통해 친구들과 상호 작용을 하게 되므로 시 수용의 다양성을 인정하게 되며, 시의 느낌 표현에 자신감을 갖게 된다는 분석 결과가 나온다. 즉 혼자서 하는 감상 활동보다 모둠 활동을 통한 감상 활동이 훨씬 효과적이라는 사실을 알 수 있다.

③ 모둠별 협동시 쓰기 교육 실태 분석

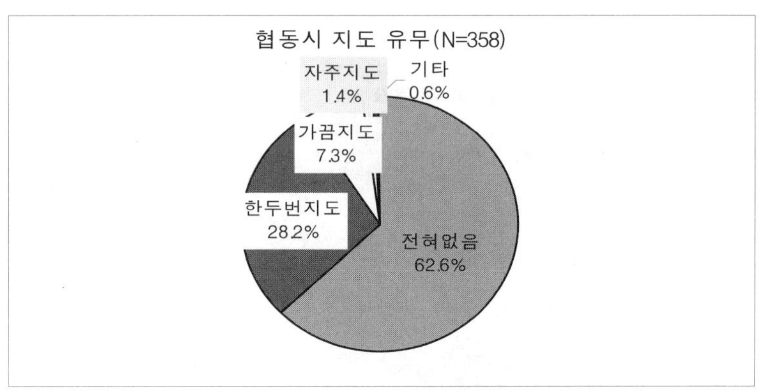

【그림 5】 담당 학년별 협동시 지도 유무

협동시2) 쓰기 지도 유무를 분석 한 결과 62.6%가 '전혀 없다'고 응답했으며, 28.2%는 '한 두 번 지도해 봤다'고 응답했다. 학년별로 저학년 담당 담임들에게서 전혀 협동시 쓰기 지도를 해 본적이 없다는 응답이 높았다. 이는 저학년 아동들의 발달 특성상 때문일 것이다.

다음은 협동시 쓰기를 실시한 집단의 실태와 실시해 보지 않은 집단의 이유를 분석해 보았다.

---

2) 시 쓰기 교육 활동 중 한 가지 방법으로 둘 이상의 친구들이 상호 활동을 통해 아이디어를 모아 한 편의 시를 써 보는 것

협동시 쓰기 어려운 점을 분석한 결과 협동시 쓰기를 실시해 본 집단의 34.3%가 '교육과 정상 시간부족'을 가장 큰 원인으로 보았으며, 24.6%는 '아동들의 아이디어 통일을 원인'으로 들었다. 초등학교 교육과정 운영상 시 교육에만 교사들이 전념할 수 없는 까닭도 있겠으나, 아침 활동이나 재량 활동 시간들을 적절하게 운영하고자 교사들이 노력한다면 시 교육을 위한 시간 부족의 원인은 어느 정도 해소할 수 있을 것이다. 평소에도 협동학습의 장점을 이용한 수업을 지속적으로 행한다면 아동들이 서로의 아이디어를 조율해서 통일점을 찾을 수 있는 태도를 기를 수 있을 것이다.

'협동시 쓰기 실시 효과'에 대한 설문을 분석한 결과 26.9%(전체 설문 분석 인원 360명 대 비)가 '다양한 아이디어 생성능력이 향상된다'고 응답했다. 즉 협동시 쓰기의 효과로는 지도해 본 반 수 이상의 교사들이 '다양한 아이디어 생성능력이 향상 된다'고 응답했는데, 이는 아동들이 상호 협동학습을 하면서 서로 다른 아이디어들을 보고 들으면서 나름대로 자신의 생각을 수정, 보완, 정리할 수 있게 된다는 의미이기도 하다. 혼자서는 시 쓰기가 어렵지만 상호 협동 학습을 통해 아동들이 시 쓰기에 자신감을 갖고 임하게 될 것이다. 또한 교사는 시의 정형화만 가르치거나 강조하지 말고, 협동시 쓰기에 필요한 다양한 아이디어 수용의 의미를 아동들이 이해할 수 있도록 지도해야 하겠다.

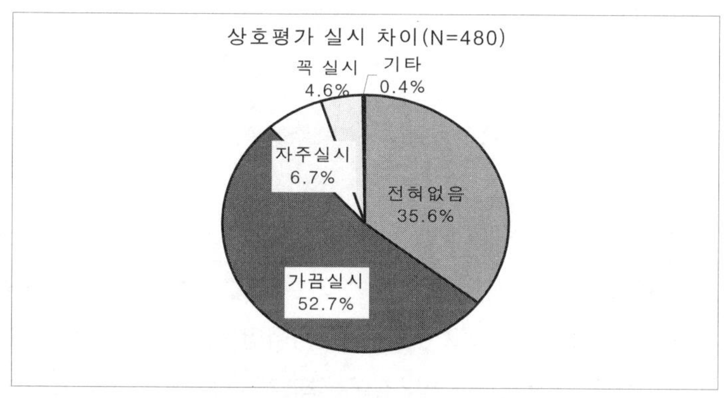

【그림 6】 협동시 쓰기 후 상호평가 실시 유무

협동시 쓰기를 실시해 본 경험이 있는 교사를 대상으로 '협동시 쓰기 후 상호평가 실시유무'를 분석한 결과 '가끔 실시한다'는 응답이 93명(응답인원 134명 중)으로 가장 높았다. 분석 결과 현장 교사들의 3분의 1 정도는 협동시 쓰기를 실시하고 있으며, 상호 평가 활동을 4분의 1 정도가 가끔 실시한다고 볼 수 있다. 상호 평가 후 반 수 정도의 교사들이 별 효과가 없다고 했으나 이는 가끔 실시해서 아동들이 협동시 쓰는 방법을 제대로 숙지하지 못하고 적응을 하지 못해서이거나 교사의 지도 기술의 미숙이라고 볼 수 있다.

실시 후 효과를 본 교사들 중 65명(응답인원 134명 중)은 아동들이 자신이 쓴 작품에 자신감을 갖게 되며 시 쓰기 표현력이 향상된다고 했다. 이와 같은 협동시 쓰기를 잘 지도한다면 혼자서 시 쓰기에 자신이 없어 하는 아동들도 자신감을 갖게 될 것이며, 아동들이 시에 좀 더 관심을 가질 수 있을 것이다. 또한 모둠 활동을 통한 시 쓰기 활동은 아동들의 표현력을 향상시킬 수 있게 되며, 인성교육 차원에서도 좋은 효과를 거둘 수 있다.

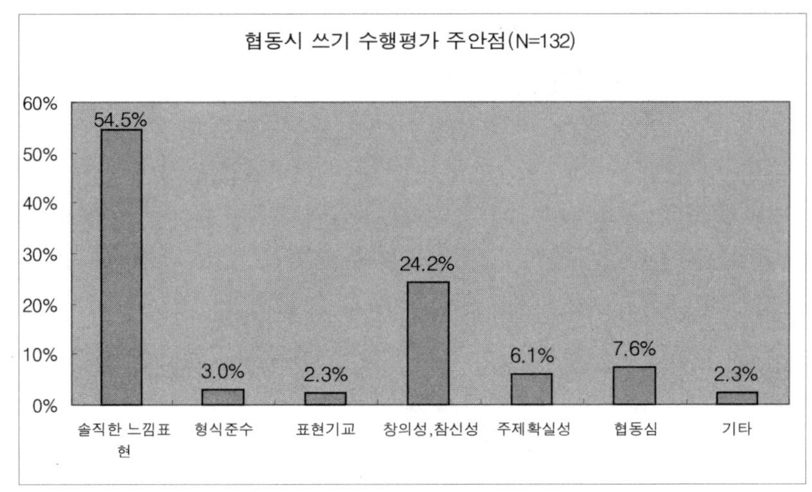

【그림 7】 협동시 쓰기 수행평가의 주안점

근래에는 과정 중심 평가로 수행평가가 강조되고 있다. 협동시 쓰기 수행평가에서 비중을 두어 평가하는 부분은 '모둠원들의 솔직한 느낌 표현'이었다. 다음으로는 '창의성, 참신성'을 수행평가의 주안점으로 둔다고 했으며 정의적인 측면의 협동성에 비중을 두어 평가하는 교사도 있는 것으로 나타났다. 이와 같은 결과가 나온 이유는 기교적이고 꾸밈이 많은 시 보다는 아동들의 순수한 마음이 담겨있는 시를 교사들이 선호하고 있다는 것이다. 또한 모둠 활동을 통한 시 쓰기 교육은 국어 교육의 목표인 '창의적인 국어 사용 능력'을 길러줄 수 있는 효과적인 학습 방법이라고 할 수 있다.

교사들이 협동시 쓰기를 지도하지 않는 이유를 분석한 결과 42.5%가 '실시 방법에 대한 이해 부족'을 가장 큰 이유로 들었다.

이와 같은 결과가 나온 것은 협동시 쓰기에 대한 내용이 교과 과정에 자세하게 소개되어 있지 않은 원인도 있겠지만 교사의 관심 분야와 거리가 먼 까닭도 있을 것이다. 여러 가지 학습 방법과 학습 모형에 대한 연구가 꾸준히 진행되고 있지만 일부분의 교사에 한정이 되어 있으며, 알고 있는 교사들도 현장에서 적용하기를 꺼리는 경우가 많은 것이 우리의 현실이다. 아동들의 시 교육을 위해 교사들이 세심한 관심과 교사의 지도 능력 신장을 위한 시 교육 관련 자료가 필요하다고 본다.

라. 실태 분석에 관한 논의

아무리 좋은 학습 자료와 교육 환경이 주어진다고 하더라도 교사의 변화 의지가 없으면 초등 시 교육은 효과를 볼 수 없을 것이다. 하물며 시 교육을 위한 학습 자료가 미흡하고 교육 환경이 매우 열악한 우리의 교육 환경에서 교사 역할의 중요성은 새삼 강조할 필요가 없을 것이다. 시 교육의 실태를 분석한 결과를 토대로 하여 초등 시 교육을 위한 개선 방안 을 제시하고자 한다.

첫째, 시 교육을 위해 교사가 먼저 시에 대한 관심과 노력을 보여야겠다.

아직 미성숙 단계에 있는 초등학교 아동들은 담임교사를 통해 자신의 관심 분야를 갖게 되거나 바꾸게 된다. 본 연구 결과 시에 관심을 갖고 지도하는 교사들 대부분은 동시 단원 을 공부할 때 시에 대해 아동들에게 시를 읽어 주고 있으며, 시 교육을 위해 국어 수업 시간 외에 재량활동 시간을 활용하고 있는 것으로 나타났다. 평상시 국어 수업 시간 외에 아동들 이 시에 관심을 갖도록 전혀 지도해 보지 않는 교사도 34%정도나 되었다. 교사가 시에 대해 관심을 갖고 교육과정 시간 운영을 적절히 한다면 효과를 거둘 수 있게 될 것이다. 즉 아동 들의 정서 순화를 위해 가끔씩이라도 시를 들려주거나. 재량시간 특활시간 등을 이용하여 시 교육을 가끔씩이라도 시행한다면 아동들이 시에 흥미를 갖게 될 것이다.

둘째, 시 교육을 위한 다양한 학습 자료와 활동 자료가 준비되어야겠다.

시 교육을 위해 교실에 동시집이나 시 작품을 전시해 놓는 교사들이 80%정도가 되었으 나, 정보화 시대에 적합한 아동들의 흥미를 끌 수 있는 다양한 자료의 개발이 시급하다. 변 화하는 시대에 맞게, 변화하는 아동들의 특성에 적합한 다양한 자료를 개발하여 학습 효과 를 높일 수 있도록 해야 한다. 또한 교사들에게 가장 필요한 것은 시 수업 시간에 적절하게 활용할 수 있는 시범독이 실려 있는 테이프나 비디오의 개발이다.

셋째, 시 교육을 위한 다양한 연수 기회와 연수 자료가 필요하다.

시 단원 수업 비효율성 이유를 분석한 결과 25.6%가 교육과정운영상 시간 부족을 가장 큰 이유로 들었으며, 21.9%는 교사의 지도 기술 미숙을, 20.8%는 시 교육 관련 수업 자료 부족을 원인으로 들었다. 또한 시 단원 수업 중 지도하기 어려운 부문을 '시 쓰기 지도'로 꼽는 교사가 43.1%이며 시 감상지도로 30.0%가 응답했다. 현장에서 교육과정을 운영하기 위해서는 시 교육이외의 다양한 활동을 해야 하는 관계로 시간부족의 이유는 어쩔 수 없지만 교사의 지도 기술 미숙 문제와 시 교육 관련 수업 자료 부족의 이유는 우리가 고려해야 될 문제들이다. 시 교육을 위해 다양한 연수 기회와 연수 자료가 준비되어야 하며, 교사용 지도서에 시 쓰기 지도법과 감상지도에 대한 지침이 자세하게 제시되어야 하겠다. 교육과정이 바뀔 때에는 교육과정 변천 내용에 대한 한 두 차례 연수가 있으나 개괄적이고 전체적인 맥락만 소개하기 때문에 세부적인 변천에 대해 교사들이 이해하기가 어렵다. 각 내용 요소별 세부적인 변천에 대한 안내 책자 소개와 연수가 실시되어야 한다.

넷째, 시 교육의 효과를 높이기 위해서는 다양한 방법의 학습 활동을 적용해야 한다.

설문 분석 결과 대부분의 교사들이 시 교육을 위해 다양한 학습 형태를 활용한다는 것을 알 수 있었다. 학습 형태를 시 학습 단원의 특성에 맞게 수시로 변화시키는 것은 반드시 필요하다. 시 감상 후 느낌을 생각을 표현하는 방법으로 '느낌을 말로 표현하기'와 '그림으로 나타내기'를 많이 활용하는 것으로 나타났다. 물론 '말로 표현하기'가 시간상 유용하게 활용될 수도 있지만 시 교육을 위해 아동들의 학습 효과를 높일 수 있는 다양한 감상 표현 방법을 지도해야 할 것이다. 아동들이 시 감상 후 느낌 표현 방법 중에서 그림 그리기를 선호하지만 행동이나 몸짓으로 표현하기, 연극으로 나타내는 방법, 만화로 나타내기, 시 작가에게 편지 쓰기 등도 아동들의 감상 활동을 도울 수 있는 효과적인 방법들이다. 인터넷을 이용한 동시 수업이나, 7차 교육과정에서 중시되고 있는 모둠 활동을 통한 감상 및 시 쓰기 활동들이 좋은 예이다. 반 수 정도의 교사들이 시 낭독 방법으로 단순한 '각자 소리 내어 읽기'를 선호하고 있었다. 모둠별 돌려 읽기, 우수아 대표 읽기, 인터넷 활용 낭송 들려주기, 테이프 이용 등 아동들이 낭송에 대해 자신감을 가질 수 있는 다양한 낭송 방법들이 소개되어야 할 것이다.

다섯째, 시 감상 능력을 신장시키기 위해서는 모둠 활동 적용이 효과적인 방법이다.

7차 교육과정은 학습자 중심의 교육과정으로서 개별적인 학습 방법보다 상호 작용을 통해 학습 활동을 전개할 수 있는 다양한 활동들이 이전의 교육과정보다 훨씬 많이 제시되어 있다. 특히 국어과 시 학습 활동에는 이전 교육과정에서 제시되지 않았던 다양한 모둠 활동 방법들이 소개되어 있다. 이와 같은 까닭은 여러 연구에서 밝혀졌듯이 개별학습보다 모둠 활동이 아동들의 수업 효과를 높일 수 있는 방법이기 때문일 것이다. 시 감상 학습 후에 '아동 상호 이야기하기 방법'은 시 수용의 다양성을 인정할 수 있게 하는 좋은 기회이며 시 감상 능력의 신장을 위한 좋은 학습 방법이라고 할 수 있다. 하지만 한두 번 실시로 효과를 볼 수는 없을 것이다.

교과서에 제시되어 있는 상호 평가 방법이 아직은 일반화되지 못했지만 교사들은 상호 평가의 효과성으로 '시 수용의 다양성 인정'과 '느낌 표현에 자신감을 갖게 됐다.'를 들고 있었다. 이는 교사들이 시 감상 후 상호 평가의 효과에 대해 잘 알고는 있지만 실시는 자주 하지 못한다는 것을 의미한다. 아동들의 시 감상 능력 신장을 위해 '시 감상 후 상호 이야기하기'와 '상호 평가하기' 방법을 수시로 활용하도록 교사들은 노력해야겠다.

여섯째, 협동시 쓰기를 실시하여 시 쓰기 학습 효과를 높여야 한다.

협동시 지도를 해 본 경험이 있는 교사들은 협동시 쓰기 수업 시 어려운 점으로 교육과정상 시간부족과 아동들의 아이디어 통일을 들었다. 교사 재량으로 교육과정을 적절하게 운영할 수 있도록 해야겠으며, 아직은 자기중심적이어서 아이디어 통일에 서투른 아동들을 지도하는 방법 지침도 필요하다. 또한 저학년 아동들의 특성에 맞게 협동시 쓰기 학습을 개선하여 실시한다면 저학년 시 쓰기 교육에서도 효과를 거둘 수 있을 것이다.

협동시 쓰기의 효과로는 지도해 본 과반 수 이상의 교사들이 '다양한 아이디어 생성능력이 향상된다'고 응답했는데, 이는 아동들이 상호 협동학습을 하면서 서로 다른 아이디어들을 보고 들으면서 나름대로 자신의 생각을 정리할 수 있게 된다는 의미이기도 하다. 혼자서는 시 쓰기가 어렵지만 상호 협동 학습을 통해 아동들이 시 쓰기에 자신감을 갖고 임하게 될 것이다. 또한 교사는 시의 정형화만 가르치거나 강조하지 말고, 협동시 쓰기에 필요한 다양한 아이디어 수용의 의미를 아동들이 이해할 수 있도록 지도해야 하겠다. 협동시 쓰기를 지도해 보지 않은 집단의 이유를 분석한 결과 '실시 방법에 대한 이해 부족'을 가장 큰 이유를 들었다. 이는 협동시 쓰기에 대한 내용이 교과 과정에 자세하게 소개되어 있지 않은 원인도 있겠지만 교사의 관심 분야와 거리가 먼 까닭도 있을 것이다. 아동들의 협동시에 대한 교사들이 세심한 관심과 교사의 지도 능력 신장을 위한 협동시 쓰기 교육 관련 자료의 보급이 필요하다고 본다.

협동시 쓰기 실시 후 효과를 본 교사들 대부분은 아동들이 자신이 쓴 작품에 자신감을 갖게 되며 시 쓰기 표현력이 향상된다고 했다. 이와 같은 협동시 쓰기를 잘 지도한다면 혼자서 시 쓰기에 자신이 없어 하는 아동들이 자신감을 갖게 될 것이며, 아동들이 시에 좀 더 관심을 가질 수 있을 것이다. 또한 모둠별 시 쓰기 활동을 통해 국어 교육의 목표인 '창의적인 국어 사용 능력'을 길러줄 수 있으며 과정 중심의 수행 평가 목표도 달성할 수 있다.

4. 나오며

초등학교 국어 교과서와 교사용 지도서를 분석한 결과 7차 교육과정에서는 창의적인 국어 사용능력 신장과, 학습자 중심의 교육과정의 영향으로 창의적인 내용으로 학습 활동을 하거나, 아동들이 상호작용을 통해 시 학습을 전개할 수 있도록 하는 방법들이 많이 제시되어 있다.

각 학년별 시 학습 내용 요소의 특징과 협동학습 요소를 중심으로 한 시 두레 학습 내용을 분석한 결과는 다음과 같다.

저학년 교과서 시에서는 시 속의 언어에서 재미(유희성)를 느낄 수 있도록 저학년 수준에 맞는 소리나 모양을 흉내내는 말이 다양하게 들어있는 시를 제시해 주고 있었다. 시 두레 학습 요소는 아동들의 흥미와 발달단계에 맞게 구성되어 있으며, 짝과 함께 몸짓이나 행동으로 꾸며 보기, 시를 읽은 후의 느낌을 놀이로 해 보고 모둠별로 평가하기, 리듬감을 살려 낭송했는지 상호 평가하기, 친구 앞에서 외어 읽어보고 상호평가 하기 등이 제시되어 있었다. 나의 생각과 느낌을 글로 나타내어 친구에게 읽어주고 서로 고칠 점에 대해 이야기하는 초보 글쓰기도 제시되어 있다. 능력이 부족한 친구를 도와 줄 수 있도록 활동내용이 제시되어 있는데 이는 아동들의 수준 차이가 많이 나는 저학년에서 시 학습을 통해 아동들 서로가 상호 보완해 줄 수 있도록 하는 좋은 방법이라고 할 수 있다.

중학년에서는 시의 느낌을 친구들과 함께 공유하는 학습 방법이 많이 제시되어 있으며, 쓰기 수준은 시의 일부분을 재창조하는 수준이며, 운율과 주제를 알아보는 학습 활동이 제시되어 있다. 시 낭송 후에는 목표에 맞게 낭송했는지 상호 평가를 하게 구성되어 있으며 낭송 방법도 다양하게 제시되어 있다. 또한 시 감상 시 시 속의 인물이 되어보거나 글쓴이의 생각이나 느낌에 비추어 자신의 생각을 이야기해 보는 내용들이 제시되어 있으며, 감상 후 생각이나 느낌을 표현하는 방법도 구체적으로 제시되어 있으며, 자신이 선택한 방법으로 친구들 앞에서 표현할 수 있게 학습 내용이 구성되어 있다. 또한 시의 형식을 강조하는 단계는 아니지만 시 창작 활동이 많아지고 있으며, 이런 활동 후에는 친구들과 상호 평가를 할 수 있게 활동을 제시해 놓았으며, 친구의 작품에 대한 느낌과 왜 그렇게 생각했는지의 이유까지 상호 의견을 교환할 수 있게 구성되어 있다. 또래 집단을 형성하기 시작하며 친구들과의 의견을 조율하는 방법을 터득해 나가는 중학년 단계에서 적합한 시 학습 방법이라고 할 수 있다.

고학년에서는 시의 비유적인 개념을 알고 비유적인 표현을 사용하여 시를 쓰는 활동, 시를 다른 문학 형식으로 바꿔 쓰기 등 시 쓰기에 대한 본격적인 방법들이 거론되기 시작한다. 또한 시에 대한 생각이나 느낌들을 적극적으로 교환하고, 창의적인 해석 내용을 공유하는 시 두레 학습 적용 활동 내용들이 많이 제시되어 있는데 이런 활동을 통해 아동들은 시 수용의 다양성을 인정하고 시에 대한 자신감을 갖게 될 것이다. 시를 바꾸어 쓰는 활동 전에는 상호 의견 교환을 통해 친구들의 도움을 받을 수 있는 활동이 제시되어 있는데 이는 친구들과 의견 교환을 통해 자신의 생각을 재정비하고 수정할 수 있는 학습 방법이라고 할 수 있다.

설문지를 통해 초등학교 교사들의 시 교육 실태를 분석한 결과는 다음과 같다.

초등 교사들 대부분은 동시 단원을 공부할 때 아동들에게 시를 읽어 주고 있으며, 국어 시간 외에 시 교육은 주로 재량활동 시간을 활용하고 있는 것으로 나타났다. 국어 시간 외에 시 지도를 전혀 하지 않은 교사도 34%정도나 되었다. 시 교육을 위한 자료로는 동시집이나 시 작품을 많이 준비해 두고 있었으며, 시 교육을 위한 활동으로는 시화전이나 미니북 만들기를 많이 하고 있는 것으로 나타났다. 초등학교 시 단원 수업의 효율성이 보통이상이라고 응답한 교사는 80%이상이었다.

시 단원 수업 중 지도하기 어려운 부문을 '시 쓰기 지도'로 꼽는 교사가 43.1%이며 시 감상지도로는 30.0%가 응답했고, 시 교육 목표로는 '아동 정서 순화'라고 대부분 교사가 응답했다. 7차교육과정에서 강화된 시 창작교육에 대해 교사들 반수 정도가 바르게 이해하고 있었으나, 시 교육활동 중 모둠활동 내용이 많아짐에 대해 바르게 이해하고 있는 교사가 25%정도 밖에 되지 않았다

교사들은 시 단원 수업 시간 시 '짝과의 활동'과 '4-6명 정도의 모둠활동'을 주 학습형태로 활용하고 있었다. 70%이상의 교사들이 시 감상수업 후 느낌을 친구들과 상호 이야기하게 하는 학습 활동을 가끔 실시하거나 자주 지도하고 있었다. 시 감상 후 느낌을 생각을 표현하는 방법으로 '느낌을 말로 표현하기'와 '그림으로 나타내기'를 많이 활용하는 것으로

나타났으며, 아동들이 가장 흥미 있어 하는 방법은 '그림그리기'라고 응답했다.

시 낭독 실시의 주요 방법으로는 반수 정도의 교사가 '각자 소리내어 읽기'를 선호하고 있었다. 대부분의 교사가 아동 상호평가의 효과로는 '시 수용의 다양성 인정'과 '느낌 표현에 자신감을 갖게 됐다.'를 들었다.

협동시 쓰기 지도를 해 본 경험이 있는 교사는 전체(360명)중 46.1%가 한두 번 이상 지도해 봤다고 응답했으나, 저학년 담당 담임들에게서 '전혀 협동시 지도를 해 본적이 없다'는 응답이 높았다. 협동시 쓰기의 효과로는 '다양한 아이디어 생성능력이 향상 됐다'였다. 설문 실시 교사들의 3분의 1정도가 협동시 쓰기를 실시하고 있었으며, 쓰기 후 상호 평가 활동은 4분의 1정도가 가끔 실시하고 있었다. 협동시 쓰기 상호 평가 후 반 수 정도의 교사들이 별 효과가 없다고 응답했으나, 실시 후 효과를 본 교사들 중 65명(실시인원 134명 중)은 아동들이 자신이 쓴 작품에 자신감을 갖게 되며 시 쓰기 표현력이 향상된다고 응답했다. 협동시 쓰기의 수행평가에서 비중을 두어 평가하는 부분은 '창의성, 참신성'이었으며 정의적인 측면의 협동성에 비중을 두어 평가하는 교사도 있는 것으로 나타났다. 협동시 쓰기를 지도해 보지 않은 집단의 이유를 분석한 결과 42.5%가 실시 방법에 대한 이해 부족'을 가장 큰 이유를 들었다.

시 교육의 성패를 좌우하는 가장 중요한 교육 요소는 교사임을 잊지 말고 늘 관심을 갖고 아동들의 정서 순화를 위해 가끔씩이라도 시를 들려주거나, 시 학습 자료를 교실에 구비해 놓아야겠다. 또한 시 학습 시간 배정 확충과 시 교육을 위해 다양한 연수 기회와 연수 자료가 준비되어야 하며, 효율적인 시 수업 자료의 개발을 위해 교사들이나 교육 당국이 힘써야 할 것이다. 또한 시교육의 발전을 위해서는 교사의 시 교육과정에 대한 바른 이해가 필요하며, 다양한 학습 형태와 효율적인 시 교육 방법의 적용을 위해 노력해야 할 것이다.

참고문헌

강문희 외(2001), 『아동문학교육』, 학지사.

고등덕(1996), ‘동시지도의 이론과 실제’, 서울교대초등국어교육, 6집.

교육부(2002), 「초등학교 1학년에서 6학년 교과서」, 대한교과서 주식회사.

교육부(1999), 『초등학교 7차 교육과정 해설』, 대한 교과서 주식회사.

구인환 외(2002), 『문학교육론』, 삼지원.

김경희(1998), ‘협동학습을 통한 시 쓰기 지도 방안 연구’, 한국교원대학교 대학원, 석사학위논문.

김동남(2001), ‘초등학교 저학년 동시 지도 실태 조사’, 대구교육대학교 대학원석사학위논문.

김영희(2003), ‘시 창작을 위한 발상 지도 방법 연구’, 한국교원대학교 대학원석사학위 논문.

김은전 외(2001), 『현대시 교육의 쟁점과 전망』, 도서출판 월인.

김창숙(1989), ‘국민학교에서의 시 교육 실태 및 효율적인 지도방안’, 이화여자대학교 교육대학원 석사학
　　　위 논문.

김홍이(2000), ‘초등학교 학습자 중심의 시 감상학습 방법 연구’, 한국교원대학교 대학원석사학위 논문.

박민수(1998), 『아동문학의 시학』, 춘천교대 출판부.

박선미(2002), “평가활동을 통한 초등학교 시 교육 방법 연구”, 한국교원대학교 대학원, 석사학위 논문.

신헌재 외(2003), 『국어과 협동학습 방안』, 박이정.

______ 편역(1998), 『아동문학교육론』, 범우사.

______ 외(2002), 『학습자 중심의 국어과 수업 방안』,박이정.

이동원(1997), 『인간교육과 협동학습』, 성원사.

장성욱(2000), ‘협동학습을 통한 시 쓰기 교수 학습 방법 연구’, 한국교원대학교 대학원, 석사학위 논문.

정지영(1999), ‘협동학습을 활용한 시 쓰기 지도 방법 연구’, 서울교육대학교 교육대학원석사학위 논문.

조미용(2000), ‘토의식 수업을 통한 시 감상력 신장 방안 연구’, 공주교육대학교, 교육대학원석사학위
　　　논문.

조영미(2001), ‘협동학습을 통한 심상적 접근이 시 표현력 신장에 미치는 영향’, 한국교원대학교 대학원
　　　석사학위논문.

진선희(1994), ‘동시를 대상으로 한 교육과정 및 교과서 수록 작품에 관한 연구’, 한국교원대학교 대학원
　　　석사학위 논문.

4장   신비의 세계, 판타지 동화와의 만남

1. 들어가며

어린이들은 이야기를 좋아한다. 전래동화나 창작동화와 같은 이야기를 어린이들에게 들려주면, 어린이들은 하던 일을 멈추고 이야기에 집중을 하게 되고, 이야기를 하다가 멈추면 그 뒷이야기가 궁금하여 계속 해달라고 졸라대곤 한다. 어린이들은 이야기를 듣는 것에만 만족하지 않고 자신들이 그 이야기를 직접 찾아 읽으려고 한다. 이야기는 어린이들에게 새로운 삶의 방향을 보여주는 지침서이기도 하고, 이야기 속의 주인공에게 동화되어 마치 자신이 그 이야기 속의 주인공인 것처럼 행동하게 하기도 하고, 이야기를 읽으면서 새로운 세상을 만나고 신나는 모험을 떠나기도 한다.

특히 어린이들은 현실 세상과는 또 다른 세상으로의 환상 여행을 이야기를 통해 경험하면서 자신의 상상력을 키우고, 모험 세계를 즐기면서 현실에서의 삶을 더욱 의미 있게 받아들이게 된다.

"아이들은 많은 환상을 지니고 있다. 아이들을 위해서 글을 쓰는 사람들은 환상을 쓸 권리뿐만 아니라 의무도 있다."는 제임스 크뤼스의 말은, 아동문학에서 환상의 필요성을 역설하는 선언이다. 환상은 현실과 마찬가지로 아이들을 성장시키고 단련시키는 힘이 된다(김서정, 2002, 재인용).

여러 논자들이 말한 동화의 개념을 정리해 보면 '동화란 동심을 바탕으로 하여 꾸민 서정적이거나 환상적인 이야기로서 시적인 요소를 갖춘 산문 문학'이며, 환상(fantasy)을 가장 두드러진 특성으로 한다(최운식·김기창 공저, 1998). 이처럼 동화를 정의할 때 '판타지'는 대부분의 논자들이 공통적으로 동화의 중요한 속성으로 언급하고 있다.

이원수는 '순수한 동화는 사실적인 소설과는 다른, 공상적인 이야기를 말한다. 현대 동화가 현실적인 이야기와 공상적인 이야기의 서로 결합된 것이 많지만, 판타지가 많은 것, 공상적이요 초자연적인 이야기가 있는 것을 동화'라고 규정하여 동화의 환상성을 강조하였고, 박화목은 '동화에서 판타지는 중요한 구성요소로 여기고 있으며, L. H. Smith(2000)가 말한 '詩와 똑같이 판타지는 보편적 진실을 포착하려 할 때 은유라는 방법을 쓴다'라고 한 말은 '일체의 시적인 것은 동화적이라야 한다(이재철, 1998, 재인용).'고 한 노발리스의 말을 뒷받침해 주고 있다고 볼 수 있다고 하였다. 김명희는 '소설과 동화에서 환상이 차지하는 위상의 차이점을 이야기하자면, 소설에서 환상은 하나의 기법이며 선택적인 것이지만, 동화에서 환상은 창작원리이며 필연적인 것'이라고 하였다(권혁준, 2002).

위의 인용에서 보듯이 판타지는 소설과 동화를 구분 짓는 기준, 동화의 주요 구성 요소, 또는 창작원리로서 동화에서 빼놓을 수 없는 중요한 개념으로 생각하고 있다. 이는 동화의 대상인 어린이의 정서적 특징이나 발달 단계와 연계지어 생각하면 당연한 것 같다. 어린이들은 현실 세계를 벗어나 새로운 세계를 상상하거나 창조하기를 즐기며, 상상의 세계에서 자신의 꿈과 소망을 실현시키기를 좋아하기 때문이다.

그러나 동화의 핵심 요인이 '판타지'라는 것에는 많은 논자들이 동의하고 있으면서도 우리나라 동화 중에는 '판타지' 요소를 잘 갖추고 있는 작품들이 별로 많지 않은 것 같다. 그나마 최근에 전 세계적으로 베스트셀러가 된 조앤 롤링의 판타지 동화,『해리포터 시리즈』를 계기로 우리나라에도 판타지에 대한 관심이 커져 그 논의가 활발해지고 있으며 우리나라 아동문학계에도 1990년 대 이후 판타지 작품[1]이 출간되기 시작하였고, 비평가들의 논의가 활발해지고 있는 실정이다.[2]

그러나 아직도 무엇을 '판타지'라 하는지 그 개념이 모호하며 용어의 문제에 있어서도 다양한 의견이 존재하고 있다. 이것은 판타지의 개념이 정리되어 있지 않다는 것이기도 하고, 또 그만큼 판타지의 개념을 정의내리기가 어렵다는 것이기도 하다.

이에 본고에서는 판타지 동화의 개념과 특성을 정리하고 교육적 의의를 살펴보고자 한다. 이를 위해서 여러 논자들의 개념을 제시하여 살펴보고 정리하며, 교육적 의의를 살펴보

---

1) 이러한 작품의 예로 김영희의 『하늘을 나는 자전거』(한국프뢰벨주식회사, 1992) 채인선의 『삼촌과 함께 자전거 여행』(재미마주, 1998), 김진경의 『고양이학교 시리즈』(문학동네, 2001)를 들 수 있겠다. 인간 주인공이 현실에서 출발하여 비현실 세계를 여행한 후 다시 현실로 돌아온다는 기본 구조를 지니고 있으며, 비현실 세계로 가는 통로가 앞의 두 작품은 '자전거'이다. 『하늘을 나는 자전거』는 우주 공간으로의 이동을 통하여 판타지를 구현한 작품이고, 『삼촌과 함께 자전거 여행』은 과거 시간으로의 여행을 통하여 판타지를 구현하였다. 『고양이 학교』는 신화의 내용을 바탕으로 고양이의 눈으로 인간 세계를 바라보고 비판하고 있으며, 인간(특히 어린이 주인공)과 동물의 교감을 표현하고 있다.

2) 이재복의 『판타지 동화 세계』(사계절, 2001), 김상욱의 『숲에서 어린이에게 길을 묻다』(창작과 비평사, 2002), 김서정의 『멋진 판타지』(굴렁쇠, 2002), 최윤정의 『그림책』(비룡소, 2002)과 같은 비평서와 이론서에서 판타지에 대하여 논의를 전개하고 있으며, 판타지 동화 작품을 선택하여 비평하고 있다.

기 위하여 필자의 학급의 학생들을 대상으로 반응을 살펴보고자 한다. 그리고 판타지 동화의 교과서 수록 양상에 대한 분석을 통해 판타지 동화의 교과서 수록 빈도와 유형의 특징과 의의를 제시하고자 한다.

2. 판타지 동화의 이해

판타지는 어린이에게 놀이이고, 현실에서의 나약함을 극복하고 세상의 어려움에 맞서 성장하는 모습을 보여주며, 해방감을 느끼게 하며 어린이들의 소원을 현실화시켜준다. 그리고 판타지는 동화의 근간을 이루고 있는 중요한 속성이다. 그러나 판타지가 어린이에게 미치는 영향에 비하여 판타지의 개념 설정과 범주가 논자들마다 의견이 다르고, 판타지 구현 방식과 유형에 대한 분석도 그 의견이 다양하다. 그러므로 본 장에서 필자는 판타지의 개념과 특성을 살펴보고 판타지 동화의 개념을 정리하고 창작동화와 전래동화에서 판타지의 구현 방식과 유형을 정리하고자 한다. 이것은 판타지 동화의 교과서 수록 양상 분석에 중요한 근거가 될 것이다.

가. 판타지 동화의 개념

판타지(fantasy)라는 말은 그리스어에서 나온 것으로 '눈에 보이도록 하는 것'이라는 뜻이다. 이는 fancy 혹은 phantasy와 동의어로 옥스퍼드 사전에 의하면 '지각의 대상을 심적으로 이해하는 일', 또는 '상상력으로서 현실로 나타나지 않은 것을 모양으로 바꿔 놓는 활동이나 힘 또는 그 결과'라고 풀이되어 있다(L. H. Smith, 2000). 새우리말 큰 사전에는 환상을 판타지와 동의어로 보고 '현실적 기초도 가능성도 없는 헛된 생각이나 공상', '종잡을 수 없이 일어나는 생각'으로 풀이하였다. 즉 우리 눈으로 볼 수 없는 것, 현실에서는 있을 수 없는 일이 일어나도록 꾸미고, 그것을 사람들이 보고 들을 수 있도록 하는 활동이라는 것이다. 『세계아동문학사전』(이재철, 1989)에서는 일반적으로는 끝없는 상상과 꿈과 같은 공상을 가리키는 말이나, 문학상의 용어로는 "독창적인 상상력으로부터 탄생하는 것이며, 그 상상력은 인간의 오관으로 알 수 있는 외계의 사물에서 유도하는 개념을 초월한 것을 말하는 것으로 보다 깊은 개념을 형성하는 마음의 활동이다"라고 정의한 스미스의 정의를 인용하고 있다.『현대 문학·문화 비평 용어 사전』(조셉 칠더즈·게리 헨치, 2000)을 살펴보면, 작중의 사건이 터무니없는 가공의 세계에서 일어나거나 초자연적인 성질을 띠거나 아니면 일어날 수 있는 일과 일어날 수 없는 일에 관한 예상을 대개 무시하는 문학 작품을 말한다고 설명하고 있다.

영어에서는 fansy라는 말이 파생하여 이후 심상 형성능력으로서는 이 'fansy(공상력)'가 imagination(상상력)과 혼용되었는데, 19세기에 코울리지는 대상과 융합 통일하는 시적 창조력이 상상력이며, 공상력은 대상을 단지 결합하는 능력에 지나지 않는다하여 양자를 엄밀히 구별하였다(권혁준, 2002).

스미스(L. H. Smith, 2000)는 판타지는 '독창적인 상상력으로부터 탄생한 것이며, 그 상상력은 인간의 오관으로 알 수 있는 외계의 사물에서 유도하는 개념을 초월한 것을 말하는 것으로, 보다 깊은 개념을 형성하는 마음의 활동이다. 독창적인 상상력이라는 것은 추상의 세계에서 생명을 창조하는 힘이다. 추상의 세계에서 생명을 창조하는 힘이란 보이지 않는 것의 깊이까지 들어가서, 범인은 들여다 볼 수 없는 신비한 장소에 감추어져 있는 것을 빛이 비치는 곳으로 꺼내와서 보통 사람들한테 분명히 또는 어느 정도 이해할 수 있게 보여주는 일이다. 판타지야말로 창조적인 능력인 것이다.'고 하였다.

또한, 윈체스트(박상재, 1998)는 '창조적 상상은 경험에 의하여 주어지는 요소들 중에서 자발적으로 선택하여 그들을 결합해서 새로운 전일체를 만들어 내는데, 이 결합이 자의적이고 비합리적이라면 그 기능을 fansy'라고 하였으며, 카를 폰 융은 '실제의 생활에서 주관과 객관, 감정과 사상, 관념과 사물 등의 대립은 항상 어떤 생동력에 의하여 통일을 이루는데 이처럼 통일을 이루는 생동력을 판타지'라고 하였다.

컬리넌과 갤더(Cullinan과 Galda, 1994)는 '판타지는 현실과는 다른 초자연적인 소재나 대상, 혹은 사건이 중심이 되는 이야기로서, 판타지 안에서는 과학적인 설명이나 자연 법칙은 일시 정지되며 자연 세계에서 발견되지 않는 어떤 요소들을 담고 있으며 그러한 요소는 마술, 말을 하는 동물이나 무생물, 공간과 시간의 제약으로부터의 자유로움을 얻는다'고 하였다. 그러나 판타지는 비실제적인 것을 다루기는 하지만 비논리적인 것을 다루는 것은 아니며, 판타지의 세계는 우리의 현실세계와 잘 맞으며, 오히려 실제세계에서 확실히 보지 못한 것을 더 통합적이고 분명하게 드러내고, 인간의 도덕적·정신적 성장에 없어서는 안 될 힘을 제공한다고 말한다.

김영희(1977)는 판타지를 '초자연의 세계 또는 추상의 세계를 자의적으로 넘나들 수 있는 비현실적이고 비합리적이면서 창조적인 생명력으로 나타나는 것' 이라고 정의하였으며, 이재철(1983)은 '판타지가 단순한 비현실적 공상이 아니라 필연적인 시적 공상이며 현실 세계와 대립되는 명백히 다른 차원의 세계이다. 판타지 세계는 현실 세계의 한 모사이기는 하지만, 논리적인 모사가 아니라 은유적인 묘사이다.'라고 말하였다. 김은숙(1984)은 '환상과 상상은 인간의 동경이나 이상을 추구하는 일종의 기법적 소재이며 그 소재는 현실을 외면하고 저만치 혼자서 있는 것이 아니라 현실에 있으면서 현실 이상의 어떤 질서를 구축케 하는 작가의 유기체적 정신작용'이라고 했다. 박상재(1998)는 환상의 개념을 ' 인간의 상상력이 빚어낸 문학의 총아로써 현실 속에 비현실의 이야기를 합리적 수단으로 끌어들여 불가능을 가능하게 이끄는 영원한 창조적 생명력'으로 정의하였다.

한편, 한명숙(2002)은 '판타지는 인간의 상상력으로 빚어낸 산물로서 상상력의 발현이 판타지 동화에서 극대화된다'고 하였다. 그리고 판타지 동화가 보여주는 상상력에 대한 개념을 정의하는데 발판을 제공하는 것으로 공상에 대한 개념을 정신분석학적 차원에서 정의한 프로이드의 설명을 제시하고 있다. 프로이드는 공상을 낳는 원동력이 '충족되지 않은 소원'이라고 보고, 공상은 '소원의 충족, 불만족한 현실의 수정'이라고 하였다. 즉 '프로이드는 공상을 소원의 충족이요, 불만족한 현실의 수정'으로 이해한 것이다. 공상을 현실의 수정이라고 본다면 공상 역시 현실을 바탕으로 정의할 수 있으며, 현실을 전제하고 성립 가능한 세계라고 볼 수 있다. 이렇게 프로이드에 기초를 두고 공상이나 상상을 이해하면 그것은 현실에서의 불만족이나 충족되지 않는 소원을 충족하고자 하는 열망으로 비현실적인 세계를 창조하고 거기에서 현실을 수정하여 재현해 내는 동인으로서도 설명이 가능하다.

이와 같은 공상이나 상상의 개념은 판타지 이야기 세계를 이해하는 데도 적합해 보인다. 프로이드는 작가의 공상이 문학 작품을 창조한다고 보았다. 여기서 프로이드가 설명하는 공상은 작품 창조에 작용하는 상상력으로서 코울리지의 상상력 개념과 유사해 보인다. 현실 세계에서 이루어지지 않는 소망을 담아 비현실 세계 속에 구축해 놓은 또 하나의 현실이자 수정된 현실이며 희망적 현실을 재현해 내는 정신 작용이라고 볼 수 있다. 이렇게 되면 공상이나 상상으로 창조된 판타지 세계 또한, 현실의 재현으로서 설명할 수 있다. 판타지 동화에 나오는 신비한 세계는 비현실 세계이다. 그러나 그것은 또 다른 세계일 뿐이며 현실 세계를 재현해 놓은 것이다. 그런 점에서 판타지는 생생한 상징적 리얼리티를 드러낸다. 그런데 여기서 판타지가 현실을 재현하는 방식이 아주 상징적이라는 사실에 주의를 기울이게 된다. 이야기 또한 이야기 창조자의 체험을 상징적으로 구현해 낸 소산이다. 따라서 판타지는 현실의 재현이되, 구체적으로는 '현실의 상징적 재현'이라고 정의할 수 있다. 이는 판타지 세계가 또 하나의 현실 세계임을 의미한다. 그리하여 좁은 의미의 판타지를 '현실적 소망과 꿈의 상징적 구현'이라고 정의하였다.

권혁준(2002)은 판타지 동화와 관련된 토도로프(Todorove)와 톨킨(Tolkien)의 정의를 설명하면서 판타지의 개념을 다음과 같이 정리하였다.

현대에 들어 판타지, 또는 판타지 문학에 대하여 본격적으로 연구하고 정의를 내린 사람은 토도로프(Todorove)이다. 구조주의 문학 이론가로 잘 알려진 토도로프(Todorove)는 1970년 『환상 문학 입문』을 출간하여 환상 문학의 경계와 범주, 그리고 그 미학에 대한 이정표를 세웠다. 이 책은 환상 문학에 대한 연구 성과를 종합하면서 환상 문학을 하나의 독립된 장르로 확립시키고 있다. 그는 그 당시까지 이루어진 환상 문학 연구가들의 환상성에 대한 여러 가지 정의를 검토한 후 환상성은 두 개의 질서 곧 자연적 세계와 초자연적 세계로 사건을 이분하면서 두 개의 질서가 교차하는 과정이라고 본다. 그는 환상성이란 문제를 경이로움과 기괴함의 관계 속에서 자기 영역을 구축하고 있는 독자적인 영역으로 파악하는데 이때 "주저함(망설임)"이라는 동사를 환상 문학 성립의 조건으로 들어 환상 문학의 범주를 설정하였다.

> 환상 문학이 성립하려면 다음 세가지 조건이 충족되어야 한다. 첫째, 텍스트가 독자로 하여금 작중 인물들의 세계를 살아 있는 사람들의 세계로 간주하고, 묘사된 사건들에 대해 자연적 또는 초자연적으로 이해할 것인지 주저하도록 만들어야 한다. 둘째, 이러한 주저함은 작중 인물에 의해 경험될 수도 있다. 셋째, 독자는 텍스트와 관련하여 어떤 특정한 태도를 취해야 한다. 말하자면 그는 <시적>인 것뿐만 아니라 <알레고리적>인 해석 태도를 거부해야 한다. 이 세 가지 전제 조건이 똑같은 무게를 가지고 있는 것은 아니다. 첫 번째와 세 번째는 실제로 장르를 구성하는 요소들이다. 반면 두 번째는 충족되지 않을 수도 있다. 그렇지만 대부분의 예들에서 이들 세 조건은 충족되곤 한다.[3]

위의 인용에서 알 수 있듯이 토도로프는 환상성을 구성하는 가장 기본적인 요소로 독자 또는 작중 인물의 주저함을 들고 있다. 즉, 작품 속에서 서술되고 있는 사건이 살아있는 사람들의 세계에서 일어나는 자연적인 사건인지, 초현실적인 세계에서 일어나는 초자연적인 사건인지 판단 내리기를 주저하는 일이야말로 문학 작품의 환상성을 규정하는 요소가 된다는 것이다. 여기서 살아있는 사람들의 세계란 우리가 살아가는 현실 세계를 말하는 것

---

3) Tzvetan Todorov, Introduccion a la literuatura fantastica (Buenos Aires : Editoral Tiempo Contemporaneo, 1974), "아동문학에서 판타지의 개념과 범주", 공주교대논총 제39집 1호 p.20에서 재인용.

으로, 고대의 신화나 중세의 로맨스와 같이 우리가 살아가는 현실과 차원이 다른 세계를 그린 것은 판타지가 될 수 없다는 것이다.

그리고 이어서 그는 자연적 또는 초자연적 설명 사이에서의 망설임을 기준으로 양극에 '기이(the uncanny)'와 '경이(the marvelous)'라는 장르를 설정하였다. 이야기에서 서술되는 초자연적 사건이 자연적 방식으로 해결되면 기이문학(미스터리)이고, 초자연적 사건이 초자연적 방식으로 결말나면 경이문학이라는 것이다. 즉, 이 세계에서 일어날 수 없는 사건인데 알고 보니 잠시 환각을 본 것으로 판별된다든지 상상력의 산물로 인정된다면 자연적 질서의 법칙을 고수한 것으로 그것은 기이문학인 것이고, 초자연적인 사건이 일어난 것을 인지한 뒤 그것을 초자연적인 것으로 인정하면서 세계는 우리가 인지하지 못하는 법칙에 의해서도 지배될 수 있다고 생각하는 경우가 경이문학이다. 그리고 환상은 그 경계에 위치하며, 사건을 어떻게 이해할 것인가를 망설이는 동안에 일어나는 것이다. 이 두 가지 해결책 중 한 가지를 선택하면 환상성으로부터 기이함, 혹은 경이로움으로 이행하게 된다. 또 토도로프는 독자의 주저함의 길이라는 기준에 입각하여 '기이 - 환상적 기이- 환상 - 환상적 경이 - 경이'라는 다섯 가지 장르를 구별해 내었다. 환상성은 자연적인 법칙만을 인지하고 있는 존재가 현저히 초자연적인 사건에 직면할 때 경험하게 되는 동요라는 것이다.

다음으로 『반지의 제왕』과 『호비트』와 같은 환상동화의 작가이기도 한 톨킨(Tolkien)은 현대 환상 문학 비평에서 없어서는 안 될 여러 중요한 용어들을 만들어 냈다고 평가받고 있다.

톨킨(Tolkien)이 창조한 용어 가운데 대표적인 것은 '1차 세계(Primary Word)'와 '2차 세계(Scondary Word)'이다. 1차 세계는 경험 세계, 즉 현실 세계를 말하며 2차 세계는 비현실적 세계를 뜻한다. 톨킨에 따르면 판타지는 1차 세계와 2차 세계가 존재하는 이야기이고 성공적인 환상이 이루어지려면 2차 세계가 내적 리얼리티를 가지고 있어야 한다고 한다. 톨킨은 '2차 세계 안에서 2차 창조자가 말하는 것은 진실하다. 왜냐하면 그것이 그 세계의 법칙과 일치하기 때문이다. 의심이 일어나는 순간 주문은 깨어지고, 마법, 아니 예술은 실패하게 된다'고 말한 바 있는데 이 말은 작가에 의해 새로 창조된 2차 세계의 법칙은 그 세계 안에서 치밀하게 짜여져서 독자로 하여금 불신의 자발적 중단을 가져올 수 있도록 구성되어야 한다는 뜻이다. 그런데 여기서의 2차 세계는 독자에게 <압도적 기이함>의 느낌이 일어나도록 만들어야 하고, 그렇게 해서 독자로 하여금 일상의 세계에서 <탈출>할 수 있는 신선한 경험을 할 수 있도록 해야 한다. 여기서 톨킨의 <믿음을 안겨준다>는 것은 2차 세계의 스토리가 작품 내적인 설득력과 리얼리티를 가져야 한다는 것을 말하는 것으로 작가가 창조한 2차 세계 안에서의 작품 내적 합리성을 요구하는 것이다.

조아르스키와 보이어는 톨킨의 정의를 그대로 이어받으면서 환상 이야기의 종류를 <상위 환상 (high fantasy)>과 <하위 환상(low fantasy)>이라는 용어로 나누어 설명한다. 즉, <상위 환상>이란 2차 세계가 존재하며 2차 세계에서 비합리적인 사건이 일어나는 이야기를 말하며, <하위 환상>은 모든 이야기가 현실 세계를 무대로 펼쳐지면서 그 안에서 비합리적 현상이 등장하는 이야기를 말한다. 그러나 이 구분은 널리 받아들여졌으나, 용어의 선택에서 '낮은 판타지'가 스타일이나 성취도에서 낮은 작품이란 뉘앙스가 풍겨져 적절치 못한 것으로 드러났다.

김서정(2002)은 다음과 같은 요소를 지니고 있는 작품이 판타지라고 규정하였다. 먼저, 판타지는 현실 세계의 법칙을 깨뜨리는 이야기이다. 그러므로 '마술적이다, 초현실적이다, 비현실적이다, 기적적이다'라고 말할 수 있는 요소가 있어야 한다는 것이다. 그 요소는 과학으로 증명할 수 없고, 논리로 설명할 수도 없어야 한다. 다음으로 더 중요한 것은 그런 요소들이 '다른 세계'에 대한 생각을 끌어내야 한다는 점이다. 이 세계와는 다른 또 하나의 세계, 다른 사람은 생각지도 못했던 나만의 세계를 뛰어난 상상력으로 만들어 내놓아, 읽는 이를 놀라고 감탄하게 하는 이야기가 판타지이다. 톨킨이 '2차 세계'라고 명명한 그 곳은 현실에는 없고 공간과 시간에서 우리 사람과 다른 모습을 한 생명체들이, 우리 일상의 질서와는 다른 질서에 따라 살아가는 모습을 보여준다. 그러나 그 세계는 우리의 현실과 아무 상관도 없는 곳이 아니다. 오히려 우리가 지금 살고 있는 세계가 감추고 있는 어떤 비밀, 근원적 문제, 깊은 의미를 눈앞으로 이끌어 냄으로써 현실에 대한 새로운 눈을 뜨게 해 줄 수 있는 곳이다. 마지막으로, 이야기의 길이로서 옥스퍼드 어린이 문학 사전은 판타지를 '대체로 소설 길이'의 픽션(fiction)이라고 설명한다.

이상에서 판타지의 개념을 여러 측면과 다양한 견해에 따라 살펴보았다.

판타지란 인간의 상상력이 만들어낸 결과물로서 1차 세계와 2차 세계를 넘나들며 이 과정에서 주인공의 망설임이 내재되어 있는 세계이다. 주인공의 망설임은 현실 세계에 대한 비현실세계로의 소망을 이어주는 연결고리이다.

이에 필자는 판타지의 개념을 '현실세계와 비현실 세계가 교차하는 과정이며, 현실의 소망에 대한 실현'이라고 정의하고자 한다. 한편 판타지를 주요 요소로 하여 창작된 아동문학의 장르를 판타지 동화로 규정하고자 한다.

나. 판타지 동화의 구현방식과 유형

판타지 동화들을 보면 일반적으로 다음의 여섯 가지 요소가 특징적으로 나타나고 있다고 한명숙(2002)은 설명하고 있다.

첫째, 등장인물의 요건으로서 인간인 주인공과 인간이 아닌 주변 인물로 이야기가 구성됨을 볼 수 있다. 예를 들면 크리스티네 뇌스트링거의『오이대왕』에는 인간 가족들과 오이대왕이라는 인간과 인간이 아닌 인물이 등장하며,『오즈의 마법사』에는 도로시라는 소녀와 마녀, 오즈대왕, 사자 등의 인물이 등장한다. 이렇게 판타지 동화는 인간이 아닌 인물들이 엮어 내는 이야기이다.

둘째, 판타지 동화는 주인공이 현실 세계에 있다가 비현실 세계로 빠져드는 공간 이동이 일어난다. 구체적으로 살펴보면『오즈의 마법사』에서는 회오리 바람이 불어와 도로시를 비현실의 세계로 옮겨 놓고,『피터팬』에서는 웬디가 피터팬을 따라 날아가서 비현실 세계로 가게 된다. 모두 다 현실계에 있다가 비현실계로의 이동을 경험하게 되는 이야기이다. 현실계와 비현실세계로의 이동 현상은 이야기마다 다른데,『이상한 나라의 앨리스』에서는 앨리스가 토끼 굴을 따라 가는 것으로 이동이 일어나고,『끝없는 이야기』에서는 책 속으로 빨려 들어가며,『한밤중 톰의 정원에서』는 시계가 종소리를 13번 울릴 때 거실의 뒷문을 통하여 비현실 세계로 이동하게 된다.

셋째, 판타지 동화의 주요 이야기는 비현실 세계에서 일어나는 일로 구성된다.『이상한 나라의 앨리스』,『끝없는 이야기』,『한밤중 톰의 정원에서』,『오즈의 마법사』,『피터팬』 모두 이야기의 주요 사건은 판타지 세계에서 일어나는 것으로 이루어져 있다.『오즈의 마법사』는 '오즈의 나라'에서 일어나는 신비로운 사건들로 이루어져 있고,『끝없는 이야기』도 주인공 바스티안이 책 속의 환상 세계에서 신기한 일들을 겪은 내용이다.

넷째, 비현실 세계에서 벌어지는 주인공과 신비한 인물들 사이의 여러 가지 신기한 사건은 판타지 동화를 이루는 핵심 요인이다.『끝없는 이야기』에서는 바스티안이 환상 세계에서 無化 되어가고 있는 환상 세계를 지키기 위한 모험이 내용의 핵심을 이루고,『오즈의 마법사』에서 도로시가 허수아비나 양철로 된 나무꾼을 만나 동행하게 되는 사건이나, 도로시가 은 구두를 신고 단숨에 오즈 대왕이 사는 에메랄드 성에 도착하는 사건 등이 그것이다. 판타지 세계에서 일어나는 신기한 사건은 판타지 세계의 특징이자 판타지 세계를 이루는 요인이 된다.

다섯째, 비현실 세계에는 마법이 존재한다. 『오즈의 마법사』는 그런 면에서 더욱 전형적이다. 나쁜 마녀가 모자를 벗어 들고 주문을 외워 날개가 달린 원숭이 떼를 불러오는 마법을 부리기도 하고, 도로시가 은 구두를 신은 발로 땅을 구르며 나쁜 마녀가 사라졌으면 좋겠다고 말하자 나쁜 마녀가 사라져 버리기도 한다. 『이상한 나라의 앨리스』에도 마법이 존재하고 『피터팬』에서는 요정이나 피터팬의 존재 그 자체가 바로 마법적이라고 볼 수 있다.

여섯째, 판타지 동화의 결말은 전형적으로 비현실 세계에서 여러 가지 사건을 겪은 주인공이 다시 현실 세계로 복귀하는 것으로 나타난다. 『끝없는 이야기』의 바스티안도 다시 현실 세계인 아버지의 품으로 돌아오고, 『오즈의 마법사』의 도로시도 토토와 함께 살던 집으로 다시 돌아온다. 『피터팬』의 웬디도 집으로 돌아오고, 『괴물들이 사는 나라』의 주인공 맥스도 집을 떠나 괴물들이 사는 나라에 가서 신나게 놀다가 결국에는 다시 집으로 돌아오는 결말 구조를 보인다. 현실을 떠난 주인공이 현실로 다시 복귀한다는 결말은 떠남이 있기에 가능한 플롯이기도 하다. 대부분의 창작 동화에서의 판타지 구현은 위의 방식과 같이 이루어져 있다

김세희·임영심(1999)은 판타지 동화를 유형화하는데 구분 짓는 분류 기준을 등장인물, 배경, 플롯과 같은 문학적 요소를 사용하였다. 그 내용을 정리하면 다음과 같다.

첫째, 등장인물에 따라서 유형을 분류해보면 초현실적 등장인물, 의인화된 동물, 의인화된 무생물, 현실적 인물로 나눌 수 있다. 초현실적 등장인물의 경우는 중심인물이 초현실적 성격을 갖는 환상동화로서 주변인물이 초현실적 성격을 갖는 것은 제외한다. 톨킨의 『호비트』, 아네스 티종의 『바바빠빠』와 같은 경우이다. 의인화된 동물의 환상동화로는 화이트의 『샬롯의 거미줄』, 윌리엄 스타이그의 『치과의사 드소토 선생님』, 존 버닝햄의 『검피 아저씨의 뱃놀이』·『야 ! 우리 기차에서 내려』 등이 해당된다. 그리고 인형이나 장난감등 무생물을 의인화한 환상동화는 어린이들의 마음 속에서 어떤 물건이 생명을 부여 받아 환상·희망·공포 등을 투사하는 대상으로 살아나기도 한다. 콜로디의 『피노키오』가 해당된다. 현실적 인물이 등장하는 환상동화에는 아스트리드 린드그렌의 『내 이름은 삐삐 롱스타킹』, 필리파 피어스의 『한 밤중 톰의 정원에서』, 미하엘 엔데의 『끝없는 이야기』 등이 있다.

둘째, 배경에 따른 환상동화의 유형을 신비한 배경의 환상동화와 과학 환상동화로 분류하였다. 신비한 배경의 환상동화는 실제의 시간과 공간적 배경을 배제함으로써 초현실적 세계를 창출한다. 이러한 판타지 동화는 미래와 과거를 자유롭게 넘나들며 현실적 시간 개념을 초월하는 시간 여행을 하기도 한다. 이러한 시간여행 환상동화에서는 시간을 상징적으로 사용함으로써 시간에 대한 의미를 새롭게 진술하고 있다. 이 유형의 이야기에서 사용

하는 시간 개념은 일상에서 경험하는 세계와는 다른 세계를 만나게 하는 요소로서 이때 두 세계를 자연스럽게 드나들 수 있도록 하는 통로나 장치가 이용된다. 이 장치에는 굴·옷장·문과 같은 사물이나 폭풍과 같은 자연 현상이 이용되기도 하고, 잠·상상력과 같은 인간의 내적 현상이나, 여행·절벽에서 떨어지는 사건과 같은 인간의 외적 현상이 있다. 예를 들어 모리스 샌닥의『괴물들이 사는 나라』는 그 배경이 맥스의 방 → 숲 → 바다 → 괴물들이 사는 나라 → 바다 → 맥스의 방의 순서로 진행되는데 여기서 방은 현실세계이고, 숲과 바다는 2차 세계로 향하는 통로 역할을 한다.

과학 환상동화는 일반 환상동화의 마술이나 초현실적인 것이 과학적 이론이나 원리와 결합된 것이다. 과학 환상동화는 현실세계에는 없는 인물이 등장하며, 현실세계와는 다른 시공간을 사용하고 지구의 미래의 행복을 위하거나 개인의 책임을 강조한다.

셋째, 사건에 따른 환상동화의 유형을 살펴보면 비현실적 사건과 초현실적 사건으로 구분하여 설명하였다.

비현실적 사건이 있는 환상동화는 현실적 주인공이 사건을 만나는 판타지는 현실적으로 일어날 수 없는 사건을 만나게 되는 이야기 구조를 갖고 있다. 존 버닝햄의『지각대장 존』에는 존이 학교로 가는 도중 하수구에서 악어를 만나고 덤불에서 사자를 만나고, 강에서 파도를 만나게 되는 비현실적 사건이 나온다.

초현실적 사건이 있는 환상동화에는 마법과 변형이 나타난다. 평범한 인물이 어떤 기이한 물체를 얻게 된 후 곤경스러운 사건을 만나게 되었을 때 신귀물(神鬼物)을 이용하여 문제를 마법적으로 해결하는 이야기가 사건의 중심 이야기이다. 미하엘 엔데의『마법의 설탕 두조각』에서 주인공은 마법의 설탕 두조각을 부모의 차에 넣어 부모가 자신의 의견에 동의하지 않을 때마다 키가 반씩 줄어들게 하였으며, 레오 리오니의『새앙쥐와 태엽쥐』에서는 요술 도마뱀이 태엽쥐를 진짜 쥐로 바꾸어주는데 이때, 보름달이 뜨는 날과 보라색 조약돌이 초자연적 문제 해결의 도구로 사용된다.

지금까지 살펴본 창작동화의 판타지 구현 방식은 주인공 인간과 인간이 아닌 인물들이 등장하여 이야기가 구성되고, 현실 세계에서 환상 세계로 떠나 환상계를 구원하고 현실계로 다시 돌아오는 기본 구조를 가지고 있으며, 환상 세계에서 신기한 사건과 주요 이야기가 일어나는 것이다.

그리고 현대 창작 동화의 판타지 유형을 문학의 요소인 등장인물, 사건, 배경으로 구분하여 다음과 같이 정리하였다.

첫째, 등장인물은 초현실적인 인물 유형과 의인화된 동물의 유형, 의인화된 무생물의 유형, 현실적 인물의 유형으로 나눌 수 있다.

둘째, 사건은 마법의 유무와 관련하여, 마법이 아닌 상상이나 꿈을 통해 현실적으로 일어날 수 없는 비현실적 사건을 가진 유형과 마법을 사용하거나 변형이 나타나는 초현실적 사건을 가진 유형으로 나눌 수 있다.

셋째, 배경은 기본 구조로 현실 세계와 비현실 세계가 공존하는 유형이 있고, 현실 세계에서만 일어나는 유형과, 환상 세계에서만 사건이 일어나는 유형으로 나눌 수 있다.

다. 판타지 동화의 교육적 의의

판타지 동화의 교육적 의의와 가치 및 기능과 관련하여 김요섭(1986)은 판타지는 순수한 기쁨을 만들어 내고 어린이로 하여금 현실에서 해방시켜 자유세계로 안내해 주며, 폐쇄된 현실과 세계 속에서도 자아와 우주가 조화를 이룬 가운데 행복한 순간을 얻을 수 있게 해 주며, 어린이들의 꿈과 상상력을 증식시켜 주고, 꿈의 순수와 상상력의 자유를 수호 확대시켜가면서 현실에 변화를 주고 세계를 새롭게 하는 것이라고 하였고, 김현희(1999)는 환상동화가 환상적인 세계를 현실과 대비시킴으로써 사실성이나 실제성을 보다 예리하게 드러내며, 이성적이거나 합리적이어야 할 필요없이 어린이가 마음껏 상상력을 발휘하도록 격려하고 추측하게 하며, 어린이에게 주인공과 동일시를 느끼게 함으로써 대리경험을 할 수 있는 심리적인 이익을 주며, 어린이가 책을 읽는 동안 자신에게 익숙하지 않은 배경과 신기한 주인공들을 마음속에서 재창조함으로써 인지적 활동을 가능하게 하여 인간으로서의 가능성을 상상하는 인지적 활동을 격려하는데 의의가 있다고 하였다.

김서정(2002)은 판타지의 기능을 네 가지의 의미를 상정하여 설명하였다. 첫째, 보상적 기능으로서 판타지는 어린이들의 은밀한, 혹은 노골적인 소원을 현실화시키고, 현실 세계에서는 억눌려 있는 욕구와 소원이 문학 속의 인물을 통해 실현되는 장면을 보면서 어린이들은 카타르시스를 느낄 수 있다. 둘째, 교훈적 기능이다. 예를 들어 콜로디의 『피노키오』를 통해 어린이들은 반사회적인 행동이 얼마나 나쁜 결과를 가져오는지 노골적으로 보여 주면서 결국 착하고, 순종적이고, 부지런한 어린이가 되어야 한다는 교훈을 드러낸다. 셋째, 판타지의 또 다른 기능으로 해방적 기능을 들 수 있다. 심리적·물리적 압박감에 시달리는 어린이들은 판타지를 통해 그 고통을 물리칠 수 있는 힘을 얻는다. 어린 아이일수록 그 압박감은 식구 안에서 생기는 경우가 많은데, 엄마나 아빠를 적으로 보고 투쟁한다는 것은 깊은 죄의식을 동반하는 일이기 때문에 아이들은 무의식적으로 그들과의 싸움을 정당화시킬 수 있는 명분을 찾고, 그것을 환상적인 존재에 투영시킨다. 넷째, 마지막 기능으로 상징적 기능을 들 수 있다. 미하엘 엔데의 『모모』에서는 모호하고 몽롱한 배경과 인물들이 이끌어가는 이 이야기는 인간이 짧은 인생에서 시간을 얼마나 유용하게 쓸 수 있는가, 어떻게 쓰는 것이 쓸모 있게 쓰는 길인가를 상징하고 있다.

권혁준(2002)은 판타지 동화의 문학 교육적 의의를 다음과 같이 설명하고 있다.

첫째, 판타지 동화가 어린이들의 상상력과 창조력 발달의 원동력이 된다는 것이다. 판타지가 상상력과 창조력의 원동력이 된다는 것은 상상력의 종류를 문학 창조의 두 가지 충동과 관련지어 설명할 수 있다. 상상력은 크게 보아 재현적 상상력과 창조적 상상력으로 나누어 볼 수 있으며, 문학적 충동은 미메시스적인 것과 환상적인 것으로 나누어 볼 수 있는데, 이 문학적 충동을 상상 작용의 층위와 관련시켜 보면 미메시스적 충동은 재현적 상상력과, 환상적 충동은 창조적 상상력과 관련이 된다. 미메시스가 '있는 세계', '경험 세계', '현실세계'의 모사라면 판타지는 '있어야 할 세계', '비경험 세계', '비현실 세계'의 창조라고 할 수 있다. 루이스 캐롤의 『이상한 나라의 앨리스』에 등장하는 지하세계나 미하엘 엔데의 『끝없는 이야기』에 등장하는 환상계는 작가의 상상력이 창조한 새로운 세계이다. 이 새로운 세계에는 그 세계에서만 통할 수 있는 규칙이 존재하고 나름대로의 리얼리티가 존재한다.

이상에서 본 바와 같이 판타지는 미메시스로 이루어진 문학보다 상상력의 비중이 훨씬 강조된다. 미메시스는 일단 현실의 법칙 안에서 있을 수 있는 일을 상상해내지만 판타지는 비현실적인, 새로운 세계를 창조해 내면서 독자가 인정할 수 있는 내적 리얼리티까지 창조해 내야하기 때문이다. 즉, 여러 층위의 상상력 가운데 진정한 상상력의 가치는 창조적인 데서 발현된다고 보면, 미메시스보다는 판타지가 창조력 발달과 더 긴밀함을 확인한 것이다.

둘째, 의의는 '자아 동일성의 회복'이다. 소설의 주인공이 문제아인 것처럼 판타지 동화의 주인공 역시 문제아이다. 어린이들의 순수성을 이해하지 못하는 어른들에 둘러싸여 있기 때문에 주인공은 문제아가 된다. 『끝없는 이야기』에 나오는 바스티안은 허약하고 소극적이고 부정적이며 선생님에게도 인정을 받지 못하고 아이들에게도 놀림을 받는다. 『지각대장 존』의 존 역시 어린이의 마음을 이해하지 못하는 교사에 의해 억압을 당한다. 그러나 주인공과 세계 사이에 합치될 수 없는 장벽이 있기 때문에 화해적으로 끝나지 않는 소설의 결말과는 달리, 부조리한 현실 공간을 그 배경으로 하면서도 판타지 동화의 결말은 세계와 화해하는 경우가 많은데 이것이 바로 판타지 동화의 중요한 특징이다. 주인공이 자신을 둘러싼 부조리한 세계와 화해하고 자신의 정체성을 회복할 수 있는 이유는 판타지 동화의 구조적 특성에 기인한다. 판타지 동화는 현실 공간과 비현실 공간 즉, 1차 세계와 2차 세계로 이루어지는 작품이 많은데 여기서 판타지 공간은 부조리한 현실 공간의 문제를 해소하는 기능을 하는 것이다. 판타지 동화의 주인공은 '환상 체험'을 통하여 현실의 결핍과 고통을 극복할 수 있는 힘을 얻게 되는데 그것은 그를 둘러싼 세계는 변함이 없지만 주인공 자신의 내면이 변화하였기 때문에 가능하게 된 것이다.『끝없는 이야기』의 바스티안은 2차 세계에서 현실과는 다르게 아름답고 용감하고 지혜로운 구원자가 된다. 이렇게 판타지 세계를 경험하고 다시 현실계로 돌아왔을 때의 바스티안은 더 이상 옛날의 그가 아니다. 판타지 세계에서 치른 고통스러운 체험이 자아를 회복할 수 있는 계기가 된 것이다. 판타지 동화의 이런 구조는 입사식 이야기의 구조인 '떠남(depature) → 통과 (initiation)→회귀 (return) 혹은, 분리 (seperation) → 변화 (transformation) → 귀환 (return) '과 정확히 대응한다. 즉, 판타지 동화의 2차 세계는 통과/변화의 과정에 해당한다. 이처럼 판타지 동화를 읽는 어린이들은 주인공이 고난을 극복하고 갈등을 해소하는 과정에 같이 참여하며, 같은 경험을 하게 되는 것이다.

　세 번째, 의의는 '삶의 총체성 체험'이다. 근대 세계는 모순과 갈등에 의해 금이 가고 분할되어 복잡하고 거대한 세계로서의 총체성을 상실하였으며, 개인과 사회, 예술과 삶의 괴리가 시대의 특징으로 지적되는 시대이다. 또한 17세기 이후 세계 인식의 보편적인 패러다임으로 자리잡은 과학적 합리주의는 자연 현상을 논리적으로 설명함으로써 인간을 재앙에서 구원해 주기도 하였지만, 세계 인식의 방법에는 논리로 설명할 수 없는 직관이나 유추, 감성도 중요하다는 점을 간과하였다. 이렇게 우주와 인간, 예술과 삶이 파편화되고, 과학적 합리주의와 실증성이 세계 인식의 유일한 방법이 되어 있는 현대 사회에서 판타지는 구원의 출구가 될 수 있다. 근대의 양식인 소설의 주인공이 세계와 불화의 관계일 수밖에 없는 사정과는 달리 판타지는 이 세계와 인간을 더욱 가깝게 할 수 있기 때문이다.

　판타지 공간은 작가나 주인공이 상상 활동을 통해 창조해낸 '있어야 할 현실'이다. 그렇다면 판타지의 세계가 그려내는 바람직한 세계, 이상적인 세계는 어떤 세상인가. 그 세상은 자연과 인간이 하나인 세상이다. 동물이나 풀이 인간처럼 생각하고 말하고 슬픔과 기쁨을 느낄 수 있으며 인형이나 주전자도 생명이 있는 세상이다. 그 세상은 사물이 본질적인 가치에 의해 평가되는 세상이며, 예술과 삶이 일치된 세상이다. 이런 측면에서 판타지의 공간은 총체성이 회복된 공간이다. 다만, 판타지 동화는 실제로 자연과 인간의 거리가 멀어진 현대의 산물이기 때문에 총체성이 회복된 판타지 공간으로 들어가기 위해서는 일정한 조건과 장치가 필요하다. 주인공이 판타지의 공간으로 들어가기 위한 조건은 현실의 갈등과 그에 따른 소망이다. 이 조건이 일상의 공간에서 판타지 공간으로 안내 할 수 있는 개연성을 부여한다. 그리고 판타지 공간으로 들어가기 위해서는 일정한 통로가 필요하다. 『해리포터 시리즈』에서 해리포터가 호그와트 마법학교로 가기 위해서는 9와 3/4 플랫폼으로 들어가야 한다.

어린이들은 판타지 동화를 읽음으로써 주인공과 자신을 동일시하게 되어 직관력과 통찰력을 연마하고 삶의 총체성을 체험할 수 있다.

넷째로는 판타지 동화를 읽음으로써 어린이들이 일상에서의 일탈과 정신적 해방을 체험할 수 있다는 것이다. 현대 사회의 심리적, 물리적 압박감에서 시달리는 아이들에게 판타지 동화는 잠시나마 일상에서 탈출하여 정신적 해방과 여유를 회복하게 해 줄 수 있을 것이다. 정해진 궤도만을 달리는 아이들, 점수 따기 경쟁에서 벗어나지 못하는 아이들에게 창조적 삶의 태도를 기대하기는 어렵다. 범속의 일상 속에서 갇혀 사는 어린이들, 일상의 억압에 짓눌려 살고 있는 어린이들을 위로해주고, 마음의 문을 활짝 열고, 새롭게 깨어나게 해줄 수 있는 것이 판타지 동화이다.

이렇듯 판타지 동화는 어린이들의 상상의 날개를 더욱 활짝 펼칠 수 있도록 도와주고, 순수한 기쁨을 만들어 낸다. 어린이들의 소원과 소망을 현실화하여 현실 생활에서 억눌려 있던 압박감에서 벗어나 카타르시스를 느끼고 해방감을 얻게 해 주며, 판타지의 주인공이 느끼는 심리적 위축감, 열등감, 무기력함을 떨쳐내고 바꾸어 어린이들에게 변모와 성장의 가능성을 제시하며, 환상 체험을 통해 현실의 결핍과 고통을 극복할 수 있는 힘을 얻게 해 주며, 인지적 활동을 촉진하게 한다.

3. 판타지 동화의 교과서 수록 양상

7차 교육과정 국어과 교과서에 어떤 종류의 창작 동화가 수록되어 있는지에 대하여 살펴보고, 판타지 동화가 얼마나 수록 되어 있으며, 어떤 유형으로 실려 있는지를 살펴보도록 하겠다.

창작동화의 유형은 판타지 동화, 의인 동화, 우화, 꿈 이야기, 공상 과학 동화, 사실 동화,

탐정 소설로 구분하여 수록 실태를 조사하고자 한다. 이것은 그 동안의 연구 결과를 살펴보면 의인 동화와 우화, 꿈 이야기, 공상 과학 동화도 판타지 동화로 포함하여 조사하였으나, 이 유형들은 본격 판타지와는 구분되는 유사 판타지의 범주에 속하는 작품들로서 판타지의 요소를 지니고는 있으나, 판타지 동화로 분류하기에는 각각 미흡한 부분들이 있기 때문이다.

가. 작품 수록 빈도와 유형의 특징

1)『말하기 · 듣기 · 쓰기』교과서의 창작동화 제재 수록 양상 분석

【표 1】 초등학교『말하기 · 듣기 · 쓰기』교과서 창작 동화 제재 유형 분석

창작 동화의 유형	작품 수
우화	6
의인 동화	16
판타지 동화	1
사실 동화	15
전체 작품 수	38

2)『읽기』교과서의 창작동화 제재 수록 양상 분석

【표 2】 초등학교『읽기』교과서 창작 동화 제재 유형 분석

창작 동화의 유형	작품 수
우화	8
의인 동화	27
판타지 동화	4
탐정소설	1
꿈 이야기	2
과학 동화	2
사실 동화	62
전체 작품 수	106

위와 같이 7차 교육과정의 국어과 교과서에 수록된 창작 동화의 유형을 분석하여 보았다. 전체 동화 수는 총 144편으로 이 가운데 사실동화가 77편으로 53%를 차지하고 있고, 다음으로 의인동화가 43편으로 30%를 차지하였으며, 우화가 14편으로 약 10%를 차지하고 있다. 본격 판타지 동화는 5편으로 3.4% 수록 되어 있다. 이렇게 우리나라 교과서에는 사실동화가 50% 넘게 수록되어 있으나, 이에 반해 판타지 동화의 수록 실태는 매우 낮은 경향을 보이고 있다. 이것은 판타지가 아동 문학의 본질이라는 것에 비추어 봤을 때에 매우 빈약한 결과가 아닐 수 없다.

이것은 우리 민족에게 상상력이 부족하다든지, 우리 문학에 환상적인 요소가 적었기 때문이라고 판단할 수는 없다. 왜냐하면 고대 소설이나 전래 동화 등을 살펴보았을 때에 우리 문학에 환상적인 요소가 결코 부족하다고 할 수는 없기 때문이다.

그런데 방정환에서 시작한 20세기의 아동문학을 살펴보면 환상적 요소가 급격히 줄어들고 사실동화가 대부분을 차지하게 되는데 이것은 아무래도 우리나라의 근·현대사의 영향 때문인 것으로 생각된다. 20세기에 나타난 창작동화는 민족 현실과 서민 아동의 삶이 그 주제가 되었고 이러한 영향으로 판타지 동화보다는 사실동화가 대부분을 차지하게 된 듯싶다.

국어과 교과서에 수록된 판타지 동화는 읽기 교과서에 수록된 작품으로 2학년 1학기의 『새싹의 전화』, 3학년 2학기의 『달나라 여행』, 『바위나리와 아기별』, 5학년 2학기의 『이상한 나라의 앨리스』와 『말하기·듣기·쓰기』 교과서에 수록된 6학년 1학기의 『어린 왕자』로 모두 5편이다. 이 다섯 작품의 판타지 유형을 인물, 플롯, 배경, 통로 장치로 살펴보면 다음과 같다.

【표 3】 판타지 유형 분석

작품	판타지 요소			
	인물	플롯	배경	통로
새싹의 전화	○	○		○
달나라 여행		○	○	○
바위나리와 아기별	○	○	○	
이상한 나라의 앨리스	○	○	○	○
어린 왕자	○	○		

나. 판타지 구현 방식의 특징

앞서 분석한 결과를 살펴보면『새싹의 전화』,『달나라 여행』,『바위나리와 아기별』,『이상한 나라의 앨리스』,『어린 왕자』5편의 판타지 동화가 국어과 교과서에 수록되어 있음을 알 수 있다. 이 가운데『새싹의 전화』,『달나라 여행』,『바위나리와 아기별』은 우리나라의 창작 동화이고『이상한 나라의 앨리스』,『어린 왕자』는 다른 나라의 창작동화로서 판타지 동화의 고전이 되고 있는 동화이다. 이 5편의 판타지 동화가 어떻게 판타지를 구현하였는지 그 방식의 특징을 살펴보도록 하겠다.

앞에서 판타지 구현방식과 유형을 인물 면에서는 초현실적인 인물 유형과 의인화된 인물 유형, 현실적 인물 유형으로 구분하였고, 플롯은 마법의 유무와 관련하여 마법이 아닌 상상이나 꿈을 통해 현실적으로 일어날 수 없는 비현실적 사건과 마법을 사용하거나 변형이 나타나는 초현실적 사건의 유형과 현실적인 사건으로 구분하였다. 배경은 기본구조로 현실 세계와 비현실 세계가 공존하는 유형이 있고, 현실 세계에서만 사건이 일어나는 유형과 비현실 세계에서만 사건이 일어나는 유형으로 나눌 수 있다. 그리고 현실 세계와 비현실 세계를 연결하는 통로의 역할을 하는 장치가 어떤 것이 사용되었는지 살펴보도록 하겠다.

등장인물의 유형에서 의인화 된 동·식물이나 무생물을 사용한 것은『새싹의 전화』에 등장하는 '새싹'과『바위나리와 아기별』의 '바위나리와 아기별'과『이상한 나라의 앨리스』에 등장하는 '토끼'가 있다. 초현실적인 존재를 등장인물로 설정한 판타지 동화는『달나라 여행』에 등장하는 '달나라 사람'과『어린왕자』에 등장하는 '어린왕자'가 해당한다. 현실적인 인물은『새싹의 전화』에 등장하는 '준미'와 '어머니',『달나라 여행』에 등장하는 '윤성이와 다섯 아이들'과『이상한 나라의 앨리스』의 '앨리스'와『어린왕자』에 등장하는 화자인 '나'이다.

플롯의 측면을 살펴보았을 때 초현실적인 플롯이 교과서에 수록된 예는 없고 다만『어린왕자』와『이상한 나라의 앨리스』의 원작 동화에 등장하나, 교과서 수록 부분에서는 해당 사항이 없다.

비현실적인 플롯이『새싹의 전화』,『달나라 여행』,『바위나리와 아기별』,『이상한 나라의 앨리스』에 나타나 있다. 새싹이 준미와 통화를 한다든지, 윤성이가 비행선을 타고 달나라에 갔다가 돌아온다든지, 바위나리와 아기별이 서로 우정을 쌓다가 바닷속으로 떨어진다든지, 앨리스가 토끼를 따라 이상한 나라로 여행을 하는 것들은 모두 비현실적인 플롯에 해당된다. 현실적인 플롯은 『어린 왕자』에서 비행사인 나와 어린왕자가 만나 서로 이야기 하는 것은 현실적인 플롯에 해당된다.

배경의 측면에서 현실 세계와 비현실 세계가 공존하는 것은 『달나라 여행』, 『바위나리와 아기별』, 『이상한 나라의 앨리스』이고 『새싹의 전화』와 『어린 왕자』에서는 현실 세계에서 비현실적인 사건이 일어나는 상황이다. 비현실 세계에서만 사건이 일어나는 것으로 볼 수 있는 것은 교과서에 수록되어 있지 않다.

교과서에 다양한 유형의 판타지 동화가 수록되어 어린이들이 판타지 동화의 유형별 특징을 살펴 볼 수 있고, 읽는 재미를 더욱 느낄 수 있게 하고, 다양한 상상의 기회가 제공되어 어린이들의 상상력과 창조력이 더욱 확산되고 삶의 다양한 체험을 할 수 있는 기회가 주어지기를 바란다.

다. 작품 수록의 교육적 의의

이상 5편의 판타지 동화의 각각의 교육적 가치를 살펴보도록 하겠다.

먼저 박성배의 『새싹의 전화』는 준미가 장난감 전화기를 통해 개나리 새싹과 전화 통화를 한다는 내용의 동화이다. 물활론적 사고를 하는 2학년 학생들에게 이 동화를 통해 자연과 친해질 수 있다는 생각을 갖게 해 주고, 어린이들이 준미처럼 새싹과 이야기 하고 싶다는 욕구를 갖게 해 준다. 또한 자연 친화적인 내용으로 자연의 소중함을 일깨워 줄 수 있는 동화라고 생각한다.

다만, 판타지 세계와 연결 해주는 통로로 사용된 장난감 전화기가 이 시기의 아이들에게 썩 어울리는 장치는 아닌 듯싶다. 판타지 세계를 연결해주는 매개물이 어린이가 납득할 수 있고 논리적 타당성이 있는 다른 매개물이었다면 어린이들이 더욱 흥미를 갖고 좋아할 수 있으리라 본다.

둘째로 이원수의 『달나라 여행』은 어린이들이 좋아하는 비행선과 달나라 여행이라는 소재를 가지고 창작된 판타지 동화이다. 이야기의 내용은 동생 기성이와 싸운 윤성이가 뒷산에서 낯선 친구들에게 달나라로 가는 표 한 장을 넘겨받게 되면서 시작된다. 달나라로 갈까 고민하고 갈등하던 윤성이는 결국 달나라 여행을 하기 위해 이상한 비행 물체를 타고 달나라로 가게 된다. 교과서에는 이 부분까지 수록되어 있으나, 교사용 지도서에 뒷부분까지 나와 있어 어린이들에게 끝까지 읽어줄 수 있다.

이 동화는 토도로프가 말한 '망설임'이 잘 나타나 있다. 처음에 윤성이가 달나라 여행 표를 받게 되었을 때에 다른 아이들과 달리 여러 생각으로 망설이게 되는데 이것은 읽는 독자로 하여금 함께 망설이게 하고, 낯선 세계로의 여행에 동참하게 되기를 바라도록 한다. 그리고 달나라에서 다시 돌아오는 과정으로 이야기가 끝을 맺고 있는데 이것은 떠남 → 통과/변화→ 회귀의 과정을 잘 나타내 주고 있다. 윤성이 현실에서의 불만으로 달나라 여행 을 선택하게 되고, 달나라에 도착하여 달사람으로부터 질문을 받고 동생을 사랑하는 마음 을 다시 갖게 되는 변화를 거치면서 다시 지구로 돌아오게 된다. 이 동화를 읽으면서 독자 역시 윤성이의 심리 상태와 동일시하게 되고 윤성이의 마음의 변화를 기쁘게 받아들이고 자신의 상태를 돌아볼 수 있게 하는 자아동일성을 획득하게 한다. 뿐만 아니라 동생을 아끼 고 사랑하자는 주제를 달나라 여행이라는 판타지로 풀어냄으로써 교훈적인 이야기로 그칠 수 있는 주제를 신비하고 신기한 이야기로 전개함으로써 읽는 재미와 감동을 더욱 증가시 켜 주는 동화라고 생각한다.

뿐만 아니라 판타지의 세계와 현실을 이어주는 매개물이 '신문이나 잡지에서도 전혀 본 적이 없는, 로켓도 아니고 제트기도 아닌 동그스름하면서도 모가 난 이상한 것'이라는 설명 을 통해 신비로움을 더해주고 있으며 우리들도 달나라 여행을 갈 수 있을 것이라는 확신을 심어주고 있다. 그리고 윤성이가 이 물체 안에서 다른 낯선 친구들과 어떤 일을 겪을 것인 지에 대한 호기심도 불러일으키고 있다. 이 동화는 풍요롭고 신기한 환상 체험을 하게 함으 로써 어린이의 무한한 상상력을 자극하여 그들의 정신세계를 좀더 높고 미래지향적인 방향 으로 고양시킬 수 있는 작품이다.

셋째로 마해송의 『바위나리와 아기별』은 우리나라 최초의 창작동화로서 전래 동화의 유 형적 구조와 교훈적인 형태를 상당부분 탈피한 작품이다. 이야기의 내용은 쓸쓸한 바닷가에 홀로 핀 바위나리가 외로움에 슬피 우는 소리를 하늘의 아기별이 듣고 내려와 둘 사이에 아름다운 우정이 꽃피게 된다. 그러나 바위나리가 병이 들게 되어 아기별이 시간가는 것도 잊고 간호를 하다 하늘문이 닫혀 별나라 임금님의 벌을 받게 되고, 아기별을 그리워하던 바 위나리는 결국 바닷속으로 빠지고 만다. 바위나리가 그리워 슬피 눈물만 흘리던 아기별도 별나라에서 쫓겨나 바위나리가 빠진 그 바닷속으로 빠지고 만다.

이 이야기의 결말이 바위나리와 아기별이 모두 바닷속으로 빠져 들게 되지만 그것은 둘 이 다시 만나게 되리라는 희망을 갖게 한다. 이 작품은 어린이들에게 우정이라는 주제를 바위나리와 아기별의 사랑과 봉사 정신을 통해 얻을 수 있게 하였으며, 지상세계와 환상세계를 연결하는 데에 어색하게 느끼거나 부조화로 여겨지지 않게 이야기가 전개되며, 시공간을 초월한 환상을 느낄 수 있게 해준다. 마치 어린이의 손길이 닿는 대상들이 닿는 순간 어린이와 조화를 이루듯 바위나리와 아기별은 시공을 초월하여 하나로 화합된 질서를 보여주고 있다. 이렇게 화합된 질서 안에 머물고 있는 동안 아기별과 바위나리는 모두 즐겁고 행복하다. 이것은 어린이의 꿈과 이상이 언제든 이루어 질 수 있다는 현실적 희망의 중요한 시사가 된다. 작품의 환상적 구조 안에 들어앉은 두 주인공은 그들의 행동을 통해 전우주적 화합을 추구하면서 아울러 현실에 대한 꿈에도 애착을 갖게 된다. 그러나 그 꿈을 실현하는 과정에서 새벽의 이별이라는 장애물과 부딪히면서 갈등을 겪게 된다. 만났다 헤어지고, 헤어지고 다시 만나는 것은 프라이의 견해에 따르면 '자연의 윤회에 복종하는 비극적 비전의 세계'이다(임철규 역, 1983). 자연의 순환은 절대적인 것이어서 인간의 삶의 과정과 연관될 때 죽음이나 이별 등의 비극적 양상이 필연적이게 된다.

결국 바위나리가 바닷속으로 떨어지게 되고, 아기별 역시 바닷속으로 쫓겨나게 되는데 여기서 아기별의 쫓겨남은 오히려 그가 가고 싶어 하는 질서로의 쫓겨남이라는 점에서 새로운 질서의 추구라 할 수 있다. 즉 이상향으로의 귀환인 것이다. 하늘나라에서 쫓겨난 아기별이 빠져들어 간 곳이 바위나리가 날려간 바다라는 사실은 정신적 승리로서 새로운 질서의 출현을 암시하는 공간이며, 지상계와 천상계가 융화되어 얻어진 그 공간은 바다 물빛을 더욱 '환하게 보이는 것'으로 형상화함으로써 이 동화가 발표되었던 시대의 부정적 아동관에 대한 저항 정신과 함께 동심의 승리라는 아름다운 환상을 창조해 낸 것이다.

제7차 교육과정 기에 들어와서 교과서에서 이 작품의 결말이 손상되지 않고 실려 있게 되었는데 이는 매우 반가운 일이 아닐 수 없다.

마지막으로 『이상한 나라의 앨리스』와 『어린 왕자』는 서양의 대표적인 판타지 동화로서 우리나라 어린이들에게 수준 높은 판타지 동화를 선보이고 있다는 점과 다른 나라의 동화를 읽음으로써 다른 문화를 이해하고 존중할 수 있게 하며, 독서에 대한 흥미를 북돋워준다는 의미가 있다. 두 작품 모두 시작부분만을 수록하여 앞으로 어떤 일이 벌어질까 하는 호기심을 자아내며, 초현실적인 인물과의 만남과, 신기한 세계로의 여행을 알리고 있어 끝까지 읽고 싶은 욕구를 갖게 한다. 수준 높은 판타지 동화를 만날 수 있는 계기가 되어 주고 있는 작품이라 할 수 있겠다.

4. 나오며

어린이들에게 이야기는 단순히 듣거나 읽는 것에만 국한되는 것이 아니라 새로운 삶의 방향을 보여주는 지침서이기도 하고, 새로운 세상과의 만남을 가능하게 하는 매개체로서의 역할도 한다. 이러한 이야기를 우리는 '동화'라고 한다. 동화란 동심을 바탕으로 하여 꾸민 서정적이거나 환상적인 이야기로서 시적인 요소를 갖춘 산문 문학이며 판타지를 가장 두드러진 특징으로 한다. 그리고 많은 논자들이 판타지를 동화의 주요 구성요소나 창작 원리로 생각하고 있다. 그러나 아직도 무엇을 '판타지'라 하는지 그 개념이 모호하고 용어의 문제에 있어서도 다양한 의견이 존재하고 있다.

판타지란 창조적 생명력으로서 현실 세계와 비현실 세계가 교차하는 과정이며 현실의 간절한 소망에 대한 실현이다.

판타지 동화는 등장인물과 관련하여 살펴보면 인간을 비롯하여 초현실적인 존재, 비현실적인 존재들이 등장하며 특히, 아이다움과 평범함, 순진함을 지닌 인물들이 등장한다. 그리고 플롯의 유형에는 초현실적 사건, 비현실적 사건이 발생하며, 판타지 동화의 배경은 시·공간이 자유로운 다양한 배경이 나타난다. 그리고 현실 세계와 비현실 세계를 연결해 주는 통로가 존재한다.

비현실 세계를 갖고 있는 이야기는 판타지 동화뿐 아니라 신화와 전설, 민담과 같은 설화와 우화, 의인 동화, 꿈 이야기, 공상 과학 동화도 있으나 이러한 장르들은 '비현실'이라는 요소는 갖고 있으나 환상성을 불러일으키지 못하기 때문에 "유사 판타지 동화"로 분류하여 "본격 판타지 동화"와 구분하였다.

7차 교육과정의 국어과 교과서에 수록된 창작 동화의 유형을 분석하여 보았다. 전체 동화 수는 총 144편으로 이 가운데 사실동화가 77편으로 53%를 차지하고 있고, 다음으로 의인동화가 43편으로 30%를 차지하였으며, 우화가 14편으로 약 10%를 차지하고 있다. 본격 판타지 동화는 5편으로 3.4% 수록 되어 있다. 이렇게 우리나라 교과서에는 사실동화가 50% 넘게 수록되어 있으나, 이에 반해 판타지 동화의 수록 실태는 매우 낮은 경향을 보이고 있다. 이것은 판타지가 아동 문학의 본질이라는 것에 비추어 봤을 때에 매우 빈약한 결과가 아닐 수 없다.

국어과 교과서에 수록된 판타지 동화는 읽기 교과서에 수록된 작품으로 2학년 1학기의 『새싹의 전화』, 3학년 2학기의 『달나라 여행』, 『바위나리와 아기별』, 5학년 2학기의 『이상한 나라의 앨리스』와 말하기 · 듣기 · 쓰기 교과서에 수록된 6학년 1학기의 『어린 왕자』로 모두 5편으로 각각의 판타지 구현 방식을 분석하고 교육적 의의를 논하였다.

판타지 동화는 어린이들에게 매우 유용하며 가치 있는 작품이다. 그러나 그 효용성과 가치에도 불구하고 본격 창작 판타지 동화의 교과서 수록 양상을 살펴보면 매우 빈약하게 수록되어 있다.

앞으로도 판타지 동화에 대한 꾸준한 연구가 필요할 것이며, 더불어 우리나라 아동문학계에도 좋은 판타지 동화가 많이 출간되어야 할 것이다. 그리하여 교과서에 어린이들이 좋아하는 판타지 동화가 더 많이 수록되어야 할 것이다.

참고 문헌

권혁준(2002), 「아동문학에서 판타지의 개념과 범주」, 『공주교대논총 제 39집 1호』, 2002.

______(2002), 「판타지 동화의 문학 교육적 의의」, 『공주교대논총 제39호 2집』, 2002.

김서정(2002), 『멋진 판타지』, 굴렁쇠.

김영호(2001), '환상동화의 분석 및 지도방법 연구', 부산대학교 교육대학원 석사학위 논문.

박미진(2002), '창작동화 작품의 초등학교 국어 교과서 선정 기준 연구', 한국교원대학교 교육대학원 석사학위 논문.

박상재(1998), 『한국 창작 동화의 환상성 연구』, 집문당.

이재복(2001), 『판타지 동화세계』, 사계절.

이지호(2003), 「교과서의 동화 제재, 무엇이 무엇인가」, 『어린이 문학 55~57호』, 한국어린이 문학협의회

임정자(1998), '초등학교 국어 교과서에 수록된 동화 연구', 연세대학교 교육대학원 석사학위 논문.

최경희(1993), '동화의 교육적 응용에 관한 연구', 한국교원대학교 대학원 박사학위 논문

최운식 · 김기창 공저(1998), 『전래동화 교육의 이론과 실제』, 집문당.

한국어린이문학교육연구회(1999), 『환상그림책으로의 여행』, 다음세대.

한명숙(2002), 「한국 전래동화의 판타지 구현 방식과 그 지도 방안」, 『설화 고소설 교육론』, 민속원

한명숙(2003), '독자가 구성하는 이야기 구조 교육에 관한 연구', 한국교원대학교 대학원 박사학위 논문.

로버트화이트헤드, 신헌재 편역(1994), 『아동문학교육론』, 범우사.

로즈메리 잭슨, 서강여성문학연구회 옮김(2001), 『환상성 - 전복의 문학』, 문학동네.

마리아 니콜라예바, 김서정 역(2000), 『용의 아이들』, 문학과 지성사.

캐서린 흄, 한창엽 역(2000), 『환상과 미메시스』, 푸른나무.

Brett, R. 심명호 역(1997), 『공상과 상상력』, 서울대학교출판부.

5장 패러디 창작 동화의 교육적 가치

1. 패러디 동화의 교육적 수용

요즘 문화·사회 전반을 휩쓴 최대의 화두는 패러디(parody)이다. 기존 문화나 사회를 흉내내되, 이에 대해 삐딱하게 접근하는 패러디가 대상과 장르를 가리지 않고 붐을 이루고 있다. 냉소적인 사회분위기의 팽배와 함께 자기 목소리를 여과 없이 담을 수 있는 인터넷 사이트 이용이 활발해지면서 패러디는 하나의 문화로 뿌리를 내리기 시작했다. 인터넷뿐만 아니라 영화와 광고, 문학, 방송 등 문화 각 장르에도 패러디가 급격히 확산되고 있다. 이렇듯 사회가 점점 더 복잡해지고 20세기 후반에 들어오면서 문학을 포함한 각종 예술 분야에 패러디 기법이 광범위하게 나타나고 있다.

문학에서의 패러디는 현실을 재현한 텍스트를 다시 재현한다. 그런 점에서 재현의 재현이며, 메타텍스트적이고, 무엇보다 패러디는 모델이 되는 텍스트의 인습과 기법을 폭로하며 기존 사고의 틀을 벗어나 다른 각도에서 재구성해 새로운 사고의 틀을 집어넣어 줌으로써 새로운 사고를 가지게 한다. 전래동요와 전래동화는 거꾸로 되어버린다. 전래동화에 대한 우리의 기대를 뒤집어 놓기 위해서 문학적, 시각적 코드는 독특하게 묘사된다.

이러한 패러디 문학의 대두는 과학기술의 발달로 인한 세계화 속에서 살아가기 위해 자신에 대한 정체감을 갖는 것은 물론이고 타인에 대한 편견 없는 이해와 다양성을 수용하는 자세가 필요하기 때문이다. 이를 위해 자신과 다른 상황에 있는 타인에 대한 비판적 생각과 기술을 발달시켜야 한다. 모든 어린이들이 다양성을 수용하는 생각을 가지고 상호작용을 하며, 편안한 감정이입을 발달시키고 자신 있고 폭넓은 자아정체감을 구성하는 것이 패러디 동화의 교육적 효과라 할 수 있겠다.

패러디 동화는 어린이들에게 지금까지 당연한 것으로 여겨져 왔던 가치를 다른 관점에서 제시함으로써 어린이들로 하여금 갈등을 느끼게 할 수 있다. 패러디 동화 자체가 도덕적

갈등을 담고 있는 것은 아니지만 원작을 읽은 후에 제시되는 패러디 동화는 어린이들에게
다른 관점에서 인물과 사건을 볼 수 있는 기회를 제공한다. 어린이들로 하여금 다른 관점에
서 사고해 보게 하는 내용을 포함하고 있는 동화는 많지 않다. 패러디 동화는 이를 가능하
게 해주는 문학의 한 장르라 할 수 있다. 다양한 주제와 가치가 담긴 패러디 동화의 교육적
활용에 관한 연구는 아직 이루어지고 있지 않은 실정이다. 따라서 본고에서는 패러디 동화
읽기를 통한 이야기 바꿔 쓰기 지도 방안을 살펴보고 그 의미를 찾아보고자 한다.

가. 패러디와 패러디 동화

1) 패러디의 정의

패러디(parody)의 어원에 대해 대부분의 문예이론가들은 희랍어의 'parodia(countersong)'라
는 명사에서 그 어원을 찾는다. 패러디의 문맥상의 본질은 노래를 의미하는 낱말인 'odos'에
서 연유하고 'para'는 텍스트들 사이의 대조 또는 상반을 뜻하는 것 외에 일치 또는 친숙의
두 개념을 가지고 있다(김상구, 1993:114).

워프는 패러디는 창조적 모방이란 뜻을 가지고 있고 기존 작품의 형식이나 특정한 문제
를 존속하면서 거기에다 이질적인 주제나 내용을 치환하는 일종의 문학적 모방이며 패러디
스트는 문체, 어법, 리듬, 운율, 어휘 등의 문제에 있어서 패러디되는 작품의 형식적 관습들
을 가능한 한 밀접하게 모방함으로써 작품을 이루어 간다고 하였다(Waugh, 1989:95).

한편 린다 허치언은 패러디를 '차이가 있는 반복'으로 보았는데 여기에서 '반복'은 과거
의 풍요롭고 위대한 문학 유산과의 대화적 연관을 의미하며, '차이'는 작가의 비평적 거리
로 대화적 의사 소통에 의한 작가의 자기 인식이라고 여겼다(Linda Hutcheon, 1998:37).

김상구는 패러디는 기존의 문학의 인습들을 모방하면서 그것들을 재정리하여 기존의 문
학질서를 변경하며 그렇게 함으로써 패러디 작가는 새로운 것을 창조하게 되는 것이고 문
제는 패러디 작가가 얼마만큼 대상을 패러디하여 예술성을 보여 주느냐에 달렸다고 언급하
였다(김상구, 1993:116).

또한 선주원은 논자에 따라 패러디가 하나의 텍스트가 다른 텍스트를 '조롱하거나 희화
화시킨다'는 좁은 개념으로 사용되기도 하고 텍스트간의 '반복과 다름'이라는 넓은 개념으

로 사용되기도 한다고 설명하고 있다. 전자의 협소한 개념은 과거 문학 작품에 대한 조롱이나 경멸을 위해 사용되었던 시적 장치로서 오랜 문학적 관습에 뿌리를 두고 있으며, 후자의 개념은 과거의 문학작품이나 관습에 되비추어 봄으로써 문학형식의 새로운 가능성을 찾고자 하는 보다 폭넓은 이해에 기반을 두고 있는 것이라 보고 있다(선주원, 2001:240).

겔러는 아동문학에서의 패러디란 잘 알려진 작가의 스타일을 모방하여 유머러스하게 또는 풍자적으로 패러디한 글을 의미한다고 보고 있다(Geller, 1982; 곽향림, 1997:73 재인용). 또한 서정오는 패러디 동화란 특정 옛이야기를 독자가 이미 알고 있다는 전제 하에 줄거리를 일부러 익살스럽게 비틀어 보임으로써 발상의 전환을 꾀한다고 보았으며 고정관념을 철저히 깨뜨림으로써 독자에게 전혀 다른 방식으로 생각할 것을 요구하며 어느 정도 독서력을 갖춘 어린이들에게는 신선한 충격이 될 것이라고 말하였다(서정오, 2001:11).

그 동안 이루어진 선행 연구들에서는 풍자적으로 패러디한 글에 대한 명칭을 논자에 따라 패러디, 패러디 그림책, 패러디 동화라고 일컬었다. 본고에서는 기법으로서의 패러디와 혼동을 막고자 아동들을 위해 알려진 전래동화, 이솝 동화, 또는 유명한 등장인물을 이용하여 그 이야기를 수정, 개작하여 독자에게 재미와 웃음을 주기 위해 작가가 만든 풍자적 모방 작품을 패러디 동화라 부르고자 한다.

2) 패러디 동화 작품

지금까지 출판된 패러디 동화를 살펴보면 주로 외국 작가들에 의해 많이 창작되어져 왔다. 최근 우리나라에서도 패러디 동화가 몇몇 작가들에 의해 시도되고 있는 형편이다. 여기에서는 많이 알려진 패러디 동화작품을 서술방식에서 이야기를 이끌어 가는 화자가 바뀐 경우, 패러디 동화 이야기의 시작이 원작의 끝 부분에서 다시 출발하는 경우, 등장인물이 바뀐 경우, 등장인물의 성격변화로 인한 이야기의 스토리가 바뀐 경우로 나누어 패러디 동화 작품을 간단히 살펴보고자 한다.

① 서술방식에서 이야기를 이끌어 가는 화자가 바뀐 경우

아기돼지 삼형제의 패러디 동화인 『늑대가 들려주는 아기돼지 삼형제 이야기』(존 세스카, 1996a)가 여기에 속한다. 늑대가 들려주는 이야기를 살펴보면 다음과 같다.

늑대가 사실은 아기돼지 삼형제를 잡아먹으려고 했던 것이 아니라 할머니의 생일 케이크를 만드는데 필요한 설탕을 구하기 위해 아기 돼지 집을 찾아갔던 것이다. 마침 늑대는 지독한 감기로 인해 심한 기침을 하는 바람에 그만 짚으로 만든 돼지 집을 날려버린다. 이 바람에 집안에 있으면서도 나오지 않고 있던 아기돼지가 죽게 된 것이고, 늑대의 말에 의하면 이미 죽어 있는 돼지를 두고 그냥 갈 수 없어서 먹게 되었다는 것이다. 그런데 신문기자들이 자신의 말은 들어보지도 않고 이 사실을 왜곡하여 자신만을 나쁜 늑대로 몰아붙였다는 것이다. 왜냐하면 설탕을 구하러 간 늑대의 이야기는 별로 사람들에게 흥미를 주지 못할 것 같아 자신을 나쁜 늑대로 만들어 사람들에게 재미있는 이야기를 꾸며갔다는 것이다. 늑대는 자신은 억울하게 짜여진 각본에 희생된 것임을 주장한다.

위와 같이 이야기를 들려주는 서술자가 바뀐 패러디 동화를 읽으면서 어린이들은 등장인물에 대해 새로운 생각을 가지게 될 것이며, 지금까지 읽어 왔던 이야기들에 대해 더 넓게, 더 깊게 생각하게 될 것이다.

② 패러디 동화의 시작이 원작 끝 부분에서 다시 출발하는 경우

『개구리왕자, 그 뒷이야기』(존 세스카, 1996b)가 여기에 속하는데 그 내용을 살펴보면 다음과 같다.

> 공주는 개구리에게 입을 맞추었습니다. 개구리는 왕자로 변했지요. 그래서 둘이는 영원히 행복하게 살았답니다.

행복해 보이는 개구리 왕자와 공주의 그림과 함께 이야기의 첫 부분은 이렇게 시작된다. 책을 읽는 어린이들은 원작의 끝 부분이 첫 시작이 됨을 보면서 신선한 충격을 느끼게 될 것이다. 하지만 이런 행복도 잠시 책장을 한 장 넘기게 되면 전혀 기대했던 것과는 다른 개구리 왕자의 이야기를 읽게 된다. 왕자는 이전의 습성을 버리지 못하고 혀를 내밀고 집안에서 여전히 팔짝거리며 돌아다니고 공주는 왕자에게 성밖으로 나가 용이나 거인을 무찌르라고 하지만 왕자는 무찌르고 싶은 마음이 전혀 없다. 공주는 점점 더 개구리 왕자의 모습에 화를 내게 되고 왕자에게 개구리로 있는 것이 더 나을지도 모른다고 한다. 이 말을 들은 개구리 왕자는 숲 속으로 달려가 자신을 도로 개구리로 만들어줄 마녀를 찾아가게 되는데 결국 신데렐라에 나오는 마녀의 마술로 개구리 왕자는 엉뚱한 개구리 마차가 된다. 이 때 왕자는 자신의 행동을 후회하게 된다. 밤 열두 시를 알리는 종이 울리자 마차는 다시 왕자로 변해 개구리 왕자는 집으로 마구 달려가고 공주가 자신을 걱정하는 모습을 보자 왕자는 공주가 자신을 사랑했음을 안다. 둘은 입맞춤을 하게 되고 개구리로 변해 팔짝팔짝 뛰어다닌다.

또한 『백설공주는 정말 행복했을까』(후베르트 쉬르텍, 2001)도 백설공주가 떠난 다음 난쟁이들의 이야기로 시작되는데 그 내용을 살펴보면 다음과 같다.

백설공주가 떠난 뒤 일곱 난쟁이들은 사는 게 무척 힘들어졌다. 못생기고 고약한 왕비도 더 이상 찾아오지 않았고 힘겨운 광산 일도 그만 두었다. 왕자에게 금은 보화를 잔뜩 받았기 때문이다. 그런데도 난쟁이들은 걱정이 많았다. 백설공주가 있을 때는 집안 일을 알아서 척척 해주어서 편안하게 살았고 그런 생활에 익숙해져 살았는데 이제는 그 누구도 집안 일을 하려고 하지 않았다. 당번을 정하여 집안 일을 하기로 결정하지만 제대로 되는 일이 하나도 없다. 백설공주를 너무 그리워하는 난쟁이들은 백설공주를 보고 싶어 가짜 종이 백설공주를 만들기도 한다. 또한 근처에 사는 마녀가 일곱 난쟁이들을 괴롭혀 마법에 걸려 고생을 하기도 한다. 이런 난쟁이들에게 한 남자가 찾아오게 되고 그 사람의 도움으로 마녀와 사이좋은 이웃이 된다. 그러던 어느 날 백설공주로부터 편지 한 통을 받게 된다. 백설공주가 그다지 행복하지 않고 왕자가 공주에게 짜증을 내어 사는 것이 힘들고 궁전 생활이 심심하다며 난쟁이들과 같이 살고 싶다는 내용의 편지였다. 편지를 읽은 난쟁이들은 백설공주를 다시 집으로 데려 올 계획을 세우게 되는 것으로 이야기는 끝나게 된다.

이와 같이 원작의 끝에서 새롭게 이야기가 시작되는 패러디 동화를 읽으면서 어린이들은 이야기속 주인공들이 과연 지금은 어떤 모습일까 하면서 그동안 멈추었던 이야기에 대한 끊임없는 상상을 하게 될 것이다.

③ 등장인물이 바뀐 경우

『아기돼지 세 자매』(프레데릭 스테르, 1999)는 등장 인물이 아기돼지 삼형제가 아닌 아기돼지 세 자매이다. 그 이야기를 살펴보면 다음과 같다.

아기돼지 세 자매가 결혼할 나이가 되어 엄마돼지로부터 금화 주머니를 받고 신랑감을 찾아 떠나면서 이야기는 시작된다. 첫째 돼지는 커다란 벽돌집을 사느라 돈을 몽땅 써버리고 둘째 돼지는 나무로 된 예쁜 집을 샀으나 두 돼지는 돼지로 변장한 늑대 신랑감에게 잡혀 먹히게 된다. 돼지 가면을 쓰고 보리수나무 아래에서 낮잠을 자려고 하던 늑대는 늑대 가면을 쓰고 나타난 셋째 돼지의 속임수에 넘어가 결국 셋째 돼지에게 잡히게 된다. 늑대를 사로

잡았다는 소문이 퍼지자 셋째 돼지와 결혼을 하겠다는 돼지들이 줄을 서는 장면으로 이 이야기는 끝이 난다.

또한 다른 패러디 동화인 『아기늑대 삼형제와 못된 돼지』(에예니오스 트리비자스, 2001)도 등장인물이 돼지 삼형제와 늑대가 아니라 아기늑대 삼형제와 못된 돼지로 바뀌었는데 그 이야기를 살펴보면 다음과 같다.

아기늑대 삼형제는 못된 돼지가 집안으로 들어오는 것을 막기 위해 튼튼한 재료로 집을 짓는다. 반면 못된 돼지는 그 집에 들어가기 위해 온갖 수단을 가리지 않는다. 집 짓는 재료가 강해질수록 집을 부수는 못된 돼지의 방법도 더욱 과격해진다. 돼지가 터뜨린 폭탄 때문에 거의 죽을 뻔한 아기늑대들은 집 짓는 재료에 문제가 있음을 깨닫게 된다. 집을 튼튼하게 지을수록 집은 마치 감옥과도 같은 모습이 되어서 밖에서 들어올 수 없을 뿐만 아니라 나가기도 힘이 들었다. 그래서 아기늑대들은 자연 친화적인 재료를 쓰기로 결심한다. 그래서 고른 것이 꽃이었다. 꽃으로 만든 집은 시멘트로 만든 것보다 튼튼하지는 않았지만 바람이 불면 부는 대로 조금 흔들리다가 이내 다시 제 모습을 찾았다. 더욱 놀라운 것은 꽃향기를 맡은 돼지가 비폭력적인 이웃이 되었다는 점이다. 꽃향기에 취한 돼지와 늑대 삼형제는 꿀꿀 공 던지기놀이, 꿀꿀이 꽃이 피었습니다 놀이를 하고 돼지를 집으로 초대하여 딸기와 꿀차를 나누어 마시며 즐거운 시간을 보내게 된다. 그리고 돼지와 함께 그 후로는 모두 행복하게 살게 된다. 이 패러디 동화는 늑대가 등장하는 책들이 모두 늑대의 패배로 끝나는 것과 달리 아기돼지와 늑대가 행복한 결말을 맞는다.

또 다른 패러디 동화인 『아기돼지 세 마리』(데이비드 와이즈너, 2002) 이야기의 경우 아기돼지 세 마리 외에 용이 새롭게 등장하게 되는데 그 이야기를 살펴보면 다음과 같다.

아기돼지 세 마리가 세상으로 나가 각자 집을 하나씩 짓기로 하여 첫째 돼지는 볏짚으로, 둘째 돼지는 나무로, 셋째 돼지는 벽돌로 지었다. 이때 늑대가 나타나 입김을 후 불어 첫째 돼지네 집을 망가뜨리고 돼지를 꿀꺽 먹어버린다. 하지만 그 순간 첫째 돼지는 이야기 밖으로 날려가게 된다. 둘째 돼지네 가서도 입김으로 집을 망가뜨리고 돼지를 꿀꺽 먹어버리지만, 이때 첫째 돼지가 둘째 돼지에게 이야기 밖은 안전하다며 이야기 밖으로 데리고 나간다. 이런 방법으로 셋째 돼지까지도 무사히 이야기 밖으로 나오게 된다. 이야기 밖으로 도망친 아기돼지 세 마리는 종이 비행기를 타고 다른 이야기들 세계를 돌아다니며 자유롭게 여행을 하게 된다. 여행을 하다가 위험에 빠진 용을 이야기 밖으로 데리고 나와 목숨을 구해주게 된다. 이렇게 친구가 된 용과 아기돼지 세 마리는 다시 원래 이야기인 아기돼지 세 마리 속으로 들어오게 된다. 그리고는 늑대가 셋째 돼지네 집을 부수려는 장면으로 모두 들어가게 된다. 집 밖에는 아무것도 모르는 늑대가 입김을 '후' 불었지만 집안에서 나온 돼지 세 마리와 용을 보고 놀라 굴뚝 위로 기어올라가고, 이를 지켜본 돼지 세 마리와 용은 맛있는 국이 다 끓었다면서 집에 들어가 맛있는 국을 먹으면서 이야기는 끝을 맺는다. 이 이야기는 작가 세계, 이야기 세계라는 두 시공간 사이에 만들어낸 또 하나의 시공간, 그 속에서 아기돼지들이 자신들의 이야기를 능동적으로 만들어 나가는 것을 보여주고 있다.

이와 같이 등장인물이 새롭게 바뀌어진 패러디 동화를 읽으면서 어린이들은 원작의 이야기가 등장인물에 따라 달라지는 모습을 보며 자기가 알고 있는 기존의 이야기들이 새로운 방법으로 바뀌어짐을 이해하게 될 것이다.

④ 등장인물의 성격변화로 이야기의 스토리가 바뀐 경우

네스빗(Nesbit, 1980)의 『마지막 용』에 관한 패러디 동화가 이에 해당되는데 그 내용을 살펴보면 다음과 같다.

공주는 자신이 다음 희생자가 되었다는 사실을 알았을 때 끈에 묶인 채 왕자의 도움으로 구출되어야 했지만 그것을 거부한다. 공주는 자기가 아는 모든 왕자들은 매우 어리석은 작은 애들이어서 차라리 왕자들 중에 하나를 묶어서 용에게 갖다 주고 대신 자기가 가서 용을 죽이고 그 왕자를 구해 올 텐데 하는 생각을 하게 된다. 사실 공주는 어떤 왕자들보다도 검술을 잘 하기 때문이었다. 바로 그 날이 다가왔을 때 공주와 왕자는 서로 용을 직면하여 대항할 것을 짜게 된다. 그러나 용의 보금자리에 들어섰을 때, 용이 싸우고 싶어하지 않는다는 것을 공주와 왕자는 알게 된다. 용은 공주와 왕자에게 자신에 관한 모든 이야기들은 사람들이 지어낸 것들이며 공주를 잡아먹지도 않을 것이라고 말한다. 그리고는 홀로 남아 있기를 원한다. 그러나 공주가 사랑하는 용아 라고 부르자 용은 울기 시작했고 용과 공주와 왕자는 드디어 친한 친구가 된다. 그 후 용은 공주와 왕자의 결혼식에 참석하게 되고 휘도라는 이름을 가진 점잖고 충실한 하인이 된다는 이야기이다(Stott, 1990).

또 다른 패러디 동화인 『종이 봉지 공주』(로버트 문치, 1998) 이야기에서도 공주의 성격 변화로 인한 새로운 이야기를 만날 수 있는데 그것을 살펴보면 다음과 같다.

이 이야기에서는 용이 나타나 성을 부수고 공주가 아니라 왕자를 잡아간다. 엘리자베스 공주는 옷이 다 타 버리자 종이 봉지를 구해 입고 왕자를 구하러 간다. 이렇게 해서 종이 봉지를 입은 공주가 탄생하게 된다. 공주는 더 이상 가녀리고 착하기만 한 공주가 아니라 오히려 용감할 뿐 아니라 현명하다. 종이 봉지 공주는 멋진 꾀를 내어 용의 입김으로 숲을

태워버려 용이 더 이상 불을 내뿜지 못하게 하고, 세상을 여러 번 돌게 하여 용을 지쳐 곯아 떨어지게 만든다. 그런 후 공주는 동굴로 가서 문을 열어 로널드 왕자를 구하나 왕자는 더럽혀진 공주를 무시하며 진짜 공주처럼 챙겨 입고 다시 오라고 말한다. 이 말을 들은 공주는 진짜 왕자처럼 차려 입었지만 겉만 번지르르한 껍데기야 라고 한다. 결국 두 사람은 결혼하지 않는 것으로 이야기는 끝나게 된다.

이러한 주인공들의 성격 변화로 인한 새로운 이야기의 전개는 어린이들에게 이야기에 대한 신선함과 흥미를 유발시킬 수 있으며 새로운 인물의 성격창조에 어린이들은 관심을 가지게 될 것이다.

나. 패러디 동화의 특성

위에서 살펴 본 패러디 동화에 나타난 이야기들의 특성을 살펴보면 다음과 같다.

첫째, 패러디 동화는 사람들이 지금까지 지녀왔던 믿음과 가치에 완전히 상반되는 상황을 제시함으로써 사람들이나 사회의 고정관념에 대항한다(곽향림, 1997:73).

패러디 동화는 지금까지 알아왔던 이야기 내용을 앞뒤를 뒤바꿔버린 것 같이 완전히 반대되는 상황을 제시함으로써 사람들에게 흥미진진함을 주고 때로는 새로운 관점을 갖게 하는 계기를 주는데 의의가 있다. 고정 관념이 적을수록 세상을 바라보는 시야는 넓어지고 더욱 풍요로운 경험들을 쌓아 나갈 수 있다. 기존에 알고 있던 이야기들에 대하여 더 넓게, 더 깊게 생각하는 연습을 하기에 패러디 동화는 적절하다고 생각된다. 알고 있는 이야기의 끝에서 상상력을 멈추지 말고 더 멀리, 더 길게 생각을 이어 간다면 패러디 동화가 가지고 있는 새로운 즐거움을 맛볼 수 있게 된다.

『늑대가 들려주는 아기돼지 삼형제의 이야기』와 『아기늑대 삼형제와 못된 돼지』이야기에서 나쁜 것은 늑대가 아니라 돼지이고, 『마지막 용』에 관한 패러디 동화에서는 용이 순하고 싸우려고 하지 않는다. 따라서 어린이들은 뭔가 새로운 구성에 의해 패러디 동화의 의미를 다시 한번 생각하게 된다.

둘째, 패러디 동화에서 나타나는 특성의 좋은 예는 '열린 결말'(open ending)이다. 니콜라 예바는 소위 '열린 결말'이라 불리는 단선적 패턴은 처음에는 성인을 위한 소설에서 쓰이다가 이제는 아동을 위한 책에서 점점 널리 쓰이고 있다고 말하고 있으며 이런 현상에 대해 포스트모더니즘에서 주변적인 것이 문화의 중심부로 이동한 것이라 설명하고 있다 (Nikolajeva, 1998; 현은자, 1999:11 재인용).

열린 결말은 질문을 끌어내기 위한 수단이며 어린 독자들로 하여금 스스로 결론을 이끌어 내도록 또한 세상에는 한 가지 이상의 진실도 존재한다는 사실을 받아들이도록 하고 있다.

존 세스카가 쓴 『늑대가 들려주는 아기돼지 삼형제 이야기』에서 알렉산더 울프는 이야기의 마지막 부분에서 책을 읽는 어린이들에게 다음과 같은 질문을 던진다.

하지만 너희는 나한테 설탕 한 컵 쯤은 꾸어 줄 수 있겠지?

하며 감옥 너머로 컵을 내밀고 있다. 이 패러디 동화의 마지막 부분을 읽고 어린이들은 늑대가 설탕을 달라고 부탁을 한다면 어떻게 할까, 감옥에 갇힌 늑대는 결국 어떻게 될까, 과연 늑대의 말대로 억울한 누명을 벗을 수 있을 것인지, 아닌지에 대하여 진지하게 고민하게 될 것이다.

또한 『백설 공주는 정말 행복했을까』도 열린 결말의 구조를 잘 드러내고 있다. 이야기의 결말을 살펴보면 다음과 같다.

결국 난쟁이들은 백설공주를 다시 데려올 계획을 구체적으로 세웠다. 하지만 이 이야기는 다른 책에서 계속 하는 것이 좋을 것 같다. 혹시 어린이 여러분 가운데 일곱 난쟁이들에게 편지를 보내고 싶은 사람이 있다면 언제든지 보내 주세요. 아래 주소로 편지를 보내면 우리가 편지를 모아 일곱 난쟁이들에게 보내줄게요. 약속해요.

이 패러디 동화에서는 일곱 난쟁이들이 백설 공주를 데리고 와서 다시 행복하게 사는 것으로 이야기를 끝맺기보다는 이야기를 읽는 어린이들로 하여금 계속되어지는 또 다른 이야기의 시작을 생각하도록 한다.

셋째, 패러디 동화는 사람들이 기대하지 않았던 방향으로 이야기를 몰고 감으로써 사람들에게 신선한 재미를 준다. 이러한 특성은 패러디 동화가 가지고 있는 가벼움과 유희적인 성격이라 할 수 있다. 이러한 것은 패러디 동화가 진리에 대한 믿음에서 오는 진지함을 갖고 있지 않으므로 어떤 것도 가볍게 다룰 수 있는 것을 의미한다. 이 시대는 어떤 것도 확실하지 않으며 모호하기만 하다. 문학에서의 결정적인 코드와 이제껏 존중되어지고 가치 있게 여겨졌던 것도 가지고 놀 수 있게 되었다(현은자, 1999:16).

『개구리 왕자, 그 뒷이야기』에서 이러한 요소를 살펴보면 일반적으로 책을 읽는 어린이들은 개구리 왕자가 개구리였을 때 보다 왕자가 되었을 때 더 행복하다고 생각한다. 하지만 패러디 동화에서 왕자는 개구리 적의 생활을 그리워하고 왕자로서의 생활을 지겨워하고 힘겨워한다. 순간 왕자는 공주의 말에서 해결책을 찾게 된다. 그 장면을 살펴보면 다음과 같다.

> 바로 그 순간 왕자에게 퍼뜩 떠오르는 생각이 있었어요. "개구리로 그대로. 그래! 바로 그거야!" 왕자는 숲 속으로 달려갔습니다. 자기를 도로 개구리로 만들어 줄 마녀를 찾아서요.

이 패러디 동화에서 어린이들은 개구리 왕자와 공주가 겪는 생활 습관의 차이에서 오는 갈등을 어떻게 풀어나갈 것인가 궁금해한다. 작가는 이 해결 방법으로 독자가 전혀 생각해보지 않았던 방법인 개구리 왕자가 다시 개구리가 되는 것을 생각하게 함으로써 책을 읽는 어린이들에게 신선한 충격을 주게 되고 재미를 느끼게 해준다. 이러한 작가의 생각은 패러디 동화의 결말에서 개구리 왕자와 공주가 모두 개구리가 되는 것으로 이야기를 끝맺고 있다.

> 왕자는 공주에게 입을 맞추었습니다. 둘이는 개구리가 되었지요. 그래서 둘이는 영원히 행복하게 팔짝팔짝 뛰어다녔습니다.

넷째, 패러디 동화는 상호텍스트성을 가지고 있다. 패러디 동화에서 텍스트는 자기 충족적이고 독창성인 완전성을 지니고 있지 못하기 때문에 그 이전에 존재해 있던 텍스트들을 재결합하여 형성되는 모습을 보이고 있다. 이런 상호텍스트성이 지니고 있는 기본적인 토대는 모든 작가는 텍스트의 창작자가 되기 이전에 다른 작가의 작품에 대한 독자라는 점이다(현은자, 1999:15).

최근에 많이 언급되고 있는 이러한 상호텍스트성의 개념은 패러디 동화에서 나타나는 아이러니, 패러디, 은유, 이전 텍스트의 직·간접적 인용 등을 말한다. 니콜라예바는 이제는 단순히 어떤 텍스트들이 서로 비슷하다고 말하지 말고, 나중 작가가 이전 텍스트의 패턴을 어떻게 다루었는지, 그 패턴에 어떤 변형이 생겼는지, 가능하다면 왜 그런가까지 보도록 노력해야한다고 하였다. 또한 이제는 한 작가가 다른 작가에게서 '빌려왔다'는 생각을 버리고 그보다는 숨어있는 울림과 연관 관계를 발견하는데 집중해야 한다고 하였다((Nikolajeva, 1998;현은자, 1999:16 재인용).

『개구리왕자, 그 뒷이야기』에서 이러한 상호텍스트성을 찾아 볼 수 있다. 공주의 잔소리를 들을 때마다 왕자는 멀리멀리 달아나고 싶었지만 그럴 때마다 왕자는 "둘이는 영원히 행복하게 살았답니다. 끝."으로 이야기를 맺는 자기 책을 읽는다. 그래서 왕자는 성에 머물렀고 그래서 공주는 그런 개구리 왕자의 모습을 보고 화를 또 내게 된다. 이 패러디 동화에서 개구리왕자는 자신의 이야기를 책을 통해서 보게 되는데 이것이야말로 패러디 동화 속에 드러나는 상호텍스트성을 명확하게 보여주는 것이라 할 수 있다.

또한 이러한 상호텍스트성은 어린이들이 개구리 왕자를 읽게 될 때도 작용하게 된다. 어린이들은 상호텍스트성을 이용하여 자신이 읽고 있는 이야기 속에 이전에 책에서 읽은 이야기의 구조나 아이디어를 찾게 된다. 결국 어린이들은 자신이 읽고 있는 책을 전에 읽은 다른 책과 관련을 짓게 되는 것이다. 『개구리 왕자, 그 뒷이야기』를 읽으면서 어린이들은 그 전에 읽었던 『개구리 왕자』, 『잠자는 숲 속의 공주』, 『백설공주』, 『헨젤과 그레텔』, 『신데렐라』를 떠올리게 될 것이고 이를 통해 어린이들은 상호텍스트성을 인식하고 의도적으로 텍스트간의 관련을 생각하며 글을 읽고 이해하게 될 것이다.

다섯째, 패러디 동화는 다성부적(多聲部的) 서술방식을 드러내고 있다. 다성부 혹은 다중 발화라는 용어는 러시아의 학자 바흐친에 의해 문학 비평 안으로 소개되었다. 바흐친은 일반 문학의 발전과 소설 장르를 다룰 때 '서사적-다성부적'이라는 대립적인 개념을 사용하였다. 다성부의 중심 개념은 다양한 목소리들이 서로 다른 자신들의 생각과 관점을 나타내는 것이다(Nikolajeva, 1998; 현은자, 1999:14 재인용).

패러디 동화를 살펴보면 새로운 타입의 서술 방식에서 작가가 등장 인물에 대해 기본적으로 다른 태도를 취하는 것을 볼 수 있다. 작가는 한 걸음 뒤로 물러나고 인물은 앞으로 나선다. 사건은 독자들에게 보여지기 전에 등장한 인물의 마음에서 한 번 걸러진다. 따라서 독자인 어린이들은 사건 자체보다 그 사건에 대한 등장 인물의 기분을 더 많이 알게 된다.

『늑대가 들려주는 아기돼지 삼형제 이야기』에서 이야기를 이끌어 가는 화자는 바로 억울하게 누명을 쓰게 된 알렉산더 울프이다. 책을 읽는 어린이들은 알렉산더 울프의 이야기를 듣게 되면서 셋째 돼지로부터 할머니의 욕을 듣게 된 알렉산더의 기분을 더 잘 이해하게 되며 자기라면 어떻게 행동했을까 하는 생각을 가지게 된다. 이러한 공감대를 형성함으로써 패러디 동화에서는 기존에 가지고 있던 늑대에 대한 인식을 아동들이 새로운 관점으로 바라볼 수 있게 해준다.

여섯째, 패러디 동화에서는 현실과 허구의 경계가 허물어져 있다(현은자, 1999:10). 패러디 동화는 포스트모더니즘의 영향을 받아 현실과 환상세계의 경계는 겹쳐 있고 불분명하며 유동적이다.

『백설공주는 정말 행복했을까』에서 현실과 허구의 경계는 이야기의 끝 부분에서 잘 드러나고 있다.

> 혹시 어린이 여러분 가운데 일곱 난쟁이들에게 편지를 보내고 싶은 사람이 있다면 언제든지 보내 주세요. 아래 주소로 편지를 보내면 우리가 편지를 모아 일곱 난쟁이들에게 보내 줄게요. 약속해요.

이 패러디 동화에서는 현실(어린이가 책을 읽고 읽는 지금 현재)과 환상세계(이야기 속에 등장하는 난쟁이들이 살고 있는 곳)를 연결하는 통로로 출판사의 주소를 언급하고 있다. 이렇듯 패러디 동화 속에서 이야기의 허구적 세계와 현실은 구분되지 않은 채 이야기 속에 언급되어지기도 한다. 전래동화 속에서는 상상도 못할 일들이 패러디 동화 속에서는 가능하며 또 이런 것들이 바로 패러디 동화가 가지고 있는 매력이기도 하다.

일곱째, 패러디 동화는 사회적 관습이나 편견을 비판한다. 패러디 동화『마지막 용』에서는 사람들이 진실을 알지 못하게 만드는 사회적 관습을 비판한다.『늑대가 들려주는 아기돼지 삼형제 이야기』에서도 신문기자들이 기사를 재미있게 꾸미기 위해 실제와는 다른 보도를 하여 자신이 억울한 희생자가 되었음을 폭로하는 늑대를 통해서 편파적인 보도의 위험성에 대해 고발한다(곽향림, 1997:76).

전래동화에서 왕자와 공주는 그들에게 사회적으로 부과된 역할에 속박되어 있지만 패러디 동화에서 공주는 섬세하고 아무 것도 할 줄 모르는 여성으로 기대되고, 왕자 또한 용감성과 신체적인 능력은 장려되지 않는다. 패러디 동화 속에서 사람이 된 개구리 왕자는 집안에서 팔짝거리며 돌아다니고, 공주는 잠 잘 때 개굴개굴 코를 끔찍하게 고는 왕자에게 성밖으로 나가서 용이나 거인을 무찔러 보라고 잔소리를 하게 된다.

다. 패러디 동화의 교육적 의의

패러디 동화가 어린이들에게 미치는 교육적 의의를 살펴보면 다음과 같다.

첫째, 패러디 동화는 그것이 갖는 유머로 인해 어린이들에게 즐거움과 흥미를 주어 그들로 하여금 문학적 정서를 키워나가게 해준다. 패러디 동화는 원작의 내용과는 달리 뭔가 앞뒤가 뒤바뀌는 것과 같은 구성으로 인해 신선한 즐거움과 흥미로움을 선사한다고 지적한다(곽향림, 1997:79).

어린이들은『늑대가 들려주는 아기돼지 삼형제 이야기』,『아기돼지 세자매』,『아기 늑대 삼형제와 못된 돼지』,『아기돼지 세 마리』의 서로 다른 패러디 동화를 읽으면서 작가에 따라 새롭게 바뀌어진 이야기를 이미 자신이 알고 있는 이야기와 비교하며 재밌어하고 신기하게 생각할 것이다.

둘째, 패러디 동화를 반복적으로 읽음으로써 어린이들은 문학적 어휘와 문법 등에 익숙해지며 언어 발달을 가져올 수 있다. 반복적으로 읽는 것은 어린이들로 하여금 그들이 읽거나 듣는 어휘 또는 단어의 완전한 암시를 파악하게 하기 때문이다. 패러디 동화는 어린이들에게 웃음과 재미를 주어 반복적으로 읽게 함으로써 언어발달을 가져오고, 진정한 이해를 가지고 문학을 읽게 한다(곽향림, 1997:79).

셋째, 어린이들은 문학적 관습이 쓰여지는 예와 패러디 동화를 통해 문학적 구조에 익숙해지며 그 특성을 이해하게 된다. 어린이들은 동화의 원작과 패러디 동화를 읽으면서 모든 문학은 구조적 유형이 있다는 것을 알게 된다. 어린이가 어떤 특정한 이야기의 유형을 발견하면서 그것이 어떤 일반적인 구조와 관련이 있다는 사실을 알게 될 때 어린이들은 구조의 특성에서 오는 각각의 이야기를 더 잘 이해하게 된다(곽향림, 1997:80).

어린이들은 패러디 동화를 읽으면서 인물, 사건, 배경, 이야기의 화자에 따라 새로운 이야기가 전개되는 과정을 쉽게 이해할 수 있게 되며 원작과의 비교와 차이를 통해 패러디 동화만이 가지고 있는 이야기의 유형을 발견하게 될 것이다.

넷째, 패러디 동화는 어린이의 창작능력을 도와준다. 패러디 동화는 어린이로 하여금 계속해서 책을 읽을 수 있는 동기를 유발하며 그로 인해 어린이는 이야기를 완전히 이해하게 된다. 스톳에 의하면 어린이가 물리적 읽기 행위를 초월하여 진정한 읽기 행위에 몰두할 수 있을 때 창의적이고 고유한 창작작업에 착수할 수 있게 된다고 이야기한다((Stott, 1990; 곽향림, 1997:80 재인용).

『아기돼지 삼형제』의 서로 다른 패러디 동화를 읽어본 어린이들은 이야기 바꾸어 새롭게 쓰기에서 자신이 읽었던 패러디 동화에서 알게된 새로운 창작 방법을 자신의 글쓰기에 적용할 것이다. 또한 원작의 끝 부분에서 새롭게 시작하는『개구리왕자, 그 뒷이야기』,『백설공주는 정말 행복했을까』를 읽어본 어린이들은 뒷이야기 상상하여 쓰기에서 자신들이 읽은 패러디 동화의 시작 부분을 생각하며 창작에 도움이 되는 아이디어를 얻게 될 것이다.

다섯째, 패러디 동화는 문학적 측면에서의 가치뿐만 아니라 교실에서 그 원작과 함께 읽혀짐으로써 어린이의 도덕 교육을 위해 공헌하기도 한다(이준덕 외, 1997; 곽향림, 1997:80 재인용). 패러디 동화를 읽게 될 때 어린이들은 지금까지 자신들이 가지고 있던 가치관에 갈등을 느끼게 되며 또 다른 관점에서 한 사건을 생각하게 됨으로써 도덕적 추론 능력을 기를 수 있다. 일방적인 흑백 논리의 가치를 지닌 이야기는 어린이들로 하여금 더 이상 도덕적인 문제를 자율적으로 생각해 볼 수 있는 기회를 주지 못하지만 패러디 동화는 하나의 도덕적인 문제를 여러 관점에서 생각해 볼 수 있는 기회를 제공해 준다.

『늑대가 들려주는 아기돼지 삼형제 이야기』를 읽고 어린이들은 알렉산더 울프가 죽은 돼지를 먹은 것이 과연 가장 좋은 해결 방법이었는가 토의해 볼 수 있다. 알렉산더의 입장에서 보면 먹이를 먹는 것이 당연하지만 돼지 형제 입장에서는 결코 이해할 수 없는 비인간적인 늑대의 행동이 될 수도 있기 때문이다. 패러디 동화를 읽으면서 어린이들은 늑대의 도덕성에 흠집을 내는 방법이 아닌 보다 바람직한 해결 방법을 생각해 볼 것이다.

라. 패러디 동화 읽기를 통한 이야기 바꿔 쓰기의 교육적 의의

1) 창의적인 국어사용 면에서의 의의

이경화는 7차 국어과 교육과정에서 궁극적인 목표로 든 창의적인 국어사용 능력을 추론적 사고, 비판적 사고, 창의적 사고 등 다양한 사고와 전략 활용의 복합적인 결과로 보았다(이경화, 2003:8). 패러디 동화 읽기를 통한 이야기 바꿔 쓰기 활동은 창의적인 국어 사용능력 신장을 위한 하나의 방법이 될 수 있다. 왜냐하면 패러디 동화 읽기가 창의적 읽기 행위와 관련이 있기 때문이다. 이경화는 창의적 읽기를 독자가 새로운 상황에 적용하거나 새로운 결과를 산출할 목적으로 글의 의미를 재구성하여 통합하고 확장하는 사고의 과정(이경화, 2003:8)이라 하였는데 패러디 동화 읽기를 통해 어린이들은 이야기 바꿔 쓰기에 대한 아이디어를 얻게 되거나 기존에 알고 있던 이야기에 대해 새로운 관점으로 이야기를 바라봄으로써 문제에 대한 새로운 접근과 독창적인 생각을 하게 된다.

또한 패러디 동화 읽기를 통한 이야기 바꿔 쓰기는 창의적인 쓰기 활동이라 할 수 있다. 이경화는 창의적인 쓰기란 자신의 쓰기 과정을 의식하고 계획적인 조정을 하며 적절한 전략을 선택·사용하고 아이디어를 조직하고 자신의 글을 점검하고 자신의 글을 정리하여 의미를 확장하는 것이라 보았다. 창의적인 글에는 필자의 상상력과 풍부한 아이디어, 그리고 아이디어를 다른 사람이 공감할 수 있는 형태로 표현하는 능력이 드러나 있다고 보았다(이경화, 2003:8). 어린이들은 이야기 바꿔 쓰기를 하는 동안 등장 인물의 성격 변화, 이야기의 배경이나 사건 변화, 이야기를 이끌어 가는 화자에 따라 이야기가 어떻게 전개될 것인가를 생각하게 된다. 원래 이야기에 어떤 요소를 선택하여 이야기를 바꿔 쓸 것인가를 스스로 결정하고 자기가 선택한 전략에 따라 초고 쓰기를 하며 돌려읽기와 협의하기를 통해 바꿔 쓴 이야기 글을 완성해 나가기 때문에 이야기 바꿔 쓰기 활동은 이경화가 말하는 창의적 쓰기에 해당된다고 볼 수 있다.

이재승도 어떤 문학 작품을 읽고 이와 관련하여 읽고 쓰는 활동을 하는 과정에서 논리적 사고, 비판적 사고, 창의적 사고 등을 기를 수 있으며 이야기의 구성 요소를 바꾸어 보는 활동을 통해 이야기를 다른 각도에서 볼 수 있고 이 과정에서 창의적인 사고가 촉발될 수 있다고 하였다(이재승, 2002:3). 이재승이 말한 이야기의 구성 요소 바꾸어 보기는 본고에서 다루는 이야기 바꿔 쓰기와 같은 활동이라 볼 수 있다.

조영주는 창의적인 쓰기 활동을 조장하는 전략들로 여러 가지 활동들을 제시하였는데(조영주, 2002:25) 작품의 끝맺음을 원작과는 다르게 맺어보기, 전래동화를 현대화하여 다시 써보기, 작품의 주인공이나 배경을 원작과는 다르게 바꾸어서 새로운 작품을 써보기 활동들은 이야기 바꿔 쓰기에서 사용할 수 있는 것들이라 할 수 있다.

2) 문학의 수용·창작 면에서의 의의

7차 국어과 교육과정 문학영역의 내용을 보면 개별 문학작품을 이해하고 감상하는 원리와 관련된 범주명으로 '문학의 수용과 창작'이라는 용어를 사용하였다. 교육 과정에 나타난 창작지도는 심층적인 감상을 가능하게 하자는 의도가 있고, 수준 높은 전문적인 작품 창작을 강조하지 않아야 한다는 요지로 이해할 수 있다. 창작이 수준 높은 작품 창작만을 의미하는 것이 아니라 문학적인 표현을 사용하여 말하거나 글을 쓰는 것, 문학에 관해서 자기의 의견을 표현하는 것을 포함한다는 논지와 같다(이인제, 1997:154). 이것은 학습자의 적극적이고도 능동적인 작품의 해석과 비평활동을 강조하는 것이다. 따라서 7차 국어과 교육과정에서는 문학 작품에 대한 학습자의 반응을 표현하는 것이 창작의 첫걸음이라 여겨 이야기 바꿔 쓰기 활동이 제시되고 있는 것이다.

7차 교육과정에 따른 국어 쓰기 교과서에 수록된 이야기 바꿔 쓰기 활동은 3학년 2학기 6차시와 5학년 1학기 3차시에 걸쳐 나오고 있다. 그러나 3학년과 5학년 교과서에 수록된 이야기 바꿔 쓰기에 대한 학습 절차가 바꾸어 쓰는 방법 익히기→ 익힌 방법대로 이야기의 일부분을 바꾸어 쓰기의 순서로 이루어지기 때문에 실제 학습 상황에서 방법의 적용 위주로 접근할 가능성이 있다. 따라서 이야기 바꿔 쓰기에 대한 방법을 찾는 활동을 전래동화의 그림이나 이야기를 보고 이끌어내기 보다는 이야기 바꿔 쓰기의 예를 잘 보여주는 패러디 동화 작품 읽기를 통해 어린이들이 알고 있는 이야기들을 비판적으로 검토하고, 새로운 관점으로 창작하는 방법을 자연스럽게 깨닫도록 하는 것이 필요하다. 이것은 문학의 수용과 창작은 언제나 동전의 앞·뒷면과 같은 관계가 있으며 이야기 바꿔 쓰기에도 패러디 동화 읽기를 통한 수용과 창작을 통합하는 적극적인 방법으로 나아가야함을 의미하는 것이다.

또한 앞서 살펴보았듯이 패러디 동화는 어린이의 창작능력을 도와준다. 스톳에 의하면 어린이가 물리적 읽기 행위를 초월하여 진정한 읽기 행위에 몰두할 수 있을 때 창의적이고 고유한 창작작업에 착수할 수 있게 되며 어린이들은 완전한 이해를 가지고 문학을 읽고 문학의 구조를 이해하게 될 때 자신의 문학적 스타일을 개발하고, 문학적 관습이 어떻게 이용되고 있는지를 알게 된다는 것이다. 중요한 것은 패러디 동화 읽기 활동을 통해 어린이들이 인간의 기본적인 지적 감흥, 즉 아직 모양이 잡히지 않은 혼돈된 경험으로부터 의미 있는 구조를 발견하고 창조할 수 있는 욕구를 강화시키는 것이라 말하고 있다(Stott, 1990; 곽향림, 1997:80 재인용). 결국 문학교육의 순환적 측면에서 패러디 동화 읽기가 창작 경험에 도움이 될 수 있고, 이야기 바꿔 쓰기가 패러디 동화 감상에 상호 보완적인 활동이 될 수 있음을 알려주고 있다.

2.패러디 동화 읽기를 통한 이야기 바꿔 쓰기 지도의 실제

가. 교수-학습 절차

① 패러디 동화 읽어주기 교수-학습 지도안(1차시)

단원명	3학년 2학기 쓰기 둘째마당 1. 더불어 사는 삶		시간	1차시 (40분)	
학습 목표	• 읽어주는 이야기를 듣고 느낀 점을 이야기할 수 있다.				
학습 자료	•『늑대가 들려주는 아기돼지 삼형제 이야기』 책 • 반응일지				
학습단계		교수-학습 활동 내용		시간	자료
이야기 공유를 위한 준비	읽어주기 전	◎ 텍스트에 대한 동기 유발 및 목표 확인 • 보여주는 낱말카드(숫자 3, 지푸라기, 나무, 벽돌, 늑대, 돼지)를 보면서 어떤 이야기가 생각나는지 알아보자. • 이번 시간에는 들려주는 이야기를 듣고 느낀 점을 이야기해 보자.		3	낱말카드
이야기 읽어주기	읽어주기	◎ 이야기 제목 읽어 주기 • 이 제목을 보고 이 이야기가 무엇에 관한 이야기일 것이라 생각하는가? ◎ 이야기 책의 겉 표지 보여주기 • 이 그림에 안경을 쓰고 양복을 입고 빨간 나비 넥타이를 한 인물은 누구일까? ◎ 이야기 예측하며 읽기 • 1쪽을 읽어 준 후 이 그림에 나오는 것은 무엇인가? • 2쪽을 읽어 준 후 알은 지금 어디에서 이야기해주고 있는 걸까? • 8쪽을 읽어 준 후 알이 어디로 갈 것 같은가? • 15쪽을 읽어 준 후 알이 아기 돼지를 어떻게 했을까? 아직도 설탕을 얻지 못한 알은 어디로 갈까? • 19쪽을 읽어 준 후 알은 이 늑대를 어떻게 할까? 늑대는 설탕을 얻기위해 어디로 갈 것인가? • 23쪽을 읽어 준 후 할머니의 욕을 들었을 때 알의 기분은 어떠했을까? • 24쪽을 읽어 준 후 돼지네 집에 달려온 사람들은 누구일까? • 27쪽을 읽어 준 후 알은 지금 어디에 있을까? • 28쪽을 읽어 준 후 알에게 설탕 한 컵을 줄 사람은 누구니? 그리고 알은 다음에 어떻게 되었을까?		3 20	이야기책, 실물화상기 컵
최초의 반응 사로 잡기	읽어주기 후	◎ 반응일지 기록하기 • 이야기를 읽으면서 떠오른 느낌이나 생각들을 간단하게 써 보자. ◎ 반응일지 상호평가하기 • 친구의 반응일지를 읽고 평가해주기 • 이야기에 대해 대화하거나 토의하기		10 4	반응일지

② 이야기 바꿔 쓰기 교수–학습 지도안(2-3차시)

단원명	3학년 2학기 쓰기 둘째마당 1. 더불어 사는 삶		시간	2-3차시(80분)
학습 목표	• 내가 잘 알고 있는 이야기를 새롭게 바꿔 쓸 수 있다.			
학습 자료	•『늑대가 들려주는 아기돼지 삼형제 이야기』책			
학습단계		교수-학습 활동 내용	시간	자료
이야기 바꿔 쓰기 계획 하기	이야기 바꿔 쓰기 전	◎ 이야기 바꿔 쓰기에 대한 아이디어 생성하기 및 목표확인 • 우리가 지난 시간에 읽었던 『늑대가 들려주는 아기돼지 삼형제』는 전에 읽었던 이야기와 어떤 점이 달라졌는가 이야기해 보자. - 새로운 인물의 등장, 인물의 성격 변화, 새로운 사건 발생, 이야기를 해주는 사람의 변화 등에 대해서 어린이들과 이야기한다. • 이번 시간에는 잘 알고 있는 이야기를 새롭게 바꿔 써 보자. ◎ 생각 꺼내기 및 생각 묶기 • 어떤 이야기를 바꿔 쓸 것인지를 스스로 정한 다음 그 이야기에 등장하는 인물, 사건, 배경에 대해 떠올리고 어떤 부분을 바꿔 쓸 것인지 이야기 바꿔 쓰기에 대한 아이디어를 생각그물로 만들어 보자.	10 15	반응일지 이야기책
이야기 바꿔 쓰기	이야기 바꿔 쓰기	◎ 이야기 바꿔 쓰기 초고 쓰기 • 그럼 지금부터 짧은 시간동안 이야기 바꿔 쓰기에 대한 얼른 쓰기를 해보자. ◎ 바꿔 쓴 이야기 돌려읽기 안내하기 • 이야기 바꿔 쓰기 초고 읽어주기→ 칭찬과 제안하기→ 바꿔 쓰기에 대한 도움 요청하기 ◎ 고쳐 쓰기 • 친구들이나 선생님한테 들었던 고쳐야 할 부분, 자세히 바꿔 쓸 부분, 없애야 할 부분 등을 생각하며 이야기를 고쳐 써 보자.	10 15 15	이야기책
평가	이야기 바꿔 쓰기 후	◎ 바꿔 쓴 이야기 발표하기 • 바꿔 쓴 이야기를 모둠별로 발표하여 보자. ◎ 바꿔 쓴 이야기 듣고 대화하거나 토의하기 • 친구의 글에 대해 원래의 이야기와 달라진 부분 생각해 보기, 재밌는 부분을 함께 이야기해 보자.	10 5	바꿔쓴 이야기

나. 교수-학습 과정

① 이야기 공유를 위한 준비

먼저 이야기 공유를 위한 준비로 숫자 3, 지푸라기, 나무, 벽돌이라는 낱말 카드를 보여주면서 이야기책의 제목을 알아 맞히도록 하였다. 숫자 3, 지푸라기까지 보여 주었을 때 몇 명의 어린이들이 손을 들었다. 그 다음으로 벽돌이라는 낱말 카드를 보여주었을 때는 대부분이 손을 들었다. 손을 들지 못한 한 어린이를 위해 돼지와 늑대라는 낱말 카드를 보여주며 무슨 이야기인지 알 수 있겠니 하자 아이는 아기돼지 삼형제요 라고 대답하였다. 책이름을 알아맞힌 친구에게 박수를 쳐주자며 발표한 어린이를 격려해 주었다.

다음으로 이번 시간에는 선생님이 새로운 아기돼지 삼형제 이야기를 들려줄 것이고, 선생님의 안내에 따라 책을 함께 읽어가며 책을 읽고 난 후 자기의 느낌을 이야기하고 반응일지에 기록하는 것이 오늘의 학습 목표임을 알려 주었다.

책제목을 보여주며 늑대가 들려주는 아기 돼지 삼형제 이야기는 어떤 내용일까 예측해 보자고 하였다. 그러자 전에 읽은 아기돼지 삼형제에서는 대부분 늑대가 아기 돼지를 잡아먹지 못하는데 이 이야기에서는 돼지가 잡아먹힐 것 같다, 이 이야기 속에 나오는 등장인물이 돼지, 늑대, 돼지의 엄마 말고 다른 등장인물이 나올 것 같다, 늑대와 돼지의 사이가 좋아질 것 같다, 늑대가 자기 잘못이 없다고 이야기 할 것 같다 등으로 예측하였다. 본 연구자는 아이들의 대답에 되도록이면 허용적인 자세를 가지도록 노력하였다.

이렇게 동기가 유발된 후에 책 겉 표지의 그림을 보여 주면서 이야기를 이끌어 갈 늑대의 모습을 살펴보았다. 이전에 책에서 느꼈던 늑대의 모습과 비교하면서 살펴보도록 하였다. 어린이들은 빨간 나비 넥타이와 동그란 안경을 쓰고 입김을 후-하는 늑대의 모습과 그 옆에 그려진 돼지 세 마리의 엉덩이를 보며 신기해하였다.

② 읽어주기

다음으로 이야기 읽어주기에 들어갔는데 1쪽까지 읽고 잠시 멈춘 후 늑대가 너희들에게 어떤 비밀을 이야기하려고 하는 걸까? 이제부터 늑대의 이야기를 잘 들어보자고 하였다. 2쪽을 보여주며 이 글의 주인공인 알이 이야기를 하고 있는 이 어두컴컴한 곳은 어딜까

라고 질문을 하였다. 그러자 어린이들은 예측하기 어려운 듯 반응이 없었다. 그래서 연구자는 이 이야기가 끝날 때쯤이면 알이 이야기를 해주는 이 어두컴컴한 곳이 어디인 줄 알게 될 거라고 말해 주었다.

4쪽까지 읽어 준 후 재채기와 설탕 한 컵에서 시작된 진짜 이야기는 무얼까 생각해 보도록 하였다. 그래서 어린이들에게 재채기는 언제 하게 되고 또 설탕은 무엇을 할 때 필요할까 라고 질문을 하였다. 그러자 재채기는 감기에 걸렸을 때 나오게 되고, 설탕은 음식을 만들 때 필요하다는 대답을 하였다.

7쪽까지 읽어 준 후 생일 케이크에 필요한 설탕을 얻으러 어디로 갈 것인가 질문을 해보았다. 어린이들은 가게에 가서 사올 수도 있고 이웃집 친구네 가서 얻을 수도 있다고 하였다. 아기돼지네 집으로 갈 것 같다는 예측이 나오지 않아서 어린이들에게 너희들이 이미 알고 있는 아기돼지 삼형제를 생각해 보면 좋을 것 같다고 하자 어린이들은 아기돼지 삼형제 집에 갈 수도 있을 것이라 대답하였다. 그런 다음 아기돼지 집으로 향하는 알의 모습을 보면서 설탕 컵을 가지고 가는 늑대의 마음은 어떨까 라고 질문하였다. 그러자 어린이들은 아마 기분이 좋을 것이다, 할머니의 생일 케이크를 만들 생각으로 마음이 즐거울 것이라 대답하였다.

13쪽까지 읽어 준 후 어린이들과 늑대 알처럼 안경이 날아가고 나비 넥타이가 떨어질 정도로 재채기를 요란하게 했다. 14쪽의 그림을 보여 주면서 지푸라기 속에 엉덩이만 보이고 죽어있는 첫째 돼지를 보고 알이 어떻게 했을까 질문을 하였다. 그러자 어린이들은 늑대는 쥐, 토기, 돼지를 좋아하니까 먹었을 것이다. 무덤을 만들어 묻어 주었을 것이다, 할머니 생신이라서 할머니에게 돼지를 선물할 것이다, 돼지 케이크를 만들 것이다 등 다양한 반응을 보였다.

15쪽까지 읽어 준 후 어린이들에게 여전히 설탕을 얻지 못한 늑대가 이 번에 어디로 설탕을 구하러 갔을까 라고 질문하였다. 그러자 어린이들 대부분은 둘째 돼지네 집이라고 대답하였다.

18쪽까지 읽어 준 후 어린이들에게 이번에도 알처럼 코를 벌름거리고 숨을 들이마시며 입을 막으려다가 결국 요란하게 재채기를 하도록 하였다. 교실이 떠나갈 듯 크게 재채기를 하면서 어린이들은 재밌어 하였다.

19쪽의 그림을 보면서 둘째 돼지가 어떻게 되었을까 질문을 하였다. 나뭇가지 속에 엉덩이만 볼록 나온 그림을 보면서 어린이들은 첫 번째 돼지처럼 죽었을 것이라 대답하였다. 대답을 듣고 어린이들에게 알이 둘째 돼지를 어떻게 하였을까 질문하였다. 그러자 첫째 돼지는 알이 먹었으니까 둘째 돼지는 할머니한테 갖다 드릴 것이다, 둘째 돼지를 알이 또 먹을 것이다, 둘째 돼지는 그냥 놔두고 설탕을 찾아 집으로 돌아갈 것이다, 배가 불러 못 먹을 것이다 등으로 대답하였다. 한 친구가 알이 먹어 버릴 것 같다고 하자 어린이들은 그러면 알은 욕심쟁이며 먹보라고 말하였다. 어린이들에게 둘째 돼지까지 먹은 알이 어디로 갈 것인가라고 질문하였다. 그러자 어린이들은 셋째 돼지네로 갈 것이라고 대답하였다. 또한 셋째 돼지네 집은 무엇으로 만들었을까 하고 질문을 하자 어린이들은 벽돌이요 라고 대답하였다. 어린이들의 예측이 맞는가를 확인하며 20쪽과 21쪽을 읽어 주었다.

22쪽을 읽어 준 후 어린이들에게 셋째 돼지가 알의 할머니를 욕했는데 그걸 알이 듣고 어떻게 행동했을까 질문하였다. 그러자 어린이들은 화가 났을 것이다, 기분이 나빴을 것이다, 셋째 돼지네 집을 부숴 버리고 싶을 것이다, 할머니가 정말 돼지의 말대로 다치지 않을까 속상해 할 것이다, 돼지한테 두 형제를 잡아먹었다고 화가 나서 얘기할 것이다 등으로 대답하였다. 24쪽을 읽어주며 어린이들의 예측이 맞았는가 확인하도록 하였다. 어린이들에게 예측이 맞지 않아도 괜찮다고 이야기해 주어 어린이들의 생각을 존중해 주었다.

26쪽을 보여주며 신문기사의 헤드라인-커다랗고 고약한 늑대-을 읽어 주었다. 27쪽을 읽어주며 알이 이야기하려고 한 진짜 이야기가 무엇일까 질문을 하자 어린이들은 알이 누명을 쓴 이야기에 대해 이야기하였다. 알이 이젠 어디에서 이야기를 하는 것일까 하고 질문하자 감옥에 있을 것이다, 석방이 되어서 할머니네 집에 있을 것이다, 감옥에 있다가 재채기로 부수고 집에 와 있을 것이다 등으로 예측하였다.

28쪽의 그림을 보여주면서 2쪽에서 질문했던 것을 다시 물어 보았다. 지금 이야기를 하고 있는 알이 어디에 있는 줄 알겠니 하자 어린이들은 알의 가로 줄무늬 옷을 보고 알이 있는 곳을 알겠다며 이야기하였다. 그리고 알이 턱수염이 하얗게 된 것과 알을 감시하고 있는 경찰관이 돼지라는 사실에 몹시 기분 나빠하기도 하였다. 연구자는 창문너머로 컵 하나를 내미는 알처럼 미리 준비한 컵을 내밀면서 너희는 나한테 설탕 한 컵쯤은 꾸어 줄 수 있겠지 하며 알의 마지막 부탁을 읽어 주었다. 그리고 알에게 설탕 한 컵을 줄 수 있는 친구들은 한 번 손들어 보자 했더니 많은 어린이들이 알에게 설탕을 주겠다고 반응을 하였으며 한 어린이는 늑대가 자기를 잡아 먹을까봐 주지 않겠다고 이야기하였다.

③ 최초의 반응 사로잡기

어린이들에게 이야기를 다 읽어 준 후에 연구자는 늑대가 들려주는 아기돼지 삼형제 이야기에 대해 개인적으로 느끼고 생각한 것들을 자유롭게 반응 일지에 쓰라고 하였다. 그런데 반 어린이들이 지속적으로 반응일지를 써 오지 않았고 반응 일지에 무엇을 쓰는지 잘 몰라서 연구자가 미리 준비한 반응일지 양식을 나누어주고 이야기를 읽으면서 무슨 생각이 들었는가, 이야기에서 가장 인상깊었던 부분, 이야기와 비슷한 경험을 한 적이 있는지, 이 이야기 다음에 어떤 일이 벌어질 것인지, 등장인물에 대한 자기 생각, 이야기에서 이해가 안가거나 궁금한 점을 적어보도록 하였다. 그러자 몇몇 아이들은 자기가 쓸 것에 대해 써도 되는지 질문하기도 하였다. 반응일지를 다 쓴 어린이들은 친구의 글을 읽고 상호 평가를 하도록 하였다.

『늑대가 들려주는 아기돼지 삼형제』이야기를 듣고 쓴 한 어린이의 반응일지와 친구와의 상호평가를 살펴보면 다음과 같다.

> 김영경 - 이 이야기는 늑대가 착한 일을 한 것도 아니고 나쁜 일을 한 것도 아닌 것 같다. 보통 아기돼지 삼형제에서는 늑대가 배가 고파서 아기돼지 삼형제를 잡아먹으려고 하려다가 결국 못 잡아먹는데 이 이야기는 늑대의 할머니가 생신이어서 케이크를 만들려고 설탕을 빌리려다가 우연으로, 그렇다고 늑대 할머니의 잘못도 아니다. 우연으로 아기돼지 첫째와 둘째를 먹었다. 물론 첫째 아기돼지와 둘째 아기돼지가 늑대가 설탕을 빌리러 왔는데 쌀쌀맞게 굴었기 때문에 하느님께서 벌을 내렸을 수도 있고. 이 이야기에서는 늑대가 감기에 걸려서 크게 재채기를 해서 첫째 돼지와 둘째 돼지의 집이 부서졌긴 하지만. 셋째 돼지네 가서도 재채기가 나오려고 한 것을 막내 돼지의 집이 부서질까봐 재채기를 틀어막았는데 막내 돼지가 할머니 욕을 하는 바람에 집을 후 불려고 하는 순간 경찰이 와서 늑대가 잡혀간 것이다. 그래서 신문에도 크게 글씨가 난 것이야.
> 늑대는 아기돼지 삼형제 이야기는 다 거짓말이라고 하는데 내 생각은 사실 늑대가 나쁜데 착하게 보이려고 나에게 거짓말을 하는 것 같아. 그러니까 쉽게 말하면 난 아기돼지 삼형제 이야기를 믿어.
> 상호평가 - 그래 늑대가 거짓말을 하는 것 같기도 해.

반응일지 상호 평가가 끝난 어린이들은 늑대가 들려주는 아기돼지 삼형제 이야기에 대하여 대화하거나 토의해 보도록 하였다. 어린이들의 토의 내용을 살펴보면 다음과 같다.

> 기호 : 이 이야기에 대해 얘기해 볼까?
> 모둠 어린이들 : 응.

기호 : 이 이야기에 나오는 늑대의 성격은 어떠한 것 같니?

혜인 : 할머니의 케이크를 만들려고 하는 것 보니 착한 것 같다.

강빈 : 두 마리 돼지를 모두 혼자 먹어 먹보인 것 같다.

은비 : 어리석다. 할머니를 위해 돼지 케이크를 만들 수 있었는데 두 마리의 돼지를 모두
　　　 먹어 감옥에 갇혔으니까 욕심이 많고 어리석은 것 같다.

현지 : 은비처럼 어리석다고 생각해.

상은 : 친구들의 의견이 모두 맞는 것 같아.

기호 : 알이 주장하는 것처럼 정말 억울한 누명을 쓴 것일까?

상은 : 난 이 이야기가 진짜인 것 같아.

기호 : 나도 상은이의 말에 동의해. 교도소에 있으면서도 얼마나 억울했으면 진짜 이야기를
　　　 들려주려고 하겠어.

은비 : 설탕만 구해서 케이크를 만들면 되었는데 돼지까지 잡아먹은 걸로 봐서 억울한 누명
　　　 을 쓴 것 같지 않아.

기호 : 난 이 이야기는 신문사의 신문을 더 많이 팔게 하려고 특종을 만들기 위해 이야기를
　　　 꾸민 것 같아. 신문기자들이 늑대에게 누명을 씌운 것 같아.

기호 : 다른 사람은 어떻게 생각하니?

모둠 친구들 : ……

기호 : 이 전에 읽었던 늑대와 알은 어떻게 다르니?

강빈 : 아기돼지를 삼형제를 일부러 잡아먹으려 했던 이야기에서 늑대는 나쁘고 일부러 잡
　　　 아먹지 않으려 했던 지금 이야기에서는 착한 것 같아.

혜인 : 나도 강빈이와 같은 생각이야.

은비 : 나는 이 이야기에서 알은 할머니를 위한 마음으로 일이 이렇게 된 것 같아. 그리고
　　　 다른 이야기에서는 배고파서 아기돼지를 먹은 것 같아.

상은 : 나도 은비랑 같은 생각이야. 처음엔 늑대가 배고파서 잡아먹는 줄 알았는데 들어보니
　　　 까 할머니 케이크를 만들 설탕 한 컵 때문에 이런 일이 생긴 것 같아.

현지 : 나도 이 이야기에선 늑대의 성격이 좀 달라진 것 같아.

기호 : 알과 같이 비슷한 경험을 한 적이 있니? 그 때 기분은 어땠니?

상은 : 유치원 때 친구에게 연필을 빌려달라고 했는데 친구가 화를 내서 기분이 안 좋았어.

강빈 : 1학년 때 친구한테 뭐를 빌려줘서 친구한테 달라고 하니까 친구가 짜증을 내서 그
　　　 친구랑 사이가 좋지 않았어.

기호 : 어느 책을 동생이나 친구에게 추천하고 싶니? 그 이유를 이야기해 줄래?

현지 : 색다른 이야기인 늑대가 들려주는 아기돼지 삼형제를 들려주고 싶어.

강빈 : 나는 이건 욕도 나오고 싸우고 그래서 이런 것은 어린 동생에겐 좋은 것 같지 않아.
　　　 그래서 어린 동생에겐 아기돼지 삼형제를 들려주고 싶어. 이런 이야기는 큰 다음에
　　　 읽으면 좋을 것 같아.

상은 : 물론 강빈이가 말한 대로 토끼, 쥐꼬리 무서운 것이 나오지만 동생에게 늑대가 들려
　　　 주는 이야기를 추천해 주고 싶어.

혜인 : 나는 이 새로운 이야기를 추천해 주고 싶어. 아직 내 친구는 이 이야기를 읽지 못했거든.

은비 : 나도 새로운 이야기를 동생에게 들려주고 싶어. 동생도 진실이 담긴 이야기를 좋아할
　　　 것 같아.

토의를 통해 어린이들이 이야기에 대한 친구의 생각을 들을 수 있게 하였으며 토의에서
중요한 것은 이야기에 대한 친구들의 생각이 옳고 그름을 판정하는 것이 아니라 친구의
반응을 존중해 주는 것이라 이야기해 주었다. 모든 친구의 생각이 다같이 존중할 만할 가치
가 있다는 것을 강조했으며 다만 어린이들이 이야기에 대한 잘못된 이해나 편견으로 인해
부적절한 반응을 보일 때는 다른 생각을 가진 친구들의 의견을 들어보게 하여 스스로 잘못
된 반응을 걸러낼 수 있도록 도와주도록 하였다.

④ 이야기 바꿔 쓰기 계획하기

먼저 이야기 바꿔 쓰기에 대한 아이디어 생성하기 및 목표확인에서는 지난 시간에 읽었
던 늑대가 들려주는 아기돼지 삼형제가 전에 읽었던 이야기와 어떤 점이 달라졌는가 이야
기해 보았다. 어린이들은 아기돼지 삼형제의 엄마가 나오지 않고 대신 늑대 할머니, 경찰
등 새로운 인물이 등장한다는 것을 찾아내었으며 나오는 등장 인물인 늑대와 돼지들의 성
격 변화를 찾아냈다. 또한 새로운 사건으로 늑대가 감기에 걸렸으며 할머니 생신이라 생일
케이크를 만들 때 필요한 설탕 한 컵을 얻으러 돼지네 집에 찾아간다는 것을 이해하고 있었
다. 그리고 이야기가 전개되는 장소와 때가 달라진 것도 찾아내었다. 이야기를 들려주는 사
람에 대해서는 아기돼지 삼형제의 경우 찾기 어려워했지만 늑대가 들려주는 아기돼지 삼형
제 이야기에서는 들려주는 인물이 늑대임을 쉽게 알고 있었으며 들려주는 인물에 따라 이
야기가 바뀌어 짐을 이해하고 있었다.

그런 다음 이번 시간에는 잘 알고 있는 이야기를 새롭게 바꿔 쓰기를 한다고 설명해 주
었다.

생각 꺼내기 및 생각 묶기에서는 어떤 이야기를 바꿔 쓸 것인지를 스스로 정한 다음 그
이야기에 등장하는 인물, 사건, 배경에 대해 떠올리고 어떤 부분을 바꿔 쓸 것인지 이야기
바꿔 쓰기에 대한 아이디어를 생각그물로 만들어 보도록 하였다.

어린이들이 선택한 이야기로는 아기돼지 삼형제, 빨간 모자, 토끼와 거북이, 인어공주,
피터팬, 걸리버 이야기, 나무꾼과 선녀, 콩쥐 팥쥐, 백설공주, 잭과 콩나무, 신데렐라, 흥부

와 놀부 이야기였다. 그리고 이것 외에 교사와 함께 읽었던 창작동화 누가 내 머리에 똥 쌌어를 선택한 어린이도 있었다.

이야기 바꿔 쓰기에 대한 아이디어를 생각 그물로 만들 때에는 새로운 등장인물, 이야기의 사건, 이야기의 배경이 되는 장소와 때, 누가 이 이야기를 들려줄 것인가를 간단하게 표현하도록 하였다.

⑤ 이야기 바꿔 쓰기

그런 다음 짧은 시간 동안 이야기 바꿔 쓰기에 대한 얼른 쓰기를 하도록 하였다. 초고 쓰기 글은 완성된 것이 아니고 친구와의 협의를 통해 고쳐질 것이니까 얼른 쓰기로 글의 흐름을 이해할 수 있도록 간단하게 써 보도록 하였다. 하지만 몇몇 어린이들은 지나치게 많은 양의 글을 쓰느라 무척 힘들어하였다. 백설 공주 이야기를 바꿔 쓴 한 어린이의 초고 쓰기를 살펴보면 다음과 같다.

안녕, 우린 일곱 난쟁이들이야, 난 박사고... 우리가 어느 날 일을 하고 돌아와 보니 예쁜 여자아이가 누워 있는 거야. 그 여자아이는 우리 소리에 깼어. "아 - 함, 누구세요?" "우린 일곱 난쟁이들이에요. 이 집주인이죠." 우린 집에 들어오는데 깜짝 놀랄 일이 있었어.

집이 난장판이 되어 있었지. 우린 보기 보단 깔끔한 사람들이야. 더러운 것을 보면 못 참지. 그래서 우리가 일하고 나서 집에 돌아와 또 힘든 청소를 해야지. 그리고 우린 나갈 때 꼭 충고를 하지. 낯선 사람이 많으니 절대 문열어 주지 말라고…

그러던 어느 날 왕비가 늙은 딸기 장수로 변장해 난쟁이와 여자아이가 있는 숲 속 오두막으로 가 독딸기를 만들어 여자아이에게 판 거야. 늙은 딸기 장수로 변장한 왕비는 늙은 목소리로 "지금 먹지 그래유." 그랬더니 여자아이가 좀 이따 먹는다고 했지. 꼭 혼자 먹으라고 말을 한 뒤 왕비는 갔어. 공주는 우리가 오면 주려고 딸기 파이를 만들 참이었지. 하지만 여자아이는 딸기를 싫어했어. 그래도 그 딸기가 너무 너무 맛있게 보여 먹었더니 여자아이가 그만 죽어 버렸어. 우린 너무 슬펐지.

그런데 몇 년이 흐른 뒤 우리 집 앞마당에 커다랗고 예쁜 꽃이 폈지. 그 순간 꽃이 반짝거리더니 그 여자아이가 나온 거야. 하늘 나라에 천사들과 하나님이 이 여자아이는 다시 난쟁이들과 살고 싶어해 그 소원을 들어준 거였어.

왕비는 어떻게 되었냐구? 가던 길에 호수에 그만 빠져 버려 죽었어. 그리고 우리는 그 여자아이에게 물어 너는 어디서 살았냐고 물었더니 글쎄 공주라고 말하는 거야. 새엄마가 날 죽이려고 해 이리로 왔다고 하는 거야. 우리는 이제 넌 위험하지 않을 거라고 안심시키고 성으로 돌려보냈지. 그리고 결혼을 했다는 소식에 편지 한 통을 받아 행복하게 살고 있대. 우린 지금 이렇게 늙은이가 되었지만 젊음이란 참 좋은 거지. 난 알았어. 이 못된 왕비처럼 살면 꼭 안

인영이는 초고 쓰기에서 난쟁이가 나이가 들어 옛날 일을 떠올리며 백설공주와 자신들에게 있었던 이야기를 들려주는 형식의 백설공주 이야기를 썼다. 따라서 이야기의 시작이 일곱 난쟁이와 백설 공주가 만나는 장면에서 시작되고 있다. 그리하여 원작에 등장하는 인물 중 사냥꾼, 백설공주 엄마, 백설공주 아빠 등은 바꿔 쓴 이야기에서는 등장하지 않았고 원작에서는 새 왕비가 몇 번의 실패 끝에 독이 든 사과로 백설 공주를 찾아가 위험에 빠뜨리게 하는데 인영이의 글에서는 독이 든 딸기로 바뀌었으며 공주가 딸기를 산 것도 일곱 난쟁이들에게 딸기 파이를 만들어 주기 위해 필요했기 때문인 것으로 되어있다. 새로운 사건을 쓸 때에도 합리적인 이유로 왜 백설 공주가 난쟁이들의 주의에도 불구하고 낯선 사람에게서 독이 든 딸기를 샀는가를 잘 설명해주고 있음을 알 수 있다. 물론 인영이의 글을 읽어보면 글의 흐름이 매끄럽지 않고 어색한 부분도 있으나 이야기 바꿔 쓰기에서 인영이 나름대로 새로운 백설공주 이야기를 구성하고 있음을 보여주고 있다.

여섯 명이 되면 어린이들은 돌려읽기를 통해 다른 사람의 작품을 보고 반응할 수 있는 기회를 가지게 하였다. 이 과정을 통해 어린이들은 필자 중심에서 독자 중심으로 전환을 하게 되는데 우선 돌려읽기에 대한 안내를 교사가 설명해 주었으며 각 모둠별로 돌아다니며 돌려읽기에 같이 참여하여 칭찬과 제안을 해주었다. 돌려읽기에 대한 모둠별 협의 내용을 보면 다음과 같다.

인영이가 바꿔 쓴 이야기에 대해 모둠 어린이들과 돌려읽기를 한 과정을 살펴보면 다음과 같다.

인영 : (글을 읽는다)
은비 : 난쟁이가 들려주는 백설공주 이야기네. 재밌다.
인기 : 꽃 속에서 공주가 나온 것이 재밌어.
기호 : 왕비가 이번엔 딸기장수로 나오고 있네.
휘진 : 공주가 난쟁이들을 위해 딸기 파이를 만든 다는 것이 좋은 것 같아.
인영 : 내 이야기에서 고쳐야 할 부분은 뭐니?
기호 : 왕비가 죽는 장면에 대해 좀 더 자세히 쓰면 좋을 것 같아.
인기 : 난 젊음이란 좋은 거지. 이 부분이 잘 이해가 안돼.
현진 : 나도 마찬가지야.
은비 : 공주가 일곱 난쟁이들을 만난 다음 일곱 난쟁이들이 집이 엉망이라고 한 부분이 좀
　　　어색한 것 같아.
교사 : 선생님이 보기에 인영이가 글을 잘 썼는데 지금 친구들이 말한 부분을 좀 더 고쳐

보면 좋을 것 같구나. 그리고 새엄마가 죽이려고 해서 다시 난쟁이들에게로 왔다는 부분은 없애도 좋을 것 같아. 그리고 왕자가 공주를 어떻게 만나는 가도 이야기 속에 넣으면 좋을 것 같다.

인영이의 초고 쓰기 글을 듣고 모둠 어린이들은 칭찬과 고쳐야 할 부분에 대해 서로 이야기해 주었으며 이해가 되지 않는 부분에 대해서도 좀더 자세히 쓰면 좋겠다는 의견을 말하였다. 인영이는 친구들과의 협의가 끝난 후 자신의 글을 읽어가면서 문단의 순서를 바꾸기도 하고 필요 없는 부분은 표시를 하였다. 또한 이야기에서 자세한 설명이 필요한 부분은 더 보충해 쓰기도 하였다. 고쳐 쓴 인영이의 글을 살펴보면 다음과 같다.

우리는 일곱 난쟁이야. 어느 날 우리가 일을 하고 돌아와 보니 예쁜 여자아이가 자고 있는 거야. 우리 소리에 그 아이가 깼어. "아 함- 앗! 누구세요?" "우린 이 집에 사는 일곱 난쟁이들이에요."라고 말을 했지.

우린 그 날 백설공주의 이야기를 들었어. 그리고 백설공주랑 같이 살게 되었지. 우린 일하러 나갈 때마다 백설공주에게 낯선 사람이 오면 절대 문을 열어 주지 말라고 했어. 왕비가 다시 찾아올지 모르니까.

그러던 어느 날 못된 왕비가 늙은 딸기 장수로 변장해 딸기에 독을 뿌려 공주에게 팔려했지. 공주는 할머니니까 괜찮은 줄 알고 그 딸기를 샀어. 마침 공주는 우리를 위해 딸기 파이를 만들 참이었지. 공주는 딸기를 별로 좋아하지 않았어. 그래도 딸기가 너무 맛있게 보여 하나를 먹었더니 그만 죽고 말았어. 흑흑- 우리는 정말 슬펐지.

시간이 흐른 뒤 우리 집 앞마당에는 커다랗고 예쁜 꽃이 폈지. 마치 아름다운 백설공주처럼. 그런데 갑자기 놀라운 일이 일어났어. 꽃이 피더니 그 속에서 백설공주가 나왔어. 그 꽃은 무슨 꽃이었냐면 바로 백설공주의 하얀 피부색을 닮은 목련이었어. 그래서 우리는 너무 기뻐했지.

어느 날 왕자가 숲 속을 지나다가 하얗게 핀 목련을 보고 우리 집을 찾아오게 되었어. 왕자는 공주를 자기가 사는 성으로 데리고 갔어. 얼마 안 있어 우리는 백설공주가 결혼한다는 편지한 통을 받았어. 우리 모두 결혼식에 참석해 공주를 축하해 주었지. 그리고 공주는 행복하게 살았어.

그런데 나쁜 왕비는 어떻게 되었냐구? 공주가 죽는 걸 몰래 지켜보았던 왕비는 성으로 돌아가는 길에 숲 속 늪에 빠져 죽고 말았어. 우리가 숲 속 늪 위에 풀을 살짝 얹어 놓았었거든.

우린 지금 이렇게 늙었지만 공주를 생각하면 언제나 기분이 좋아.

인영이가 고쳐 쓴 글을 보면 돌려읽기에서 친구들이 말한 부분에 대하여 보충, 삭제하였고 이야기의 순서를 바꿔 고쳐 썼음을 알 수 있다. 처음에 초고 쓰기 했던 글보다 이야기의 흐름이 자연스럽고 재미있는 것을 볼 수 있으며 인영이 스스로도 자기 글에 대해 만족하였다.

⑥ 평가

　이야기 바꿔 쓰기를 완성한 다음 모둠별로 친구의 글을 읽고 평가해 주도록 하였다. 또한 모둠 활동이 끝난 다음에는 학급 전체가 몇 편의 이야기를 듣고 바꿔 쓴 이야기에 대하여 토의를 하였다.

　어린이들은 친구들이 바꿔 쓴 이야기를 들으면서 원래의 이야기를 어떻게 바꾸어 썼는가를 잘 이해하고 있었으며 친구들의 글을 듣고 재미있어 했다. 또한 돌려읽기를 통해 고쳐진 친구의 글을 듣고 초고 쓰기 했던 글보다 이야기가 더욱 실감나고 재밌어졌다고 하였으며 글을 여러 번 고쳐 쓰니까 글이 더 좋아졌고 글이 더 좋아지는 방법을 알게 되었다고 말하였다. 하지만 몇몇 어린이들은 이야기 고쳐 쓰기가 힘들었다고 하였다.

　어린이들이 바꿔 쓴 이야기를 살펴보면 이야기 바꿔 쓰기에 대한 아이디어 생성하기에서 살펴보았던 『늑대가 들려주는 아기돼지 삼형제』의 이야기의 구조와 아이디어를 이용했음을 알 수 있다. 새로운 인물의 등장, 원래 이야기속 인물의 삭제, 인물들의 성격 변화, 새로운 사건의 추가, 달라진 이야기의 배경, 이야기를 들려주는 화자에 따라 이야기를 바꿔 썼음을 살펴 볼 수 있었다. 패러디 동화 읽기를 통한 작품의 이해 및 감상활동이 창작 활동에 도움이 되고 있음을 알 수 있었다.

참고문헌

데이비드 와이즈너(2002), 『아기돼지 세 마리』, 이옥용 역, 마루벌.

로버트 문치(1998), 『종이봉지공주』, 김태희 역, 비룡소.

린다 허치언(1998), 『패러디 이론』, 김상구 역, 문예출판사.

에예니오스 트리비자스(2001), 『아기늑대 삼형제와 못된 돼지』, 조은수 역, 웅진닷컴.

이준덕 외(1997), 『도서를 이용한 어린이 도덕교육』, 다음세대.

존 세스카 (1996a), 『늑대가 들려주는 아기 돼지 삼형제 이야기』, 황의방 역, 보림.

_________ (1996b), 『개구리 왕자 그 뒷이야기』, 엄혜숙 역, 보림.

프레데릭 스테르(1999), 『아기돼지 세자매』, 최윤정 역, 파랑새 어린이.

후베르트 쉬르넥(2001), 『백설공주는 정말 행복했을까』, 유혜자 역, 아이세움.

Nicholajeva, M.(1998), 『용의 아이들』, 김서정 역, 문학과 지성사.

Waugh, p(1989), 『메타픽션: 포스트모더니즘 문학이론』, 김상구 역, 열음사.

곽향림(1997), 「아동문학에서의 패러디의 교육적 활용」, 중앙교육학회.

김상구(1993), 「문학·예술 이론으로서의 패러디의 심미성」, 한국논단.

서정오(2001), 「옛이야기 어떻게 이어받을 것인가」, 어린이문학 2002년 1월호, 한국어린이문학협의회.

선주원(2001), 「패러디를 활용한 허구적 글쓰기 교육」, 한국교원대학교 한국어문교육연구소.

이경화(2003), 「언어적 창의성 신장을 위한 국어과 교수 학습의 이해」, 전라북도 교육청 국어과 자생연구
    회 세미나 특강 자료집.

이인제 외(1997), 「제7차 국어과 교육과정 개발연구 보고 CR97-23」, 한국교육개발원.

이재승(2002), 「국어과 언어 활동과 창의성 증진」, 창의성개발증진 세미나 자료집.

조영주(2002), 「협동학습을 통한 뒷이야기 상상하여 쓰기 지도 방안 연구」, 한국교원대학교대학원, 석사
    학위논문.

현은자 (1998), 「성경적 관점으로 조망한 전래동화」, 생활과학 1호, 성균관대학교 생활과학 연구소.

_____ (1999), 「포스트모더니즘 그림책에 대한 기독교적 조망」, 성균관대학교 생활과학 연구소.

Geller, L(1982), *A verbal gold mine · Parody play in the classroom*, Childhood Educational.

Nesbit, E(1980), *The Last of the dragons*, New York: McGraw-Hill.

Stott(1990), *Conversation and parody in children's stories,* Children's literature in Education.

2부

1장 동화구연의 이론과 실제

오랜 옛날 문자가 없던 사람들은 입에서 입으로 아름다운 이야기를 전해 주었다. 그러다가 문자가 생기면서 이야기들을 기록하여 남기게 되고 그 기록은 세대를 거쳐오며 많은 변화를 가져왔다. 구연도 이와 같은 변화를 거치며 발전되어 왔는데, 이러한 변화 속에서 동화구연의 개념과 모습이 다양화되었다.

동화구연은 동서양이 각각 유구한 역사를 배경으로 일찍부터 이루어져 지금에 이르고 있다. 오늘날 다양한 매체의 등장에도 불구하고 동화구연은 비디오 같은 기기들이 담당할 수 없는 재미와 맛을 지니기 때문에 변형되어 다시 살아나고 있는 것으로 보인다.

문학 체험은 어린이가 문학 작품을 읽거나 들으면서 개인적으로 몰입하여 향유하는 것이 중요하다. 어린이들에게 듣는 동화가 읽는 동화보다 더 흥미롭고 감동적이며, 이야기의 내용과 주제도 오랫동안 마음속에 간직되는 것은 동화구연을 통한 듣기 활동이 문학교육의 일차적인 방법이 되어야 함을 말해준다.

동화구연이라는 용어는 문학 장르라기보다는 전달 방식에 따른 구분으로 오늘날 어린이들에게 문학을 소개하거나 전달하는 효과적인 방법중의 하나이다. 동화구연은 크게 읽어주기와 이야기해주기로 나눌 수 있다.

1. 동화구연의 이론적 기반

가. 동화구연의 개념

어린이문학에서 동화의 장르를 구분할 때나 어린이문학 전달 방법을 논의할 때 동화구연은 빠지지 않는다. 기존의 동화구연의 개념 정의에서는 동화구연을 단순하게 할머니 할아버지들이 들려주는 옛날 이야기 듣기 정도로 생각했다. 또한 대상은 유치원까지의 어린이만을 생각했으며, 가정에서만 이루어지는 것이라고 생각하였다.

동화구연은 사전적으로 '어린이들을 상대로 책이나 연극 따위에 의하지 않고 입으로 사연을 베푸는 동화', 국어학적으로 '음성언어를 통하여 귀로 듣는 청취 위주의 말로 듣는 동화', 아동 문학적으로 '아동의 가능의 세계를 말로써 문학이 지닌 예술과 감정을 불러 일으켜 환상의 세계를 안겨 주는 것'으로 풀이한다.

동화구연의 개념을 근원에서부터 살펴보기 위해서는 먼저 연행(Performance; 演行)에 대해 알아야 할 것이다. 연행(Performance; 演行)은 국어사전에 "① 배우가 연기를 하는 것 ② 연출하여 행하는 것"이라고 나와 있는데, 문학에서의 연행은 "문학적 능력이 일정한 상황 속에서 구체적인 문학작품으로 말과 행위를 통해 즉흥적으로 표현되는 것"을 뜻한다. 쉽게 설명하면 문학 작품 내용을 말과 행위로 표현하는 것이라고 할 수 있다.

연행은 말, 행위, 노래 중 주된 수행 요소가 어떤 것이냐에 따라 구연(口演), 행연(行演), 악연(樂演)으로 분류된다[1].

구연(oral performance ; 口演)[2]은 입으로 연기하는 것을 뜻하는 '구술 연행(口述 演行)'의 줄임말로 볼 수 있다. 즉, 구술적 차원의 연행으로, 얼굴 표정과 약간의 제스처를 곁들여 말의 고저·강약·장단·완급·단속(斷續)을 조절하고, 음색과 휴지를 적절하게 활용하여 말의 의미를 극화하는 것이다. 이와 같은 구연은 이야기를 해줄 때뿐만 아니라, 그림책을 읽어주거나 인형극 등을 할 때도 필요한 것으로 문학을 전달하는 기본적인 방법이다(박선희·이송은, 1997:36).

행연(actual performance ; 行演)은 행위적 차원의 연행으로, 표정·손짓·발짓·몸의 이동을 적절히 구사하여 연행자의 느낌과 생각을 형상화하여 전달한다. 악연(melodic performance ; 樂演)은 말과 전혀 상관없는 노래에 의한 연행으로, 인간의 발음 기관에서 만들어내는 소리의 곡조와 장단을 적절히 구사하여 연행자의 느낌과 생각을 형상화하여 전달하는 연행이다. 행연(行演)과 악연(樂演)은 구연만큼 구체적이지는 못하지만 구연만큼 또는 구연 이상

---

1) 문학성을 기준으로 문학적 연행과 비문학적 연행으로 분류할 수 있다. 문학적 연행은 문학성을 가진 말을 의사소통의 수단으로 하는 것이다. 그러므로 말을 의사 소통의 수단으로 하지만 문학성이 없는 간단한 인사말은 문학적 연행에서 제외된다. 비문학적 연행은 말을 필요로 하지 않는 무용과 같은 것이다.
또 연행 주체에 따라 다른 사람에 의한 연행과 어린이들 스스로에 의한 연행 두 가지로 나눌 수 있다.
2) 구연(口演)을 영어로 나타낼 때 Oral Narration이 가장 일반적으로 쓰이고 있으며, Oral Performance는 이지호(2001:81)가 연행으로서의 구연을 논하면서 쓰고 있다.

의 의사 소통적 효과를 창출하기도 한다.

연행의 관점에서 살펴본 것처럼 동화구연은 문자가 아닌 음성에 의해, 즉 스스로 읽는 방법이 아닌 다른 사람이 들려주는 방법으로 동화를 감상한다는 것이다. 이때 들려주는 사람은 음성의 변화, 몸짓, 표정을 사용하고, 음악, 완구, 그림 등의 소품을 사용할 수도 있다. 즉, 동화구연이라 함은 동화를 말의 구연(口演)과 최소한의 행연(行演)의 방법으로 전달하는 것을 말한다. 이상의 논의를 종합해서 동화구연의 개념을 정리해 보면 "동화구연은 동화 속의 재미있고 유익한 이야기를 목소리 연기(구연)와 얼굴 표정, 몸짓(최소한의 행연)을 통해 감동있게 전달하는 행위"라고 할 수 있다.

동화구연의 개념에 덧붙여 고찰해 보아야 할 것은 동화구연과 구연동화의 구분이다. 독서문학과 연행문학이 실현, 향수 방식, 또는 장르 수행 방식에 따라 나누어지는 것처럼 동화구연은 전달 방법에 따라 문장동화와 구연동화로 구분되는 문학 중의 하나이다. 이 둘을 혼용하여 쓰고 있는데, 동화구연이든 구연 동화이든 귀로 듣는 동화임은 틀림없다. '동화구연'은 동화를 연기 형식으로 옮기는 과정의 행위 그 자체를 말하며 청자를 상대로 해서 들려주는 동화이고, '구연동화'는 입체적 연기로 연출되는 형식, 즉 구연하기 위해 쓰여진 동화나 대본 자체를 말하는 것이다. 또한, 구연동화라는 용어는 동화를 전달하는 방법적인 측면에서 구분할 때 '문장동화'와 대립되는 용어로써 사용된다.

나. 동화구연의 범주

지금까지의 동화구연의 개념은 이야기하기(이야기해주기)에 한정되어 왔지만, 앞서 살펴본 것처럼 동화구연에는 읽어주기도 포함되어야 한다. 동화구연이 재미있고 유익한 이야기를 목소리 연기와 얼굴 표정, 몸짓을 통해 전달하는 것이라면 반드시 이야기를 외워서 책을 보지 않고 들려주는 것만 가능한 것은 아니기 때문이다. 그림책이나 동화책을 읽어줄 때 얼굴 표정과 몸짓에 약간의 제약은 받겠지만, 목소리 연기와 얼굴 표정, 약간의 몸짓을 충분히 할 수 있다. 이지호(2001:82)[3]가 문학적 연행의 제1의 장르를 읽어주기와 이야기하기, 낭송하기로 구분한 것을 보면 더 설득력 있음을 알 수 있다. 이 중 낭송하기는 동시에 해당하고 읽어주기와 이야기하기가 동화와 관련되기 때문에 동화구연은 읽어주기와 이야기해주기라고 할 수 있다.

이외에도 동화구연에 읽어주기를 포함해야 하는 여러 이유들이 있다. 문자로 된 이야기 텍스트가 많이 보급되지 못했던 예전에는 주로 이야기해주기에 의한 구연이 이루어졌지만, 현대는 언어 문화 체험 양상이 활자화된 인쇄 텍스트에 의해 이루어지고 어린이들의 생활 속에 어린이 책이 풍부하게 들어 있기 때문이다. 또한 핵가족화와 어머니들의 사회 진출에 의해 이야기해주기보다는 읽어주기 양상이 더 많이 드러나고 있다. 그리고 교육 현장에서도 전문성과 준비에 많은 시간과 노력이 필요한 이야기해주기에 비해 전문성이 덜 필요하고 손쉽게 접근할 수 있는 책 읽어주기가 편리하기 때문이다. 한희정(2001:47)은 다양한 전달 매체와 수용 양상에 따른 직접 전달방식이 이야기해주기와 읽어주기라고 했는데, 직접 전달 방식이야말로 구연의 가장 큰 특징 중의 하나인 면대면 상황을 가장 잘 드러내주기 때문이 기도 하다.

1) 읽어주기

① 읽어주기의 개념

읽어주기(Reading Aroud)[4]는 말 그대로 연행자가 피연행자에게 글을 읽어서 들려주는 것이다. 동화구연에서의 읽어주기는 읽기의 일종이면서 말하기를 지향하는 것이다. 글을 읽어줄 때 목소리 연기를 하여 말하기처럼 하는 것이다. 이지호(2001:94)는 읽어주기가 글의

문학적 연행의 장르

	제1의 장르 (말의 구연 + 최소한의 행연)
	▶읽어주기　　▶이야기하기　　▶낭송하기
문학적 연행	제2의 장르 (말노래의 구연 + 행연)
	▶말노래하기(민요)
	제3의 장르 (구연 + 행연)
	▶연극　▶판소리　▶탈춤
	제4의 장르 (구연 + 악연)
	▶소리 노래하기　(정악, 노래)

3)

4) ・읽어주기와 변별되는 읽기로는 '소리내어 읽기'(reading aroud to himself/herself)와 '속으로 읽기'(reading silently) 가 있다. 소리내어 읽기는 듣는 사람이 바로 자기 자신이라는 점에서 읽어주기와 다르고, 속으로 읽기는 전혀 소리를 내지 않고 읽는다는 점에서 소리내어 읽기와 다르다.
・읽어주기는 낭독, 소리내어 읽기는 음독, 속으로 읽기는 묵독으로 사용하기도 하는데, 특성을 더 명확히 하기 위해서는 낭독보다는 읽어주기 용어가 더 적절한 것으로 생각된다.
・읽어주기에는 크게 두 가지가 있다. 심미적 체험을 하도록 읽어주는 것과 정보를 얻도록 정보에 관한 책을 읽어주는 것이다. 동화구연으로서의 읽어주기에는 정보에 관한 읽어주기가 제외된다.

표현을 말의 표현으로 바꾸거나 어투를 가다듬는 것이 불가능하고, 표정과 동작과 같은 행연이 거의 의미를 가지지 못한다고 정의한다. 그러나 대부분의 논의들에서는 읽어주기를 연행자가 그림책이나 그림이 없는 동화책을 표정과 음성적 변화를 사용하여 생동감 있게 읽어주는 개념으로 정의하고 있다. 실제 읽어주기 현장에서도 등장인물의 성격과 상황에 맞게 음성과 얼굴 표정을 변화시키고 어투나 내용도 약간씩 달리하여 읽어주는 것이 허용되고 있다. 이야기해주기와 마찬가지로 읽어주기도 등장 인물의 성격에 따른 목소리 설정, 이야기 전개에 따른 얼굴 표정과 약간의 몸짓, 또한 각 단어의 의미나 문맥의 상황을 살리기 위한 목소리의 변화는 매우 효과적이다.

동화구연으로서의 읽어주기는 아주 오래 전부터 가정과 유아교육현장에서 어린이들에게 동화를 전달하기 위해 활용하던 방법이다. 그런데 불행하게도 학부모나 교사들은 단지 어린이들 스스로 책을 읽을 수 있을 때까지만 읽어 줄 필요가 있다고 생각해서 초등학교 이상의 어린이들에게 책을 읽어주지 않는다. 그러나 읽어주기는 단지 글자만을 읽는 것이 아니기 때문에 초등학교 이상의 어린이들에게도 중요한 활동이 된다. 글자를 읽을 수 있지만 목소리 연기를 통해 면대면 상황에서 정서적 유대를 갖고 이야기를 듣는다면 훨씬 더 많은 문학적 감동과 책에 대한 흥미를 배가시킬 수 있을 것이다.

② 읽어주기의 가치

많은 사람들이 읽어주기를 언어 습득과 문학 체험 두 가지 면에서 강조하고 있다. 그래서인지 우리나라보다 미국의 경우 읽어주기가 훨씬 보편화되어 있고, 매우 중요하게 이루어지고 있다. 아마 한글과 영어의 언어 구조 차이 때문일 것이다. 특별히 음의 고저나 강약이 중요하지 않은 우리말과 달리 영어는 고저, 강약, 리듬감이 중요하기 때문에 다른 사람이 읽어주는 것을 듣는 것이 언어 습득에 매우 중요하다. 뿐만 아니라 이야기나 시 듣기(hearing)는 문학경험에 매우 좋은 방법이며, 문학 교육과정을 수행하는 가장 중요한 수단이 될 수도 있다. 심지어 학교에서 남는 수업 시간을 채우기 위해서, 또는 조용히 시키기 위해서 읽어주기를 하더라도 오히려 읽어주기 활동이 학교 일정에서 가장 생산적인 시간중의 하나가 될 수 있다. 더 구체적으로 읽어주기의 가치를 알아보면 다음과 같다.

⑴ 문학을 접하고 감상할 수 있는 기회를 제공하는 것으로 "너무 좋아서 놓칠 수 없는 책"과
어린이들이 너무 어려워서 스스로 읽기 어려운 책이나 갖기 어려운 책을 듣기를 통해

접할 수 있다.

(2) 읽어주기는 의사소통의 과정이며 사회적 과정으로 정서적 일치감과 안정감을 갖게 한다.

(3) 공유하는 경험을 통해 즐거움과 여유를 주는 경험을 한다.

(4) 책과 독서에 대한 어린이들의 흥미를 자극하여 어린이가 더 읽고 싶도록 동기화한다. 읽기에 열의를 갖게 되어 어린이들의 독서 흥미를 고조시키고 수준 높은 문학을 위한 취향을 개발시킨다. 또한 성인의 읽기와 즐거운 책읽기(reading)시범을 통해 평생 독자가 될 어린이들의 가능성을 증가시킨다.

(5) 책 속에서 삶의 모습을 보게 하며 자신과 타인에 대한 학습을 하고 어린이의 경험을 확장한다.

(6) 이야기에 대한 감수성(sense)을 개발한다.

(7) 다양한 장르와 다양한 글의 스타일로부터 다양한 언어형태를 접할 수 있게 한다. 어린이들에게 문자언어에 대한 개념, 다른 장르의 문학, 시, 이야기 구조의 요소를 소개한다. 또한 어린이들에게 문자언어의 소리를 소개하고 어린이들의 언어 발달과 어휘 확장을 통한 문식성을 획득하게 한다.

(8) 듣기 기술과 태도 및 읽기에 대한 동기를 증진하고 창의적 쓰기를 위한 구조와 동기를 제공한다.

(9) 어린이들의 일반 상식을 풍부하게 하여 지식을 확대하고 개인적 의문점에 대한 답을 제공한다.

읽어주기를 할 때 문식성과 지식 확장을 위한 부차적인 가치에 중점을 두는 읽어주기에 치중하는 것을 주의하고 문학 체험과 감동을 얻는 가운데 언어 습득이 이루어지는 읽어주기가 되도록 해야 한다.

2) 이야기해주기

① 이야기해주기의 개념

이야기해주기(Storytelling)[5]는 관행적으로 사용되는 구연이라는 용어와 대응하는 개념[6]으로 볼 수 있다. 앞서 동화구연의 개념 정의에서 살펴본 것처럼 구연에는 읽어주기와 이야기해주기가 있는데, 이야기해주기란 동화의 내용을 읽어주는 것이 아니라, 암기하고 있는 내용 혹은 내용을 암기해서 자기 스타일의 말로 전달하는 것이다. 책을 보지 않고 등장 인물의

---

[5] '이야기하기'라고 하는 경우도 있으나, 독서 지도 차원의 동화구연에 초점을 맞추면 이야기해주기라는 용어가 더 적절하다고 본다.

[6] 대부분의 사람들이 "스토리 텔링(Storytelling)"을 구연이란 용어와 똑같은 개념으로 사용하거나 혹은 "스토리 텔링(Storytelling)"을 '그림책 읽어주기'로 사용하기도 한다.

성격에 따른 목소리 설정을 하고, 각 단어의 의미나 문맥의 상황을 살리기 위해 목소리 연기를 하면서 이야기 선개에 따른 얼굴 표정과 약간의 몸짓을 곁들여 이야기를 전해주는 것이다. 목소리, 얼굴 표정 등은 이야기해주기의 기본이 된다.

이야기해주기는 개인적인 느낌을 실어 표현함으로서 이야기하는 사람과 청중과의 친밀한 의사소통을 하게 해준다. 또한 책을 보지 않고 이야기의 내용을 외워서 하기 때문에 이야기해주는 사람의 재량이 많이 발휘된다. 이야기 내용을 다 암기하고 있어야 하기 때문에 자기가 이해하고 느낀 대로 이야기해주기 쉽게 원작의 내용을 수정, 첨삭하고 외워서 하다보면 많은 부분이 개작되기도 한다.

동화의 내용을 다 암기하고 있어야 하는 부담은 있지만, 읽어주기보다 자료의 이용을 훨씬 더 쉽고 자유롭게 할 수 있다. 훌륭한 구연자는 유용한 소품을 찾아낸다. 어떤 사람들은 소품들이 청중과 구연자 사이의 친밀감을 줄인다고 믿는다. 만약 소품들을 사용한다면, 소품들이 이야기의 재미를 증진시킬 수 있도록 쓰여야 한다. 소품들을 가지고 이야기할 때는, 내가 가장 잘 이용할 수 있는 것을 찾아야 한다. 그것들은 매우 간단할 수도 있고(구렛나루, 장난감), 좀 더 복잡한 것이 될 수도 있다(마스크, 꼭두각시, 의상).

융판이나 자석, 막대동화, 인형이나 완구를 이용한 동화[7], 그림동화, 율동동화, 실물동화, 손가락 동화, TV동화, 테이블 동화, 디오라마, 그림자 동화 등 다양하게 응용할 수 있다. 물론 읽어주기를 할 때도 이렇게 응용할 수 있다. 동화의 내용을 구연자만 알아볼 수 있게 기록해서 그것을 읽어주면서 할 수도 있고, 미리 구연자가 녹음을 해서 활용할 수도 있다.

② 이야기해주기의 가치

(1) 어린이들이 좋은 문학 작품을 접할 수 있는 기회를 통해 미적인 가치관이나 예술의 세계를 맛보게 하여 미의식을 길러 주는 예술성을 함양하게 된다.
(2) 참된 인간의 성실성과 진실성, 협동심을 배우고 삶의 지혜와 더불어 생각을 깊게 하고 교양을 넓혀주는 가치관 함양 및 도의 교육이 된다. 정의와 불의를 분별하여 바른 가치관을 갖게 된다. 그리고 다른 사람들의 삶을 자세하고도 생생하게 들려줌으로써 어린이들이 그 사람들과 그들의 문화에 대해 좀더 알고자 하는 마음을 갖게 한다. 또한 아름답고 순수한 마음을 소유하게 된다.
(3) 시간과 공간에 아무런 제한을 받지 않고 이루어지는 이야기를 들음으로써 끝없는 상상력으로 미지의 세계를 경험하는 상상력이 풍부해지며 창조력을 기르게 된다.

---

7) 인형을 사용할 때는, 이야기해주는 사람이 인형을 조종하면서 인형의 말도 동시에 한다. 그림이나 물건들은 이야기가 진행되는 동안 전시 보드에 붙이면서 움직인다.

⑷ 말과 글에 관심을 갖게 되며 총체적인 언어학습과 전인교육이 된다. 이야기 해주는 것을 듣고 먼저 듣기를 배우게 되고 줄거리를 서로 이야기해 보고 다른 아동에게 이야기 해 줌으로써 말하기의 경험을 하는 언어 교육이 된다. 또한 재미있고 자연스러운 방법으로 어린이들의 지식과 어휘력을 풍부하게 하고 바른 말 고운말을 쓰게되며, 발음이 정확해 진다.

⑸ 어린이들을 열중시킬 수 있다.

이야기해주기도 읽어주기와 마찬가지로 문학교육의 본질적 목적을 무시한 채 부차적인 목적에 의해 이루어져서는 안 된다. 부차적인 가치들은 본질적 목적을 위해 이야기해주기를 함으로써 간접적으로 이루어지거나, 아니면 명시적으로 다른 목적을 위해 문학을 도구로 사용할 때임을 고려하여야 할 것이다.

다. 동화구연의 문학교육적 의의

1) 직접 전달을 통한 정서 체험

상호작용을 통하여 이야기를 듣는 활동은 직접성과 친밀감으로 인해 화자와 청자의 일체 감을 형성하고 감정 이입을 통한 다양한 정서의 체험도 가능하다. 읽어주거나 이야기해주는 이야기를 듣는 활동은 평면적인 전달과 이해가 아니라 입체적이고 역동적인 활동 그 자체 이다. 어떻게 메시지를 잘 꾸미고 어떻게 정확하게 파악하느냐보다는 말이 오가는 활동 자 체의 역동성과 적절성이 중요하며 그런 가운데 직접적인 의미의 공유와 더불어 정서 체험 이 심화된다고 할 수 있다.

2) 연행에 의한 문학 향유

듣기는 의사소통 과정의 중핵적인 부분으로서 우리의 언어 생활 가운데 가장 큰 부분을 차지하는 기능이라 할 수 있다.

어린이들은 정의적인 면과 인지적인 면에서 발달해 가는 과정에 있기 때문에 문학 향유 의 범주나 방식을 순차적으로 확장해 나가는데, 유아기의 아동들은 보기(seeing)와 듣기를 통해서 문학을 향유하고 이것이 누적되면 본 것을 재구성하여 말하거나 들은 것을 모방하여 말하는 방식으로 범주를 넓혀 나간다(이지호, 2001). 문자 언어를 습득하는 취학 전후기의 아동들은 비로소 읽기에 의한 문학 향유에 돌입하게 된다.

3) 상호작용을 통한 심미적 체험

읽기보다 듣기가 더 깊이 있고 다양한 심미적 체험을 하게 한다. 왜냐하면 김세희(2000)가 언급한 것처럼 듣기에서는 듣는 과정에 어린이들이 참여할 수 있도록 어린이들의 경험과 관련을 지어 보게 하거나, 느낌을 나누어 보는 활동, 즉 "주인공이 그때 어떤 기분이었을까?" "이 주인공에게 너는 어떤 이야기를 하고 싶니?" 등을 통해 심미적 반응을 자아내도록 유도할 수 있지만, 어린이들이 각자 다른 속도로 읽는 심미적 읽기에서는 이러한 심미적 반응을 유도하기가 힘들기 때문이다.

4) 문학에 대한 흥미와 감수성 개발

아직 혼자서는 책을 읽을 수 없어 듣는 편이 더 나은 단계의 어린이들에게 특히 해당된다. 구연자가 낭독해 주는 이야기를 들음으로써 어린이들이 혼자서는 쉽게 찾을 수 없는 문학의 세계와 만나게 되기 때문이다.

구연자가 등장인물의 성격에 적합하게 목소리에 변화를 주어 들려주면 좀 더 쉽게, 그리고 좀 더 흥미를 가지고 이야기를 향유할 수 있으며, 구연자의 감정 이입을 통하여 이야기를 들음으로써 이야기 세계에 더 깊이 빠져들게 된다. 어린이들은 이야기를 마음껏 감상하게 되고, 좀 더 읽고자 하는 욕구를 자극 받아 그 이야기뿐만 아니라, 다른 책에도 흥미를 갖게 되어 평생독자가 될 수 있다.

5) 공감대 형성을 통한 감동과 즐거움

학급 어린이들은 함께 둘러앉아 구연자가 들려주는 이야기를 들으며 즐거운 경험을 함께 나눔으로써 학급 정신과 통제력을 기를 수 있다. 학급 어린이들이 함께 이야기를 나누는 것

은 각 어린이들이 혼자서 이야기를 읽을 때 느낄 수 없는 색다른 즐거움을 가질 수 있게
하는 좋은 방법이다. 구연자가 읽어주는 이야기를 함께 들으면서 재미있는 내용에 함께 웃
고 함께 감동하는 등 공감대를 형성할 때, 어린이들은 혼자 책을 읽을 때보다 더 큰 감동과
즐거움을 얻을 수 있다. 그리고 이러한 공감대를 형성하는 과정에서 학급 어린이들은 자신
의 학급에 대한 애착과 더불어 급우들에 대한 동료의식을 고취하게 된다.

6) 비언어적 요소에 의한 풍부한 사고활동

어린이는 동화를 들으면서 들려주는 사람의 음성적 변화, 표정, 몸짓 등에 따라 그때그때
전개되는 모습과 움직임을 머릿속에 또렷하게 그릴 수 있기(최운식, 1999) 때문에 스스로
읽는 동화보다는 더 많은 체험을 할 수 있다. 구연자가 읽어주는 모든 이야기는 그것이 환
상적인 것이든, 실재하는 것이든 간에 어린이들의 사고를 풍부하게 하며 현재 학습과 관련
된 유용한 정보를 제공해 준다. 이것은 읽어주기의 가장 기본적인 목적중의 하나이다. 이러
한 이야기를 읽어나가는 과정에서 어린이들은 끊임없이 생각을 하게 되고, 이야기뿐만 아
니라 사실을 기록한 글을 들려줌으로써 문학에 대한 흥미를 증진시키고 그들에게 필요한
정보를 자연스럽게 제공해줄 수 있다.

2. 동화구연의 방법

가. 읽어주기 절차와 방법

이 활동을 성공시키는 가장 중요한 것은 구연자의 준비라고 할 수 있다. 먼저 이야기를
들을 어린이의 수, 연령, 성별, 생활, 심리, 습성, 집단의 특성 등을 미리 파악하고, 어떤 책
을 읽어줄 것인지 어떻게 읽어줄 것인지, 제한된 시간에 어느 부분에서 멈추는 것이 좋은지
에 대하여 생각해야 한다.

1) 책 선정하기

작품 들려주는 것 못지 않게, 구연자가 직접 작품을 선정하는 것이 무엇보다도 중요하다.
책을 선정할 때는 아동들이 즐길 수 있는 것, 가치 있는 것, 적당한 난이도 등을 고려해야
한다. 구연자가 좋아하는 책과 어린이들이 좋아할 거라고 생각하는 책, 좋은 삽화, 예측 가
능한 문장 양식, 그리고 큰 책[8]과 같은 이러한 기준에 기초한 좋은 어린이 책을 선택한다.
읽어주는 사람이 즐거움을 느끼지 못하는 이야기는 읽어주지 않는 것이 좋다. 읽어주기에
서 가장 중요한 것은 읽어주는 사람의 작품에 대한 열정이다. 구연자가 즐거움을 느끼지
못한다면 열정이 발휘될 수 없고, 오히려 그 작품에 대한 흥미를 어린이들에게서 빼앗을
수도 있다. 많은 어린이들이 이미 많이 들었거나 TV에서 본 책은 고르지 않는 것이 좋다.
아동 도서상을 받은 책이라고 다 읽어주기에 좋은 책은 아니라는 점을 고려한다. 아동 문학
작품으로서 가장 인지도가 높은 작품들은 비록 내용이 다소 어렵긴 해도 가치 있는 문학
작품을 즐길 수 있도록 하는 가치가 있으므로 이해를 도와가며 읽어주는 것이 좋은 방법이
다. 처음 동화를 읽어줄 때는 짧고 쉬우면서도 어린이들에게 잘 알려진 책을 선정하는 것이
좋다. 어린이들의 흥미와 능력이 향상되면 점차적으로 더 길고 어려운 작품을 사용하도록
한다.

2) 준비 및 연습하기

① 책을 선택했으면 철저하게 연습해야 한다. 설령 책을 읽어주기 전에 구연자가 내용을
　이미 알고 있을 지라도 책을 미리 소리내어 읽어보고, 읽어줄 때 사용할 표현을 연습
　해야 한다. 이야기가 내 마음에 명확하게 되도록 2번이나 3번 읽는다.
② 등장 배역의 성격 설정을 적절히 한다. 대화체와 등장인물에 적합한 목소리를 선정한
　다. 호흡할 곳을 적절히 조절한다. 2음보나 3음보의 음보율로 끊어서 읽어주면[9] 듣는
　사람이 같이 호흡할 수 있어서 편안하고 안정감이 있다고 한다.
③ 책의 저자에 대한 정보를 얻어 그것을 어린이들에게 알려주도록 준비해야 한다. 읽어
　줄 대상이 아주 어린 아이들이라도 책제목, 저자, 삽화가 등에 대해 소개한다. 이것은

---

8)　■　Big　Book　=　약　64(cm)× 38(cm) 또는 약 61(cm)× 76(cm)
9) 169쪽 다섯 손가락 예시 참고

어린이들에게 책이 작가나 삽화가라고 불리는 실제 사람에 의해 쓰여진 것임을 가르쳐주는 것이다. 때때로, 제목을 통해 이야기가 어떻게 진행될 것인가에 대해 예측해보라고 요구할 수도 있다. 또는 왜 구연자가 이 책을 선정하였는지에 대해 간단하게 설명할 수도 있다. 책에 대한 소개는 되도록 짧은 것이 좋다. 그것은 단지 어린이들이 이야기에 주의를 기울이고 흥미를 갖게 하는 준비 작업이다.

④ 읽어줄 책이 선정되면, 작품을 들려줄 수 있는 수업 시간을 결정하는데, 주의할 점은 시간이 촉박할 때 책읽기를 시작해서는 안 된다는 것이다.

⑤ 어린이들의 주의를 산만하게 하는 물건들을 치운다. 읽어주기가 어린이들에게 유익하기 위해서는, 일단 어린이들이 잘 들을 수 있어야 한다. 조용히 앉아 있도록 한 다음 이야기를 잘 들을 준비가 되었는지 확인한다. 졸음이 올 수 있는 너무 편한 자세로 책을 읽어주지 않도록 한다.

⑥ 만약 읽어 줄 책에서 어려운 개념이 나온다면, 책을 읽기 전에 그 의미를 어린이들이 알 수 있도록 해주는 것이 좋다.

⑦ 이야기 읽어주기 위한 준비 작업으로서, 어떤 구연자들은 녹음 테이프를 사용하기도 한다. 녹음된 테이프는 결석한 어린이나 책의 내용을 반복해서 듣고자 하는 어린이들에게 사용할 수 있다.

3) 효과적으로 읽어주기

실제적으로 읽어주기를 할 때는 어린이의 언어적 수준과 상상력, 주의집중 시간을 고려하여 글의 긴 문장을 축약하거나 꼭 필요하지 않은 문장은 생략한다. 책을 읽어줄 때에는 자연스러운 목소리로 천천히 똑똑한 발음으로 읽어주는 것이 좋다. 어른이 일방적으로 읽어주기 보다는 어린이의 반응을 감지하면서 읽어준다. 읽어줄 때 풍부한 표현을 사용하고, 책을 읽는 속도를 이야기에 맞게 한다. 이야기를 전개해 갈 때 흥미가 극도로 고조되도록 극적인 장면을 강조하는 속도를 사용하고, 읽어주는 속도를 천천히 늦추어서 이야기의 언어를 통하여 어린이들의 마음속에 창조하고 있는 심적 영상을 상상한다. 어린이들이 이야기하는 동안이나, 아니면 구연자가 다음에 해 주기로 마음먹은 이야기와 이야기의 내용을 상호 작용하도록 격려하고, 책을 공유하는 동안 어린이들을 위해 자유로운 분위기와 즐거운 분위기를 만든다.

그림책을 읽어줄 때는 다음과 같은 점을 고려하여 읽어준다.

① 모든 어린이들이 그림을 볼 수 있는 위치를 정한다. 대부분의 구연자들은 어린이들을 구연자 주변으로 둥글게 모여 앉도록 하고 자신은 낮은 의자에 앉는다. 이 방법은 어린이들이 의자나 책상에 앉는 것보다 더 가까이 모이게 할 수 있다.

② 구연자가 책을 읽을 때 그림을 보여 준다. 그러기 위해서는 책을 옆으로 들고 읽어야 어린이와 구연자 모두 동시에 책을 볼 수 있다. 만약 이러한 방법을 쓸 수 없다면 책을 앞이나 뒤에 놓아야 어린이들이 볼 수 있다. 어느 경우든 구연자가 책을 읽는 만큼 어린이들은 그림을 볼 수 있어야 한다. 좋은 그림책에는 텍스트와 그림 모두가 이야기 전체를 전달할 수 있도록 잘 통합되어 있다는 것을 명심해야 한다. 어린이들이 그림책을 동시에 듣고 볼 수 있어야 한다.

③ 어린이들이 서두르지 않고 그림을 볼 수 있도록 천천히 읽는다. 그림을 보고 쉽게 이해를 할 수도 있기 때문이다. 그리고 이야기를 며칠동안 남겨 둔 채로 여러 장을 왔다 갔다 하지 말고, 처음부터 끝까지 읽어주어서 어린이들의 흥미가 지속될 수 있도록 한다. 만약, 다 읽어주지 못할 때는 그날의 극적인 장면에서 멈춘다.

④ 이야기를 읽어줄 때 이야기의 의미에 강조를 두면서 시작한다. 작은 연극을 상연하는 것처럼 읽도록 노력한다. 인물이 다를 때는 서로 다른 목소리로 읽고, 흥분된 순간에 효과를 거둘 수 있도록 잠시 쉰다. 그리고 목소리의 높낮이, 부드러움과 시끄러움, 속도의 빠르기 등을 조절한다. 훌륭한 구연자는 처음 시작할 때는 부드럽고, 중간 빠르기와 중간 톤으로 읽는다. 그래야만 이야기가 전개될수록 목소리의 고저, 톤, 속도 등에 변화를 주어 특별한 효과를 낼 수 있기 때문이다.

⑤ 신체 움직임과 얼굴 표정으로 이야기의 극적 효과를 증진시켜야 한다. 그것은 이야기에서 무섭거나 긴장된 부분, 재미있는 부분에 대한 분위기를 전달할 수 있다.

⑥ 소품과 이야기의 물건과 이야기 인물이 재현된 박제동물, 인형과 같은 실물교재를 사용한다.

⑦ 어린이들과 눈을 맞춘다. 어린이들과 눈을 잘 맞추면서 반응을 관찰한다.

⑧ 문장양식의 책들(예: 반복된 단어나 구)을 읽을 때 어린이들의 참여를 격려한다.

⑨ 어린이들이 다시 읽어주기를 원하면 다시 읽어 준다. 책을 읽는 도중에 나오는 어린이들의 질문을 귀찮아하지 않는다.

⑩ 책을 읽어주는 것이 자연스럽게 문자언어 발달을 가져온다 하더라도, 책을 읽어주는

목적이 한글을 깨우치게 하는 지시적인 혹은 강제적인 것이 되거나, 지식을 주입하는 것이 되어서는 안 된다.

⑪ 책을 읽어준 후 내용을 이해했는지 보기 위해서 질문을 하는 것은 좋지 못하다. 그리고 마지막에 훈화를 해서는 안 된다. 다음과 같은 개방적이고 심미적인 질문을 하여 어린이들의 개인적인 반응을 유도한다.

> *"그 책에서 네가 생각했던 것은 무엇이니?"*
> *"네가 좋아했던 부분은 무엇이었니?"*
> *"이와 같은 일이 무언가 너에게 일어난 적이 있니?"*
> *"네가 이야기의 인물이었다면 어떤 기분이었을까?"*
> *"이야기에서 네가 의심했던 무언가가 있니?"*
> *"이야기에서 네가 바꾸고 싶은 무언가가 있니?"*

⑫ 책읽기를 위협의 수단으로 사용하지 않는다.

재미있게 책을 읽어주는 방법에는 실물 화상기로 확대와 축소를 반복하며 읽어주기, 비 오는 날 OHP 조명에 비추어 읽어주기, 날씨가 좋을 때는 바깥으로 나가 나무 그늘에서 읽어주기 등이 있다.

그림책을 읽어줄 때 고려해야할 사항 중 많은 것들이 장편동화를 읽어줄 때도 해당된다. 물론 장편동화에는 삽화가 거의 없지만, 있다고 하더라도 어린이들에게 그림을 보여주는 것은 그다지 필요하지 않다. 게다가 장편동화 읽어주기는 적게는 몇 일부터 몇 주까지 걸린다.

나. 이야기해주기 절차와 방법

이야기를 해주기 위해서 가장 먼저 할 일은 이야기 선정이다. 이야기 선정을 할 때 중요한 것은 구연자 자신이 가장 좋아하는 이야기를 선택하는 것이다. 그리고 이야기해주기는 타고난 목소리와 기교가 있어야 한다고 생각하는데, 예쁜 목소리를 가지고 있어야 구연을 잘 한다는 것은 잘못된 편견이다. 구연자가 그 이야기에 몰입하여 감성적으로 편안하게 하는 목소리가 더 듣기 좋고 효과적이다. 또 하나 중요한 것은 이야기해주는 기술은 연습을 통해 발전할 수 있다는 것이다.

1) 이야기 선정하기

이야기라고 해서 모두 이야기해주기로 들려줄 수 있는 것은 아니므로 이야기 선정에 신중을 기해야 한다. 어린이에게 이야기해 줄 이야기는 무엇보다도 재미가 있어야 하는데, 재미가 있다는 것은 이해를 전제로 하며 이해를 위해서는 비교적 단순한 줄거리와 소수의 등장 인물을 가지고 있어야 하고, 동시에 단조롭지 않도록 적당히 변화가 있어야 한다. 자신의 음색에 맞는 이야기를 선택해야 한다. 이야기를 들려줄 시간을 먼저 생각하고 난 후, 이야기해 줄 시간에 알맞게 고쳐야 한다.

이야기를 찾기 위해서는 설화 모음집이나 짧은 이야기 모음집부터 찾아보는 것이 좋다. 그리고 그 중에서 가장 좋아하는 것을 찾아 읽도록 해야 한다. 초보자는 자기가 좋아하고 편안한 느낌을 가지는 이야기를 선정해야 한다. 단순한 이야기는 종종 이야기해주기에 가장 효과적이다. 많은 어린이들은 친숙하고 대화체로 된 이야기를 좋아한다.

이야기해주기에 좋은 이야기는 절정에 이를 때까지는 등장인물이나 복잡함, 또는 행동 등이 적은 것이 좋다. 어린이들은 구성이 비슷한 이야기를 더 잘 이해한다. 그리고 결말이 빠르게 진행되는 것이 좋다. 또 유머도 이야기해주기의 가치를 높이는데 일조를 한다.

2) 준비 및 연습하기

① 이야기가 내 마음에 명확하게 되도록 2번이나 3번 또는 여러 번 읽는다. 그 이야기의 운율과 스타일을 느껴본다.

② 등장 배역의 성격 설정을 적절히 한다. 가장 먼저 결정해야 하는 것이 등장 배역의 성격에 따른 목소리 설정이다.

㉠ 등장 역할의 수(등장인물 + 해설)를 정한다. ㉡ 내용에 맞추어서 성격을 설정하는데 서로 대조적으로 하면 표현하기가 쉽다. ㉢ 목소리는 이야기 중 배역의 크기, 나이, 성별, 내용 중 성격 묘사 등을 염두에 두고 설정한다. ㉣ 사람의 경우는 동화 속에 그려진 연령과 성별에 맞추면 무난하다. ㉤ 동식물의 경우는 그것이 평소에 주는 이미지

와 내용 속의 성격을 고려하여 결정한다. ⓑ 무생물의 경우에도 의인화되어 묘사되기 때문에 성격 설정에서 사람처럼 나이와 성별을 적용하는 것이 편리하다. ⓢ 등장인물이 지나치게 많을 때는 과감하게 대사를 줄이고 각 인물의 연기에 너무 집착하지 않도록 한다.

③ 문어체 이야기를 구어체로 고친다.

인물이나 배경에 대한 설명이나 묘사보다는 행동이나 사건으로 채우고 대화체로 하면 실감나는 이야기가 된다. 또 과장법이나 점층법을 사용하고 낱말을 반복하거나 흉내말을 자주 사용해 내용을 즐겁게 고친다. 쓸데없는 부분은 적당히 삭제하고, 마지막에 훈화를 해서는 안 된다.

④ 많은 구연자(storyteller)들은 이야기 카드[10]에 이야기의 요소, 인물의 이름, 사건, 또는 그 외 도움되는 정보를 기록한다. 중요한 사건의 개요를 알 수 있도록 종이에 사건의 인과관계를 작성한다. 또는 배경, 등장인물, 처음 사건, 문제와 그것을 해결하기 위한 시도, 그 해결을 고려하여 이야기의 지도를 그려도 된다.

⑤ 내가 기억하지 못한 사건을 이야기 카드에 기록하면서 다시 읽는다. 또한 내가 기억하는데 필요한 인과관계를 결정한다.

⑥ 사건을 다시 재검토한다. 그리고 내가 포함하기를 원하는 세부 항목을 고려한다. 이야기의 단어를 기억하기 위해 노력하기 보다 오히려 사건의 의미와 어떻게 그 의미가 표현되는지를 생각한다. 사건의 인과 관계를 대강 적어둔 이야기 카드를 잠깐 동안의 자유시간이 있을 때마다 다시 본다.

⑦ 내가 그 이야기를 안다고 느낄 때, 거울 앞에서 이야기를 해본다. 2번 혹은 3번 연습하고 나면, 말씨가 개선될 것이고, 등장인물들을 서로 구별하기 위해 음의 고저를 바꾸는 시도를 할 수 있다. 또한, 나의 자세나 서로 다른 등장인물을 재현하기 위한 손짓을 바꾸는 것을 시도할 수 있다. 기억하려 하지 말고 등장인물과 중심적인 이야기 사건을 마음에 담아둘 수 있도록 한다. 이야기할 때마다 이야기는 조금씩 달라진다. 그리고 나의 개인적인 느낌을 조금씩 첨가함으로서 이야기는 점점 더 내가 바라던 대로의 이야기가 될 것이다.

---

10) 부록 '이야기 메모 카드' 참조.
　　'이야기 카드'는 이야기를 하기 직전에 한 번 훑어보면 도움이 된다. 이야기를 정리해놓으면 좀 더 많은 이야기를 해 줄 수 있는 좋은 자료집이 된다. 어떤 구연자는 그가 한 이야기를 녹음하여 들어보고 더 발전시키기 위한 자료로 쓰기도 하고, 다시 들려주는 자료로 쓰기도 한다.

3) 효과적으로 이야기하기

① 일단 이야기를 준비했으면 읽어주기 전과 마찬가지로, 어떻게 분위기를 조성하고 어떻게 소개할 것인지를 결정한다. 처음 이야기할 때는 10분 이상 넘지 않는 것이 좋다. 이야기해주는 실력이 발전할수록 더 긴 이야기를 하도록 한다.

② 제목을 소개하고 약간의 여유를 둔 후 이야기를 시작한다.

③ 도입부는 여유 있으면서도 탄력있게 유도한다.

④ 호흡할 곳을 적절히 조절한다. 2음보나 3음보의 음보율에 맞춰 끊어서 이야기하면 듣는 사람이 같이 호흡할 수 있어서 편안하고 안정감이 있다. 그리고 아랫배에 힘을 주는 복식호흡을 연습하는 것이 좋다.

⑤ 대사는 발음을 정확히 하고 또박또박 힘주어 전달한다. 지나친 성대 묘사는 역효과를 일으키기 쉬우므로 삼가야 한다. 말의 고저·대소·강약·장단·완급·단속을 지나치게 과장하거나 인물의 목소리를 흉내내는 것이 이야기해주기의 핵심인 것처럼 잘못 파악하지 않도록 한다. 이야기해주기는 신파극이나 말장난이어서도 안되고 지나친 성대묘사나 기교를 부려도 안 된다. 비록 기교가 조금 부족하더라도 진심으로 어린이를 사랑하는 마음으로 이야기를 해 줄 때 효과를 발휘할 수 있다.

⑥ 대사의 전후에 있는 해설 부분은 대사와 구별되도록 한다. 대사 전후의 해설은 분위기를 고조시키거나 동화를 정돈, 마무리하는 기능이 있다.

⑦ 시선을 골고루 주면서 표정 연기와 제스처를 곁들인다. 연극처럼 많이 움직이는 것을 삼가고 신체를 적당히 이용하여 편안한 자세로 자연스럽게 이야기한다. 몸짓은 말의 효과를 증진시키기 위해 하는 손짓, 표정, 가벼운 움직임 등이며, 이야기를 활성화시키고 입체화시키는 중요한 역할을 한다. 이야기 내용에 부합되는 동작으로, 짜임새 있게 동작을 배치시켜야 한다.

⑧ 각 단어의 의미나 문맥의 상황 등을 충분히 살린다. 사건의 의미 구조와 정서 구조에서 전환 또는 반전이 이루어지는 지점을 부각시키는 전략이 필요하다.

⑨ 불필요한 습관은 버리고 구연을 자연스럽게 한다.

3. 동화구연의 실제

가. 목소리 연습[11]

1) 발성 연습

바른 자세로 심호흡 후 입을 크게 벌리고 낮은 소리부터 호흡이 끊길 때까지 소리낸다.

① 3단계 발성(①낮은 음, ②보통 음, ③높은 음)

		<성인용>	<어린이용>
③(75)	아-	▶걷잡을 수 없는 사랑	▶다짐합니다.
②(50)	아-	▶멈출 수 없는 사랑	▶바위처럼 굳센 어린이가 될 것을
①(25)	아-	▶애달픈 사랑	▶꽃처럼 아름답고

② 5단계 발성(①아주 낮은 음, ②낮은 음, ③보통 음, ④높은 음, ⑤비명)

	<성인용>	<어린이용>
⑤(99)	아 - ▶폭풍치는 바다	▶노는시간엔 신나게 놀자
④(75)	아 - ▶파도치는 바다	▶노래시간엔 즐겁게 부르고
③(50)	아 - ▶물결치는 바다	▶점심시간엔 맛있게 먹고
②(25)	아 - ▶잔잔한 바다	▶그림시간엔 예쁘게 그리고
① (1)	아 - ▶고요한 바다	▶동화시간엔 조용히 듣고

---

11) 이규원(2000, 65-97)의 내용 중 일부를 발췌 요약하였다.

2) 음색 표정 연습

· **'엄마'**

: 부를 때/ 부탁할 때/ 신이 나서/ 놀랄 때 /문을 두드리며/ 뛰어오며/ 귓속말로

· **'응'**

: 비꼬듯이/ 알았다고 대답할 때/ 놀라서 다시 물을 때

· **'그래'**

: 힘이 없이/ 속삭이듯이/ 놀라서/ 잘 하겠다고 생각하면서/ 화를 내면서

· **'그럼'**

: 행복하게/ 알았다고/ 거만하게

· **'아니 이럴 수가 !'**

: 행복한 표정/ 기쁜 표정/ 놀란 표정/ 실망하는 표정/슬픈 표정

· **'잘했어'**

: 비아냥거릴 때/ 칭찬할 때/ 인정할 때

· **'좋아요'**

: 기뻐서/ 거만하게/ 할 수 없이

· **'그렇구나'**

: 알았다고/ 슬프게/ 놀라서

3) 목소리 조절하기

① 높은 목소리로 말하기 : 불이야, 불! 불이 났어요. 빨리 피하세요.

② 낮은 목소리로 말하기 : 이 이야기는 비밀이야! 절대로 말하면 안돼!

③ 강한 목소리로 말하기 : 네 이놈, 너는 너의 죄를 알렸다.

④ 약한 목소리로 말하기 : 아빠가 주신 용돈을 모두 잃어 버렸어.

⑤ 빠르게 말하기 : 기차가 떠난다. 빨리 빨리 타자.

⑥ 천천히 말하기 : 눈이 옵니다. 산에도 들에도 지붕에도 소리없이 하얀 눈이 펄펄 내리고 있습니다.

4) 신체 부위를 통한 발성법

【표 1】 신체 부위를 통한 발성법

가족 음성 모사	신체 부위	동물 소리와 연결한 음색표현	
할아버지	배 밑 (골반 밑)	배 밑에서 올라와 코로 공명된 소리	**어 - 홍** 안녕하세요. 우리 손주 착하지
할머니	배 밑 (골반 밑)	배 밑에서 올라와 가슴부터 조음하여 목을 떨며 코로 공명된 소리	**음 메헤헤**- 안녕하세요. 어서 오너라.
아버지	배 (배 전체)	배 전체가 힘차게 움직이며 가슴, 목, 코 등 소리통이 된다.	**멍 멍** 안녕하십니까. 자 모두 모이세요.
어머니	배 (배 전체)	발성의 50 높이 음성으로 배, 가슴, 목, 코 등 소리통이 된다.	**아---**, 애들아, 먼 곳에 가지 마라
오빠	가슴	가슴에서 나오는 소리를 눌렀다 위로 올림으로 젊은 느낌이 들게 한다.	**개굴 개굴 개굴** 난 축구를 좋아해요
언니	가슴	가슴에서 소리를 위로 올리며 조음 후 굴린다.	**꾀꼴, 꾀꼴** 난 노래를 좋아해요
남자아기	목	목에서 누르면서 조음하는 소리	**꼴- 꼴- 꼴** 엄마, 밥 주세요
여자아기	입	입술에 힘을 주고 목에서 가늘게 나오는 소리	**삐악 삐악 삐악** 아, 목말라

해설: 다섯 개의 손가락이/ 오순도순 살고 있었어요.
어느 날 엄지 손가락이/ 큰 소리로 말했어요.

아빠: "우리들 중에서/ 내가 최고야! 최고라고 할 때도/ 이렇게 하잖아.
그러니까 내가/ 아빠 손가락이지."

엄마: "아니야./ 내가 최고야./ 나는 저기 저 비행기 날아간다. 저기 저 높은 산 좀 봐./
이렇게 높은 곳을/ 가리킬 수 있잖아."

오빠: "어흠 무슨 소리야./ 키를 좀 대 볼까?/ 자/ 봤지?/
내가 제일 크니까/ 내가 최고야."

언니: "얘들이 무슨 말을 하고 있는 거야?/ 보석 반지를 어디다 끼워 주는지 알지?/
여기니? 여기니?/ 내가 낀단 말이야./ 그러니까 내가 최고지."

여자아이: "아니야, 내가 최고야./ 코가 간지러울 때, 귀가 간지러울 때,/ 친구와 약속을 할 때/
내가 없으면 어떻게 해? /이렇게 작지만 내가 최고야!"

해설: 서로 자기가 최고라고 떠드는/
다섯 손가락의 이야기를 모두 듣고 있던/ 손바닥이 말했어요.

할아버지: "얘들아, 떠들지 마라./ 너희들이 아무리 잘났다고 해도/ 손바닥인 내가 없으면/
일 초라도 살 수 있니? 살 수 있어?"

해설: 손바닥의 이야기를 듣고 손가락들은/ 너무 부끄러워서 고개를 푹 숙였어요.
그래서 지금까지 손바닥은/ 앞으로만 구부러지고/ 뒤로는 구부러지지 않는대요.

【표 3】 구연시 성격 설정의 예

엄지 손가락 : 힘 있는 중년 남성 (아빠)

검지 손가락 : 부드러운 중년 여성 (엄마)

가운데 손가락 : 씩씩한 청년 (오빠)

넷째 손가락 : 간드러진 젊은 여성 (언니)

다섯째 손가락 : 귀여운 아이 (여자 아이)

손바닥 : 굵고 낮고 느린 남성 (할아버지)

나. 동화구연 감상 전략

1) 전략의 유형

책을 읽어주거나 이야기를 해 주면서 심미적 듣기 전략을 활용할 수 있도록 지도하는 것이 중요하다. 심미적 듣기 전략은 심미적 읽기 전략과 크게 다르지는 않다. Tompkins(1995)이 제안한 심미적 듣기의 6가지 전략은 예측하기, 심적 영상 그리기, 개인적인 경험 연관짓기, 다른 문학과 연결짓기, 언어의 힘과 아름다움 주시하기, 이야기 구조에 대한 지식 적용하기 등이다.

① 예측하기(predicting)

어린이들이 누군가 들려주는 이야기를 듣거나 인형극을 볼 때, 다음에 일어날 이야기를 추측하거나 예측하고[12], 계속하여 이야기를 듣거나 인형극을 보면서 그들이 예측했던 것을 수정해 나가는 것이다. 이야기를 읽어주면서 혹은 이야기해주면서 어린이들이 다음에 어떤 일이 일어날 것이라고 생각하는가를 질문하여 어린이들의 예측하기 전략을 발전시킬 수 있다.

② 심적 영상 그리기(Creating a mental image)

어린이들이 시각적 이미지, 상세한 설명, 서술적인 단어를 담고 있는 이야기를 듣는 동안 그들의 마음속에 이미지나 그림을 창조하는 것이다. 즉 이야기를 들으면서 영화의 장면처럼 연결되는 머릿속의 '심적 영상'을 떠올리는 것이다. 어린이들은 이야기를 듣는 동안 눈을 감고 마음속에 그림을 그려보고, 읽은 후에 종이에 그 그림을 다시 그려보는 활동을 통해 이 전략을 연습하게 된다.

---

12) 예측하기는 원래 읽기 전략으로 유용하게 쓰이고 있다. 읽기가 사고의 과정이듯이 듣기도 사고의 과정이므로 예측하기 전략은 듣기에도 적용될 수 있다. 예측하기는 어린이 자신의 지식과 경험을 바탕으로 글에 언급되지 않은 내용이나 앞으로의 사건 전개 등에 대해 추측하고, 추측한 내용을 확인해 나감으로써, 제시된 글의 내용을 보다 더 명료하게 이해하고, 이해한 내용의 기억에 도움이 되는 전략이다.

③ 개인적인 경험과 연관짓기(Connecting to personal experience)

어린이들이 들은 이야기와 그들이 겪은 경험을 연결하는 것으로, 어린이들이 이야기를 들은 후 독서 기록 일지와 문학 대화를 통해 자신의 경험과 연관지은 것을 공유한다.

④ 다른 문학과 연결짓기(Connecting to literature)

어린이들이 이야기를 들으면서 전에 들었던 이야기나 자기 스스로 읽었던 이야기, 혹은 봤던 영화를 연관짓는 것이다. 어린이들은 듣고 있는 이야기의 주제와 같은 이야기를 연결시키거나 또는 이야기에 나오는 등장인물, 일화를 다른 이야기의 등장인물, 일화와 연결시킨다. 이야기를 토의할 때 어떤 연결을 했는지에 관해 말하도록 질문하거나 독서일지에 그것을 적도록 하면 어린이들의 이 전략 사용이 쉬워진다.

⑤ 언어의 힘과 아름다움 주시하기(Noticing the power and beauty of language)

어린이들이 이야기를 들으면서 작가의 언어 선택과 문장을 표현하는 방법 그리고 작가의 비유나 익살의 사용에 민감하게 반응하는 전략이다. 어린이들은 그들이 들은 언어를 받아들이고 자신의 언어의 한 부분으로 만든다. 언어의 힘과 아름다움 주시하기 전략은 구연자가 읽어주기를 통해 어린이들이 좋은 문학 작품을 판별할 수 있도록 한다. 좋은 문학 작품이란 인물 묘사의 일관성, 잘 짜여진 구성, 바람직한 언어 사용, 부드러운 문체 등이다. 구연자들은 이야기를 읽어주면서 몇몇 어려운 문장을 간단히 언급하면서 그 이야기의 문학적 질에 대해 어린이들에게 설명해 주는 방법을 택하기도 할 것이다. 이러한 방법은 이야기를 중단함으로써 이야기에 대한 흥미를 감소시키지만 않는다면 좋은 방법이 될 수도 있다. 또 다른 방법으로는 어린이들 스스로 이야기의 구성이나 주제, 등장인물, 문체, 책의 형태 등에 대해 감수하고 날카롭게 비교해 볼 수 있게 하기 위해 적절한 자료를 선택하는데 더 큰 관심을 기울일 수도 있다(신헌재, 1998).

⑥ 이야기 구조에 대한 지식 적용하기(Applying knowledge of story structure)

누군가가 들려주는 이야기를 들을 때 어린이들은 플롯, 등장인물, 배경, 주제, 시점에 대한 그들이 알고 있는 지식을 적용하는 것이다. 그것은 다음에 어떤 일이 일어날 것인지,

이야기 도입부분에 제시됐던 문제가 결말부분에 가서 어떻게 해결될 것인지를 추론할 때 적용할 수 있다.

2) 전략 활용의 실제

6가지 전략 중 손쉽고 유용하게 쓸 수 있는 전략은 예측하기와 심적 영상 그리기 전략이다.

① 예측하기 전략

예측하기 전략의 질문과 관련된 것으로는 DL-TA(사고 중심 듣기 Directed Listening-Thinking Approach) 전략이 있다. DRTA(사고 중심 읽기 Directed Reading-Thinking Approach)에 기초한 DL-TA는 Stauffer(1976)에 의해 고안된 것으로 예측과 추론을 통해 이야기의 플롯에 대한 감을 발달시키는 아주 훌륭한 전략이다.

질문은 어린이들의 배경 지식을 활성화시키고 어린이들의 예측을 격려하기 위해 첫 번째로 사용된다. 이 전략에서 구연자는 읽어주다가 지금까지 일어난 일에 대해 설명하고 어린이들이 예측하도록 질문하기 위해 미리 정해 놓은 부분에서 이야기를 멈춘다. 예측을 확고히 하거나 수정하기 위해 이야기를 읽어주는 내내 "멈출 곳"에서 질문을 해야 한다. 그러면 어린이들은 텍스트의 의미를 구성하도록 도와주는 예측들을 증명하기 위해 이야기에 주의를 기울이게 된다(Cox, 1996). 제목에 관해 질문할 경우 제목이 얼마나 특수하고 일반적인가에 의해 다소 다르게 기대하는 반응이 나올 수 있다.

DL-TA 전략은 어린이들과 전략을 사용하기 전에 구연자의 주의 깊은 이야기 읽기가 선행되어야 한다. 아니면 구연자가 이미 잘 알고 있는 이야기여야 한다. 미리 읽는 동안 어린이들이 그들의 배경지식과 이야기의 정보들을 가지고 예측이 가능하고 어린이들이 예측을 돕기 위해 구연자가 질문할 곳인 "멈출 곳"을 다음과 같이 확인한다.

· 읽어줄 이야기를 선정한 후 이미 알고 있는 이야기일지라도 그 이야기를 미리 읽는다.
· 이야기를 읽어주다가 멈출 부분을 정한다.
  (1) **제목을 읽고 난 후** : 제목을 읽은 후 멈춘다
     주요 질문 유형 : "제목을 보고 이 이야기가 무엇에 관한 것일 거라고 생각하는가?"
                    "왜 그렇게 생각하지?"
  (2) **이야기를 소개하고 난 후** : 한-두 단락을 읽은 후에 멈춘다.
     주요 질문 유형 : "지금 또는 다음에 무슨 일이 일어날 거라고 생각하는가?"
                    "왜 그렇게 생각하지?"
  (3) **이야기의 극적이고 가장 흥미 있는 부분** : 가장 재미있거나 극적인 부분에서 멈춘다.
     주요 질문 유형 : "지금 또는 다음에 무슨 일이 일어날 거라고 생각하는가?"
                    "왜 그렇게 생각하지?"
  (4) **이야기의 결말 바로 전** : 이야기의 결말 바로 전에서 멈춘다.
     주요 질문 유형 : "이 이야기의 결말이 어떻게 될 거라고 생각하는가?"
                    "그 이유는?"

DL-TA 전략을 사용할 때 가장 중요한 것은 조금이라도 논리적 정당성을 갖고 있기만 하면 어린이들의 예측과 추론을 받아들여야 한다는 것이다.

DL-TA 전략을 적용한 '예측하기 전략'은 소그룹이나 학급 전체를 대상으로 사용할 수 있으며, 어린이들이 처음 접하는 이야기를 들려줄 때 유용한 전략으로 이미 어린이들이 알고 있는 이야기일 경우에는 별 효과가 없다. 예측하기 전략을 이용하여 이야기를 들려주게 되면 어린이들은 예측을 하고, 자기가 한 예측을 확신하기 위해 적극적으로 듣게 된다. 읽어주기가 끝난 후 어린이들은 그들이 했던 예측과, 그 예측을 지지하는 근거를 들어가며 토의를 할 수도 있다.

예측하기를 활용할 수 있는 또 다른 방법은 질문과 뒷 이야기 상상하기이다. 그 중 대표적인 형태는 질문이다. 이야기에 관해 좋은 질문을 하는 것은 예측의 범위를 비교적 정확하게 좁혀줄 수 있다는 면에서 의미가 있다.

이어질 내용 상상하기는 흔히 결말 부분을 들려주지 않고 다음에 전개될 뒷 이야기를 예측해 보는 것이다. 이어질 내용 상상하기는 반드시 글로 완성할 필요는 없다. 구두로 예측하게 할 수도 있고, 역할극이나 그림 등의 다양한 방법으로 결말을 짓게 할 수 있다. 초등학교 저학년 어린이의 발달 특성상 이야기 글에 적절히 쓰일 수 있는 방법이며, 이는 어린이들의 상상력을 발휘시키는 자료로도 유용하게 쓰일 수 있다고 본다.

② 심적 영상 그리기 전략

심적 영상 그리기 전략은 적어도 몇몇 어린이들에게는 회상을 촉진한다. 연구 결과에 따르면, 그림과 친밀한 어린이-글보다는 그림을 통해서 쉽게 배우는 어린이-에게는 이야기를 듣는 도중에 영상을 만들도록 가르치는 것이 이해력을 증진시킨다고 한다. 또한 많은 구연자들이 영상 교수법이 흥미와 욕구를 증가시키는 것으로 보고하고 있다(한철우·천경록, 1996).

'심적 영상 그리기'전략은 어린이들이 혼자서 CD나 혹은 TAPE를 이용해 심미적 듣기를 할 때도 이용할 수 있는데, 이야기를 들으면서 장면 장면을 필름처럼 연결시켜 보거나 극적인 장면을 스케치나 그림으로 그려보게 할 수 있으며, 어떤 장면에 떠오르는 인상이나 이미지를 그림으로 표현할 수도 있다.

작가가 완벽하게 묘사하지 못한 분위기와 상황의 빈자리를 영상을 통해 메우는 활동은 이야기를 더욱 선명하게 만들며 강렬한 시각적 장면을 통해 이야기의 상황이 갖는 정서나 분위기, 긴장감, 인상이나 행동, 느낌까지 심화시킬 수 있는 것이 이 전략이 갖는 효과이다(송충현, 2001).

다. 동화구연 감상 후 활동

그림책일 경우 책읽기를 끝낸 후에는 처음부터 그림만 천천히 보여 주어 어린이들이 이야기의 내용을 다시 회상하면서 자신의 말로 표현할 수 있도록 한다. 그리고, 가능하면 책에 나오는 그림의 실물이나 모형을 가져와 책을 읽어준 후에 어린이에게 보여준다.

이야기를 들려주는 목적이 이야기를 통해 그 고유한 가치를 인식하게 하고, 이야기에 대한 어린이들의 반응을 촉진하려는 것에 있다면 이야기듣기에 어린이들의 적극적인 참여가 격려되어야 함을 강조하면서 이야기를 들은 후에 구연자와 어린이들이 이야기를 나누는 것이 좋다.

반응일지에 기록할 때는 저학년일 경우 제목과 작가를 쓰고 이야기와 관련된 그림을 그려도 된다. 거기에 몇 개의 단어나 한 문장 정도를 덧붙일 수 있다. 또 다른 방법으로는 저학년 경우 작품에 대한 소감과 연상되는 장면이나 인물을 상상하여 그리게 한다. 고학년일 경우에는 각 장을 들은 후에 기록할 수 있다.

또한 이희정(1999)은 반응 일지에 텍스트와 자신의 삶을 관련짓는 내용, 인상적인 부분, 등장인물에 대한 소감을 반응일지에 기록하는데 자유롭게 쓰게 하거나 반응을 위한 몇 가지 질문이나 주제를 제시하여 주고 쓰게 하는 방법을 제안하고 있다.

구연자가 어린이들에게 이야기책을 읽어주고 난 다음 그에 대해 이야기를 나눔으로써 어린이들은 이야기에 대한 자신의 느낌을 정리해 볼 수 있으며, 이야기에 대한 나름대로의 의미를 만들어갈 수 있다. 뿐만 아니라, 다른 친구들의 이야기에 대한 해석을 들을 수 있는 기회를 얻을 수 있고, 그렇게 함으로써 혼자서는 만들어 낼 수 없는 새로운 의미를 만들어 낼 수도 있다.

또한, 이상금(1995)은 이야기 그림책은 끝맺음을 질문으로 할 것이 아니라 어린이가 생각하고 느낄 수 있는 기회를 주도록 노력해야 하고, 이야기 내용 외에 일체의 설명이나 다짐을 지양한 침묵은 문학지도에서 많이 채택함직한 방법이라고 했다. 그것은 좋은 작품은 들음으로써 그 문학 작품이 주고자 하는 뜻이 전달되기 때문이라고 했다. 그렇지만 마쯔이 다다시(1995)는 그림책을 읽어주고 질문을 하는 것은 삼가야 하지만 단지 자연스럽게 이야기를 나누는 것은 바람직하다고 하였다.

책을 읽어준 후에는 도서 영역에 그 책을 꽂아두거나 그 책에 나오는 인물과 장면을 인형과 소도구로 만들어 극 놀이 영역에 비치하여 추후활동이 이루어지도록 한다. 읽은 후에는 토론과 어휘, 쓰기, 예술적인 표현을 위한 시간을 주고, 토론을 퀴즈로 바꾸거나 어린이들의 해석을 엿보지 말아야 한다.

이 단계에서는 읽기, 쓰기, 말하기, 드라마, 조사, 다른 문학 반응 프로젝트 등을 통해 반응을 확장하는 것이다. 어린이들은 책에 대한 해석과 즐거움을 확장하는 활동을 할 때 자기가 흥미 있는 반응 프로젝트를 선택한다. 어린이들의 반응은 쓰기와 말하기와 같은 언어적 활동에만 국한시킬 것이 아니라, Gardner(1993)가 제안한 다중지능 이론에 비춰 다양화해야 할 것이다.

다중지능 이론은 각각의 지능에 대한 지적 성향이 서로 다른 어린이들에게 모든 어린이들을 위한 최상의 교수 전략은 없다는 것을 시사해 주고 있다. 이러한 다중지능 이론에 기초하여 Armstrong(1994)이 제안한 교수 전략(김금자, 2000)에 반응 확장을 위한 활동을 다음과 같이 제시할 수 있다.

(1) 언어적 지능을 위한 교수 전략들 : 이야기하기, 브레인스토밍, 녹음하기, 일지 쓰기, 출판

하기(책 만들기), 한 편의 이야기를 듣고 이를 다른 장르로 바꾸어 보기, 우화를 시로 표현
하게 하기, 이야기를 편지글·방송 대본 등의 형태로 꾸며 보기, 작가에게 편지 쓰기, 독
후감, 보고서, 독서편지, 간단한 비평 쓰기, 같은 작가의 다른 책 읽기, 주제가 비슷한 책
읽기.
  (2) 논리·수학적 지능을 위한 교수 전략 : 조사 활동.
  (3) 공간적 지능을 위한 교수 전략 : 시각화(심상 그리기), 색깔 단서, 그림 은유, 아이디어
스케칭, 상징적 그림, 독후화, 이야기를 다시 말할 때 쓸 수 있는 인형 만들기, 이야기에
적합한 모빌 만들기, 핵심이 되는 몇 개의 부분이나 가장 중요하다고 생각되는 부분을
삽화로 그리기, 중요한 인물에 대한 그림 그리기.
  (4) 신체 운동 감각적 지능을 위한 교수 전략 : 신체적 표현, 교실 연극, 체험적 사고(집짓기,
조각, 콜라쥬), 신체적 지도, 무언극, 그림자극, 인형극, 뮤지컬, 방송극.
  (5) 음악적 지능을 위한 교수 전략 : 리듬, 노래, 랩 음악과 창, 디스코 그래피(discography), 초
기억 음악, 음악적 개념, 무드 음악.
  (6) 대인간 지능을 위한 교수 전략 : 또래와 함께 공부하기(peer sharing), 사람 조각(people
sculpture), 협동 집단, 감정 어린 순간 경험, 목표 설정 시간, 토론과 토의(그룹과 전체),
판매원 놀이, 배심 토의 놀이.

김명희(2000)는 이와 같은 어린이의 활동의 범위를 넓히는 것은 문학 텍스트의 처리깊이
를 깊게 한다는 의미 외에 다양한 지능들을 자극하고 신장시키는 역할을 담당하고, 다양한
활동을 통해서 어린이의 반응을 다양한 관점에서 분명하게 확인할 수 있다고 한다.

4. 동화구연 적용 방안

읽어주기, 책이나 언어에 대한 감동 공유하기, 독서는 모든 학년 언어교과 프로그램의
중요한 요소로 포함되어야 하지만, 대부분의 학부모나 교사들은 불행하게도 어린이들 스
스로 책을 읽을 수 있을 때까지만 읽어 줄 필요가 있다고 생각하여 초등학교 어린이들에
게는 책을 읽어주지 않는다. 또한 책을 읽어줄 시간이 충분하지 않기 때문에 읽어줄 수 없
다고 한다.

여기에서는 적용방안을 확대하여 학교 현장에서 여러 시간에 적절하게 실천할 수 있는
구체적인 방법을 크게 교과 교육 시간과 재량 활동과 여유 활동 시간을 교과 교육 외 시간13)

---

13) 교육과정 해설의 다음 내용과 관련된다.
  ①초등학교의 교과 중에서 주당 평균 3시간 이상의 수업 시간 수가 배당된 교과는 주당 평균 1시간 이내에서

으로 나누어 탐색해 보려고 한다. 대략적인 적용 방안은 【표 5】과 같다.

【표 5】 시간 요인에 따른 동화 구연 적용 방안

		시간	모형 적용 단계	적용의 예
교과 교육		2차시	모형의 모든 단계	·단원을 전부 재구성할 경우
		1차시	1-2단계까지	·읽기 활동을 듣기로만 부분 재구성 할 경우
교과 교육 외	재량 활동 (특별활동)	1차시	1-2단계까지	·심미적 듣기 전략 익히기에 주력할 경우
		2차시	모형의 모든 단계	·전략을 익혀서 반응의 명료화까지
	여유 활동	5-10분	1-2단계까지	·잘 알고 있지 않은 이야기일 경우
			2단계만	·이미 읽어 주었거나, 알고 있는 이야기일 경우

가. 교과 교육

우리 나라는 교육과정 결정 권한을 교육부가 가지고 있다. 국가 수준의 중앙 집권적인 교육과정 운영의 획일성·비효율성·비효과성은 교육과정 재구성을 통한 지역화 교육과정, 학교 수준 교육과정 운영을 요구하고 있다. 어린이들의 참여와 반응을 최대한 활용하여 그에 따른 교실의 상황과 맥락에 따라 학습이 이루어져야 하므로[14] 교육과정을 재구성 할 필요가 있다.

교과 교육 시간에 동화 구연을 적용하기 위해서는 문학교육 목표가 읽기 교과서에 녹아 들어 있으므로 주로 읽기 교과서 재구성이 될 것이다. 교과서를 재구성하기 위해서는

첫째, 교과서를 교수·학습 자료의 하나로 보고 먼저 교육과정을 중심으로 목표와 내용이 교과서에 어떤 수준으로 반영되어 있는가를 살핀다.

둘째, 교과서의 교수·학습 내용이 학습자에게 적합한가를 살핀다.

시수를 감축하여 학생의 요구와 학교의 필요에 따른 창의적 교육활동에 증배, 활용할 수 있다. 이 경우에는 감축된 교과의 학습 활동과 관련되는 직접적인 체험활동 등으로 통합, 운영되어야 한다.

(자)학교에서는 학생들이 좋은 글을 많이 읽을 수 있도록 독서 목록을 작성하고, 국어과를 비롯한 각 교과 교육과 재량 활동 및 특별 활동에 활용할 수 있도록 한다.

14) 국가나 주(state)에서 제공하는 교육과정 내용과 교과서는 참고 자료이며, 학생들이 그날 흥미를 느끼거나 호기심을 유발하는 사건을 가지고 다양하게 재구성하여 수업을 진행할 것을 권고하고 있다(Carol Cox, 1996).

셋째, 학습 활동이 적합한가를 살핀다.

나. 재량 활동 시간

재량 활동15)은 크게 '교과 재량 활동'과 '창의적 재량 활동'으로 구분되어 학교의 실정에 따라 융통성 있게 배정할 수 있는데, 교과의 심화·보충 학습보다는 학생의 자기 주도적 학습 능력을 촉진시키기 위한 창의적 재량 활동에 중점을 두도록 되어 있다. 초등학교에서의 재량 활동의 운영은 주제 탐구, 소집단 공동 연구, 학습하는 방법의 학습, 통합적인 범교과 학습 등 다양한 교육 프로그램을 학교와 교사, 학생의 요구와 필요에 따라 편성하여 선택적으로 운영할 수 있도록 제시되어 있으므로(초등학교 교육과정 해설Ⅲ, 1999), 교과 시간에는 시간이 부족하고 수업 목표가 일치하지 않아 동화 구연을 언제나 할 수 없지만, 재량활동 시간에는 전략 지도하기와 DL-TA절차를 사용하여 교과서 제재 밖의 이야기를 들려주는 심도 있는 동화구연을 통한 문학 교수-학습을 할 수가 있다.

다. 여유 시간

5-10분 정도의 짧은 여유 시간16)에 굳이 반응의 명료화와 확장 심화 단계를 거치지 않고 문학 작품을 심미적으로 듣기만 하여도 어린이들에게 문학 향유의 큰 기쁨과 즐거움을 줄 수 있다. 그리고 이 방법이 초등학교 현장에서는 다른 방안보다 더 실천 가능하고 효율적일 수 있다.

매일 매일 이야기 읽어주기, 이야기해주기, 그리고 책에 대한 탐구 시간을 짧게라도 갖는 것이 매우 중요하므로 고학년, 저학년 상관없이 하루 여러 번 매일 읽어주어야 한다17).

짧은 시간을 활용하여 동화 구연을 제대로 하기 위해서는 교사가 이야기를 암기해야 하는 부담이 따르는 이야기해주기보다 읽어주기 방법이 좀 더 효율적이다. 그리고 읽어줄 때는 어떤 시간을 선택하든 상관없이 계획을 세워서 매일 매일 규칙적으로 읽어주는 것이

---

15) 고학년일 경우에는 재량시간과 같은 방법을 특별활동시간에 적용할 수 있다.
16) 아침자습 시간, 쉬는 시간, 점심 시간, 하교하기 전 시간.
17) Ruddell(2000), 강문희(1999), 신헌재(1998), Tompkins(1995), Cox(1996) 등이 매일매일 읽어주기를 강조하고 있다.

가장 중요하다. 읽어주기 위한 계획을 세울 때는 다음과 같은 읽어주기에 좋은 시간과 읽어 줄 시간 그리고 읽어주는 방법을 잘 알고 활용하는 것이 중요하다.

첫째, 학교에서 읽어 주기에 적당한 시간을 강백향(2001)과 Vacca(2000), Ruddell(2001) 등은 아침시간, 수업시간, 완료된 활동과 끝나는 시간까지 남는 시간, 쉬는 시간, 점심시간, 그리고 수업을 마치고 하교하기 전 등을 들고 있다.

하루 중 아침 시간은 어린이들이 집중하기에 가장 좋은 시간으로, 아침자습 시간이나 1교시 시작하기 전에 5분 정도 책을 읽어주는 것이 그날 하루의 일과를 즐겁게 시작하도록 도움을 줄 수 있다. 수업 시간 중에는 교과와 관련지어 읽어주는 것이 좋으나, 자칫 지식 습득을 위한 보조자료로서의 책 읽어주기가 되는 것을 조심해야 한다. 심지어 Vacca(2000)는 완료된 학습활동과 수업이 끝나는 시간까지 남는 시간을 채우기 위해서 학생들에게 책을 읽어 주거나 또는 조용히 시키는 위해 읽어주는 것조차도 시간을 죽이지 않는 좋은 방법이라고 한다. 점심을 먹고 난 후나 쉬는 시간의 20-30분의 시간이 읽어주기에 아주 좋은 시간이다. 이 시간은 수업을 위해 어린이들과 레포를 형성하도록 도움을 주고, 또한 이 시간에 어린이들은 휴식을 취하고 즐거움을 가져 남은 수업 시간을 잘 집중하게 된다. 그리고 집에 돌아가기 직전에 책을 읽어주면 책 속의 이야기를 계속 생각하고 집에 돌아가서도 쉽게 다시 책을 잡게 되며, 또한 아이들 마음 속에 책 내용이 오래 남아 있게 된다.

둘째, 읽어 줄 때의 적당한 시간과 횟수를 강문희(1999)는 하루에 2-3번 (2-3편) 정도 하는 것이 좋으며 한번 읽어 줄 때 소요되는 시간은 어린이의 발달 수준에 따라 2분 또는 3-5분 정도 소요되는 것이 적절하다고 제안하였다. 신헌재(1998)는 1-2학년 온 하루에 4번, 각 5분씩, 3-4학년은 하루에 3번, 각 5분씩, 5-6학년은 하루에 2번, 각 5-7분씩 읽어주는 것이 좋으며 하루에 최소한 한번 정도는 읽어주기를 위한 시간을 가져야 한다고 한다. 또한 짧은 이야기나 긴 이야기의 한 부분을 읽어주는 것은 하루에 10분이나 15분 정도의 적은 시간이면 가능하다고 한다.

셋째, 읽어주는 방법으로는 시간이 짧기 때문에 심미적 듣기의 전략이나 읽어주기 전·중·후의 단계를 모두 적용할 수는 없다. 다소 시간적 여유가 있을 때는 일단 질문을 하지 말고 이야기를 다 읽어 준 후에 질문을 하는 방법이 있다.

Many와 Wiseman(1992)이 어린이의 반응을 증진시키고 이야기 듣기에 적극적으로 참여시키도록 제안한 경험적 접근법과 분석적 접근법 중에서 경험적 분석법을 활용하는 것이다. 분석적 접근법은 교사가 이야기의 구성요소에 관심을 갖게 함으로써 이야기 속에 담긴 정보를 알아내도록 격려하는 정보 추출적 질문이며, 경험적 접근법은 교사가 어린이들로 하여금 이야기 속의 일들을 자신의 일처럼 생각하게 하고 느껴보게 함으로써 어린이들이 이야기를 통해 문학적 체험을 갖도록 격려하는 심미적 질문이라고 할 수 있다.

그러나, 매번 읽어주고 난 후 질문을 하거나 이야기를 나누는 데에는 어려움이 있다. 그럴 때는 절대 쓸데없는 질문이나 굳이 내용을 다 파악했는지 확인하려고 할 필요도 없다. '이것을 읽고 너는 무엇을 느꼈니?'라고 묻기보다는 이야기를 듣고 나서 재미있어하고 또 책을 계속 듣고 싶어하거나 스스로 읽고 싶어하는 마음이 든다면 그것만으로도 이야기책 읽어주기는 성공한 것이다. 그리고 어린이들이 한 작품을 여러 번 듣기 원할 때에는 두세 번 읽어주는 것도 좋은 방법이다.

동화 구연 특별 활동(1학기) 계획 예시

◆ 목적 : 동화 내용을 재구성하고 자기의 느낌과 생각을 바르게 전달하는 과정에서 사고력, 창의력, 바른 언어 습득을 할 수 있다.

월	주	주제	활동내용	준비물, 기타 사항
3	1	°	°　　　　　·	°
	2	조직	□ 동화 구연 부 조직	
	3	안내	□ 자기 소개 □ 한 학기 계획 발표 및 활동 안내 □ 동화 작품 소개	
	4	동화의 가치	□ 교사가 읽어주는 동화 듣기 □ 동화에서 얻을 수 있는 교훈, 상상력, 감동 등에 대해 이야기하기	너는 특별하단다. (맥스 루카도)
4	1	동화구연의 의의	□ 동화 구연 듣기 □ 동화 읽기와 동화 구연의 차이점 알기 □ 동화 구연의 개념, 동화 구연의 방법 알기	
	2	동화 구연의 기초 1	□ 동화 구연에 알맞은 언어와 음성 익히기	신체 부위를 통한 발성법, 여러 소리의 특징
	3	동화 구연의 기초 2	□ 등장 인물의 특성과 분위기에 알맞은 목소리 내기	다섯 손가락
	4	동화 구연의 기초 3	□ 실감나는 몸짓과 표정의 중요성 알기 □ 등장 인물의 입장에서 자연스러운 몸짓과 표정으로 동화 읽기	

월	주	주제	활동내용	준비물, 기타 사항
5	1	동화 낭독	□ 동화를 실감나게 낭독하기	
	2	동화 구연용 원고 작성	□ 동화 구연 감상하기 □ 동화 구연용 원고 각색하기	조별 동화책 준비
	3	동화 구연용 원고 작성	□ 동화 구연 감상하기 □ 동화 구연용 원고 각색하기	조별 동화책 준비
	4	재미 있는 동화 구연	□ 평면 동화 구연 - 고양이가 맡은 생선 가게	교사가 준비한 평면 자료
6	1	재미 있는 동화 구연	□ 입체 동화 구연 준비하기 □ 동화 구연 할 책 선정하기 □ 동화 구연 발표를 위한 역할 선정하기	발표회에 사용할 동화책
	2	발표를 위한 준비 활동	□ 선정한 동화를 구연용으로 고쳐 쓰기 □ 메모 카드를 활용하여 인물의 성격, 특징, 말투, 몸짓 정하기	이야기 메모 카드 양식
	3	발표를 위한 준비 활동	□ 배경 장면, 필요한 소품 제작하기 □ 인물의 말투, 몸짓 연습하기	소품 제작에 필요한 준비물
	4	발표를 위한 준비 활동	□ 리허설 하기 □ 동화 구연 발표회의 초청장 만들기	초청장
7	1	동화 구연 발표회	□ 동화 구연 발표회 갖기 □ 발표회 내용의 잘된 점, 보완할 점 찾기	
	2	평가 및 반성	□ 한 학기 평가 및 반성	

이야기 메모 카드

	카드 번호	
이야기 제목		
참고 자료		
관련된 이야기		
등장 인물의 성격 파악 및 목소리 설정	■ ■ ■ ■	
줄거리 요약	■ ■ ■ ■ ■	
생각해 보기 (질문할 내용)		

참고문헌

<단행본>

· 박선희 · 이송은(1997), 『유아를 위한 문학 활동』, 정민사.
· 류수열(2001), 『판소리와 매체언어의 국어교과학』, 역락.
· 서정숙(1999), 『부모의 그림책 읽어주기』, 창지사.
· 서정오(2000), 『옛이야기 들려주기』, 보리.
· 석용원(1983), 『동화구연의 이론과 실기』, 백로출판사.
· 유소영(2001), 『아동문학, 어떻게 이용할까』, 건국대학교 출판부.
· 유창근(2001), 『현대 아동문학의 이해』, 동문사.
· 이규원(2000), 『동화구연의 이론과 실제』, 유아문화사.
· 이은경(2002), 『동화구연의 이론과 실제』, 창지사.
· 장영주(2000), 『구연 방법론』, 교육과학사.
· 최운식(1998), 『한국고소설 연구』, 보고사.
· 최운식 · 김기창(1998), 『전래동화교육의 이론과 실제』, 집문당.
· 한귀은(2001), 『연행을 통한 문학교육』, 박이정.
· 하청호 · 심후섭(1998), 『아동문학』, 정민사.

<논문>

· 곽춘옥(2002), '심미적 듣기를 통한 문학 교수 · 학습 방안 연구', 한국교원대 석사 논문.
· 곽춘옥(2002), '연행의 관점에서 본 동화구연', 청람어문교육 제25집, 청람어문교육학회.
· 박영주(1998), '연행문학의 장르수행 방식과 그 특징', 『구비문학 연구』제 7집, 한국구비문학회.
· 임재해(1998), '구비문학의 연행론, 그 문학적 생산과 수용의 역동성', 『구비문학 연구』제 7집, 한국구비문학회.
· 이지호(2001), '연행을 통한 아동의 문학 향유', 『문학교육학』제8호, 한국문학교육학회.
· 김남희(2001), '서사적 연행으로서의 시 읽기', 『국어교육』105집, 한국국어교육연구회.
· 한희정(2001), '설화의 문학교육적 수용방안 연구', 한국교원대 석사 논문.
· 허용호(1997), '고소설의 낭독 연행에 대한 한 연구', 『서강어문』28집, 서강어문학회.
· 전경욱(1984), 「탈춤과 판소리의 演行文學的 性格 比較」, 『文學硏究 3』, 경원문화사.

<번역서 및 외서>

· Marie Maclean(1988), *Narrative as performance*, 임병권 옮김(1997), 텍스트의 역학, 한나래.
· Robert Whitehead(1968), *Children's Literature*, 신헌재 편역(1998), 『아동문학 교육론』, 범우사.

· Jim Trelease, 이일남 옮김(1998), 『아이들에게 책을 읽어주자』, 오리진.

· Carole Cox(1996), *Teaching Language Arts : A Student-and Response-Centered Classroom*, Allyn & Bacon.

· Carol J. Fisher & C. Ann Terry(1990), *Children's Language and the Language Arts : Literature-Based Approach*, Massachusetts : A Division of Simon & Schuster, Inc.

· Carol Lynch-Brown & Carl M. Tomlinson(1999), *Essentials of Children's Literature*, Allyn & Bacon.

· Joanne L. Vacca, Richard T. Vacca, & Mary K. Gove(2000), *Reading and Learning To Read*, Addison-Wesley Educational Publishers Inc.

· William M. Painter(1994), *Storytelling : with Music, Puppets, and Arts for Libraries and Classrooms*, Library Professional Publication.

2장 시 쓰기 지도에서 비유적 표현 활용 방법 연구

1. 들어가며

시는 학생들에게 언어로 형상화된 문학 작품을 통하여 즐거움과 새로운 세계에 대한 호기심을 가지게 하며, 상상력을 풍부하게 개발시켜 준다. 시가 상상력과 밀접한 관계가 있는 것은 시인이 다양한 상상력을 발휘하여 시를 쓰고, 독자는 이 시를 통해 신선한 충격을 받음으로써 기존의 관습적 사고에서 벗어날 수 있기 때문이다.

따라서 시는 논리적이고 합리적인 글과 달리 시인의 문학적 창조력이 가장 잘 발현되는 예술이다. 작가는 시를 쓰는 과정에서 그의 창조력을 이끌어 내어 현실세계를 이리저리 변형해 보고 그 중 가장 이상적인 생각을 시어에 함축시켜 한 편의 시를 완성한다. 또한 독자는 작품을 읽는 데 그의 상상력과 창조력을 동원하여야만 작품을 이해하고 공감할 수 있게 된다. 즉, 창조력은 창작과 감상에 꼭 필요한 것이다. 창조력이 풍부한 사람은 시를 잘 쓰고 시 쓰기를 통해 길러진 창조력은 자연스럽게 작품을 감상하는 능력으로 이어진다.

그러면 시 속에서 창조력을 이끌어 낼 수 있는 방법이 무엇일까? 그것은 함축적인 의미에 충실한 언어 생활을 위주로 하는 경우에 있는데 함축적인 언어사용은 비유에 의해 강화된다.

비유는 두 비교 영역[1]의 상호 연결 활동을 통하여 새로운 개념을 도출해 내는 창조적인 언어사용 활동으로, 비유 표현을 생산하고 이해하는 활동은 인간의 행위, 사고, 현상을 범주화하는 방식이므로 이를 교육적으로 활용한다면 인간의 언어사용 능력까지도 향상시킬 수가 있게 된다(김재봉, 1998 : 7).

그러나 현재 7차 초등학교 국어과 교육과정 및 교과서에는 시에서 비유적 표현을 지도하는 데 구체적인 지도방법을 제시하지 못하고 있는 실정이다. 현장에서는 주제를 주고 써

---

1) 두 비교 영역은 원관념인 목표 영역과 보조관념인 근원 영역을 의미한다.

보라는 식의 쓰기 지도가 이루어지고, 감상에서도 교사의 개인적 해석이나 형식 위주의 수업이 이루어진다.

이러한 현실 속에서 시 교육이 이루어지다 보니 창조적 상상력과 사고력이 작용해야 할 시 학습이 단편적인 주변 지식의 암기나 일반화된 시어의 사용에 그칠 뿐, 학습자 자신이 직접 시 학습에서 배운 것들을 적용하여 시를 써 보는 활동을 해볼 기회가 없었다.

따라서 이 논문은 시 쓰기가 현실적으로 실효성을 거두지 못하고 있다는 문제의식을 바탕으로 시 쓰기 지도에서 비유적 표현의 활용 방법을 연구하고자 한다. 구체적인 비유적 표현 방법으로는 비유의 기법인 직유, 은유, 의인, 환유가 갖는 연상이나 투사, 병치의 원리를 활용하여 시 쓰기를 지도함으로써 시적 상상력을 풍부하게 할 뿐만 아니라 정서의 자유로운 표현을 극대화시켜 시적 표현 효과를 향상시키는 데 그 목적이 있다.

2. 시 쓰기와 비유적 표현

시를 구성하는 요소는 소재, 이미지, 운율, 비유적 표현 등 다양하다. 그 중에서 비유적 표현은 구체적으로 상상력을 불러일으켜 시적 표현효과를 높이는데 필요한 표현법으로 어떤 사물의 모양이나 상태, 성질 등을 효과적으로 표현하기 위하여 그것과 비슷한 사물에 비교하여 표현하는 언어적 방법이다. 그러므로 비유적 표현은 시인이 대상을 개성적이고 독창적이게 드러내 놓음으로써 시 쓰기에서 가장 중요한 하나의 원리가 될 수 있다. 이렇게 서로 이질적인 사물 사이에서 발견되는 유사성이 대상에 대한 새로운 의미와 독특한 인식을 보여줄 때 좋은 비유적 표현이 탄생될 수 있으며 아울러 좋은 시도 나올 수 있는 것이다.

이번 장에서는 다음 장에서 본격적으로 비유적 표현을 통한 시 쓰기 지도를 논의하기에 앞서, 먼저 비유적 표현의 개념, 시 쓰기에서 비유적 표현의 시적 효과에 대해 살펴봄으로써 비유적 표현을 활용한 교수·학습 모형 개발을 위한 이론적 토대를 마련하고자 한다.

가. 비유적 표현의 개념

① 비유적 표현의 개념

비유(figures of speech)는 시적 표상의 가장 기본이 되는 형태라고 할 수 있다. 우리가 새로운 현상에 부딪치거나 독창적 세계를 제시하고자 할 때 그것은 물론 여느 방식의 언어표현으로는 잘 달성되지 않는다. 그렇다고 새로운 언어를 제멋대로 만들어 쓸 수도 없다. 본래 언어는 역사의 소산이며 사회적 관습이다. 따라서 그 테두리를 벗어난 자의적 언어는 성립될 수 없다. 그리하여 우리는 일단 이미 쓰여온 말을 이용하지 않을 수 없다. 그리고 거기에 제 3의 체험내용 내지 심상을 담을 수 있도록 제 나름의 의장을 가한다. 그러면 적어도 창조적이며 새로운 면이 확보되면서 의미내용 파악의 실마리를 갖는 언어로 이루어지는 것이다. 이런 형태의 언어를 비유라고 한다. 참고로 프레밍거의 「시학사전」을 보면 비유가 다음과 같이 정의되어 있다.

> 비유란 일정 사물이나 개념 (A)를 뜻하는 술어 (X)로써, 다른 또 하나의 대상이나 개념 (B)를 의미할 수 있도록 쓰는 과정 또는 그 결과요인들은 각각 X에 의해 상징된 일체계속에 합쳐져 있으면서도 그들 개념의 독립성은 보유하고 있다.

여기 나타나는 바와 같이 비유가 성립되기 위해서는 세 개의 요건이 전제되어야 한다. 우선 비유에는 일정 사물, 현상, 개념 등 원형이 있어야 한다. 그리고 그것을 변형, 이동하는 보조 표현 내지 관념이 행사되어야 하는 것이다. 그러니까 어느 의미에서 비유는 언어의 운동형태라고 할 수 있는데 그 모양을 가능케 하는 것이 전이 또는 이월이다.

② 비유적 표현의 시적 효과

비유는 시에서만 아니라 모든 문장에서 쓰이는 수사법의 한 방법이다.
특히 논리가 아닌 시는 설명할 수 없는 복잡 미묘한 여러 가지 감정이나 의식하에 있는 정신 세계까지 전달하려고 하는 문학이기 때문에 이 비유의 방법은 가장 중요한 것이다.
T.E. 흄(1992)도 그의 예술 철학 속에서, '언어가 우리들이 말하려고 하는 것을 명확하게

전달하려고 하지 않기 때문에, 단지 명확하게 하기 위해서 오리지널한 사물의 서술 방법을 생각해 낼 수 밖에 없는 것이다.'라고 말하고 그것이 곧 비유라고 말하고 있다.

그러면 왜 비유가 시에서 그토록 중요한 문제가 되는 것일까?

우리 인간은 사물과 사물을 비교하여 그 특징과 본질을 파악함으로써, 그 사물을 보다 정확하게 인식할 수 있다. 즉 비교는 인간에게 있어 가장 중요한 인식방법의 하나이다. 추상적이고 관념적인 것을 눈에 보이는 사물과 비교하여 그 사물의 형상을 통해 구체적 모습이 머릿속에 훤히 떠오르게 함으로써 실감나는 공감을 불러일으킨다.

비유의 한 종류인 직유는 서로 유사한 어떤 사물의 성질이나 현상을 직접적으로 비교해 표현한 방법이며 은유는 두 가지 사물을 비교하지 않고 어떤 말의 의미를 다른 의미로 바꾸어 간접적으로 표현하는 방법이다. 직유는 서술적이고 설명적으로, 은유는 비교할 것을 직관적으로 결합해서 표현함으로써 독자에게 보다 시적이고 암시적인 상징과 이미지를 불러일으킨다고 할 수 있다.

에이브럼즈(1998)는 비유를 한 언어의 화자가 어떤 특별한 의미나 효과를 얻기 위해 일상적인 또는 보편적인 그 단어의 의미와 그 단어의 연결체로부터 벗어나는[2] 표현 형태라고 말했는데 다음에 단순화시킨 예를 통해 비유적 표현의 효과를 살펴보고자 한다.

> ㉠ 길이 있다.
> ㉡ 길이 꿈처럼 있다.

㉠와 ㉡에서, ㉠는 일상적이고 또 보편적인 의미의 단어(길, 있다)와 그 연결체(문장)로 되어 있다. 이런 것을 축어적 표현(literal expression)이라고 하고, 그것이 나타내는 의미를 문자적 의미(literal mearning)라고 한다. ㉡는 조금 다르다. 길이 있되 '꿈처럼' 있는 것이다. 그러니까,

> ↓ 꿈처럼
> 길이 있다.

로 되어, 길의 의미가 '꿈처럼'이라는 비유(직유)에 의해 일상적이거나 보편적인 의미로부터 벗어나 있다. 즉, 한 언어의 화자 (speaker of a language)에 의해 파악된 다른 말(꿈)의 해석을 받아 새로운 비유적 의미(figurative mearning)라는 특별한 의미망을 갖게 된다. 이런 의미

---

2) M..H.Abrams, A Glossary Terms, Holt, Rinehart&Winston, P.63.

와 효과를 얻기 위한 갖가지 수사가 비유인 것이다.

다음에는 한편의 시 속에서 비유적 표현을 분석해봄으로써 비유적 표현의 시적 효과에 대해 구체적으로 살펴보도록 하겠다.

가을 우체부

송명호

가랑잎 편지를 전해 주는
바람은 가을 우체부

뭐라고 썼을까
노오란 은행잎에
그 누가 보냈을까?
예쁜 손같은 단풍잎을

솔솔 그리운 생각일랑
소꿉동무 얼굴이 떠오르면
책장마다 한잎 두잎
앨범 만들자.

가랑잎 편지를 전해 주는
바람은 가을 우체부.
(우리 선생님이 추천한 동시 300편 2. 서울교육대학교 초등국어교육연구소)

이 시 속에는 여러 가지의 비유적 표현이 들어있다.

먼저, '바람에 날리는 가랑잎'을 '가랑잎 편지'로 '바람'을 '가을 우체부'로 비유하였는데, 바람이 공기, 꽃잎, 먼지 등을 다른 곳으로 옮겨주는 속성과 우체부가 편지나 소포를 다른 사람에게 전해주는 속성에서 공통점을 발견해 낸 것이다. 시인은 '바람'이라는 단순한 현상을 자신의 시각에서 새롭게 창조해냄으로써 독자에게 신선한 충격을 불러일으킬 수 있다.

'예쁜 손 같은 단풍잎'에서는 단풍잎을 손으로 비교하여 표현하였다. 이는 비유 중에서도 ~같이, ~처럼, ~듯이의 직유 표현을 사용한 것이다. 비유에서 직유는 서로 유사한 어떤 사물의 성질이나 현상을 직접적으로 비교해 표현한 방법으로 손과 단풍잎이 뾰족뾰족 벌려져 있는 모양을 손으로 비유하여 가랑잎의 모양이나 생김새를 더 정확하게 인식할 수 있게 하였다.

‘뭐라고 썼을까?’, ‘그 누가 보냈을까?’에서는 ‘바람’을 사람으로 의인화한 것으로 시인은 삶을 구성하고 있는 경험과 감정과 무한한 자신의 정서를 바람이라는 매체로 전이시킴으로써 독자에게 보다 뜻깊게 효과적으로 전달하려고 하였다.

‘은행잎’과 ‘단풍잎’을 마치 소꿉동무의 모습을 찍은 사진으로 생각해 ‘앨범’을 만들자고 표현한 부분은 시인이 과거의 기억을 그리워하며 새로운 현실이나 세계를 만들어 보고자 하는 의도가 담겨있는 것처럼 보인다.

‘뭐라고 썼을까/노오란 은행잎에// 그 누가 보냈을까?/예쁜 손같은 단풍잎을’에서는 병치 은유의 형태를 이루고 있다. 어린이들이 쓴 시 속에서 병치은유가 쓰일 때에는 대부분 행이나 연 단위로 이루어짐으로써 운율감을 더욱 크게 느낄 수 있게 해준다.

비유는 이처럼 비교할 것을 직관적으로 결합해서 표현함으로써 독자에게 보다 시적이고 암시적인 상징과 이미지를 불러일으키고, 언어의 작용과 창의성을 마음껏 발휘할 수 있는 중요한 분야이므로 시 속에서의 비유가 차지하는 효과는 매우 크다고 할 수 있다.

3. 비유적 표현을 활용한 시 창작지도 방법의 실제

이번 장에서는 2장에서 살펴본 비유적 표현의 개념과 비유적 표현의 시적 효과를 토대로 시 쓰기 지도에서 비유적 표현을 활용하기 위한 구체적인 방법들과 비유적 표현 활용을 위한 교수·학습 모형을 구안하고 설계하였다.

가. 비유적 표현 활용 방법

1) 연상하기

① 대상의 속성이나 성질에서 유추하기

학생들이 대상의 속성이나 성질, 느낌을 찾아내기 위해서는 구체적인 과정을 밟아 나가야 쉽게 공통점을 발견해 낼 수 있다. 먼저 대상에 대한 충분한 지식이 필요한데 이는 사전적 지식뿐만 아니라 자신의 개인적인 경험도 포함되어야 한다. 즉 대상에 대한 배경지식을 모두 찾아보는 것이다.

다음의 예를 통해 살펴보자.

대상	속성이나 성질, 느낌	비유대상	그렇게 생각한 까닭
어금니	사전적 의미 : 포유동물의 아래윗니 중에서 구석 쪽에 있는 가운데가 오목한 이	맷돌 : 곡식을 가는 데 쓰이는 재래식 기구	둥글넓적한 모양으로 위와 아래가 짝을 부딪히며 음식이나 곡식을 잘게 부수어 주기 때문에
가랑잎		가을우체부	
나무줄기		빨대	

② 생김새나 특징에 맞는 별명 지어보기

생김새를 나타내는 형태는 그 자체로 이미지다. 대상의 이미지를 떠올리게 함으로써 유사한 형태를 찾아내어 새로운 이미지를 형성하도록 하는 것이다. 또한 생김새나 특징을 직접 그림을 그리는 활동으로 시에 접근시키면 훨씬 흥미를 느끼고 적극적으로 참여할 것이다.

대 상	생김새나 특징	별 명	별명을 넣어 짧은 글짓기
반딧불	꼬리가 반짝거림	별똥별/야광등	반딧불은 꼬리를 반짝거리는 별똥별이다.
친구○○○			
우리집 강아지			

③ 수수께끼 놀이하기

시는 생각을 언어 속에 함축시킬 때 만들어진다. 비록 짧은 글로 펼쳐지지만 그 속에는 많은 말들이 숨어 있다. 시를 쓴다는 것은 어떤 한 대상을 집중해서 생각하거나 바라볼 때 평소에 그냥 지나쳤던 것들이 떠오르게 된다. 시를 쓰기 전 하나의 대상에 수수께끼를 풀고 만들 듯이 생각을 엮어나가도록 한다. 이렇게 보고, 겪고, 느낀 점을 생각해 본 후 이를 토대로 시를 써 보게 한다.

▶ '내가 누구일까' 알아 맞춰 보세요.

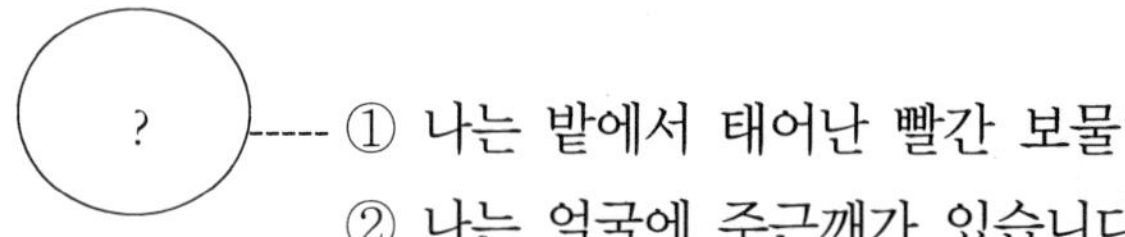

① 나는 밭에서 태어난 빨간 보물입니다.
② 나는 얼굴에 주근깨가 있습니다.
③ 나는 초록색 방석 위에 앉아 있습니다.
④ 나 때문에 눈물이 난 적도 있습니다 .

(초등학교 교사용 지도서 5-1, P84 참조)

▶ 주위에 있는 대상 가운데 한 가지를 골라서 수수께끼로 만들어 보세요.

① _______________________________
② _______________________________
③ _______________________________
④ _______________________________

④ 생각 이어가기

하나의 사물이나 대상을 통해 다른 사물이나 대상으로 인식을 전환하는 것이다. 이것은 속성이나 생김새에서 공통성이 적은 사물이나 대상을 더욱 새롭고 흥미있게 인식을 할 수 있게 된다.

예) 목련꽃 → 팝콘 → 입 → 웃음 → 희망

2) 투사하기

① 대상과 이야기 나누기

대상을 사람인 것처럼 생각하고 그 대상과 이야기를 나누는 것이다. 대상에게 묻고 싶은 말을 질문지 형식으로 만들어 묻고 답하는 활동을 통해서 대상에 대해 새로운 인식을 하고 대상을 둘러싼 세계 자체가 변화하게 되어 대상과 사람 사이에 비유가 생겨나는 것이다.

대상	묻고 싶은 말	답하는 말	느낌
나뭇가지에 매달린 마지막 낙엽	1. 너는 왜 지금 혼자 있니?	가족들이 겨울을 순비하러 떠났어.	혼자 남은 낙엽이 참 쓸쓸해 보인다.
	2. 너의 꿈은 뭐니?		
	3. 네 기분은 어떠니?		
	4. 너는 떨어지면 어디로 가니?		

② 대상이 되어보기

내가 대상으로 바뀌는 것이다. 이것은 내가 대상의 내부에 들어가는 것으로 대상의 내부에 내포된 그 대상 자체를 인식하기 위해서다. 그렇게 되면 나는 사라지고 대상만 남게 되고 대상이 되어버린 나는 대상의 세계에서 주위를 바라보게 되는 것이다. '나는 오염된 물이다.'라고 할 때 오염된 물이 고통스러워하듯이 내 마음도 오염된 물처럼 고통스러워함을 느낀다. 이는 '물의 마음=내 마음'이라는 비유를 만들어 내는 것이다.

3) 병치하기

① 뒤집어 생각하기

병치은유는 행이나 연으로 대립이나 대구를 이루는 형식이다. 학생들은 동일한 사물이나 대상을 여러 가지 각도에서 생각해 봄으로써 비슷하면서도 차이가 나는 비유 대상들을 병치시킬 수 있다.

대상	뒤집어 생각하기	왜?
그림자	그림자는 (친구)	늘 내 곁에 있어주니까
	그림자는 (수호천사)	캄캄한 밤에 나를 지켜주니까
	그림자는 (열쇠)	내가 자물쇠니까

② 전래동요(시) 바꾸어 쓰기

초등학교 수준에서 병치은유를 가장 쉽게 익힐 수 있는 것은 기존의 시나 전래동요를 바꾸어 써보는 것이다. 전래동요는 시에서의 운율감을 느끼게 하고, 가사를 바꾸어 보거나 모방하게 함으로써 자연스럽게 병렬되는 요소와 그 요소의 종합을 만들어 내어 새로운 시로 표현해 낼 수 있다.

달	달
달, 달, 무슨 달 쟁반같이 둥근 달 어디어디 떴나 남산 위에 떴지.	달, 달, 무슨 달 ( ) ( ) ( )
달, 달, 무슨 달 낮과 같이 밝은 달. 어디어디 비추나 우리 동네 비추지.	달, 달, 무슨 달 ( ) ( ) ( )
달, 달, 무슨 달 거울 같은 보름달 무엇무엇 비추나 우리 얼굴 비추지.	달, 달, 무슨 달 ( ) ( ) ( )

| 어머니 등
　　　　하청호
어머니 등은
잠밭입니다.
졸음에 겨운 아기가
등에 업히면

어머니 온 마음은
잠이 되어
아기의 눈 속에서
일어섭니다.

어머니 등은
꿈밭입니다.

- 이하 생략 - | (   )
　　　　　　　○○○
어머니 (　)은
(　　)입니다.
(   )
(   )

(   )
(   )
(   )
(   )

어머니 (　)은
(　　)입니다. |

가. 비유적 표현 활용을 위한 교수·학습 모형

　시 쓰기 지도에서 비유적 표현을 활용한 수업이 실효성을 거두기 위해 다음과 같은 모형을 구안해 보았다.
　전체적인 학습구조는 일반적인 계획, 지도, 평가의 세 단계로 구분된다. 지도단계에서는 학생들에게 비유적 표현을 활용한 시를 보여줌으로써 비유 표현에 대한 시적 감동을 깊이 있게 느끼게 하고 창의성 계발학습 모형을 변형한 것으로 비유적 표현 발견단계, 새로운 비유적 표현 생성단계를 거친 후 생성한 비유를 활용하여 글로 아우르고 공감하는 과정으로 지도된다.

1) 전체적인 학습의 구조

【표 1】 피드백(feed back) 및 교수 · 학습의 개선

Ⅰ. 계획 단계 →	Ⅱ. 지도 단계 →	Ⅲ. 평가 단계
1. 학습목표 설정 2. 문학작품 선정 및 학습 자료 준비 3. 평가 계획 수립	1. 울림글 제시 2. 비유적 표현 발견 3. 비유적 표현 생성 4. 글로 아우르기 5. 공감하기	1. 교사 자신의 수업 태도 평가 및 반성 2. 학습자의 비유적 표현 활용 평가 및 작품 감상 태도 평가 3. 학습자의 학습 태도 평가

2) 본시 지도 단계의 교수 · 학습 모형

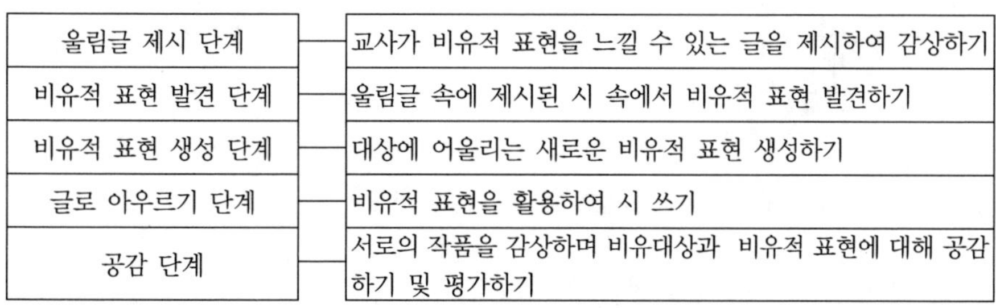

울림글 제시 단계	교사가 비유적 표현을 느낄 수 있는 글을 제시하여 감상하기
비유적 표현 발견 단계	울림글 속에 제시된 시 속에서 비유적 표현 발견하기
비유적 표현 생성 단계	대상에 어울리는 새로운 비유적 표현 생성하기
글로 아우르기 단계	비유적 표현을 활용하여 시 쓰기
공감 단계	서로의 작품을 감상하며 비유대상과 비유적 표현에 대해 공감하기 및 평가하기

3) 모형의 단계별 활동 및 전략

여기서는 앞에서 제시한 모형에 의하여 비유적 표현 지도 학습을 진행할 경우, 단계별로 어떤 활동을 해야 하는지에 대하여 살펴보고자 한다.

Ⅰ. 계획 단계

이 단계는 교사가 전체학습을 준비하는 수업 전 단계로서 비유적 표현지도 학습의 성패를 결정짓는 중요한 단계라고 할 수 있다.

먼저, 계획단계에서는 본시 학습 목표를 설정해야 한다. 학습 목표는 현행 교육과정의 목표를 참고하되 시 쓰기에서 비유적 표현을 활용한 문학교육의 목표에 적합하도록 탄력적으로 설정할 필요가 있다.

학습목표를 설정한 다음에는 시 쓰기에서 비유적 표현 활용 방안을 지도할 문학 작품을 선정하고 학습에 필요한 자료를 계획하고 준비해야 한다. 문학 작품은 교과서나 교사용 지도서에 수록된 작품을 활용할 수도 있고, 교과서 외의 다른 문학 작품을 선정할 수도 있다. 그 시간의 목적이 비유적 표현 활용 지도에 있으므로 단일 작품이 아닌 여러 작품을 비교 감상할 수 있도록 다양한 작품을 선정할 수도 있다.

비유적 표현 활용에 필요한 문학 작품을 선정한 다음에는 그 시간에 필요한 학습 자료를 준비해야 한다. 시를 쓰기 위한 주제를 제시할 경우에는 관련된 실물자료, 사진자료, 그림 자료 등을 사전에 준비해 제시함으로써 학생이 비유적 표현을 더욱 구체화하고 관련 경험을 쉽게 이끌어 낼 수 있다.

계획단계에서 해야 할 일은 평가 계획을 수립하는 일이다. 문학 영역의 평가는 단위 시간을 통해 어떤 행동이나 기능을 습득했는가를 쉽게 측정하기 어려우므로 지필 평가보다는 관찰법이나 누가 기록법 등을 활용하며 학습의 결과보다는 과정을 평가해야 한다.

Ⅱ. 지도 단계

① 울림글 제시 단계 : 동기 유발 및 목표 확인

이 단계는 학생들이 비유적 표현을 익히기 전 관련된 비유적 표현이 담겨져 있는 시를 제시하는 단계이다.

시에 대한 관심을 불리일으기고 동기를 유발시키기 위헤서는 제목을 보고 내용을 상상해 본다든가, 삽화를 보면서 이야기하는 등의 활동을 할 수 있다. 동기가 유발되면, 학생들이 읽게 될 시에 대한 정보를 말하거나 안내해 줌으로써 스키마를 형성하게 된다. 또한 학습자의 수준에 비해 지나치게 어려운 개념이나 시를 감상하는데 걸림돌이 될 것 같은 용어는 미리 안내해 주어 문학 작품에 몰입하는 데 방해가 되지 않도록 해야 한다.

② 비유적 표현 발견 단계

이 단계는 학생들이 울림글로 제시된 시를 듣거나 읽고, 그 시 속에 표현된 비유적 표현을 발견하는 단계로서 인지적, 정의적, 지각적 반응을 형성하게 된다. 이 단계에서는 시의 형식이나 운율에 주목하게 하는 것보다는, 시에 충분히 몰입하고 심미적 자세를 취할 수 있도록 도와주는 것이 중요하다. 그리고 작품과 자신의 체험을 관련짓고 감정이입하면서 몰입할 수 있는 분위기를 조성해 주는 것이 중요하다.

일반적으로 읽기는 소리내어 읽기, 짝지어 읽기, 혼자 읽기 등의 다양한 형태로 이루어질 수 있는데 시는 크게 낭독하는 것이 시의 느낌을 살리고 분위기를 떠올리기에 좋으며, 학생들의 정서를 형상화시키는 데 효과적이다. 또 교사가 학생들에게 시를 소리내어 읽어 주면서 떠오른 생각들을 말로 나타내면 학생들은 작품을 쉽게 이해하고 감상할 수 있을 것이다.

학생들이 시를 읽으면서 시에 감정을 몰입한 후에는 가장 인상적인 부분을 찾아보면서 비유적 표현이 쓰인 부분을 자연스럽게 이끌어내어 자신의 경험과 상상력 속에서 대상을 바꿀만한 비유적 표현을 생각해 보는 것이다.

③ 비유적 표현 생성 단계

이 단계는 비유적 표현 발견 단계를 통해 획득한 다양한 비유 전략들을 학생 각자의 시 속에서 구체화 할 수 있도록 하기 위한 아이디어의 생성 단계이다.

학습자들이 자신의 경험이나 상상력을 마음껏 이끌어낼 수 있도록 분위기를 조성하는 것으로 개별 또는 모둠으로 토의를 통해 다양한 생각이나 표현을 공유하며 자신들이 생각한 표현들을 생각나는 대로 쓸 수 있도록 한다. 교사는 활동 제시만으로 끝나는 것이 아니고 학습자 각자 또는 모둠과의 접촉이 필요하다. 학습자들과 상세한 협의를 통하여 비유적 표현을 구체화시킬 수 있고, 학습자들의 능력의 발달을 가져 올 수 있다. 학습자들이 비유적 표현을 생성하는 동안 그들의 활동을 점검하면서 도움이 필요한 학생을 선별하고, 개인적인 접촉을 통하여 문제를 발견하고 이를 해결해 나가야 한다.

④ 글로 아우르기 단계

이 단계는 비유적 표현 생성 단계를 통해 생성된 내용을 바탕으로 학습자들이 직접 시 쓰기 과정에 따라 시를 쓰는 활동이다. 이 단계는 시의 의미를 구성하여 시를 형상화하고, 시의 외적인 형태를 갖추게 되는 것이다.

이때 교사는 학습자들의 초고를 점검하고 문제점을 찾아내어 개별적인 협의를 통하여 내용을 보완하고 피드백(feed back)과정을 거쳐 전략을 점검할 수 있다. 각 학습자와의 접촉에서 내용에 대한 구체적인 점검을 통하여 미비점과 보완할 점을 점검해 줌으로써 학습자는 자신의 시에서 문제점을 알고 스스로 다듬기를 할 수 있게 되는 것이다.

⑤ 공감 단계

글로 아우르기를 한 후에는 동료들과 글을 돌려보며 '공감도 평가지(감상해봐요)'에 동료 작품의 비유적 표현에 대해 감상하고 평가한 후에 잘 된 점과 고칠 점 등을 다른 학생들과 논의하여 본다. 필요에 따라서는 몇 학생들의 작품을 선정하여 전체적으로 시 쓰기 과정에서 사용한 전략과 내용, 비유적 표현에 대하여 충분한 검토가 필요하다.

또한 개인적인 경험이나 상상력을 통해 이루어진 비유적 표현은 매우 주관적일 수 있다. 대상에 대한 개인의 의미화는 하나의 새로운 우주를 탄생시킨 것이다. 그러한 개인적, 주관적 표현이 객관적 표현으로 인정을 받고 많은 사람들의 공감이 필요하다. 이러한 공감을 하기 위해서는 교사의 역할이 중요하다.

Ⅲ. 평가 단계

평가 단계는 학습 과정을 되돌아보면서 교사 스스로 자신의 수업 전 과정을 평가해 보고, 학습 목표로 설정한 학생들의 학습 능력이나 태도, 형성된 가치들을 평가하는 단계이다. 전체 학습의 구조상 평가 단계가 맨 뒤에 설정되기는 했지만, 사실상 이 평가 단계는 학습의 마지막 단계라기보다는 수업 전 과정을 통해서 순간순간 계속적으로 수행되어야 할 단계라고 할 수 있다. 즉, 평가는 꼭 학습이 끝난 후에 결과물만을 가지고 히는 것이 이니리 수업 중에도 순간순간 계속 진행되어야 하며, 고쳐야 할 점은 즉시 발견하여 학습을 바람직한 쪽으로 나아가도록 도와주어야 한다.

교사는 먼저 자신의 수업 태도를 평가하고 반성해 보아야 한다. 학습 목표를 달성하기 위해서 적절한 학습 환경을 조성해 주고 촉진자의 역할을 제대로 수행했는가, 울림글 선정과 학습 자료 활용은 적절했는가 등을 면밀하게 검토·평가하여야 한다.

또한 그 시간에 목표로 한 학습자의 작품에 대한 바람직한 감상 태도나 자신의 반응을 성찰하고 확장해 나가는 능력 등을 평가하여야 하는데, 이는 한 시간을 단위로 하여 다 측정하기 어렵다는 한계를 지닌다. 그러나 그 시간의 학생들의 반응이나 문학 감상 태도를 누가적으로 평가해 나가다 보면 장기적으로는 학습자들이 어떻게 변화하고 발전했는가를 알 수 있게 될 것이다. 학생들이 시를 쓰는 동안, 비유적 표현의 유형은 어느 것인가, 비유적 표현을 어느 정도 생성하는가, 생성한 비유적 표현의 질적 깊이는 어느 정도 되는가, 또 그를 통해 문학적 감수성, 상상력이 얼마나 풍부해졌는가를 평가하는 방법으로는 지필 평가보다는 관찰이나 질문지, 면담 등의 방법이 적절하다. 단위 시간에 학생들이 쓴 시, 시에 대한 흥미도나 관심 등을 평가자료로 활용할 수 있다.

또한 교사는 그 시간 수업을 정리하는 단계에서 학생들이 개인별로 쓴 자료들을 수합하여 공통적으로 어떤 표현 전략의 사용이 부족했는가를 검토하고 다음 시간에는 그 점을 좀더 보완하여 학습 계획을 세워야 할 것이다.

4. 나오며

본 연구는 초등학교 시 쓰기 지도의 효과적인 방법으로 비유적 표현을 활용하기 위한 방법을 모색하였다. 시적 표현력을 높이기 위해서는 소재, 주제, 운율, 비유적 표현 등 다양한 면에서 지도되어야 하지만 실제 현장에서 시 쓰기 지도를 할 때 가장 많은 어려움을 겪는 부분이 비유적 표현이라고 할 수 있다. 어떤 소재나 주제가 주어졌을 때 학생들은 시의 제목에 얽매이고 현실 세계에서 경험하는 이미지만을 시로 옮기는 경우가 많다. 그러나 자신의 정서를 참신하고 세부적으로 표현하기 위해서는 외부적 이미지만을 표현하는 것이 아니라 자신의 관념, 감정, 정서 등을 나타내는 내부적 이미지를 표현해 낼 수 있어야 한다. 이러한 내부적 이미지를 새롭게 구성하고 변형시킬 수 있는 방법이 비유적 표현방법들이다.

본 연구는 시 쓰기 지도 방법이 미흡한 초등학교 문학교육에 하나의 방법을 제시한 것이라고 할 수 있다.

참고문헌

 1. 단행본

구인환 외(1996), 『문학교육론』, 서울 : 삼지원.

김대행 외(2000), 『문학교육원론』, 서울 : 서울대학교 출판부.

박종용(1994), 『박종용의 글쓰기교실』, 대전 : 대교출판사.

심경석(2002), 『독서와 글짓기 이렇게 지도하라』, 서울 : 금성출판사.

신헌재 · 권혁준 · 우동식 · 이상구(1996), 『독서교육의 이론과 방법』, 서울 : 박이정.

유종호(1997), 『시란 무엇인가』, 서울 : 민음사.

이승훈(1993), 『시론』, 서울 : 고려원.

오규원(1999), 『현대시작법』, 서울 : 문학과지성사.

 2. 논문

김영희(2003), ‘시 창작을 위한 발상지도 방법 연구’, 한국교원대학교 석사학위 논문.

김은주(2000), ‘비유어 지도 방법 연구’, 한국교원대학교 석사학위 논문.

노영숙(1999), ‘초등학생의 은유 표현 지도 전략 연구’, 광주교육대학교 석사학위 논문.

박용희(2002), ‘상상력을 활용한 동시쓰기 교육방법 연구’, 춘천교육대학교 석사학위 논문.

3장 반응 활성화를 위한 문학 토의 방법

1. 들어가며

신비평에 기초한 텍스트 중심 문학교육에서는 텍스트 안에 하나의 정답이 있으며, 텍스트를 잘 읽고 해석하면 문학적 지식이 쌓여 올바른 문학 감상을 한 것이라 믿었다. 교사는 문학 텍스트를 읽고 난 직후에 하나의 해석이 있다고 가정하고 이미 답이 정해져 있는 질문을 던지고, 학생은 그 답을 찾아내는 역할을 해야만 했다. 그 이유로 교수법도 교사 위주의 강의식 수업이나 단순히 묻고 대답하는 문답식 수업이 많아졌다. 이 때 이루어지는 교사와 학생의 담화는 I-R-E(질문-반응-평가) 참여 구조를 띄게 된다. 인문학자들은 이 상호 작용이 학생들의 주인 의식을 상실케 하여 의미 있는 교실 담화가 이루어지게 하는데 방해가 된다고 비판하고 있다.

이런 현상은 지금 우리의 초등학교 문학 수업에서도 흔히 볼 수 있다. 교과서 위주의 수업을 할 수밖에 없는 우리 나라의 현실상 대부분의 문학 수업 시간은 교과서에 있는 텍스트를 읽고 교사가 텍스트와 관련된 질문을 하면, 이에 대해 학생들이 반응한 것을 평가하는 것으로 이루어진다. 이것은 지속적으로 반복된다. 그러나 문학이 갖는 심미적 아름다움, 다시 말해 문학의 본질을 상실한 채 단순한 해석을 가르쳐 묻고 답하는 것으로는 진정한 문학교육이 이루어졌다고 할 수 없다.

독자 반응 이론가들은 독자들에 의해 의미가 창출되므로 텍스트에 하나의 정확한 의미가 내재하지 않는다고 본다(Cox, 1996). 즉, 각기 다른 배경지식을 활용하여 텍스트를 읽는 학생들 사이에 서로 다른 해석이 나올 수도 있다는 것이다. 이는 문학교육이 단순히 텍스트에만 의존할 것이 아니라, 개인적인 배경지식과 경험에 기초를 둔 학생들의 다양한 반응에도 귀기울일 필요가 있다는 것을 시사한다. 문학을 가르치는 교사 역시 강의식이나 문답식 수업이 아닌 허용적인 분위기에서 학생들이 스스로 활동하고 탐구하는 수업을 해야 한다.

Rosenblatt(1983)은 문학을 가르치는 교사로서 해야 할 가장 중요한 역할은 문학에 대한 최초의 반응을 끌어내고 확대시킬 수 있는 교수 전략을 발전시키는 것이라고 지적하였다. 교사는 텍스트에 대한 개인적인 배경지식과 경험에 기초를 둔 반응을 교실에 끌어들일 수 있는 방법을 탐구하고 모색하여 학생들이 직접적으로 문학 체험을 할 수 있게 해야 한다.

이와 관련한 방법은 여러가지가 있겠지만 본고에서는 학생들에게 읽기 전부터 읽은 후까지 충분한 문학적 체험의 기회를 주고, 다른 사람과의 상호 작용적 토의를 할 수 있는 문학 토의 방법과 그 적용 방법을 알아보고자 한다.

2. 반응 활성화를 위한 문학 토의의 원리

가. 문학교육에서의 반응

학생들은 문학 작품과 교류하면서 단순히 글을 읽고 이해하는 것에 그치지 않고 자신의 사전경험에 비추어 내면적 변화를 갖는 반응을 형성한다.

똑같은 사람이 글을 읽더라도 그 글의 내용과 구조가 어떠한지에 따라 내용 이해의 정도가 달라질 수 있다. 뿐만 아니라 똑같은 글을 똑같은 독자가 읽더라도 어떠한 상황에서 읽느냐에 따라 내용 이해의 정도가 달라질 수 있다(한국독서학회, 2003). 이는 같은 문학 작품이라도 그것을 읽는 사람에 따라 문학적 반응이 다르게 형성될 수 있다는 것을 의미하는 것으로, 문학교육에서는 이러한 반응이 자유롭게 형성되고 활성화 될 수 있도록 기회를 주어야 한다는 것을 보여준다.

Harding(1968)은 문학의 반응은 수동적인 것이 아니고 능동적인 것이며, 그것은 겉으로 표현하는 반응 뿐만이 아니라 마음에 저절로 녹아 들어가는 내부적 반응을 가지고 있다고 한다(한철우, 2001b). 문학 작품을 통해 형성된 반응에는 독서 후에 독자들이 말이나 글로 그리고 행동으로 표출하는 '표현된 반응'도 있지만 보이지 않고 내면에 남아있는 '내면적 반응'도 포함된다.

경규진(1993)은 '반응'의 개념을 여러 학자들의 의견을 조합하고 재설정하여 다음과 같이 정리하고 있다.

① 반응은 환기에 대한 것으로'텍스트에 의해 구조화된 경험'으로서의 환기의 개념과 구별된
　 다.
② 반응은 텍스트의 중요성을 배제하지 않고 독자의 위치를 부상시킨다.
③ 반응은 독서의 과정과 독서 후의 전 과정을 포함시킬 정도로 확대된다.
④ 반응은 개인적이며 사회적 · 문화적 행위이다.
⑤ 반응은 감정과 동일한 것이 아니며, 심리적 감정에 제한시키기보다 페이지에 있는 단어
　 를 이해하는 과정에서의 복잡한 인식 작용을 포함한다.

위의 의견을 종합해 보면 반응은 텍스트에 의해 구조화된 경험으로 독서의 전 과정에 걸쳐서 형성되며, 단순한 심미적 감정뿐만 아니라 인지적 · 정의적 · 지각적으로 복합된 의식 작용을 포함한다.

이희정(1999)은 이에 덧붙여 반응은 독서 후의 표현 과정에서 더욱 명료화되고 확장 · 고양 될 수 있으며, 독자가 표현하는 문학 텍스트에 대한 반응은 주로 언어나 비언어로 나타나는데 말, 쓰기, 그림, 연극, 몸짓 등으로 다양하게 표출될 수 있으며, 이런 표현된 반응은 독자의 내면적 반응을 짐작하게 하는 단서가 된다고 말한다. 그리고 독자의 특성이나 발달 단계 등 독자 요인뿐만 아니라, 텍스트 요인, 상황적 요인 등이 복합적으로 관련되어 형성된다고 반응의 개념을 정의한다.

이러한 반응에 대해 여러 가지로 살펴볼 수 있다. 먼저 O'Brien(1981)은 학생들의 문학 반응은 9학년이건 대학생이건 아주 일관된 형식으로 형성된다는 것을 발견하여 수용과 몰입, 텍스트 언어에의 주의, 문학적 연상과 같은 반응의 방식을 설명했다.[1] 이 반응의 방식은 문학 수업에서 학생들의 반응을 고양시키기 위해 어떤 구체적인 방법을 제시하는데 있어서 반응의 방식에 대한 이해를 기반으로 학생이 반응의 어느 과정에 문제가 있는가를 발견할 수 있게 해 준다.

---

1) ① 수용과 몰입(receptivity and involvement): 독자의 작품에 대한 반응은 작품수용의 성격 뿐만 아니라, 스토리에 상상적으로 몰입하는 능력에 의해 형성된다. 여기서 수용은 독자가 책을 열기 전에 또는 스토리에 잠겨있을 때 추측할 수 있는 하나의 태도로 규정되며, 텍스트의 수용은 텍스트를 용인하는 태도와 아이디어를 구조화하는 것의 두 형식을 취한다. 한 작품에의 몰입은 독자의 성격과 감정이입에서 싹틀 수 있으며 이때 감정적 몰입이 된다. 그러나 그것은 독자가 자신의 의미 형성에 대한 참여를 의식하게 되는 지적 몰입일 수도 있다.
② 텍스트 언어에의 주의(attention to the language of the text): 문학 텍스트는 단어들을 새롭고 독특한 유형으로 제시한다. 텍스트가 제공하는 단어 패턴과 문학적 장치는 독자에게 반응을 불러일으킨다. 이것으로부터 독자는 능동적으로 새 경험과 문학작품을 만들게 된다.
③ 문학적 연상(literary association): 문학적 연상이란 하나의 텍스트를 직접 간접으로 다른 텍스트 또는 작가들을 참조하는 문학적 인유(allusion)이다. 인유에 의해 환기되는 사적인 또는 공적인 연상의 형상화는 독자들이 새 작품을 보는데 배경과 의미의 문맥이 된다(O'Brien, 1981, 경규진, 1993에서 재인용).

다음으로 문학교육에서 거래의 결과로 반응이 어떻게 나타나는지 일정한 범주로 나눈 학자들의 반응 유형을 살펴볼 수도 있는데, Squire(1964)는 학생들에게 여섯 부분으로 나누어진 이야기를 읽도록 하고 구두로 반응하게 하였다. 학생들의 반응은 문학적 판단, 해설적 반응, 서술적 즉각 반응, 연상적 반응, 자기 몰입, 규범적 판단, 기타 등의 7가지 범주[2]로 나타났다. Squire(1964)는 반응의 몇 가지 역동적 양상을 제시하였다. 초기에 텍스트의 가치를 판단하는 독자는 이야기에 빠져들고, 읽기를 하는 동안에는 텍스트에 의해 마음속에 떠오르는 기억과 연합에 집중하며, 다 읽은 후에 텍스트를 다시 한번 평가한다(허덕희, 2002). 이러한 연구 결과는 반응의 유형 분류뿐만 아니라 능동적이고 반응적인 독자에 대한 관심을 불러일으켰다.

Squire의 영향을 받은 Purves와 Ripper(1968)는 『문학 작품에 대한 쓰기의 요소(The Element of Writing about a Literacy Work)』에서 비평가나 학생들이 문학 작품에 관해 쓴 100개의 진술문을 분석하여 그 진술문에 나타난 반응을 참여-몰입(Engagement -involvement), 지각(Perception), 해석(Interpretation), 평가(Evaluation)의 네 가지 범주[3]로 분류하였다. 이 시스템은

---

2) ① 문학적 판단(Literature judgements): '그것은 효과적이다.'또는 '그것은 훌륭하다'와 같은 일반화된 논평을 포함하여, 예술작품으로써 스토리에 대한 직접적이거나 함축된 판단들이다. 진술들은 이야기의 특수한 상황에 대한 판단 이라기 보다 문학적 또는 심미적 자질을 가리키는 것이 아니다. 또한 언어 스타일 성격화 등에 대한 특수한 반응이다.

② 해석적 반응(interpretational response): 해석적 일반화를 안내하는 스토리로부터의 증거가 되는 지시를 포함하여 독자가 스토리의 의미나 동인 그리고 인물들의 성격을 일반화하고 발견하려는 데서 오는 반응들이다. 세 가지 유형이 발견되었는데 그것은 성격 또는 플롯의 해석, 관념과 주제의 해석, 특수한 사실들의 시각적 해석을 대표하는 것으로 보이는 장면들의 재구성이다.

③ 서술적 즉각 반응(narrational): 해석하려는 시도 없이, 독자가 스토리의 세부와 사실들을 보고하는 반응들이다. 이런 사실적 다시 말하기(retelling)는 독자가 텍스트 이해에서 어려움을 가질 때 일어날 수 있다.

④ 연상적 반응(association response): 작품 속의 인물을 독자 자신과 관련시키기보다는 관념·사건들·장소·사람들을 그 자신의 경험과 연계시키는 반응들이다. 이 연상들은 직접적인데, 예를 들면 '여기는 내 집 같다' 또는 반대로 '여기는 내 집 같지 않다.' 등이다.

⑤ 자기 몰입(Self-involvement): 독자 자신을 인물의 행위 또는 감정과 연합시킨다. 정도의 범위는 약하게 부터 강렬하게 또는 동일시나 거부로 표현될 수 있다.

⑥ 규범적 판단(Prescriptive judgments): 독자가 어떤 절대적 기준을 토대로 인물의 행동과정을 규정하는 반응들이다. 예를 들면 "그녀는 이것을 해야한다", "그는 이것을 해야만 한다"와 같다.

⑦ 기타(Miscellaneous): 위의 어디에도 속하지 않는 반응들.

3) ① 참여-몰입(Engagement -involvement): 필자가 그 작품에 몰입된 것을 나타내는 진술이며, 독자에게 준 정서적 자극의 정도, 독자에게 일어난 흥미의 정도를 나타내는 진술들이다.

② 지각(Perception): 작품 그 자체를 기술하는 진술들이다. 예를 들어 작품의 내용을 재 진술하거나, 내용을 요약하거나, 형식적인 구성요소에 대해 언급하거나, 작품의 역사적 배경 등에 관해 진술하는 것을 말한다.

③ 해석(Interpretation): 텍스트의 의미를 설명하거나 일반화하려는 것이다. 이 진술은 텍스트 자체에서 다루었던 것보다 문제를 더 포괄적이고 폭넓게 다루는 것이다.

④ 평가(Evaluation): 작품의 특징에 대해 판단하는 것이다. 평가는 단순하거나 허술하게 할 수도 있고, 아주 정교한 기준에 의해서 복잡하게 분석하는 평가일 수도 있다.

가장 널리 활용되는 대표적인 범주로서 여러 연구자들에게 반응 진술문을 분석할 수 있는 도구를 제공해 주었다.

그 후 Squire & Purves(1972)는 미국의 고학년 아동들의 반응을 연구하고, 그 유형을 정서적 반응, 해석적 반응, 비평적 반응, 평가적 반응의 네 가지로 분류하였다. 또 Purves & Monson(1984)은 설명적 반응, 분석적 반응, 분류적 반응, 개인적 반응, 해석적 반응, 평가적 반응의 여섯 가지로 유형화하였고, Vandergrift(1990)는 개인적 반응, 설명적 반응, 분류적 반응의 세 가지로 크게 유형화하고, 분류적 반응을 다시 분석적 해석적 평가적으로 구분하였다(염창권, 2002). 이러한 반응의 분류를 통해 교사는 학생들이 텍스트와의 교류를 통해 형성한 반응이 어떤 종류인지 인식할 수 있고, 학생들의 반응을 분류하고 평가할 수도 있다.

위의 연구들은 문학 작품을 읽고 일어난 반응이 단순히 '재밌다', '지루하다' 와 같은 단순한 반응이 아니라 복잡한 현상임을 보여준다. 또한 단순히 한 명의 독자와 한 텍스트 사이의 상호 작용으로만 생각할 수 있는 것이 아니라, 선행하는 사회적, 교육적, 총체적인 경험에 의해 형성되는 거래라 할 수 있다(경규진, 1993). 다시 말해, 문학교육에서는 이렇게 복합적인 반응들이 형성될 수 있도록 충분한 시간을 주고, 형성된 반응이 더욱 활성화될 수 있도록 적합한 활동이 필요함을 말해준다. 이를 위해서는 무엇보다 교사의 허용적인 분위기가 필요하다. 이 때의 허용은 무조건적인 허용이 아닌 학생들을 자극하고 안내하여 반응을 활성화될 수 있게 하는 분위기를 만드는 교실 환경이다. 반응을 표현하는 활동은 단순히 텍스트를 읽은 후 독후감 쓰는 개인적인 활동에만 그칠 것이 아니라, 형성된 반응을 또래 집단과의 토의를 통해 공유하고 고양시키는 기회도 포함하여야 한다.

나. 문학 토의의 특성

1) 문학 토의의 성격

텍스트에 모든 답이 들어있고 작가의 의도가 문학 작품의 가치를 반영한다고 생각한 문학교육의 흐름이, 독자를 생각하게 되면서 문학교육에서도 학생들의 반응을 반영할 수 있는 토의 학습을 활용하기 시작했다. 동일한 텍스트라도 누가 어디서 읽느냐에 따라 그 느낌과 가치는 다르다. 강원경(1999:17)은 언어는 개인적인 성격과 사회적인 성격을 동시에 띠고 있어서 고립된 상태에서가 아니라 사람들과의 상호 작용 속에서 그 의미가 획득된다고 하였다. 그러므로 텍스트와 상호 작용하는 독자가 좀더 풍부한 의미를 터득하기 위해서는 언어를 매개로 한 활동이 독서 후에도 연장되어야 하며 이러한 활동을 가능하게 하는 것이 토의라고 하였다.

Almasi(1996)도 학생들이 독서 토의에 참여할 때 자연스럽게 텍스트에서 궁금했던 점, 명확하게 이해하지 못했던 점을 물어 보게 된다고 하였다. 이 때 인지적으로 조금 뛰어난 학생은 자신이 텍스트를 해석한 방법을 친구들에게 가르쳐주어 궁금증을 해결해 줄 수 있다. 또 동일한 텍스트라도 개인적인 배경지식이 다르기 때문에 서로 다르게 인지 할 수 있는 부분 역시 공유할 수 있다. 무엇보다 또래 구성원들의 인지 과정을 관찰함으로써 학습자들은 점차 높은 단계의 인지적 발달을 향해 나아가게 된다는 것이다.

문학 토의에서는 단순히 책을 읽고 난 후의 토의만 이루어지는 것이 아니다. 토의를 뒷받침할 읽기, 쓰기, 말하기가 함께 수행된다. 읽기를 통해 반응을 형성하고, 쓰기를 통해 반응을 명료화하며, 말하기를 통해 반응을 표현한다. 학생들은 이러한 활동으로 점차적으로 반응을 확장·심화시킨다.

이러한 문학 토의의 개념을 정리해 보면, '문학 토의는 문학작품을 읽으면서 그리고 읽고 난 후 형성된 개별적 반응이 다른 사람들과 공유를 통하여 확장·심화하여 내면화되는 활동' 이라 정의할 수 있다.

사회 구성주의자들에 의하면 텍스트를 읽는 것은 독자와 텍스트와의 거래를 통한 의미의 재구성이다. 하지만 이것은 제한된 개인적 반응일 뿐이다. 학생들이 동료 집단과의 대화적 상호 작용 속에서 그 의미를 함께 나누고 공유해 나갈 때 개인적 반응은 변화되고 재형성되어 풍부해진다. 이러한 체험은 학생들의 독서 태도에도 긍정적인 영향을 미치며, 동료들의 의미 구성에 영향을 미칠 수 있다. 문학 토의에 참여하면서 학생들은 자신이 알게 된 의미보다 더 새롭고 다양한 견해를 들을 수 있고 작품 이해도 쉽게 할 수 있다. 혼자서 활동하는 것보다 작품에 대한 새로운 견해를 더욱 더 많이 얻을 수 있고, 더 쉽게 작품을 이해할 수 있다. 학생들은 문학 토의의 집단 활동을 통해 다른 사람의 학습에 공헌할 수 있고 자신의 학습에 도움을 받을 수 있다.

이러한 문학 토의의 성격을 구체적으로 알아보면 다음과 같다.

첫째, 문학 토의는 문학 텍스트의 이해력을 향상시킨다. 동일한 텍스트를 읽은 학생들이 모두 똑같이 그 내용을 이해했다고 장담할 수는 없다. 왜냐하면 개개인이 갖고 있는 배경지식은 그들의 생활과 환경에 따라 다르기 때문이다. 이런 상황에서 학생들은 동료와의 대화를 통해 자신이 미처 이해하지 못하고 생각하지 못한 부분을 들을 수 있고 생각할 수 있다.

둘째, 문학토의에서 학생들은 같거나 혹은 다른 책들을 읽는다. 일반적으로 집단에 있는 모든 학생들은 동일한 책을 읽고 같은 문제를 토의한다. 이는 같은 작품이라도 다른 생각을 할 수 있다는 앞의 논의에 비추어 보면 많은 이점이 있다. 그 외 문학 토의에서는 동일한 작가의 다른 책이나 동일한 주제를 활용한 다른 책을 읽을 수 있다. 이러한 활동은 학생들에게 책을 읽을 동기를 부여할 뿐만 아니라 더 많은 문학 작품을 향유할 수 있는 기회를 준다.

셋째, 문학 토의는 학생들이 책을 적극적으로 읽게 한다. 문학 토의 활동은 책을 기반으로 시작된다. 학생들은 책을 읽기 전부터 책에 관심을 두어야 하며, 읽으면서 자신의 의미로 재구성하고, 읽은 후 반응을 표현해야 한다. 특히 책을 읽지 않으면 반응을 공유하고 대화하는 시간에 소극적이게 되고 자신의 역할에 충실할 수 없기 때문에 책을 적극적으로 읽어야 한다.

넷째, 문학토의에서는 교사와 학생이 함께 토의한다. 학생 중심 활동이니 교사는 방관자이고 학생이 모든 것을 해결한다고 보는 것은 착오이다. 물론 활동의 중심은 분명 학생이고 교사는 활동의 안내자이며 촉진자이지만 언제든 학생이 원하고 또 교사가 필요를 느낄 때 토의에 참여 할 수 있다. 토의에 교사가 참여함으로써 주제와 다른 방향으로 흘러갈지 모르는 토의를 올바른 방향으로 이끌어줄 수 있고, 갈등이 심화된 때는 중재자의 역할도 할 수 있다.

다섯째, 문학토의에서 교사는 때때로 학생들에게 텍스트에 대해 반응하는 방식을 보여주고 텍스트에 대한 정보도 안내한다. 토의 학습이 필요하고 학생들에게 도움이 된다는 것은 누구나 알고 있다. 하지만 잘 시행하지 못한다. 그 이유는 학생들에게 모든 것을 맡긴다는 것에 대한 의심과, 제대로 이루어지지 않을 거라는 불신감 때문이다. 이를 위해 문학 토의를 할 때는 때때로 교사가 학생들에게 텍스트를 읽으면서 사고 구술을 통해 반응하는 방식을 보여주고 어떤 식으로 토의가 이뤄져야 하는지 시범을 보인다. 또한 학생들에게 문학 작품에 대한 자극제가 될 정보도 알려주어 새로운 동기가 유발되도록 한다.

여섯째, 문학토의에서 교사는 소집단 활동을 촉진할 수 있는 자극제가 되어야 한다. 소집단 활동을 하다보면 의견 충돌이 자주 일어날 수 있으며, 그룹에서 소외되는 학생이 있을 수도 있다. 이때 교사는 각 소모임을 관찰하며 토의의 흐름이 자연스럽게 이어질 수 있도록 중재자의 역할을 하여 그룹 활동을 촉진한다.

일곱째, 문학 토의는 더 많은 읽기나 쓰기 또는 함께 할 수 있는 과제를 이끌어내야 한다. 문학 토의는 텍스트를 읽고 난 후 단지 토의를 하는 활동이 아니라 텍스트를 읽기 전, 중, 후 모든 과정에서 다른 활동과 연관지어 이루어지는 활동이다.

문학 토의의 목적은 심도 있게 이해하고 감상능력을 계발하며 개인적 반응을 심화하는 데 있다. 더 구체적으로 살펴보면 문학 토의를 통해 학생들은 읽기에 대한 즐거움을 증가시키고, 자신이 읽은 책에 대한 개별 반응의 가치를 인식하게 하며, 의미 있는 토의 활동에 참여 할 수 있게 된다. 또 이 활동을 통해 학생들은 문식성과 배경지식을 확장시킬 수 있고, 훌륭한 문학적 기교에 대해 쉽게 이해할 수 있으며, 비판적 생각을 할 수 있다. 이를 위해서 모든 활동은 학생만의 것이 아니라 끊임없는 중재와 참여로 교사가 함께 하는 활동이 되어야 한다.

2) 문학 토의의 구성 요인

문학 토의 활동은 단순히 토의만으로 이루어지지 않고 읽기, 쓰기, 말하기가 통합적으로 일어난다. 문학 토의를 구성하는 요인은 여러 가지가 있다. 연구자는 이를 크게 주체 요인과 대상 요인 그리고 활동 요인으로 나누어 보았다.

주체 요인은 문학 토의에 참여하고 이끌어가는 교사와 학생을 말한다. 토의는 학생 위주의 활동이지만 문학 토의에서는 계획에서 정리까지 학생과 함께 참여하고 안내하는 교사의 역할도 중요하다.

대상 요인은 텍스트로서, 이는 문학 토의의 성패를 좌우할 수 있는 요인이다. 교사는 문학적 가치가 충분하고, 토의 거리가 있는 텍스트를 선정해 활발한 활동이 일어나게 해야 한다.

활동 요인은 문학 토의에서 일어나는 여러 가지 활동들로 읽기, 쓰기, 토의하기, 질문하기 등이 있다. 물론 크게 읽기와 토의가 주를 이루지만 원활한 읽기와 토의를 위해서는 쓰기와 질문이 바르게 이루어져야 한다.

① 주체 요인

㉮ 교사

교사는 학생들이 문학 토의에 지속적으로 참여하는 동안 학생의 앞, 뒤, 그리고 옆에 서서 학생의 조력자가 되어야 한다. 교사는 처음부터 학생들에게 모든 것을 맡겨 스스로 탐구할 수 있게 하는 것이 아니라 처음에는 자세한 안내와 설명을 적절하게 해주어야 할 필요가 있다. 또, 학생들이 활동하는 동안 설명하고, 지시하고, 중재하고 안내하는 등 학생들이 독립적으로 활동할 수 있도록 상황에 맞게 다양하게 대처해야 한다. 무엇보다 교사는 무조건적인 안내자가 아니고 학생들이 무엇을 해야하는지 명확한 가르침이 필요할 때 성확히 설명하고 보여 줄 필요가 있다.

문학 토의를 하는 동안의 교사의 역할은 크게 다음과 같이 나눌 수 있다(Irene C. Fountas and Gay Su Pinnell, 2001).

첫째, 교사는 보조자이다. 교사는 전체 토의 활동에서 사회자로서의 역할을 수행하면서 학생들에게 소집단 토의를 어떻게 하는지 시범을 보여준다. 또 소집단 토의를 지켜보면서 학생들의 대화가 주제에 벗어나지 않도록 중재를 한다.

둘째, 교사는 참가자이다. 교사는 단순히 토의 활동 바깥에 있는 사람이 아니라 전체 토의의 직접적인 참가자이다. 소집단 토의에서도 틈틈이 토의 활동에 참여하여 토의가 수월하게 진행될 수 있도록 도와주며, 다양한 반응이 나올 수 있도록 적절한 질문을 하기도 한다. 학생들은 이때 교사가 자신들보다 항상 위에 있고 멀리 있다는 거리감을 버리게 되고 자신들과 함께 대화를 나눌 수 있는 친밀감을 얻게 된다.

셋째, 교사는 안내자이다. 교사는 필요에 따라서 학생들이 가야할 길을 안내한다. 토의를 하면서 학생들은 의문이 생기거나 토의하면서 발생하는 문제점들을 교사에게 물을 수 있고 교사는 학생들에게 그 방법을 안내한다.

넷째, 교사는 관찰자이다. 학생들이 토의를 하는 동안 교사는 단순한 관찰자가 아니다. 왜냐하면 학생들이 토의에 잘 참여하는지, 어려운 점은 없는지 체크하고 기록하면서 반성하고 계획하기 때문이다. 학생들에 대한 교사의 평가는 의미 있는 관찰로 이루어진다.

앞의 논의처럼 문학 토의를 하는 동안 교사는 보조자이며 참가자이고, 안내자이며 관찰자이다. 교사는 이 역할을 독립적으로 순서대로 행하는 것이 아니라 상황에 적절하게 결정하여 행한다. 또 토의가 이루어지는 동안에만 나타나는 것도 아니다. 학생들이 텍스트를 읽고 쓰고 정리를 하는 시간에도 교사의 이런 역할들은 필요하다. 이렇게 교사의 적극적인 지원을 통해 학생들은 자신의 생각을 어떻게 가치롭게 만드는지, 자신의 의견을 어떻게 표현하는지를 학습하고, 다른 사람들과 그 사고를 공유하기도 한다.

㉯ 학생

학생들은 더 이상 수동적인 역할이 아닌 아닌 스스로 의미를 창조하는 능동적인 역할을 해야 한다. 문학 토의에서의 학생들의 역할을 구체적으로 살펴보면 다음과 같다.

첫째, 문학 토의에서 학생들은 촉진자로서 역할을 해야 한다. 소집단 토의를 할 때 집단 참여자인 학생들은 누구나 화제에 집중하고 서로에게 도움이 될 수 있어야 한다. 이 시간은 적극적인 학생들만의 시간이 아니라 평소에 소극적인 학생들도 빠짐없이 자신의 생각을 표현할 수 있도록 토의 사회자는 고려해야 한다. 학생들은 서로 토의에 참여하도록 적극적인 촉진자 역할을 해야 한다.

둘째, 학생들은 문학 토의에서 질문자의 역할을 해야 한다. 토의는 가장 자연스러운 탐구적 대화로 이어져야 한다. 의미 없이 나누는 대화는 단순한 수다일 뿐 토의라고 할 수 없다. 학생들은 텍스트와 관련하여 이해되지 않았거나 어려웠던 부분을 표시하여 소집단 토의에서 질문할 수 있어야 한다.

셋째, 학생들은 참여자로서 자신의 의견에 책임을 갖고 다른 사람이 이의를 제기했을 때 대응할 수 있어야 한다. 텍스트에 대한 자신의 개인적인 반응을 다른 학생이 듣고 이의를 제기하거나 대답하기 곤란한 질문을 하더라도 학생들은 책임 의식을 갖고 응해주어야 한다.

넷째, 학생들은 평가자가 되어야 한다. 학생들은 토의를 하면서 지속적으로 자신을 평가하고, 피드백을 통하여 더 나은 자신이 되도록 노력해야 하며 자신이 속한 소집단을 평가하는 평가자 역할을 해야한다.

문학 토의에 참여하는 학생들은 책 선정에서부터 정리까지 지속적으로 주체가 되어 활동해야 한다. 또 교사가 텍스트의 고정된 의미를 전달해 주기를 기다리기보다는 스스로 탐구하고 동료들과 공유함으로써 의미를 찾고 재구성해야 한다. 그러므로 활동이 진행되는 동안 책임을 갖고 참여자, 질문자, 촉진자, 평가자로서 자신의 역할에 충실해야 한다.

② 대상 요인

㉮ 텍스트

텍스트는 문학 토의에 필수적인 요인으로 여러 활동을 일으키게 한다. 텍스트가 신성시되던 기존의 텍스트 중심 문학관과는 비록 그 위상이 다르지만, 항상 텍스트는 문학 활동에서 기본이 될 수밖에 없다. 그러나 문학 토의에서는 텍스트의 내용과 작가가 작품을 쓴 의도보다 텍스트를 읽고 반응을 생성하는 독자를 더 중요시 한다. 따라서 문학 토의에서는 학생들을 고려한 텍스트를 선정해야 한다. 물론 활동의 중요한 주체 요인인 교사 또한 그 텍스트에 흥미가 있어야 하며 작품 내용을 인지하고 있어야 한다.

문학 토의 활동에서 텍스트 선정은 반응의 양과 질을 결정하는 중요한 변수이다. 지나치게 어렵거나 난해한 문장이 많이 삽입된 이야기보다는 반응을 적절히 유발할 수 있는 텍스트를 선정해야 한다. 그렇게 하기 위해서는 학생들의 발달 수준과 요구, 흥미 등을 고려하여야 한다. 단순히 문학적 가치만 따지다 보면 학생들의 흥미가 배제되어 적극적인 토의가 되지 않을 수 있다. 또 작품이나 교육성을 따지지 않고 학생들이 흥미 있어 하고, 다양한 반응이 유도될 수 있다고 하여 그 작품을 대상으로 삼는 것도 문제가 될 수 있다. 따라서 작품의 문학성과 교육적 가치를 생각하고 학습자의 흥미나 요구를 고려한 텍스트를 선정하는 것이 중요하다.

③ 활동 요인

㉮ 읽기

문학 토의에서 읽기는 단순히 글을 읽는 행위가 아니라 읽으면서 반응을 형성하고 자신의 생각과 반응을 비교 대조하여 의미를 구성하고 이해하는 과정이다.

전통적으로 읽기는 올바르게 발음하고 부호와 기호에 중심을 두어 정답 찾기에만 급급하였고, 인용된 문학 작품보다는 원문에 충실한 읽기만을 강조했으나 문학중심 교육과 독자 반응 이론, 구성주의 문예 이론의 영향으로 독자를 고려하게 되었다. 또 읽기는 독자와 텍스트와의 상호 작용적 의미 교환으로 반응 형성의 기반이 되게 하였다.

학생들은 다양한 방법으로 텍스트를 읽고 반응하여 텍스트와 작가가 드러내고자 하는 것을 체험할 수 있는 기회를 얻는다. 학생들은 책을 읽는 목적에 따라 다른 자세로 책을 읽을 수 있다. 이것을 Rosenblatt(1991)은 원심적 읽기와 심미적 읽기로 나누었다. 원심적 읽기는 글을 읽으며 독자가 정보 획득에 목적을 두는 읽기를 말한다. 예컨대 신문이나 약 처방, 역사책을 읽을 때처럼, 정보 획득이나 문제의 논리적 해석에 주의를 기울인다. 이에 비해, 심미적 읽기는 소설이나 시, 희곡 등을 읽을 때처럼, 독자의 관심이 자신의 내부로 이동하며 실제 독서하는 동안 재창조되는 것에 주의를 기울이는 읽기를 가리킨다(이경화, 2003).

이 두 가지는 읽기의 자세로서 한 직선상에 있으면서 무게 중심을 어디에 두느냐에 따라 한 쪽으로 기울어질 수도 있고 함께 일어날 수도 있다. 한철우 외(2001b)는 텍스트에서 정보를 얻는 원심적 읽기 능력과 텍스트를 감상하는 심미적 읽기 능력을 모두 갖추어야 한다고 했다.

문학 토의의 읽기 활동은 교수-학습 상황에서 간단히 짧은 텍스트를 함께 읽는 경우도 있지만 긴 텍스트를 읽는 경우는 수업 시간 외 자투리 시간을 활용하여 개인적으로 읽거나 동료들과 읽을 수도 있다. 교수-학습 상황에서 짧은 텍스트를 읽는 경우 함께 소리내어 읽기, 짝과 나누어 읽기, 교사의 이야기 들려주기 등 다양하게 읽기를 할 수 있다. 특히 교사가 들려주기는 저학년 학생들에게 이롭고, 어려운 텍스트인 경우 사고구술을 활용한 교사의 들려주기는 고학년에게도 이롭다.

㉯ 쓰기

문학 토의에서 학생의 쓰기는 텍스트를 읽기 전부터 읽은 후까지 지속적으로 일어나는 것으로 완성본을 쓰는 것이 아니라 읽기와 토의를 강화하기 위한 반응일지 쓰기이다. 이는 논평, 의문, 재미있는 구절이나 문장을 재빠르게 적는 사고기록지와 유사하다. 반응 일지에는 특정한 질문에 대한 반응 뿐만 아니라 텍스트에 대한 생각과 느낌도 기록한다. 학생들은 쓰면서 자신이 어떤 생각을 했고 무엇을 느꼈는지 더 잘 알 수 있다. 다시 말해 학생들은 쓰기를 통해 배울 수 있다. MacMahon & Rahpael(1997)은 문학적 이해의 과정에 참여하고, 의미 있고 맥락적인 독해 전략을 사용하며, 사고, 지식, 태도를 발달시키기 위한 폭넓고도 지속적인 기회를 얻기 위해서 학생들이 쓰기를 이용한다고 말한다. 학생들의 반응 일지 쓰기는 책을 읽기 전부터 책을 읽은 후까지 지속적으로 일어난다. 책을 읽기 전 책에 대한 느낌과 생각을 쓰는 것을 시작으로 책을 읽으면서 형성된 반응을 언제든 첨가할 수 있고 책을 읽고 난 후도 책에 대한 느낌을 간단히 한 두 줄 쓰거나 그림으로 표현하여 형성된 반응을 명료화할 수 있다. 학생들이 일지에 쓸 수 있는 내용은 작가의 의도, 주제에서 흥미 거리, 이야기 예견, 텍스트에서 감동 받은 글귀, 텍스트에서 이해되지 않는 부분 등이 있다. 교사는 학생들의 일지를 보면서 학생들의 생각을 알 수 있고 이해 정도도 파악할 수 있다.

문학 토의는 개인의 반응을 해석하고 촉진시킬 수 있는 시간을 주는 것과 생각을 정리하도록 돕는 것이 중요한데 여기서 쓰기는 특히 큰 도움이 된다.

㉰ 토의하기

문학 토의에서 토의는 학생과 교사가 함께 문학 작품을 통해 형성된 반응을 더 유능한 타자로부터 끌어낼 수 있어 일반적인 토의 이상의 의미를 갖고 있다. 여기에서 토의는 문제 해결을 목적으로 하는 것이 아니라 읽기를 통해 형성된 반응을 공유하여 확장하는 활동이다. 학생들에게 이미 형성된 개인적 반응들이 사회적 상호 작용을 통해 확장되고 심화되어 완전한 개인의 것이 되도록 내면화의 발판이 되게 한다.

Vygotsty(1962)에 따르면 아동의 문화적 발달에 있어서 모든 기능은 두 차례 일어나는데 사회적인 수준에서 먼저 일어나고, 후에 개인적인 수준에서 일어난다. 즉 사람과 사람 사이에서 먼저 일어난 후에 개인 내에서 일어난다(신헌재 외, 2003:27). 이는 정신 기능은 개인적으로만 발생하는 것이 아니라 실제적인 관계에서 발생할 수 있음을 말한다. 문학 작품을 통해 형성된 학생의 개인적 반응은 사회적 상호 작용이 이루어지지 않으면 완전히 이루어질 수 없다고 할 수 있다.

반응을 공유할 수 있는 토의 활동은 교사가 주도하는 전체 토의와 학생이 주도하는 소집단 토의로 나눌 수 있다.

전체 토의는 교사 주도 토의로 교사가 아동에게 개념적 지식을 가르쳐 주고 토의하는 방법을 시범 보여줄 수 있는 시간이다. 전체 토의는 두 가지로 나누어 생각할 수 있는데 하나는 문학 작품에 대한 이해를 촉구 할 수 있는 문학적 요소에 대해 학생들과 같이 토의하면서 작품에 대한 이해를 촉진시켜주고 자연스럽게 토의 방법을 익히게 하는 소집단 토의 전 활동이고, 다른 하나는 소집단 토의에서 형성된 문학적 반응을 전체 집단이 공유하며 반응을 명료화하게 하는 토의이다. 전체토의가 교사 토의라고 해서 교사가 텍스트의 내용을 전달하고 명시적으로 방법을 가르치며 단순히 묻고 대답하는 방법이 행해지는 것은 아니다. 여기서 교사는 학생과 마찬가지로 참여자이며 토의에서의 조정자 역할을 하는 것이다.

소집단 토의는 학생 중심의 토의이다. Vygotsky는 학습에 대해 더 많이 아는 조력자가 학습을 도와준다고 가정한다. 이때 더 많이 아는 조력자는 반드시 교사나 어른일 필요는 없다. 동료들과의 상호 작용을 통해서도 이러한 효과는 배가될 수 있다. 특히 학생 위주의 토의일 때 학생들은 더 자연스럽게 많은 대화를 나눌 수 있다. 또 이질적 집단 구성은 서로 다양한 체험을 나눌 수 있게 해주며 인지 수준이나 감상 능력이 뛰어난 학생이 미숙한 학생을 도울 수 있다. 이러한 소집단 토의 활동을 위해 학생들은 다음의 것들을 알고 실천해야 한다(Fountas & Pinnell, 2001).

첫째, 토의를 위한 준비를 한다. 학생들은 텍스트를 읽고 토의에 필요한 거리들을 미리 준비해야 한다. 철저한 준비는 적극적인 토의활동의 기본임을 학생들은 알아야 한다. 텍스트에 대한 기본적인 이해가 없이는 다른 사람의 말을 들을 수도 자신의 의견을 표현할 수도 없다.

둘째, 모두가 바라볼 수 있게 앉는다. 둥글게 앉는 것이 가장 좋다. 그 이유는 집단의 모든 구성원이 다른 구성원을 바라 볼 수 있어서 서로의 역할이 무엇인지 자세히 알 수 있고 말하는 사람을 바라보면서 이야기를 들을 수 있기 때문이다.

셋째, 개인적 발언 기회를 얻기 위한 절차를 수립해 두고 한번에 한 사람만이 말할 수 있게 한다. 토의를 하는 동안 학생들은 자신의 반응을 표현할 수 있는 기회를 얻기 위한 방법을 알아야 한다. 이것은 학급 전체적으로 만들 수 있고, 소집단별로 정할 수 있다. 방법은 여러 가지가 있다. 다른 사람의 의견이 다 끝날 때까지 기다렸다가 손을 들어서 사회자에게 발언권을 얻을 수 있고, 한 쪽 방향으로 순서대로 이야기 하다가 무엇인가 할 말이 있을 때 손가락으로 의사 표현을 할 수도 있다. 예를 들어 지금 하고 있는 내용에 대해 보충하는 경우는 검지 손가락을 들고, 반대되는 의견인 경우는 주먹을 들며, 새로운 생각이 떠오른 경우는 엄지손가락을 내민다. 사회자는 그 상황에 맞게 적절히 지도하면서 토의를 이끈다.

넷째, 모든 사람이 말할 기회를 가지도록 한다. 문학 토의의 의의는 반응의 공유를 통한 반응의 확장이다. 그러므로 개개인의 반응이 얼마나 가치 있는지 학생들은 알아야 한다. 토의에 참여한 학생들 모두가 의무적으로 자신의 생각을 이야기하고, 다른 사람의 반응 확장에 도움을 주어야 한다. 또 한 사람이 집중적으로 말하는 것보다는 모두에게 그 혜택이 돌아갈 수 있도록 사회자는 적절히 조절하고 필요한 경우에는 지명을 해도 좋다.

다섯째, 대화의 초점을 맞추면서 토의를 해야한다. 동일한 텍스트를 읽은 집단이더라도 독자의 배경지식이 다르므로 텍스트에 대한 느낌과 이야기하고 싶은 내용은 다양할 수 있다. 그렇다보면 토의는 중구난방식으로 여러 가지 이야기를 꺼내기만 하지 진솔한 담화가 되지는 못한다. 학생들은 토의 전 제시된 초점에 맞추어 주제에 벗어나지 않도록 유의해야 한다. 의견을 나누다 보면 사소한 다툼이 있을 수 있고, 또 이야기가 다른 방향으로 흘러가는 경우도 있다. 그럴 때 교사의 역할이 중요하겠지만 학생들 스스로도 자신들의 이야기가 다른 곳으로 흘러감을 감지하고 다시 주제로 돌아오도록 노력해야 한다. 교실 수업에서 학생 위주의 수업이라 하면 소집단 토의를 가장 많이 떠올리고 실제 현장에서도 자주 활용한다. 그러나 많은 교사들이 활동의 가치를 제대로 얻어 내지 못한다. 이는 활동이 이루어지는 동안 학생들이 해야 할 행동과 하지 말아야 할 행동의 안내가 없었고 활동 방법에 대한 구체적인 절차도 제시되지 않았기 때문이다. 어떤 활동을 하든 적절한 안내와 중재가 있어야 활동에서 요구하는 목표를 도달할 수 있다고 본다.

㉣ 질문하기

문학 토의에서 질문의 역할은 토의의 성패를 좌우할 수 있을 만큼 중요하다. 특히 교사가 학생에게 묻는 질문은 학생들이 문학 작품에 반응하는 방식에 중요한 영향을 준다. 아무리 중요한 텍스트라도 반응을 이끌어 내는 적절한 질문이 있어야 반응을 공유할 수 있다. 교사는 자연스러운 분위기와 부드러운 대화체로 학생들이 자신의 반응을 자연스럽게 표출하게 해야 한다. 특히 학생들에게 질문을 제시하고 생각할 수 있는 충분한 시간적 여유를 주어 확산적 사고가 일어나게 해야 한다. 또 교사가 질문을 할 때는 "예", "아니오" 같은 대답이 가능한 질문보다는 세밀한 반응을 유도할 수 있는 핵심적인 질문을 해야 한다. 예를 들면"이야기를 읽으면서 가장 감동 받은 부분은 어디니?", "이야기의 끝 부분은 어떻게 끝나야 한다고 생각하니?", "왜 그렇게 생각하지?"등이 있다. 하지만 이 질문만으로 토의가 원활히 진행되기는 어렵다. 핵심 질문을 뒷받침하여 확산적 사고를 할 수 있는 보조 질문도 잘 활용해야 한다.

교사는 학생들의 반응을 인정하는 언급을 하여 그 다음 반응을 격려해야 한다. "좋은 생각이구나", "우와, 그렇게 생각할 수도 있겠구나.", "선생님은 생각지도 못한 부분이구나" 등의 언급은 학생들이 다른 질문에 대해서도 다시 반응하고 싶은 느낌을 갖게 한다. 그러나 교사의 평가적인 언급이 많을 경우 학생들은 자신의 느낌이나 반응을 그대로 표현하기보다는 교사가 원하는 답이 무엇인지를 먼저 생각하게 되고 그에 맞는 답을 말하게 되는 경우가 생기므로 교사가 원하는 것은 학생들의 솔직한 반응이라는 것을 자주 인식시키고 그런 반응에 대한 칭찬을 아끼지 않아야 한다.

교사의 질문 수준은 학생의 응답 수준을 결정한다. 많은 교사들이 "학생들이 발표를 잘 하지 않는다", 또는 "간단한 대답만 한다"고 말한다. 이 때 교사는 자신의 질문 수준이 과연 학생들에게 적합한가 되돌아 봐야 한다. 특히 문학 수업에서는 학생들의 다양한 반응을 촉진시키려는 질문을 하려다 보니, 너무 깊은 생각을 요구하는 높은 수준의 응답을 요구하기도 하니 질문의 수준을 잘 고려해야 한다.

3. 반응 활성화를 위한 문학 토의의 실제

가. 문학 토의의 설계 및 적용 방안

문학교육은 문학적 체험을 기반으로 하여 다양한 반응이 형성되도록 하는 것이 타당하며, 하나의 문학 작품이 단순히 언어사용 능력을 신장시키는 도구가 아니라 문학적 가치를 심어 주어 바람직한 인간 형성의 기반이 될 수 있어야 한다. 그리고 이를 위해서는 체계적인 절차가 필요하므로 실제 현장에서 적용·활용 가능한 문학 토의 방법을 설계하였다.

문학교육과 관련된 활동은 통합적인 교육 활동 속에서 반응이 형성되고 표현될 수 있도록 해야 하며, 허용적인 분위기로 학생들에게 반응과 연관된 활동의 기회를 많이 주어야 한다. 그러므로 연구자는 반응 활성화를 위한 문학교육의 방안으로 문학 토의 방법을 설계하기 위하여 다음과 같은 전제를 두었다.

첫째, 문학 토의 활동은 문학 작품의 즐거움을 느낄 수 있어야 한다. 문학 작품을 읽는 이유는 지적 능력을 개발시키고, 정보를 얻기 위해서라고 이야기할 수 있지만 문학 작품의 세계에 빠져 들어가서 겪는 간접 체험이야말로 진정 책을 읽는 즐거움이라 생각한다.

둘째, 문학 토의 활동은 단순히 토의 활동에만 그치지 않고 읽기, 쓰기, 말하기가 통합적으로 이루어지게 해야 한다. 지금까지 우리는 언어 기능들을 서로 분리해서 가르치는 경향이 강했는데 실제 언어사용 상황에서는 이들은 서로 연결되어 있다. 우리는 말을 하면서 쓰기도 하고 쓰기를 하면서 말을 하기도 한다. 또 읽기와 쓰기는 공통적인 지식을 기반으로 하며, 언어 처리 과정과 단위가 유사하며, 두 활동 모두 인지적 사고 과정이다(이재승, 1997). 문학 토의 활동은 문학적 반응을 공유하는 토의가 주를 이루지만 토의를 뒷받침하는 말하기, 듣기, 읽기, 쓰기의 중요성을 생각하고 설계해야 한다.

셋째, 문학 토의 활동은 문학교육의 목표인 문학 능력 향상을 위해 문학 수용능력 뿐만 아니라 평가 능력, 창작 능력도 신장할 수 있도록 구안해야 하며, 세부 활동은 학생들의 반응을 존중하는 능동적인 학생들의 활동 중심으로 이루어져야 한다.

넷째, 문학교육은 작품을 읽기 위한 전략을 가르쳐야 하지만 어떤 지식의 전달과 학습이 아닌 가치 교육, 미적 감상의 교육이므로(박영목 외, 1997:360) 내면화[4]단계를 포함해야 한다. 내면화 과정은 가시적으로 통제가 어려울 수 있으니 내면화 과정에 대한 전체적 기획을 가지고 있는 경우와 그렇지 않은 경우는 질적 차이가 있다. 심화된 감상이나 내면화 과정이 가시적으로 통제되지 아니한다고 해서, 문학의 원리나 주요 개념을 소개해 주거나 작품의 전체 내용을 간추린 대상의 개요 정도만을 전달해 주는 것으로 문학교육의 소임을 다했다 친다면 지극히 소극적 문학교육으로 그치고 만다(최현섭 외, 2002). 그러므로 내면화 과정은

---

4) 내면화되지 아니 하는 문학 경험(또는 문학교육)은 의미가 없다고 한다. 문학교육은 문학 작품이라는 특수 매개 때문에 개념적인 지식 교육과는 달리 감동과 울림이 있는 심미적 정서의 교육이며 가치의 교육이라 할 수 있으므로 내면화 단계가 필요하다(최현섭 외, 2002).

문학 수업의 활동 내에 있어야 한다고 본다. 이와 같은 전제를 바탕으로 연구자는 '준비하기 → 문학 작품 살펴보기 → 문학적 체험하기 → 반응 공유하기 → 내면화하기 → 정리하기' 여섯 단계로 문학 토의 방법을 설계했다. 그 과정을 도식화 해 보면 【그림 1】과 같다.

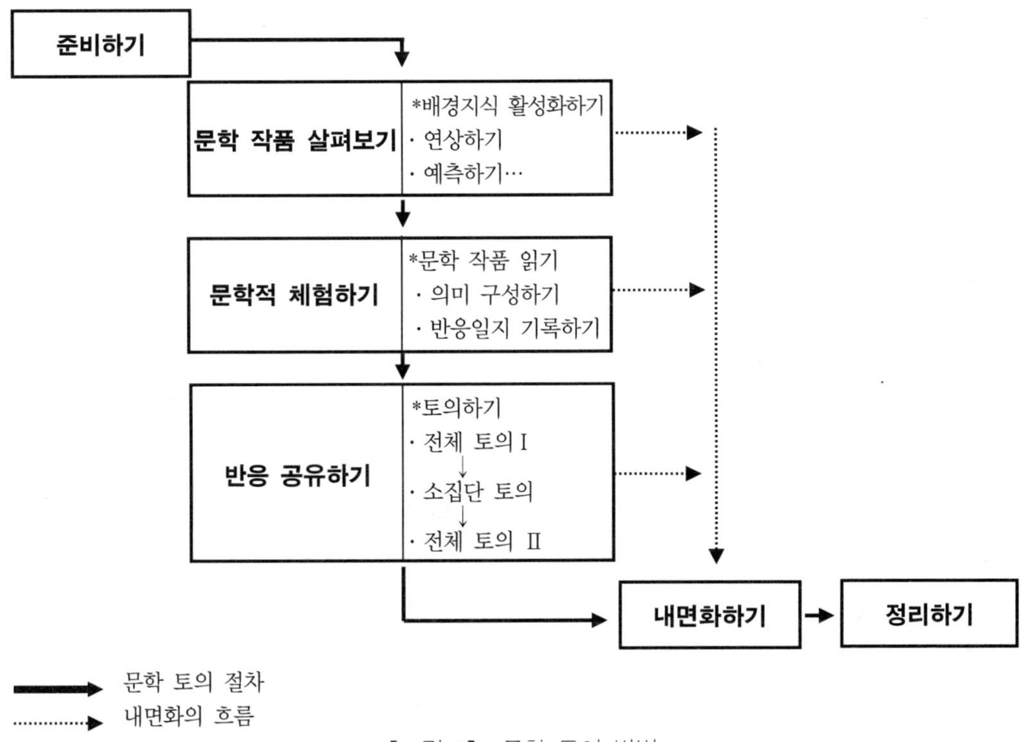

【그림 1】 문학 토의 방법

준비하기는 문학 토의 활동의 첫 단계로 문학 작품 살펴보기, 문학적 체험하기, 반응 공유하기를 위해 활동 목표를 인식하고 계획을 세우는 단계이다. 여기서는 학생의 역할도 중요하지만 무엇보다 교사의 역할이 중요하다.

교사는 먼저 교육과정과 교과서를 분석하여 적절한 수업 목표를 선정하고 그에 맞는 텍스트를 선정해야 한다. 이 때 교과서에 제시된 텍스트가 학생의 흥미를 자극하고 문학적 가치가 있으며, 그 시간 도달하려는 목표와도 적합하다면 그것을 사용해도 좋다. 하지만 그보다 더 수업의 효과를 살릴 수 있는 텍스트가 있다면 고려하여 사용하는 것이 더 좋다. 여기서 텍스트는 목표에 맞게 한 가지로 선택해도 좋고, 여러 가지로 다양하게 선택해도 좋다. 학생들은 텍스트 고를 수 있는 기회가 주어지면 교사가 안내하는 문학 텍스트 중 자신의 수준에 맞고 흥미 있는 텍스트를 신중하게 고려한다. 자신의 일반적인 수준을 고려하지 않고 텍스트를 선택한 경우, 책의 흥미와 즐거움을 상실할 수 있으므로 사려깊게 선택해야한다.

텍스트가 선정되면 교사는 학생들을 4~5명의 이질 집단으로 구성해주어 소집단별 계획을 세우게 한다. 소집단 토의는 토의 거리에 대해 단순히 이야기를 주고받을 수도 있으나, 학생들이 할 수 있는 역할을 안내하여 소집단에 모인 학생들이 각자의 역할을 나누어 토의에 참여하게 한다면 의미 없이 토의에 참여하는 것을 막을 수 있고, 적극적인 토의 참여자가 되게 할 수 있다.

문학 토의의 소집단 활동 시 학생들의 역할은 상황에 따라 여러 가지로 나눌 수 있으나 본고에서는 문학 토의에 적합한 소집단 학생들의 역할을 토의 조정자, 이야기 박사, 발표자, 기록자로 나누었다. 먼저 학생들은 자신이 잘 할 수 있는 것이 무엇인지 대화를 나누고 그에 적합한 역할을 선정한다.

토의 조정자는 소집단 토의 활동의 순서를 계획하고, 주제와 접목하여 개인적인 경험과 연관되게 질문을 하며, 토의할 때 일어난 일에 대한 적절한 중재를 한다.

이야기 박사는 문학 작품에 대한 일반적인 것을 다른 학생들보다 더 깊이 조사하여 토의에 도움이 되게 하는 역할을 한다. 작가에 대한 이야기, 작품의 구조나 인물, 사건, 배경, 주제 등의 문학 요소에 대해 조사하여 토의 활동 때 작품내용에 대해 학생들이 잘못 생각하거나 오류를 범하면 안내하고 알려준다. 이 역할을 하는 학생은 작품에 대한 더 깊은 이해가 필요하므로 작품에 대한 이해가 빠르고 문학 요소에 대한 기본적인 학습이 잘 되어 있는 학생이 하는 것이 좋다. 문학 작품이 장편이거나 다소 어려운 내용이라면 교사가 미리 이야기 박사 학생들과 예비 학습을 하는 것도 좋다.

기록자는 집단 구성원들이 하는 이야기를 잘 듣고 토의 내용을 정리하여 기록한다. 발표자는 전체 토의 시간에 소집단 토의에서 일어난 의견을 정확한 발음으로 바르게 전달하는 역할을 한다. 학생들은 이렇게 각자의 역할을 갖고 토의에 참여하면서 자신이 토의에 꼭 필요한 사람이라는 책임감을 느낄 수 있고 토의에 즐겁게 참여할 수 있다.

문학 작품 살펴보기 단계는 문학 작품에 대한 직접적인 체험에 앞서 작품과 관련된 확장된 사고로 배경지식을 활성화하는 단계이다. 학생들의 배경지식이 활성화되었느냐 되지 않았느냐는 다음에 오는 문학적 체험하기 단계인 읽기 활동에 영향을 미친다. 배경지식이 활성화되면 동기 유발이 이루어지고 장기기억 속에 있는 정보가 회상되거나 인출되어 텍스트 의미의 구성을 돕는다.

물론 이 단계 없이 무조건 책을 읽으라고 할 수도 있다. 그러나 학생들에게 문학 작품에 대한 호기심과 기대감을 심어주어 읽고자 하는 의욕을 갖게 하는 것부터가 충분한 반응 형성의 밑바탕이 될 수 있으며 이때부터 학생들의 반응은 형성된다. 스키마 이론에 따르면, 글에 나타난 정보가 독자의 스키마와 일치할 때 이해가 이루어지고, 글을 이해하는 데에 적합한 스키마가 부족하거나 관련 스키마에 접근하는 데 실패하면 의미 구성이 잘 이루어지지 않는다(이경화, 2003:55). 교사는 스키마가 활성화될 수 있도록 분위기를 조성하고 유도해야 하고, 학생들이 가지고 있지 않은 즉, 글 이해에 필요한 스키마를 보충해 주어야 한다.

이 단계에서 할 수 있는 활동은 문학 작품에 대한 흥미를 유발하기 위해 작가에 대한 소개와 더불어 배경 지식을 확장할 수 있도록 작품에 제시된 그림이나 책표지를 보고 내용을 예측하기, 제목이나 교사가 제시한 자료에 기초하여 학생 자신이 이미 알고 있는 것을 브레인스토밍하고 그것을 토대로 가장 흥미 있는 것을 골라 그에 대한 질문과 답을 기록하는 연상하기를 할 수 있다. 특히 삽화는 저학년일수록 효과가 크게 나타나겠지만, 고학년의 경우에도 경시해서는 안 된다. 읽기 자료의 삽화는 흥미 유발이나 내용 추론에 있어 많은 영향을 행사한다(한철우 외, 2001a). 또, 책을 읽기 전에 책의 앞면과 뒷면, 제목, 저자의 이름 책의 두께 등을 미리 살펴보는 것으로, 제목을 보고 글의 단락을 인지한 후 각 단락의 첫 문장과 마지막 문장을 읽고, 글 속에 있는 이름이나 수, 날짜, 눈에 뛰는 단어들을 주목하여 보는 과정인 미리보기, 학생이 글을 읽기 전에 화제에 대하여 알고 있는 것, 화제에 대하여 더 알고 싶은 것, 글을 다 읽고 난 후에 알게 된 것을 자기 점검하면서 읽을 수 있도록 해주는 KWL표(이경화, 2003:57), 등으로 문학 작품을 읽도록 동기를 유발하고 스키마를 확장하는 활동을 한다. 이러한 활동들은 문학 작품을 읽기 전 작품에 관한 동기를 불러일으키게 하고 동료의 의견과 자신의 사고 확장으로 인해 작품에 대한 심미적 반응을 고양하게 한다. 교사는 학생들이 이러한 전략들을 활용할 수 있도록 구체적인 안내를 하고 시범을 보여야 한다. 위에서 살펴본 여러 전략 외에도 학생들이 책에 흥미를 느낄 수 있도록 교사가 책에 있는 내용을 간단히 소개하거나, 책에서 어떤 점이 가장 재미있는지, 이 책을 읽어야 하는 이유가 무엇인지 이야기해 주어도 된다.

문학적 체험하기 단계는 학생들이 문학 텍스트를 읽으면서 반응을 형성하는 문학적 체험을 하는 단계이다. 문학적 체험하기는 문학 토의의 기반이 되는 중요한 활동이다. 다음에 오는 반응 공유하기 단계에 적극적으로 참여하기 위해 개인적 반응이 충분히 형성될 수 있도록 분위기를 조성해야한다. 이때 학생들은 문학 작품에 몰입하여 텍스트와의 상호 작용적 거래를 할 수 있는 기회가 주어진다. 이 시간은 모두 같은 시간일 수도 있고, 다른 시간일 수도 있다. 텍스트의 양이 짧은 경우 수업 시간 안에 전체 학생이 함께 책을 읽는 시간을 마련 할 수 있으나, 텍스트의 길이가 긴 경우는 어느 정도 시간적 여유를 두고 텍스트를 읽어 오게 해야 한다.

학생들은 문학 작품을 읽을 때 필요에 의해서 심미적 자세를 취할 수 있으며, 원심적 자세도 취할 수 있다. 작가의 정확한 의미를 아는 것도 중요하지만 이야기는 독자에 따라 의미가 다를 수 있고 읽는 시간에 따라도 다를 수 있기 때문이다. 학생들이 텍스트를 읽으면서 활용할 수 있는 전략5)은 이미지 하기, 예견하기, 회상하기, 집중하기, 감정 이입하기, 정교화하기, 삶과 관련짓기, 다른 문학 작품과 비교하며 생각해 보기 등이 있다. 이러한 전략들은 교사의 설명을 듣거나, 사고구술 시범에서 배울 수 있다.

이렇게 텍스트를 읽는 동안 그리고 읽고 난 후 학생들은 자신의 특정 목적에 대한 반응 또는 느끼거나 생각한 부분을 기록하거나 생각그물 만들기를 통해 텍스트 내용을 다시 한 번 정리해 보는 것도 좋다. 여기에서 쓰여진 일지는 학생들의 읽기를 더욱 강화시킬 수 있고 머릿속에만 형성된 반응을 더욱 정교하게 할 수 있다. 또 다음에 오는 토의를 위한 기반을 마련할 수 있으며 교사는 학생들의 일지를 통해 이해 정도를 가늠할 수 있다.

반응 공유하기 단계는 토의가 주를 이루는 단계로 학생들은 지속적으로 서로의 의견을 교환하면서 반응을 확장·심화 할 수 있으며, 불명료한 반응을 명료화시킬 수 있다. 학생들은 이런 과정을 경험하면서 새로운 것을 발견하게 되고, 자신의 의견이 다른 사람에게도 영향을 미칠 수 있다는 것을 깨닫게 된다.

여기서 토의는 전체 토의와 소집단 토의로 나누어진다. 먼저, 소집단 토의 전 전체 토의 I 은 교사 중심의 토의로 교사가 토의를 이끌어 간다. 교사는 텍스트를 읽고 형성된 학생들의 문학적 반응을 끌어내어 반응이 확장되게 하는 토의 조정자의 역할과, 직접 자신의 반응을 적절한 예를 들어 이야기하고 학생들의 반응에 질문을 하는 등 토의 참여자의 역할을

---

5) 이미지화 하기: 텍스트를 읽으면서 마음속으로 텍스트의 이미지나 그림을 만든다.
　예견하기: 읽으면서 앞으로 어떤 일이 일어날지 예견해 본다.
　회상하기: 읽은 것을 다시 생각하고, 지금 읽고 있는 것에 어떤 영향을 미치는지 생각한다.
　집중하기: 텍스트 속의 시간과 공간으로 빠져들면 들수록 이야기에 몰입한다.
　감정 이입하기: 학생들은 읽을 때 감정에 따라 반응한다.
　정교화 하기: 학생들은 자신이 읽은 것에 대해 추론하고 지식을 덧붙인다.
　삶과 관련짓기: 학생들은 이야기의 사건, 인물, 다른 측면을 자신의 삶과 관련을 짓는다.
　다른 문학작품과 비교하며 생각해보기: 학생들은 읽은 이야기를 다른 이야기와 관련짓는다
　(Tompkins & Hoskisson, 1995).

겸하면서, 토의를 하는 방법이나 질문을 하는 방법으로 학생들이 자연스럽게 배울 수 있도록 유도한다.

전체 토의에서 다루어지는 화제는 문학 작품의 기본적인 내용인 문학 요소에 대한 것이다. 문학 요소는 문학 작품을 이루는 기본적인 내용으로 작품의 주제, 인물의 성격, 작품의 구성, 사건, 배경 등이다. 이 단계에서는 무엇보다 교사의 질문이 중요하다. 교사가 던지는 질문은 학생들의 문학 작품에 대한 반응을 표현하고 자극하는 데 영향을 미치며 전체 토의와 다음에 오는 소집단 토의를 이끌어 나가는 매개가 된다.

교사와 함께 전체토의 I 에서 문학 작품의 문학적 요소에 대해서 반응을 나눈 학생들은 다음으로 특정 화제를 갖고 소집단 토의에 참여한다. 소집단 토의는 학생 주도의 토의로 교사 주도의 전체 토의보다 학생을 더 자유롭게 해 주고, 개인적으로 발언할 수 있는 기회가 많이 있어 반응을 더욱 활성화되게 해 준다. 또 학생들은 또래 구성원들의 도움을 많이 받을 수 있고 그 인지 과정을 볼 수 있어서 더 높은 사고 단계로 나아갈 수 있다. 토의 내용은 수업 목표에 따라 소집단별로 화제가 다를 수도 있고 같을 수도 있으며, 또 읽은 텍스트가 다를 수도 있고 같을 수도 있다.

준비하기 단계에서 4~5명의 이질 집단으로 구성하여 토의 조정자, 이야기 박사, 발표자, 기록자로 각자의 역할을 나눈 학생들은 자신의 역할에 책임을 다하며 토의에 참여한다. 그러나 실제 소집단 토의 학습을 하는 경우에 많은 학생들이 무임승차를 하는 경우가 있고 주제와는 다른 이야기로 시간을 보낼 때가 있어 토의를 통해 얻을 수 있는 효과를 제대로 얻기 어렵다. 여기에는 여러 가지 요인이 있을 수 있겠지만 가장 큰 요인은 소집단 토의에 들어와서는 어떻게 토의가 진행되어야 하는지 그 순서를 학생들이 모르기 때문이라 생각한다. 이에 본고에서는 문학 작품을 활용한 소집단 토의의 경우를 고려하고, 여러 연구자들의 소집단 토의 모형을 참고로 하여 【그림 2】와 같은 간단한 순서를 제시하는 것도 토의의 효과를 극대화할 수 있다고 본다.

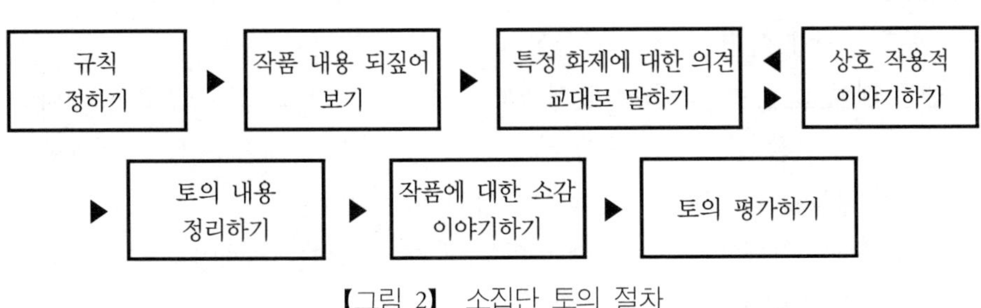

【그림 2】 소집단 토의 절차

학생들은 규칙 정하기 → 작품 내용 되짚어 보기 → 특정 화제에 대한 의견 교대로 말하기 → 상호 작용적 토의하기 → 토의 내용 정리하기 → 작품에 대한 소감 이야기하기 → 토의 평가하기 순서대로 토의를 진행한다. 그 구체적인 방법을 살펴보면 다음과 같다.

① 규칙 정하기 단계에서는 적극적인 소집단 토의를 위해 학생들 스스로 지킬 규칙을 선정한다. 예를 들면 '누구나 동등하게 이야기하기', '동료가 묻는 질문에 책임지고 대답하기', '의견이 다르다고 싸우지 않기', '하고 싶은 말이 있으면 검지 손가락 들기' 등이 있다. 이렇게 설정한 규칙은 소집단 토의에 참여하는 평가 관점이 될 수 있고 스스로를 조절할 수 있는 기준이 될 수 있다.

② 작품 내용 되짚어 보기 단계에서는 학생들이 텍스트의 내용에 대해 얼마나 잘 이해하고 있는지 이야기 해보는 단계이다. 학생들은 선정된 텍스트를 제대로 읽었는지 관련된 내용이나 줄거리를 서로 확인하고, 텍스트를 읽으면서 이해가 되지 않았거나 친구의 의견이 궁금했던 부분에 대해 이야기를 나누며 점차 작품을 이해하고 반응을 확장한다.

특정 화제에 대한 의견 교대로 말하기 단계에서는 토의 조정자가 교사가 제시해준 토의 거리에 대해 이야기하면 학생들이 각자의 의견을 돌아가면서 이야기한다. 이렇게 개인적으로 의견을 말할 기회가 없이 무조건적으로 이야기를 하게 되면 한 두 사람의 의견만으로 토의가 끝날 수 있다.

③ 상호 작용적 이야기하기 단계는 개인적인 말하기가 끝나면 동료의 의견에 대해 서로 질문하고 답하는 시간을 갖는다. 이 단계에서는 서로의 감정이 다치지 않게 타인을 배려해야 하며 자신의 의견을 표현하는 것도 중요하지만 친구의 의견도 잘 들어주어야 한다. 또 자신이 한 말에 책임을 지고 그에 관련된 질문에는 책임지고 대답해 주어야 한다. 여기서는 토의 조정자의 역할이 정말 중요하다. 토의 조정자는 구성원들이 활발하게 토의를 할 수 있는 환경을 조성하고, 토의에 적극적으로 참여하지 못하는 사람을 격려하여 자연스럽게 토의가 연결되게 해야 한다.

④ 토의 내용 정리하기 단계는 토의한 내용에 대해 중재자가 정리하여 기록자가 기록할 수 있도록 해 주어야 하며 학생들도 자신의 반응을 정리한다.

⑤ 작품에 대한 소감 이야기하기 단계에서는 동일한 텍스트라도 개인의 스키마에 따라 반응이 다를 수 있음을 알고 작가에게 하고 싶은 말, 작품에 대한 느낌, 주인공에게 하고 싶은 말, 책의 내용에서 좋았던 점, 싫었던 점을 서로 공유한다.

⑥ 토의 평가하기 단계에서는 소집단 토의를 할 때 구성원들 개개인의 자신의 역할을 충실히 했는지, 토의에 대해 적극적으로 참여했는지를 스스로 반성해보고, 소집단 간 토의가

충실히 이루어졌는지 동료간 평가를 한다.

　학생들이 이렇게 소집단 토의를 하는 동안 교사는 방관자가 되어서는 안되며 단순한 관찰자가 되어서도 안된다. 교사는 학생들을 관찰하면서 필요에 따라 역할을 달리하며 학생들의 토의를 도와주어야 하는 안내자이며, 조력자가 되어야 한다. 또 토의가 잘 이루어지지 않는 소집단 토의 집단에는 직접 참여하여 토의를 돕는 보조자도 되어야 하고, 답의 정오에 상관없이 학생들의 이해를 촉진시켜 주어야 한다. 교사의 이런 노력은 학생들의 소집단 토의에 많은 영향을 미치며 교사가 방관자가 아닌 함께 참여하는 참여자라는 생각은 학생들을 안도하게 하고 허용적인 분위기도 조성한다.

　끝으로 소집단 토의 후 일어나는 전체 토의Ⅱ는 소집단 토의에서 일어난 집단별 반응을 학급 전체가 다시 모여 공유하여 확장하는 단계이다. 학생들의 반응이 단순히 소집단에서 머물지 않고 더 큰 집단의 공유를 통해 확장·심화되는 것이다. 이를 통해 학급 공동체가 서로 공감하는 것은 무엇이며 차이점은 무엇인지 알 수 있고, 개인적 반응도 더욱 확장될 수 있다. 각 소집단에서 발표자의 역할을 맡은 학생들은 교대로 발표를 하고 학생들은 다른 집단에서는 어떤 생각을 했는지 자신의 생각과 비교, 대조한다. 교사는 학생들의 반응을 존중하고 발표로만 끝나지 않고 발표된 반응이 다른 학생들에게도 심화될 수 있도록 다시 한번 토의를 유도해야 한다.

　위의 세 단계를 거치면서도 학생들의 쓰기는 지속된다. 학생들은 지속적인 반응을 공유하면서 일지에 생각을 덧붙인다.

　내면화하기 단계는 지금까지 형성된 반응을 개인적으로 다시 정리하여 자기 것으로 만드는 단계이다. 학생들은 처음부터 지속적으로 쓴 반응일지를 보면서 자신의 반응이 어떻게 형성되었고 어떻게 발전되었는지 확인해 본다. 이때는 문학 작품에 대한 전반적인 느낌을 한 두 줄의 글로 쓸 수 있고, 작가나 친구에게 편지를 쓸 수 있으며, 그림이나 시, 그리고 광고로도 표현 할 수 있다. 학교 현장에 있는 많은 선생님들이 책을 읽게 한 후 책에 대한 내면화를 위해 독서 후 활동을 많이 하게 한다. 하지만 많은 학생들이 어려워하고 있다. 그 이유는 방법이 어려워서 일 수도 있지만 그전에 작품에 대한 충분한 반응이 형성되지 않았고 활성화 될 수 있는 기회도 적었기 때문이라 생각할 수 있다.

　정리하기 단계에서는 문학 작품 살펴보기에서부터 내면화하기 단계까지 형성되고 발전된 개인적 반응을 발표하고, 활동에 대한 자기평가와 상호평가로 스스로를 되돌아보는 시간을 갖는다. 이런 반성적 사고를 통해 문학 능력이 더욱 발전될 수 있다. 그렇다고 학생들의 평가가 수업 후에만 이루어지는 것이 아니다. 학생들은 활동 중에도 자신을 반성하고 적합한 피드백을 하며, 교사 또한 학생들을 지속적으로 관찰하면서 부족한 점이 있을 때마다 적절한 대안을 제시하여 학생들이 더 발전되게 해 주어야 한다.

나. 문학 토의를 활용한 문학 수업의 실제

단 원	5 - 1. 셋째 마당 삶의 향기 2. 무지개를 찾아서	영역(차시)	읽기(4/9)
교육과정 내용	문학 (4) 작품에 나오는 인물의 다양한 삶으로 이해한다.		
수 업 목 표	이야기를 읽고, 인물들의 삶이 어떻게 다른지 비교할 수 있다.		

이 대단원은 문학 작품 속에 등장하는 인물들이 인생을 살아가면서 중요하게 생각한 가치가 무엇인지 알아보게 한다. 또 여러 인물들의 삶을 비교하여 인물의 다양한 삶을 이해하고, 인물의 삶에 대한 자기의 생각을 정리해 볼 수 있도록 하여 주체적인 작품 해석 능력을 기르는 데 초점을 두었다. 인물의 삶은 인물의 생각과 인물이 처한 환경에 영향을 받는다. 인물의 삶을 파악하기 위해서는 이야기 속에 나오는 인물의 말과 행동을 중심으로 인물의 생각을 알아보아야 한다. 이번 차시에서는 인물들의 말과 행동을 보고 인물들의 삶을 비교해서 문학 작품의 감상 능력을 신장시키려 한다.

준비하기

교 사	학 생
◗ 교육과정 내용을 고려하여 수업 목표 설정하기 ◗ 텍스트 선정하기 - 이금이 지음, 너도 하늘말나리야 ◗ 이질 집단으로 구성하기 ◗ 학습 목표 제시하기 ▶ 이야기를 읽고, 인물들의 삶이 어떻게 다른지 비교할 수 있다.	◗ 소집단 구성원으로서 역할 나누기 - 토의 조정자, 이야기 박사, 발표자, 기록자로 나주어 자신이 해야 할 역할이 무엇인지 안다. ◗ 학습목표 인식하기

교　사	학　생
◖ 학습 순서 알려주기 - 문학 작품 살펴보기 - 문학적 체험하기 - 반응 공유하기 (전체 토의Ⅰ→소집단 토의→전체 토의Ⅱ) - 내면화하기 - 정리하기	◖ 학습 순서 인식하기 - 문학 작품 살펴보기 - 문학적 체험하기 - 반응 공유하기 (전체 토의Ⅰ→소집단 토의→전체 토의Ⅱ) - 내면화하기 - 정리하기

텍스트 선정에 있어서 이금이의 '너도 하늘말나리야'는 같은 또래의 세 친구가 겪는 슬픔과 기쁨이 잘 스며든 작품으로, 무엇보다 교과서를 배우는 초등학교 5학년 학생들과 같은 또래이다. 이 작품은 소희, 미르, 바우의 아픔을 학생들의 눈으로 잘 묘사했고, 아픔을 극복하는 방법이 서로가 비슷하면서도 다르기 때문에 인물의 다양한 삶을 이해하는데 교과서에 제시된 텍스트보다 더 적합하다고 본다.

교사는 학생들의 수준과 여러 성격을 고려하여 이질 집단(4명씩)으로 구성해 주고, 학생들은 소집단 활동을 하는 동안 자신이 할 수 있는 역할(토의 조정자, 이야기 박사, 발표자, 기록자)을 선정한다.

문학 작품 살펴보기

교　사	학　생
◖ 배경지식 활성화하기 - 작가 '이금이'에 대해 소개한다. - 작가의 다른 작품을 소개한다. - '하늘 말나리야' 꽃을 보여준다. - 제목에서 말하는 '너도 하늘말나리야'의 의미는 　무엇일까 말하게 한다.	◖ 배경지식 활성화하기 - 작가 '이금이'에 대해 안다. - 작가 '이금이'의 그 외 작품에 대해 안다. -'하늘말나리야'가 어떤 꽃인지 안다. - 제목의 의미를 생각하고 이야기 한다.

배경지식을 활성화하고 책에 대한 흥미를 위해 교사는 작가 '이금이'에 대한 간단한 소개를 하고 '너도 하늘말나리야'외에 어떤 작품이 있었는지도 안내한다. 또 제목에서 의미하는 '하늘말나리야'는 어떤 꽃인지 사진을 보여주고 꽃말을 알려주어 학생들이 제목을 보고 어떤 이야기가 진행될 것인지 예측해 보게 한다.

이런 활동으로 학생들은 책을 읽고 싶어하는 동기가 생기며 작품과 관련된 초기 반응이 형성된다.

<table>
<tr><td colspan="2">문학적 체험하기</td></tr>
</table>

교 사	학 생
◑'너도 하늘말나리야'읽게 하기 - 소희, 바우, 미르의 삶이 어떻게 다른지 생각하며 글을 읽게 한다. - 반응 일지에 기록하면서 글을 읽게 한다.	◐ '너도 하늘말나리야'를 읽기 - 소희, 바우, 미르의 삶이 어떻게 다른지 인물의 행동이나 생각에 유의하며 글을 읽는다. - 반응 일지에 기록하면서 글을 읽는다.

'너도 하늘말나리야'는 텍스트의 양이 길기 때문에 수업 시간내에 읽을 수가 없으므로 미리 읽어 오게 한다. 학생들은 소집단별로 모여서 읽을 수도 있고 짝과 함께 읽을 수도 있으며 혼자서도 읽을 수도 있다. 교사는 학생들이 책을 읽을 시간을 충분히 주어 학급 전체가 모두 책을 읽을 수 있도록 해야 한다. 책을 읽으면서 이해가 되지 않거나, 친구들과 함께 이야기 나누고 싶은 부분을 반응 일지에 기록하거나 책에 표시를 한다. 또 가장 감동 받은 구절이나 재미있는 부분도 찾아본다. 교사도 학생과 마찬가지로 토의에 참여하기 위해 책을 읽어야 한다.

<table>
<tr><td colspan="2">반응 공유하기</td></tr>
</table>

교 사	학 생
◑ 교사 주도 전체 토의 I 하기 - 이야기를 읽으면서 가장 감동 받은 부분은 어디인가? - 어떤 사건을 계기로 미르, 바우 소희는 서로를 알게 되었습니까? - 이야기의 제목이 어울리는가? - 소희, 미르, 바우 중 가장 흥미 있는 인물은 누구이며 그 이유는 무엇인가?	◐ 교사주도 전체 토의 I 하기 - 이야기를 읽으면서 가장 감동 받은 부분을 생각하고 이야기한다. - 어떤 사건을 계기로 미르, 바우, 소희는 친해졌는가 말한다. - 이야기의 제목이 어울리는지 생각하고 새로운 제목을 만들어 본다. - 소희, 미르, 바우 중 가장 흥미 있는 인물을 선정하여 그 이유를 설명한다.

전체토의 I 에서는 문학 작품에 대한 충분한 이해를 위해 문학적 요소에 관련된 내용을 교사가 질문을 하고 학생들이 그 질문에 관하여 토의한다.

특히 문학 작품에 나오는 인물의 삶을 비교하기 위해서는 인물의 성격과 사건에 대한 이해가 충분해야 한다. 학생들은 각 인물에 대해 생각 해보고 개인적으로 흥미를 끄는 인물에 대한 이야기를 나누면서 인물들의 성격을 파악하게 된다.

한 사건에 대해 인물들이 어떻게 행동했는지 이야기 해 보는 것도 삶에 대한 인물의 태도를 알아보는 중요한 단서가 될 수 있다. 이때의 사건은 여러 가지가 나올 수 있으니 교사는 칠판에 제시해 두어 다음에 오는 소집단 토의에 도움이 되게 해야 한다.

교사가 토의 조정자가 되어 이끌어 갈 때는 무엇보다 분위기는 허용적이어야 다양한 반응이 나올 수 있으며, 교사가 토의를 이끌어 간다고 해도 학생 위주의 토의가 일어나도록 해야 한다. 특히 교사의 토의 기술은 다음에 오는 소집단 토의에 영향을 미친다.

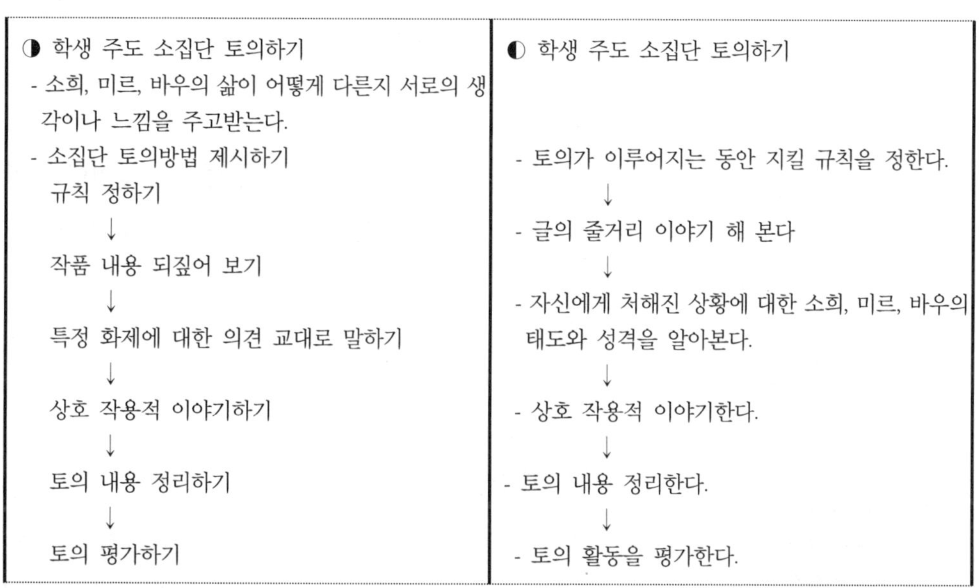

학생들은 교사가 제시해준 토의 거리를 중심으로 소집단 토의를 시작한다. 먼저 자신이 맡은 역할을 상기하고 토의가 이루어지는 동안 지킬 규칙을 선정한다. 규칙은 소집단별로 다르게 형성될 수 있다. 토의는 교사가 안내해준 순서대로 진행되는데 여기서는 인물의 삶을 비교해 보는 것이 한 특정한 상황을 설정하고 인물이 어떻게 대처했는지 이야기 해보는

것이 중요하다. 토의가 이루어지는 동안 교사는 학생들을 관찰하면서 필요에 따라 역할을
달리하며 학생들을 돕는다. 학생들은 자신이 맡은 역할에 충실하며 토의에 참여한다.

◑ 교사 주도 전체 토의 Ⅱ하기 - 소집단에서 논의된 것을 발표하게 한다. - 이야기가 진행되면서 성격이 변한 사람은 누구이   며 그 이유는 무엇인가? - 뒷 이야기를 상상해서 말하게 한다.
◑ 교사주도 전체 토의Ⅱ하기 - 소집단에서 논의된 것 발표한다. - 이야기가 진행되면서 성격이 변한 사람이 누구이   며 그 이유는 무엇인지 말한다. - 글의 뒷 이야기를 상상해서 말한다.

　　전체토의Ⅱ에서는 소집단 토의에서 논의 된 것을 각 모둠의 발표자가 학급 전체 앞에서
발표하는 시간을 갖는다. 이때는 다시 교사가 토의를 이끈다. 교사는 소집단에서 나온 의견
을 단순히 전달하는 것에 머물지 않는다는 것에 초점을 두어야 한다. 학생들간에 서로 묻고
답할 수 있도록 유도해야 한다. 그리고 더 심화된 활동으로 이야기가 진행되면서 성격이
변한 사람이 누구인지 생각해 보게 하고, 소희, 미르, 바우가 어떻게 살아갈지 뒷이야기를
꾸며 보게 하였다.

　　반응 공유하기 단계에서는 개인만이 아닌 타인과의 상호 작용적 대화로 끊임없이 반응
을 활성화할 수 있는 기회를 주어 텍스트에 대한 문학적 반응이 충분히 형성되고 확장되게
해준다.

내면화하기

교 사	학 생

◑ 자신의 삶과 비교 해 보기
- 소희, 바우, 미르 중 하고 싶은 말이 있는 사람에
  게 편지를 쓰게 한다.
	◑ 자신의 삶과 비교 해 보기
	- 소희, 바우, 미르 중 하고 싶은 말이 있는 사람에
	  게 편지를 쓴다.

　　내면화 단계에서는 문학 작품이 갖고 있는 가치를 자신의 생활과 더불어 연결짓는 활동
을 한다. 여기서는 학생들과 같은 또래인 소희, 바우, 미루의 삶에 대한 태도를 자신의 생활
과 비교해 보고 격려하거나 셋 중 한 사람을 선택하여 칭찬하는 편지를 쓰는 활동을 하게
하였다. 이런 활동으로 학생들은 자신과 비슷한 또래의 친구들이 어떤 생각을 하는지 그리

고 지금까지 자신은 어떻게 살아왔는지 반성적 사고를 할 수 있다.

교 사	학 생
◑ 활동 정리하기 - 글을 발표하게 한다. - 문학 토의 활동에 대한 자기평가를 통해 반성적 　사고를 하게 한다.	◑ 활동 정리하기 - 자신의 글을 발표한다. - 문학 토의 활동에 대해 자기평가를 한다

정리하기 단계에서는 문학 토의 활동에 대한 전반적인 자기반성을 하게 한다. 교사도 목표에서부터 텍스트 선정, 그리고 얼마나 학생들에게 도움을 주고 안내를 했는지 반성적 사고를 하는 시간을 갖는다.

4. 나오며

본 연구의 목적은 문학 작품을 접하면서 얻을 수 있는 가치를 극대화하기 위한 것으로, 책을 읽으면서 형성된 문학적 반응이 언어적 상호 작용인 토의 학습과 그를 뒷받침하는 읽기, 쓰기 활동으로 활성화되어 확장·심화될 수 있도록 문학 토의 방법을 설계하고 그 적용 방안을 모색하는 데 있다. 문학 작품은 작가의 손을 떠나면 그 의미는 독자의 것이 된다. 각각의 학생들은 다양한 환경과 사회적 경험을 통해 각기 다른 가치관으로 문학 작품을 감상하기 때문에 그 의미를 모두 동일하게 느끼고 생각할 수 없다. 그러므로 문학교육은 문학 작품에 한 가지 답이 있다는 전제를 버리고 학생들의 반응이 풍부하게 형성되고 활성화 될 수 있는 장을 마련해 주어야 한다. 본 연구는 문학 작품을 문학 토의는 문학 수업에 참여하는 학생들이 능동적인 학습 참여자가 되게 하고, 반응 활성화를 위한 문학 토의로 충분한 문학적 체험을 할 수 있게 하여 평생 독자의 기반이 될 수 있게 하는데 도움을 줄 수 있으리라 생각한다.

경규진(1993), '반응중심 문학교육의 방법 연구', 서울대학교 박사학위논문.

박영목 외(1997), 『국어과 교수학습 방법 탐구』, (주)교학사.

신헌재 외(1996), 『독서교육의 이론과 방법』, 박이정.

________(2003), 『국어과 협동학습 방안』, 박이정.

염창권(2001a), 「초등학교 문학 수업의 문화 기술적 연구 - 교과서 활용 양상을 중심으로」, <문학 교육학 9호>, 한국문학교육학회.

염창권(2002b), 「초등학교 문학수업의 문화기술적 연구 - 학생 반응의 형식을 중심으로」, <한국초등국어교육 21집>, 한국초등국어교육학회.

유정아(2002), 「문학 활동 설계모형 개발 및 적용」, <문학교육학 9호>, 한국문학교육학회.

이경화 (2003), 『읽기 교육의 원리와 방법』, 박이정.

이성은(2003), 『아동문학교육』, 교육과학사.

이재승(1997), 『국어과 교육의 원리와 방법』, 박이정.

한국독서학회(2003), 『21세기 사회와 독서지도』, 박이정.

한철우 · 박진용 · 김명순 · 박영민(2001a), 『과정 중심 독서지도』, (주)교학사.

한철우 · 김명순 · 박영민(2001b), 『문학 중심 독서 지도』, 대한교과서(주).

이희정(1999), '초등학교 반응중심 문학교육 방법 연구 - 토의 학습을 중심으로', 한국교원대학교 석사학위논문.

임영규(2002), '독서클럽 활동을 통한 효율적인 지도 방안 연구', 한국교원대학교 석사학위논문.

허덕희(2002), '문학 읽기 중심의 독서 교육 방법 연구', 한국교원대학교 석사학위 논문

Fountas, I. C. and Pinnell, G. S.(2001), *Guiding Readers and Writers*, Heineman.

McMahon, S. I. and Raphael, T. E.(1997), *The book club connection* : Literacy learning and classroom talk. DE: Teachers College, Columbia University.

McMahon, S. I. and Raphael, T. E. with Goatley, V. J. and Pardo, L. S. (1997), The book club connection : *literacy learning in the classroom talk, Teachers college, Columbia University.*

Rosenblatt, L. M.(1995), Literature as Exploration(5th ed), NY: The Morden Language Association. (Original work publish in 1938)

Tompkins, G. E. and Hoskisson, K.(1995), Language Arts Content and Teaching Strategies, Prentice Hall, Inc.

4장 웹 토의 문학 감상 학습 연구

1. 들어가며

지식 정보 사회, 인터넷 매체의 시대로 접어들면서 의사소통의 범위가 웹이라 불리는 가상 공간으로 이동, 확장되는 언어 환경의 변화는 국어 교육의 변화를 필요로 하고 있다.

면대면 학습의 시·공간의 제약을 극복하는 학습 공간의 제공과 빠르고 활발한 학습 상호 작용을 특징으로 하는 웹의 장점은 구성주의적 학습에 효과적인 방법이며, 문화적 의사소통 능력을 기르는 문학 교육의 목표에 부합하는 중요한 교육 매체가 될 것이다.

반응 중심 문학 교육에서 아동의 반응은 학습자와 학습자간의 활발한 상호 작용성 속에 더욱 풍부해지며 웹은 이러한 반응을 자유롭게 조장하고 격려하며 또한 그 반응을 관찰하기에도 유용한 방법이 될 것이다. 또한 학습자와 학습자의 상호 작용은 웹 상의 토의 학습으로 구체화될 때 더욱 활발하게 이루어질 것이다.

이러한 맥락에서 본 연구의 목적은 구성주의 학습 이론과 반응 중심 문학 이론을 바탕으로 문학 감상 학습에 효과적으로 적용할 수 있는 웹 토의 문학 감상 학습의 모형[1]을 구안 적용하고 아동의 실제 반응들을 분석해 봄으로써 그 효용성을 검증하는 데 있다.

이와 같은 목적을 달성하기 위하여 다음과 같은 연구 문제를 설정하였다.

첫째, 웹 토의 문학 감상 학습에서 아동의 반응은 어떠한 유형과 양상으로 나타나는가?

둘째, 웹 토의 문학 감상 학습 모형은 아동의 문학 감상 학습 능력 신장에 효과적인가?

---

1) 웹 토의 : 대화방이나 전자게시판, 전자우편 등을 활용하여 어떤 특정한 주제에 대해 허락이 된 참여자들 또는 불특정 다수가 자신의 의견을 게시하면서 온라인상에서 문자로 대화를 주고받는 활동이다.

웹 토의 문학 감상 학습 환경 : 본 연구에서 구안한 환경은 웹 토의 문학 감상 학습을 위해 웹 사이트상에 설계된 환경이며, 문학 감상 학습을 위한 총체적인 환경으로서 교사나 학습자의 책임과 역할을 보다 강조하는 역동적인 구조이다.

본 연구는 문학 감상 교육의 바람직한 방향으로 웹 토의 문학 감상 학습의 방법을 실현하기 위하여 웹 상의 문학 감상 학습 환경을 설계하고, 그에 적절한 학습 모형을 구안하며, ○○초등학교 4학년 1개 반의 아동을 대상으로 수업에 투입을 한 다음, 아동의 반응 양상을 문화 기술적인 방법으로 서술하면서, 이 모형과 실천 전략에 대한 효과를 검증하고자 한다.

본 연구에서 문학 교육은 동시와 동화를 제재로 한 문학 감상 학습을 말하며 감상의 폭을 넓히는 차원에서 아동의 창조적 반응을 유발하는 활동에서 부분적으로 표현 활동을 도입하였다.

2. 반응 중심 문학 교육과 웹 기반 수업

가. 구성주의 학습관과 WBI(웹 기반 수업)

구성주의[2]는 지식 이론 또는 인식론의 현대적 동향이다. 구성주의 인식론에 의하면, 지식의 습득과 형성은 개인의 인지적 작용과 그 개인이 속해 있는 사회 구성원들간의 상호 작용의 결과 이루어지는 것이다(Bruffee, 1986; Russell, 1993; Vygotsky, 1978).

Vygotsky는 문화적, 사회적 맥락 속에서의 구성원들의 상호 작용, 특히 대화를 통한 상호 작용이 개인의 심리적 인지적 발달을 가져온다고 가정한다. 그는 주어진 사회 현상은 처음에는 외재화되어 있다가, 내면화의 과정을 거쳐 '타인의 것(사회)'이 '자기의 것'으로 변형된다고 보았다(김재은, 1995: 261). 그는 사고 과정의 발달에서 언어의 역할을 강조하고, 사회 구성원들의 대화를 통해서 더 나은 사고력이 형성된다고 보았다(이희정, 1999에서 재인용).

웹의 특성은 구성주의 학습 환경을 구축하는데 효율적으로 사용될 수 있다. 백영균(1999)은 웹 기반 수업이 구성주의 학습 원리들, 예컨대 학습자의 능동적인 학습, 실제적인 학습, 상호 작용적이면서 협동적인 학습을 가능하게 하는 효율적인 매체라고 하였다. 또한 강인애(1999)는 구성주의 교수-학습 원리가 웹 기반 교육의 내실화에 중요한 요인이 되며, 구성주

---

2) 구성주의는 지식의 구성 과정에서 어떤 측면을 강조하는가에 따라 인지구성주의나 사회구성주의 등으로 분류되기도 하지만, 어떤 관점이든지 지식이 객관적인 실재로 존재한다고 보는 객관주의와 반대된다는 점에서는 공통적이다. 본 연구에서는 구성주의의 두 축을 형성하고 있는 Piaget의 인지구성주의적 관점과 Vygotsky의 사회구성주의적 관점을 모두 포괄하여 '구성주의'로 칭하고자 한다.

의 이론 역시 웹 기반 수업을 통하여 그 실천성을 견고히 할 수 있다고 지적하였다. 본 연구에서 구안되어 활용되는 '웹 토의 문학 감상 학습'의 기본 원리도 구성주의 교수-학습 원칙과 웹 기반 교육의 특성에 그 기반을 두고 있다.

웹 기반 수업은 학습을 촉진하고 지원하는 의미 있는 환경을 만들기 위해 웹의 속성과 자원을 활용하는 하이퍼미디어 기반 수업 프로그램(hypermedia based instructional program)이다. 웹에서는 '학습공동체'가 만들어질 수 있고 풍부하고 실제적인 경험이 제공되는 환경을 가능하게 한다(Lin 외, 1996). 웹을 활용한 학습은 첨단 정보 통신 기술에 의하여 구현된 가상의 공간, 또는 사이버 공간에서, 웹의 다양한 상호 작용적 특성을 살려서 실제 교실에서 일어나는 상호작용 활동 및 여러 가지 교수-학습 활동을 수행하는 새로운 학습 형태이다.

나. 반응 중심 문학 교육과 웹 토의 학습

문학 감상에서 텍스트 측면을 강조하느냐, 독자 측면을 강조하느냐는 상당히 중요한 문제인데 반응 중심 학습법의 대표적 논자인 Rosenblatt는 텍스트와 독자 측면의 균형을 강조하고 있다는 점에서 교육적으로 시사하는 바가 크다. 특히 문학 교육에서 텍스트 자체를 지나치게 분석하는 것은 바람직하지 않지만, 그렇다고 해서 독자의 반응을 무한대로 허용할 수는 없는데, Rosenblatt의 관점은 여기에 시사점을 주고 있다. 자유로운 반응은 존중하되, 해석 공동체 내에서 인정받을 수 있도록 하는 것을 강조한다.

반응 중심 학습법의 특징 중 '해석 공동체'의 개념은 독자와 텍스트의 교류에 영향을 미치는 학급 구성원의 반응 토의가 필요하다는 것을 부각시켜 주는 개념이다. 반응 중심 문학 교육이 해석의 무정부 상태를 극복하기 위해서는 이 '해석 공동체' 개념을 수용하여, 문학 감상 수업에서 학급 구성원들끼리 상호 작용하고 반응을 교환하면서 주관적인 오류를 극복해가는 토의 학습 체계로 전환할 필요성을 말해 준다.

반응 중심 문학교육에서 웹 토의 학습이 구체적으로 어떤 의의를 가지는지 살펴보면 다음과 같다.

첫째, 아동들은 웹 토의를 통해 자신의 불명료한 반응을 명료하게 할 수 있다. 문학 작품을 읽고 난 직후의 첫 반응은 그 자체로 완벽하고 세련된 반응이라고 볼 수 없다. 아동들은 작품에 대한 의미를 다른 사람에게 말하면서, 자신의 의미를 보다 완전하게 탐색하게 된다. 작품을 읽은 직후의 첫 반응은 토의를 통해 더욱더 구체화되고 명료화될 수 있는 것이다.

둘째, 웹 토의 학습을 통해 잘못된 반응을 바로잡을 수 있게 된다. 여기서 잘못된 반응이란 작품의 오독에서 오는 반응, 개인의 잘못된 선입견에서 비롯된 반응, 해석 공동체에서 용납할 수 없는 반응을 말한다. 다른 사람의 해석을 들으면서, 개인 독자는 자신이 텍스트를 잘못 해석했다는 것을 발견하게 될 것이다. 반응중심 문학교육에서는 텍스트에 단 하나의 정답은 존재하지 않는다고 가정하지만, 그렇다고 해석 공동체에서 용인할 수 없는 반응이나, 텍스트를 오독한 결과로 나온 반응까지 수용하는 것은 문제가 있다고 본다. 만약 토의 과정을 거치지 않고, 텍스트를 읽고 혼자 반응을 표현하는 단계에서 끝난다면, 아동은 자신의 반응의 오류를 발견하지 못하고 그냥 지나치게 될 것이다.

셋째, 웹 토의를 통해 다른 아동들의 반응을 들으면서, 자신의 편협한 세계에서 벗어나 더 높은 사고 단계로 나아갈 수 있게 된다. 아동들은 토의를 하면서, 자연적으로 텍스트에서 궁금했던 점, 명확하게 이해하지 못했던 것을 물어보게 된다. 이 때 인지적으로 조금 뛰어난 아동은 자신이 텍스트를 해석한 방법을 친구들에게 가르쳐 주고 궁금증을 해결해 줄 수 있다. 또, 또래 구성원들의 인지 과정을 관찰함으로써 아동은 자신의 의견에 대한 반성적 사고 과정을 거쳐 점차 높은 단계의 인지적 발달을 향해 나아가게 된다.

이 밖에도 웹 토의 학습은 문학 교육에서 사회적인 측면과 정의적인 측면에서도 많은 이점을 갖는다. 웹 토의를 통해 아동들은 대화 능력과 사회적으로 상호 작용하는 법을 배우게 된다. 또한 사회적 상호 작용을 통해서 좀더 능동적인 독자가 되고, 문학 작품을 읽고 웹 토의 학습을 하면서 문학 작품에 대한 관심이 높아져 문학 작품을 더 많이 읽게 되는 것이다.

3. 웹 토의 문학 감상 학습의 환경 설계

가. 웹 토의 문학 감상 학습의 목표와 내용

1) 웹 토의 문학 감상 학습의 목표

학습자가 웹 토의 문학 감상 학습을 통하여 흥미를 갖고, 문학의 미적 감수성을 세련시

키며, 문학적 상상력을 계발시키고, 문학이 인간 삶의 다양한 양상들을 포착하는 방식과
양상을 경험하게 하는 데 있다.

2) 웹 토의 문학 감상 학습의 내용

【표 1】 웹 토의 문학 감상 학습 내용

과제	단원	단원의 학습 목표	학습 내용 요소	학습자료 (텍스트)	학습 시기
학습 준비	인터넷 과 홈페 이지 활 용법	·웹 토의 학습을 위한 기본 기술을 익힐 수 있 다.	·웹 접속하기 ·사이트 둘러보기 ·학습 순서 알기 ·토의의 기술 익히기	·컴퓨터(이하계 속) ·웹서버 ·사이트	3월 2 주~ 4월 4 주
1 차 과제	둘째 마당 1. 이야기 의 샘	·이야기를 읽고, 생각 하거나 느낀 점을 글로 쓸 수 있다. ·이야기를 읽고, 가운데 부분에 들어갈 내용을 상 상하여 말할 수 있다.	·인물의 말과 행동을 통한 성격 파악하기 ·중심 내용과 제목을 참고하여 주제 찾기 ·나의 경험과 관련지어 생각하기 ·'항아리의 노래'와 비교해 보기 ·가운데 부분에 들어갈 내용 상상하기	·동화:'꽃신의 꿈'·상호 텍스 트: 동화'항아리 의 노래'(읽기 넷 째마당2. 함께하 는 우리에 수록)	5월 2주

나. 웹 토의 문학 감상 학습의 환경 설계

1) 웹 사이트의 개발 절차 및 도구

본 연구를 위한 웹 사이트의 개발 절차와 개발 도구는 아래 【그림 1】 과 【표 2】 과 같
다.

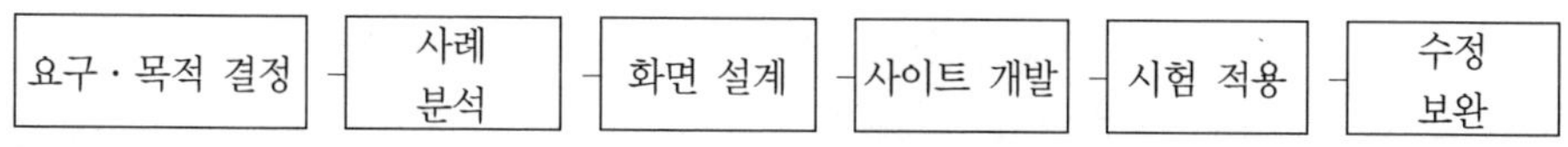

【그림 1】 웹 사이트 개발 절차

【표 2】 웹 사이트 개발 도구

개발 환경	도구 및 내용
하드 웨어	PentiumⅣ 660MHZ, 127MB RAM, 7.0GB HDD
소프트 웨어	1. 운영체제 - Window98 2. 개발 환경 - 나모 웹 에디트 5.0 3. 그래픽 - Photo shop 5.0
도메인	user.chol.net/~kasi1079

2) 웹 사이트의 특징

웹 사이트의 특징을 살펴보면 다음과 같다. 첫째, 과정중심의 학습을 지원할 수 있도록 설계하였다. 수업 전 활동으로 게시판과 메일을 통하여 사전 과제 제시를 함으로써 자신들의 느낌을 사전에 충분히 공유할 수 있도록 하였으며, 수업 중에는 토의해 볼 문제 찾기 또는 상호 텍스트성 읽기 후 토의하기 등 웹 상에서 토의 학습이 가능하도록 모둠별로 활동방을 개설하여 모둠원간의 활발한 상호 작용이 가능하도록 하였다. 토의를 지원할 수 있도록 메신저를 통한 대화방과 쪽지 보내기 기능을 두었다. 그리고 수업 후에 아동들의 생각을 감상문 쓰기방에 글을 올려 내면화할 수 있도록 하였다.

둘째, 토의 활동이 원활하게 이루어지도록 하기 위해 방명록형 게시판을 사용하였다. 기존의 일반적인 게시판은 아동들의 반응을 보기 위해 일일이 열어 보아야 하는 번거로움이 있어 실제적인 토의 학습이 이루어지기 어렵다. 방명록형 게시판은 한 화면에 여러 아동의 반응이 순서적으로 기록되므로 동료의 반응을 읽고 그것에 답하는 대화식 토의를 쉽게 할 수 있다.

셋째, 인터넷을 활용한 학습을 전문적으로 수행하기 위해 각종 인터넷 도구를 웹 사이트 내로 통합하였다. 홈페이지 내에 각종 검색엔진과 어린이 신문 사이트를 모아 두었으며, 유용한 문학 학습 사이트와 문학 감상 사이트를 링크하여 연결하였다.

넷째, 연구의 일반화에 중점을 두어 누구나 쉽게 웹 사이트를 개설하여 수업에 활용할 수 있도록 하였다. 본 웹 사이트는 천리안의 무료 계정을 받아 게시판을 부가적으로 달아서 만든 것으로 경제성 면에서도 유용하다.

다섯째, 웹 사이트 내부에 이메일 기능을 활용하였다. 비 실시간 학습 중 교사나 동료 학습자에게 문의할 일이 있을 경우에 웹 사이트 내부에 있는 이 메일 기능을 쉽게 활용할 수 있다.

여섯째, 게시판에는 동료의 반응에 간단한 의견을 남길 수 있는 기능을 활용하여 부분적으로 학습자 상호 평가와 비판적인 의견을 교환할 수 있다.

일곱째, 수준별 개별화 학습의 일환으로 나도 작가방을 만들어 감상 과제 학습의 이행 후 이의 심화 학습 차원에서 선택적으로 자신의 창작 동화나 동시를 게재하게 하였다.

3) 웹 사이트의 구성

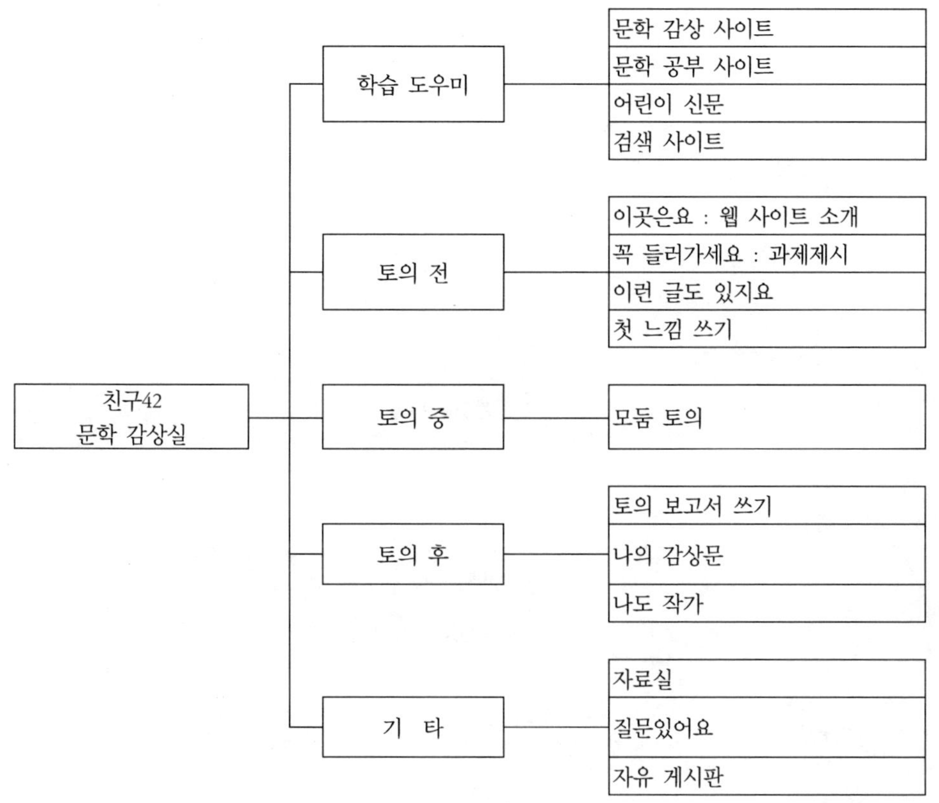

【그림 2】 웹 사이트의 기본 구조

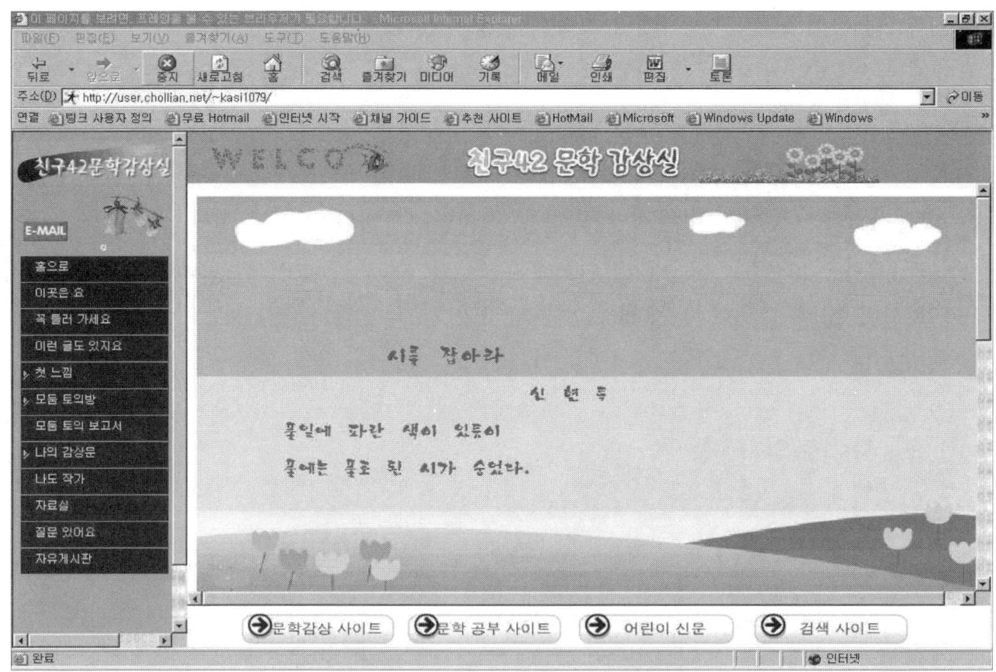

【그림 3】 문학 감상실 메인 화면

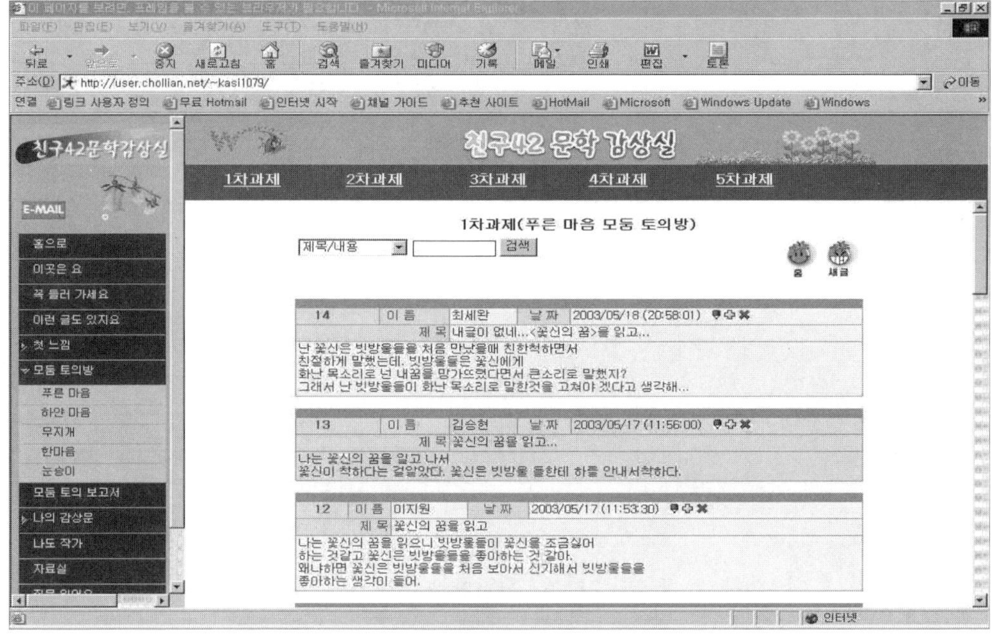

【그림 4】 모둠 토의방 화면

웹 사이트의 세부 화면 설계 및 활용법은 다음과 같다.

(1) 이곳은요

처음 홈페이지를 방문하는 사람들에게 홈페이지의 개설 배경과 웹 토의 문학 감상 학습의 목적, 활용 방법 등에 대해 안내한 곳이다.

(2) 꼭 들러가세요(과제 제시 및 알림 글 게시)

교사가 과제를 안내하는 곳이다. 각 과제별로 읽기 자료, 학습문제, 중심 토의 문제 등을 제시한다. 그 외 아동에게 수시로 알리는 글을 게시하기도 한다.

(3) 이런 글도 있지요

문학 감상 학습에서 감상의 질을 높이기 위하여 과제와 텍스트 상호성을 가진 다른 문학 작품을 제시하여 비교하며 감상하도록 한다.

(4) 첫 느낌 쓰기

교사가 제시한 과제를 확인하고 텍스트를 읽은 후 토의 활동 전에 문학 작품에 대한 개인적인 첫 느낌(첫 반응)을 올리는 곳이다.

(5) 모둠 토의

모둠별로 읽은 작품에 대한 반응을 토의하는 곳이다. 아동 상호간의 보다 활발한 토의가 될 수 있도록 모둠별, 과제별로 별도의 방을 개설 운영한다. 소모둠별로 토의 계획을 정하여 진행자, 서기, 토의 방향, 시간 계획 등을 메일이나 게시판 또는 오프라인을 이용하여 정한다. 반응의 명료화가 될 수 있도록 교사가 부분적으로 참여하여 토의를 활성화시킨다.

(6) 토의 결과 보고서

모둠원간의 충분한 토의를 거친 후 논의된 내용을 중심으로 종합 정리하여 올리는 곳으로 모둠의 서기가 이 역할을 담당한다. 과제별로 방을 개설하고 모둠간에 서로 보고 공유할 수 있도록 토의 요약문을 올린다.

(7) 나의 감상문

반응의 내면화을 위한 활동으로 수업 후 활동이 이루어지는 곳이다. 개인별로 본시에서 학습한 것을 바탕으로 완성된 감상문을 작성하여 올린다.

(8) 나도 작가

개인별 심화 학습을 위한 곳으로 기본 과제 학습을 끝낸 아동 중 창작을 하고 싶은 아동은 자유롭게 이 곳에서 자신이 지은 이야기나 동시를 올리도록 하였다.

(9) 학습 도우미

문학 감상 사이트, 문학 공부 사이트, 어린이 신문, 검색 사이트를 메인 메뉴에 링크시켜 두어 문학 감상 학습에 도움이 되도록 하였다.

(10) 기타

문학 감상 학습 중에 생성한 자료를 모아두는 '자료실', 학습 중에 의문사항을 질의 할 수 있는 '질문있어요', 자유롭게 의견을 주고받을 수 있는 '자유 게시판'을 두어 문학 감상 학습을 다양하게 지원할 수 있도록 하였다.

다. 웹 토의 문학 감상 학습의 모형 설계

구성주의 학습 원리와 반응 중심 문학 이론의 원리를 적용한 웹 토의 문학 감상 학습 모형과 모형의 특징을 제시하였다.

【표 3】 웹 토의 문학 감상 학습 모형

과 정	주 요 활 동	시기
1. 반응 준비 하기	·작품 및 자료 마련하기　　·학습 문제 및 목표 확인하기 ·학습 동기 유발하기　　·학습 계획 세우기	토의 전
2. 반응 형성 하기	·작품 개관하기　　·작품 읽기 ·작품에 대한 스키마 형성하기　　·내용 살펴보기 ·작품에 대한 개인의 첫 반응 정리하기	
3. 반응 명료화 하기	·작품에 대한 개인 반응 표현하기　　·반응에 대해 토의하기 ·자신의 반응 정교화하기　　·토의 내용 정리하기(반성적 쓰기)	토의 중
4. 반응 확장· 심화하기	·다른 작품과 관련 짓기　　·토의 토론하기 ·학습 내용 정리하기	
5. 반응 내면화 하기	·보고서 및 감상문 쓰기 ·심화 선택 학습-동시 쓰기, 이어질 내용 상상하여 쓰기, 주인공에게 편지 쓰기	토의 후

이 모형의 특징을 살펴보면 다음과 같다.

첫째, 이 모형은 학습 과정을 다섯 단계로 나누어 진행되게 하였으며, 각 과정별로 교사와 아동의 주요 활동을 제시하고 있다. 본 모형은 학습의 시기를 토의 전, 토의 중, 토의 후로 나누고, 다시 토의 전 반응의 준비와 형성 과정을 설정하고, 토의 중 반응 명료화하기와 반응 확장·심화하기, 토의 후 반응의 내면화하기 과정을 함께 설정하여 문학 감상 학습의 유기적인 구조화를 꾀하였다. 토의 전의 활동은 학습자의 스키마를 활성화하고 동기를 유발시키는 단계이며, 토의 후의 활동은 자신의 반응을 종합적으로 정리할 수 있는 기회를 제공한다.

둘째 본 모형은 토의 학습의 계획 단계에서 소집단 구성, 화제 선정 방법 등을 고려하여 설계하였다. 웹의 게시판 기능은 토의의 집중성을 고려할 때 대집단 토의보다는 소집단별 토의가 더 효과적이라 생각되어 6명 1조의 5개 소모둠을 편성하고 각 모둠 토의를 진행하는 사회자 1명과 토의 보고서를 정리하는 서기 1명씩을 선출하여 토의 진행의 책임과 지도성을 발휘하게 하였다. 교사는 토의 안내와 중재자의 역할을 수행하되 초등학교 4학년의 학년성에 맞게 용어 정의, 토의할 점 제시 등 부분적 교사 중심 토의 형태를 취하였다.

셋째, 본 모형은 스키마 이론, 상호 텍스트성 이론을 복합적으로 응용하려 하였다. 상호 텍스트성의 원리를 응용해 작품의 주제와 비슷한 텍스트를 한 편 더 제시하여 선택적으로 읽고 토의에 활용하도록 유도하였으며, 개별 학습자 내의 읽기 전후의 상호텍스트성에도 착안하여 토의 전의 첫 느낌과 토의 후의 종합적인 감상문 쓰기 반응을 비교 분석할 수도 있다.

넷째, 이 모형은 읽기와 쓰기의 통합을 전제로 하고 있다. 국어를 이해와 표현의 두 영역으로 나눈다면 듣기와 읽기는 이해 영역, 말하기와 쓰기는 표현 영역에 해당한다. 현재 국어 교육의 추세는 바람직한 국어 수업의 한 방법으로 말하기와 듣기, 읽기와 쓰기의 통합을 추구하고 있다.[3] 웹 토의 문학 감상 학습은 문학 작품을 읽는 행위와 토의 활동 시 다른 동료의 생각을 읽는 행위가 이해 활동에 속하며, 자신의 생각을 글로 써서 올리는 행위는 표현 활동에 속하므로 자연스럽게 읽기와 쓰기의 통합을 통해 이해와 표현이라는 두 영역간의 균형있는 발달을 꾀한다.

---

3) 총체적 언어 학습은 일상 생활에서 언어 활동은 각 기능이 분리된 형태로 일어나는 것이 아니라 복합적으로 일어나며, 개별적으로 일어나는 것이 아니라 다른 사람과의 상호 작용 속에서 일어나므로 언어 활동은 자연스런 언어 상황과 같이 통합된 형태로 지도하자는 관점을 갖는다. 총체적 언어 학습의 기본 원리로는 통합성, 상호 작용성, 개별성으로 나누어 볼 수 있다(신헌재 외, 2001).

라. 웹 토의 문학 감상 학습 전략

1) 토의 전 반응 과정과 전략

① 반응의 준비(수업 전 활동 : 작품 준비하기·학습 계획 세우기)

반응 준비하기 단계에서는 말 그대로 작품을 읽을 준비를 통해 나름의 반응을 보일 계획을 한다. 교사는 작품 및 자료를 준비한다. 그리고 학습 목표를 확인한다. 학습자들의 능동적인 학습 활동을 위해 아동들 스스로 학습 계획을 세워보게 한다. 소모둠별로 진행자, 요약자, 토의 방향, 시간 계획 등을 수립해 보게 한다.

작품 선정에도 신중을 기해야 한다. 다양하고도 높은 수준의 반응을 불러일으킬 수 있는 작품을 선정하고 선정된 작품 중 토의하고 싶은 작품을 아동 스스로 투표 과정으로 선택하게 하면 학습 동기 유발에도 효과적일 것이다.

② 반응의 형성(수업 전 활동: 작품 읽기·내용 살펴보기·작품에 대한 첫 느낌 쓰기)

반응 형성하기 단계에서는 작품을 읽고 나름대로 의미를 구성해 보는 활동이 중요하다. 우선 작품의 제목이나 차례, 앞부분, 삽화 등을 보면서 연상되는 것을 마음대로 쓰는 활동이나 작품의 전체적인 내용을 개관해 보게 한다. 그 다음에는 작품에 대한 스키마를 형성하게 하는 것이 중요하다. 이때 스키마 형성이라고 하는 것은 작품의 내용에 대한 지식이나 개념, 배경 등에 대해 알게 하는 것을 말한다. 경우에 따라서는 어려운 단어의 뜻이나 개념을 알려주는 것도 필요하다. 작품은 세밀하게 읽는데, 시의 경우에는 두, 세 차례 읽는 것이 좋다. 작품을 읽었으면 나름대로 내용을 살펴보고 첫 느낌 쓰기를 통해 작품에 대한 느낌이나 생각, 감정 등을 정리해 보는 활동을 한다.

교사는 다양한 반응이 일어날 수 있는 분위기를 만들어 주는 것이 중요하다. 자유롭게 자신의 생각이나 느낌을 말할 수 있는 편안한 분위기, 다양한 반응을 존중해 주는 분위기, 아동들이 서로를 인정해 주는 분위기 등을 사전에 조성해 주는데 관심을 갖는다.

2) 토의 중 반응 과정과 전략

① 반응의 명료화(수업 전 활동 : 소모둠별 토의방에 글 올리며 토의하기 -모둠 토의)

반응 명료화하기 단계에서는 자기의 반응을 밖으로 드러내고 교사나 친구들과 토의를 하는 과정에서 자신의 반응을 되짚어 보고 깊이를 더하는 활동을 한다. 토의를 할 때에는 처음에는 다소간 교사 중심으로 하다가 점차적으로 아동들 스스로 하게 하는 것이 좋다. 토의 토론을 할 때에는 그 작품과 관련하여 특정한 주제를 정해 두고 그 주제를 중심으로 하는 수도 있고, 자유롭게 그 작품과 관련된 문제를 제기해서 서로의 생각을 주고받는 형태로 할 수도 있다. 질문을 할 때에는 처음에는 사실적인 질문을 하고 점차적으로 작품의 감상과 관련된 질문을 하는 것이 좋다. 토의를 통해 자신이 애초에 했던 반응을 삭제하거나 수정하거나 보완하는 활동을 한다. 이것이 자신의 반응 정교화하기이다. 작품 해석에서 작자나 텍스트 자체를 지나치게 무시하는 것은 곤란하다. 작품 이해에서 독자 측면만을 강조할 것이 아니라 텍스트에 대한 이해 역시 필요하다. 교사는 아동들이 오류를 범하거나 주제에서 벗어나면 적절히 개입한다. 토의가 끝나면 소집단별로 정리해 보는 활동을 한다.

② 반응의 심화(수업 중 활동: 소모둠별 토의 결과 발표하가더 토의해 볼 문제 찾기·상호텍스트 읽기 후 토의하기 – 전체 토의)

반응 심화하기는 수업 중의 활동으로 소모둠별 토의 결과를 발표하고, 더 토의해 볼 문제 찾기 또는 상호텍스트 읽기 후 토의하기를 한다. 특히 다른 작품과 관련지어 보면서 작품에 대한 이해를 높이는 활동을 주로 하는데 다른 작품과 관련을 지을 때에는 동일 작가의 작품, 주제나 등장인물, 구조 등이 비슷한 작품 등을 활용한다. 다른 작품과 관련을 짓는 활동을 하면서도 계속적으로 아동들끼리 서로 토의하는 기회를 주어 실시간 토의를 하되 아동 전체 토의로 반응의 공유 범위를 넓히도록 한다.

3) 토의 후 반응 과정과 전략

① 반응의 내면화(수업 후 활동: 토의 보고서 쓰기·완성된 감상문 올리기)

반응 내면화하기는 수업 후 활동으로 지금까지 토의한 내용을 바탕으로 텍스트에 대한 감상문을 개별적으로 작성하여 웹 상에 올리는 활동을 뜻한다. 아동은 이 활동으로 학습의 내용을 정리하고 반응을 내면화하여 미적 가치관을 형성하며, 교사는 작품감상의 총화적 산물인 감상문을 통해 평가를 용이하게 할 수 있다. 그러나 앞서 밝힌 것처럼 본 모형에서는 평가 단계를 넣지 않는다.

아동의 반응 양상을 연구하는 교사는 모형의 전체 단계에서 아동의 반응을 관찰 분석하므로 따로 평가의 단계를 넣을 필요를 갖지 못하기 때문이다.

마. 웹 토의 문학 감상 교수-학습 과정

웹 토의 문학 감상 학습의 본격적인 전개에 앞서 학습 모형의 훈련을 3월 중순부터 4주간 2차례에 걸쳐 실시하였다. 시간은 재량 활동 시간에 본교 컴퓨터실을 이용하였으며, 학습 제재는 읽기 교과서 둘째 마당 1차시 동화 '요술 항아리'와 5차시 동시 '떡볶이'를 선택하였다. 문학 작품을 감상하는 구체적인 방법의 지도를 위해 '문학 감상은 이렇게 해요'라는 도움말을 작성·배포하여 웹 토의에 활용하게 하였다.

웹 토의 문학 감상 학습 모형에 따라 4차례의 교수-학습 활동이 전개되었다. 1차에서 3차까지 과제는 동화를 제재로 하였고, 4차 과제는 동시를 제재로 하였다. 1차 과제와 2차 과제의 토의 활동은 비 실시간 과제 학습으로 운영하였고, 3차 과제와 4차 과제는 실시간 수업으로 운영하였다.

4. 웹 토의 문학 감상 반응 분석

가. 반응의 유형 분류

국어과 4학년 교육과정의 학습 목표와 내용 진술을 반응 분석의 기본 도구로 삼고 Bloom의 이원목표분류의 관점을 도입하여 지적 영역과 정의적 영역을 구분하여 분석하였다. 비록 분석의 도구는 두 가지 영역을 구분하였으나, 실제 교수 학습 활동에서는 이 두 영역을 구분을 하지 않고 통합을 추구하는 방향으로 지도하였다. 반응 분석의 편리를 위해 인지적 영역은 6개의 하위 유형으로 나누어 분석하고, 정의적 영역은 2개의 하위 유형으로 나누어 분석하였다.

인지적 영역의 반응 유형이 정의적 영역의 반응 유형보다 상대적으로 많은 이유는 현행 교육과정에 제시된 문학 교육의 목표 진술이 인지적 영역에 다소 편중되어 있기 때문이라 할 수 있다. 비록 문학 교육에서 지향하는 바는 아동의 지적, 정의적 반응이 골고루 풍부하게 나타나는 것이지만, 본 연구에서는 현행 교육과정의 실시로 나타나는 아동의 문학적 반응 양상을 분석하는 것도 유의미하다고 판단하여 이를 조정하지 않고 그대로 적용하였다. 그 외 의사 진행 발언과 반응의 오류를 기타 반응으로 처리하여 반응 형성의 양상을 분석하는데 참고하였다. 반응의 유형을 분류하여 표로 정리하면 【표 4】와 같다.

【표 4】 반응의 유형 분류

인지적 영역	①내용 이해하기	· 텍스트의 내용에 대한 진술 · 텍스트에 명시되지 않은 내용에 대해 유추하는 진술
	②주제 파악하기	· 텍스트의 주제(중심 생각)에 대한 진술
	③인물의 삶과 사고 방식 이해하기	· 인물의 성격 규정 · 인물의 사고 방식에 대한 긍정적, 부정적 비판
	④자기 경험과 관련 짓기	· 텍스트의 내용과 관련한 자기 경험 진술 · 인물의 삶과 관련한 자기 경험 진술 · 나라면 이렇게 하겠다는 가정 진술
	⑤부분적 재창조하기	· 중간 부분 생략된 내용 쓰기 · 작가의 입장에서 제목 바꾸기 · 작가의 입장에서 내용 바꾸기
	⑥상호텍스트성	· 상호 텍스트에 대한 진술 · 주텍스트와 상호텍스트의 비교
정의적 영역	①흥미나 태도 형성 하기	· 텍스트의 내용에 대한 개인적 흥미 표시 · 떠오르는 장면, 재미있는 부분, 감동적인 부분에 대한 진술
	②가치화하기	· 인물의 본받을 점을 자신의 신념으로 다짐하는 진술 · 주제와 관련하여 보편적 가치를 다지는 진술

<table>
<tr><td rowspan="2">기 타
반응</td><td>①의사 진행 발언</td><td>· 토의를 촉진하는 독립된 진술
· 동료의 반응을 평가하거나 긍정, 또는 수정하는 진술</td></tr>
<tr><td>②반응의 오류</td><td>· 학습에서 다루어지는 제 요소를 잘못 분석한 진술(교사의 판단)</td></tr>
</table>

나. 과제별 아동의 반응 분석

1) 과제별 아동의 반응의 종류와 양

과제별 아동의 반응의 종류와 양을 동화를 제재로 한 1차 과제와 동시를 제재로 한 4차 과제를 대상으로 분석하였다. 1차와 2차 과제는 수업 중 토의 활동을 비 실시간 토의 과제로 연장해서 하였고, 3차와 4차 과제의 토의 활동은 수업 중 실시간 토의만으로 하였으므로 1차와 4차 과제의 반응의 수의 판별이 별 의미가 없으며, 다만 각 과제에서 아동의 반응이 어떠한 학습 목표에 부합하는 반응을 보이고 있는가와 과제 학습으로 수행한 1차 과제 및 4차 과제의 감상문 쓰기의 반응 수에 의미가 있음을 미리 밝혀 둔다. 아동 반응의 유형을 기준으로 과제별, 웹 콘텐츠별 아동의 반응의 종류와 양을 분류한 결과는 【표 5】와 같다.

【표 5】 웹 콘텐츠별 아동 반응의 종류와 양

제재	과제	웹콘텐츠	인지적 영역						정의적 영역		기타	
			내용 이해	주제 파악	인물 사고 방식 이해	자기 경험 관련	부분적 재창조	상호텍스트성	흥미 태도 형성	가치화	의사 진행 발언	반응의 오류
동화	1차 과제	첫느낌 쓰기	23	2	18	5	·	·	4	6	1	1
		모둠 토의	39	6	27	8	3	3	15	7	20	2
		나의 감상문	35	4	28	7	·		8	10	1	1
동시	4차 과제	첫느낌 쓰기	18	·	16	6	·	·	10	5	1	4
		모둠 토의	26	4	10	12	·	·	16	3	6	2
		나의 감상문	55	12	28	25	·	·	22	14	2	1

【표 5】의 결과를 살펴보면 아동이 형성하는 반응은 몇 가지의 특성을 띠고 있다.

첫째로는 인지적 영역과 정의적 영역에 관한 반응들이 풍부하게 생성되고 있는 점이다. 구체적으로 살펴보면 인지적 영역의 내용 이해하기가 반응 수가 가장 많으며, 인물의 삶과 사고 방식 이해하기가 두 번째로 많은 것을 볼 수 있다. 여기에서 주목할 점은 대부분의 아동들이 인물의 삶과 사고 방식을 파악하는 반응에서 그 인물의 성격을 설명하는 이유로 인물의 한 일 즉 이야기의 내용을 들어서 설명하고 있는 점이다. 이는 다시 말해 이야기의 구성 요소 중 사건 또는 배경을 통해 인물의 삶과 사고 방식을 자연스럽게 파악해나가는 과정으로 문학교육과정에서 제시하고 있는 학년별 학습 목표에 무리 없이 도달하고 있음을 나타내 준다. 아동들은 인물의 삶을 자신의 경험과 관련지으며 주제에 접근하고 인물의 긍정적인 삶의 자세를 본받아 자신의 가치관으로 삼으려는 내면화의 단계까지 보여주고 있음을 알 수 있었다. 아동의 반응 진술문에서 보면 '꽃신이 착하다, 빗방울은 나쁘다.'라는 등의 반응이 많은데 이러한 반응은 정의적 영역의 가치화에도 관련되는 부분이라 할 수 있으나, 본 연구자는 인물의 삶과 사고 방식 이해에 분류하고 명백한 자기 신념의 반응만을 가치화로 분류하였다.

둘째, 동화(1차) 과제와 동시(4차) 과제에서 공통적으로 나타나는 현상은 평균적으로 '첫 느낌 쓰기'보다 토의 활동의 반응 수가 더 많고 토의 활동의 반응보다 감상문 쓰기의 반응 수가 더 많다는 것이다. 또한 첫 느낌 쓰기와 감상문 쓰기의 반응을 비교해 볼 때 첫 느낌보다 감상문에서 더 많은 종류의 반응을 나타내고 있는 이유는 토의 활동이 반응의 심화, 확장에 영향을 미치고 있음을 뜻한다. 그러나 1차 과제에서 토의 과정의 반응보다 감상문에서의 반응이 더 적은 것은 아동들이 완결된 형태의 감상문을 작성하는 데 부담감을 갖고 있었으나 4차 과제에서 보다시피 토의 과정보다 감상문 쓰기에서 반응 수가 더 늘어난 것은 과제의 반복 훈련으로 감상문 쓰기의 부담감이 줄고 쓰기 능력이 더 신장된 결과라고 보여진다.

셋째, 정의적 영역에서는 이야기의 시나 내용에 대한 관심과 재미있는 부분, 감동적인 부분 등을 흥미나 태도 형성 부분으로 분류하였는데 50% 이상의 아동들이 반응을 보이고 있어 아동들이 문학 제재 학습에 흥미를 갖고 있음을 알 수 있다. 그 외 부분적 재창조 활동이나 상호텍스트성과 관련된 부분은 가장 반응이 적게 나타났는데 주로 토의 활동 우수 아동이나 감상문 쓰기 우수 아동들이 반응을 보이고 있다. 부분적 재창조 활동에서 중간 부분 생략된 내용 말하기는 오프라인 수업 중 실시한 지필 수행 평가를 통해서 아동 전원이 앞뒤 내용에 맞게 이야기를 꾸밀 수 있음을 확인하였는데 웹 상에 반응이 저조한 것은 아동들이 내용을 파악하는 과정에서 이미 다 인지한 것을 굳이 글로 써서 올려야 할 필요성을 못 느낀 것이 아닌가 한다. 텍스트 상호성과 관련하여 4차 과제에서는 상호텍스트를 제공하지 않아 반응이 전혀 없는 것이며, 상호테스트를 제공한 1차 과제에서도 반응수가 거의 없는 것은 4학년 아동의 학습 수준에 두 가지 문학 작품을 비교하여 분석하는 것은 어렵다고 분석된다.

넷째, 처음 1차 과제 토의 과정과 4차 과제 토의 과정에 보인 반응의 수를 비교해 볼 때 오히려 부분적으로 4차 과제 토의 과정에 나타난 반응 수가 더 적게 나타난다. 이는 1차 과제는 과제 학습으로 비 실시간 토의 학습을 하게 하였고, 4차 과제는 컴퓨터실에서 실시간 토의 학습을 하여서 나타난 현상으로 아동들은 비 실시간 학습처럼 주어진 시간이 더 길고 자유로울 때 더 많은 반응을 하는 것을 알 수 있다. 그러나 1차 과제에서 4차 과제로 갈수록 과제 학습으로 실시한 감상문의 반응 수는 더 늘어나는 것으로 보아 웹 토의 문학 감상 학습의 반복 훈련이 아동의 감상문 쓰기 능력 신장에 효과가 있음을 알 수 있다. 교사 관찰에 의하면 개인 아동의 반응 진술문의 길이는 더 길어지는 경향이 있고, 내용도 더 완성되는 경향을 보이고 있었다.

다섯째, 기타 반응의 생성(의사 진행 반응, 반응의 오류 생성)은 의사 진행 반응이 다수를 이루고 반응의 오류는 불과 4개에 불과하다. 아동들은 자신의 생각이나 느낌을 진술한 후 꼭 '너희들은 어떻게 생각하니? 내 생각에 대해서 답해줘.' 등의 진술을 함으로써 자신의 생각이나 느낌에 대한 동료의 반응을 기대하는 심리를 적극적으로 표현하고 있는데 이는 아동들이 대화식 또는 토의식 학습에 매우 흥미를 갖고 있는 것을 뜻한다. 실제로 아동들은 공통된 정서에서 벗어났다고 생각되는 반응에 대해 지적을 하고 이를 수정하는 과정을 보여주고 있다. 그러나 본 연구에서는 자신의 반응 끝에 토를 다는 식의 의사 진행 발언은 제외하고 순수하게 의사 진행 발언만 통계에 넣었다. 이상과 같은 현상들은 언어를 매체로 하는 토의 학습의 장점이 반응의 오류를 최소화하는데 기여하고 있는 것으로 보인다.

여섯째, 동화를 제재로 한 학습의 반응과 동시를 제재로 한 학습의 반응을 비교하면 동화나 동시 제재 학습 모두 텍스트의 내용을 가장 많이 언급하면서 인물의 사고 방식에 대해 파악하는 과정을 보여주고 있다. 동시의 경우, 일반 수업에서는 낭독에 의한 운율감 등도 중요한 요소이나, 웹 상에서는 운율 등의 구성 요소에 대한 파악보다는 시 속에 나오는 인물의 사고 방식, 성격 파악 등에 더 많은 반응을 보이는 것을 알 수 있으며, 동화제재 학습에 비해 자기 경험과 관련짓는 경향이 더 강한 것을 볼 수 있다. 동시 학습에서 오류가 동화 학습에서의 오류보다 몇 개 더 많은 이유는 일부 아동들은 동화의 내용을 파악하는 것보다 비유와 상징으로 된 동시의 내용을 파악하는 것이 더 어려운 것으로 보이나 일반적으로 대부분의 아동의 반응은 큰 변별력이 없는 것으로 분석된다.

2) 과제별 모둠 토의 반응 양상

무지개 모둠 2차 과제 토의방

1 이 름 유○현 날 짜 2003/05/19 (18:17:22) 제 목 아낌없이 주는 나무를 읽고
 아낌없이 주는 나무를 읽고 나는 소년은 너무 이기적이고 자신만 생각하는 욕심꾸러기고, 나무는 남을 위해 노력하는 착하고 진실로 우정을 나눈 나무인것 같아. 내 생각은 이런데, 너희들 생각은 어떠니?
     ~중 략~

4 이 름 최○정 날 짜 2003/05/19 (19:32:06)제 목 제목을 아낌없이 주는 나무라고 한 이유
 우리 이제 제목을 왜 아낌없이 주는 나무라고 했는지 말해볼까? 나는 나무가 자신의 모든 것을 아낌없이 소년에게 주어서 그런것 같아. 소년은 어려서부터 나무와 함께 늘 있어주었지만 나중에는 욕심을 많이 부려서 나무의 밑동만 남게 하고 베어갔잖아. 그래도 나무는 행복하게 자신의 모든 것을 주었어. 그래서 그런것이 아닐까? 너희들도 생각해봐.   ~중 략~

39 이 름 유○근 날 짜 2003/05/21 (17:31:01) 제 목 노인과 밑동
 노인이 밑동에서 앉아있을때 나무는 자기가 노인에게 해줄 수 있는 일이 있다는 것을 알고 있으니까 노인이 되어서는 나무가 더 기뻐할거야 너희 생각은?

무지개 모둠 아동 수는 6명이며 토의 과정에는 사회자 선출의 과정이 생략되어 있지만, 실시간 토의를 통해 최○정 아동이 사회를 보고, 유○현 아동이 서기를 맡은 것으로 보인다. 사회자와 서기는 매 차시 과제마다 아동들 스스로 돌아가며 한 번씩 역할을 맡도록 하였으나, 아동들의 경우 한 명의 사회자가 반복해서 역할을 수행하는 것을 선호하는 경향을 보였다.

무지개 모둠 아동들이 토의를 해 나가는 과정을 살펴보면 몇 가지 주목할 만한 양상을 찾을 수 있다.

첫째, 아동들이 가상 공간인 웹 상에서도 실제 교실 수업에서 대화를 나누는 것과 거의 비슷한 양상으로 토의를 전개하고 있다는 점이다. 아동들의 진술문은 대화체로 이루어지고 있고, 오히려 말로 대화를 하는 것보다 더 구체적으로 생각이 표현되기도 한다. 이는 아동들이 웹에서의 학습에 대해 아무런 부담감이 없이 자유롭게 학습할 수 있음을 의미하는 것이다.

둘째, '내 생각은 이런데, 너희들 생각은 어떠니?'와 같이 자신의 생각이나 느낌에 대한 다른 동료의 반응을 기대하는 물음을 표현하기를 좋아한다. 이는 아동들이 상호 작용을 원활히 하면서 자신의 생각을 다듬어 나가는 것으로, 의문형의 문장을 많이 쓰는 것은 자신의 생각을 고정시켜 놓는 것이 아니라 다른 의견을 받아들이기 위해 개방시켜 놓는 의식 작용의 하나가 아닌가 한다.

셋째, '맞아' 또는 '너는 그 부분을 잘 생각했구나.'와 같은 긍정적인 반응 뿐만 아니라 부정적인 반응에 대해 '나의 잘못된 점을 찾아주어 고마워'와 같이 동료의 의견을 자연스럽게 수용하는 자세를 엿볼 수 있는데, 모둠의 구성원들이 웹 토의 활동을 통해 친밀감을 형성하였기 때문에 이러한 오류의 지적과 수용이 무리없이 이루어지는 것이라고 보여진다.

넷째, 'ㅇ혜야, 나 ㅇ근이야. 모든 것을 가지고 간 건 아니야. 밑동을 남겨두고 우정과 사랑을 주었을 거야.' 와 같이 아동들은 서로의 생각과 느낌에 대해 친절하게 대답하고, 자신의 의견을 추가하는 양상을 보이고 있다. 이는 동료의 반응을 읽어보지 않으면 할 수 없는 것이다. 아동들은 먼저 올린 학습 동료의 글을 읽고 이해하는 과정을 거친 후, 그것에 대한 자신의 의견을 글로 올리는 표현 활동을 함으로써 자연스럽게 이해와 표현 활동을 통합적으로 학습하는 효과를 보고 있다.

다섯째, 사회자인 최ㅇ정 아동은 교사가 제시한 토의 관점을 토의 활동 중간 중간에 차례대로 제시함으로써 토의 내용이 한 쪽에 치우치지 않고 다양한 생각들을 드러낼 수 있도록 하는 사회자의 역할을 충실히 수행하고 있다. 이로써 토의 진행자의 능력이 토의 활동의 성패에 많은 영향을 끼친다는 것을 알 수 있다.

여섯째, 교사가 토의 중간에 중점적으로 토의해 볼 관점들을 제시하는 것은 아동의 사고 활동을 고정시켜 놓는 부작용이 일부 있을 수 있으나, 이보다는 확장된 사고를 유도하는 데 도움을 주는 것으로 분석된다. 교사의 안내는 사고의 오류나 협소함을 극복하고 보다 효과적으로 학습 목표에 도달하도록 하는 역할을 한다고 할 수 있다. 이러한 학습이 반복적으로 이루어진다면 교사의 안내 역할을 아동 스스로 할 수 있는 단계에 도달할 수 있을 것이다.

일곱째, 아동들은 먼저 인물의 성격이나 사고 방식을 파악하며 인물의 삶의 태도에 대한 자신의 생각과 느낌을 기술하고 있다. 이러한 반응들이 아동들마다 차례로 돌아가며 있은 후에 '아낌없이 주는 나무'의 내용과 제목과 관련하여 주제를 파악하는 양상을 보이고 있다. 여기에서 이 텍스트의 내용이 인물의 삶과 거의 구별되지 않는 것으로 볼 때 아동들은 인물의 삶과 사고 방식을 통해 작품의 주제에 접근하는 경향이 있으며, 2명의 아동은 '난 소년이 노인이 되어서 나무 밑동에 앉는 장면이 제일 기억에 남아. 왜냐하면 소년이 나무에게 반성하고 잘못을 뉘우친 것 같아서야.' 와 같이 텍스트의 내용에 대해 인상적인 장면을 떠올리면서 텍스트에 나와 있지 않은 내용까지 추측하는 초인지적 사고 과정을 보여주고 있다. 상호텍스트성과 관련하여 다른 작품과 비교하며 비평하는 반응은 1명의 아동에 의해서만 이루어지고 있다는 것을 알 수 있다.

　이상과 같이 아동들은 대화와 질문을 통해 모둠의 동료들과 친밀감을 형성하면서 텍스트에 대한 자신의 생각과 느낌을 자유롭게 표현하고, 동료의 평가에 의해 자신의 생각을 수정, 확장하는 것으로 학습 목표에 도달하는 것으로 분석된다.

3) 개별 아동의 반응 분석

　동일한 교수-학습 방안에도 아동들의 반응은 매우 다양하게 나타난다. 그것은 아동들의 적성, 흥미, 사고 방식, 학습 태도 등이 서로 다르기 때문이다. 이렇게 다양한 아동들의 특별한 반응을 개별적으로 관찰하고 분석함으로써 이 학습 모형이 개별 아동의 학습에 미치는 영향을 분석하였다. 토의 과정에서 개별 아동들이 나타낸 반응의 수를 분류한 결과는 【표 6】 과 같다.

【표 6】　토의방 개별 아동의 반응 수

반응의 수	반응 아동 수	반응의 수	반응 아동 수
1～4	3	13～16	11
5～8	4	17～20	3
9～12	11	21～26	1

　1차에서 4차까지의 토의 활동에서 개별 아동이 보인 반응의 수를 살펴보면 9～12개의 반응을 보인 아동이 11명, 13～16개의 반응을 보인 아동이 11명으로 많고, 17개 이상의 반응을 보인 아동 수는 4명, 4개 이하의 반응 수를 보인 아동 수는 3명이다. 전체 아동의 2/3% 가 각 과제 토의 활동마다 평균 3～4개의 반응을 하며, 17개 이상의 반응을 보인 4명의 아동은 과제별로 4개 이상의 반응을 보인 것으로 분석된다. 4개 이하의 반응을 보인 아동

중 2명은 조사 결과 1개 과제 토의 활동에 한 번도 참여하지 않은 것으로 분석되었다. 그러나 이들 아동들도 과제로 제시한 감상문 쓰기 활동에는 참여하였다.

① 최다 접속자 - 이○률

이○률 아동은 한마음 모둠 토의 활동에 참여한 아동이며 웹 토의 문학 감상 학습에 가장 많은 수의 글을 올려서 최다 접속자로 선정되었다. 학급에서 학업 성적은 중위 수준에 속하나 컴퓨터 기능이 뛰어난 편이다. 이 아동의 성격은 조용한 편이며 면대면 수업 중 스스로 발표하는 일이 거의 없고, 발표시의 목소리도 작아 여러 사람 앞에서 발표하는 일에 부담을 느낀다고 볼 수 있다. 이 아동이 주로 올린 글은 의사 진행 발언이 많으며, 감상 활동 외에 자발적으로 문학 감상 도움사이트를 홈페이지에 링크해서 동료들에게 소개해주는 활동을 많이 하고 있었다.

4차 첫 느낌 : 1 이 름 이○률 날 짜 2003/05/28 (20:15:57) 제 목 은영세탁소를 읽고...
애들아 난 은영세탁소라는 동시를 읽고 은영이라는 아이는 무엇을 곱게 펴주는것을 좋아하는것 같아 그리고 이 동시에 은영이라는 아이는 몹시 마음씨가 착한것 같아 왜냐하면 자신의 아버지의 주름살도 펴드리니 말이야 나도 만약 그런 별명을 가져도 아버지의 주름살을 제일 먼저 펴드리는 생각을 하지 못했을 꺼야 그리고 이 동시를 읽고 난 부모님을 제일 먼저 공경해야겠다는걸 깨달았어. 그럼 너희들의 느낌은 어떻니??

감상문 : 4 이 름 이○률 날 짜 2003/05/29 (10:13:08) 제 목 은영세탁소를 읽고....
 나는 은영세탁소를 읽고 가장 맘에 드는 부분이 자신의 아버지의 주름살을 펴드리는 것이 가장 맘에 든다. 그리고 내가 만약 세탁소를 한다면 우리 가족의 옷을 깨끗하게 하고 싶다. 또 이 시에서 왜 은영이는 아버지를 위한 마음이 그렇게 지극한가?? 그것과 왜 제목을 은영세탁소라고 지었는가?? 그리고 나도 이런 경험이 있다. 나도 어렸을 때 어머니의 어깨를 거의 많이 주물러 드렸다. 그리고 이 시를 읽고 은영이의 가게는 은영세탁소인것 같아 난 이시를 읽고 은영이의 예전의 마음과 지금의 마음을 조금 알겠다. 예전에 마음은 은영이가 자기집 간판이름이 은영세탁소라고 지어서 부끄러운 것 같아는데 지금은 오히려 자기 이름이 간판에 붙어저 있으니 더 좋을 것이다. 그리고 은영이의 아버지는 늘 힘드시게 열심히 세탁소를 맡고 있으니 참 착하신 분이신것 같아. 그리고 나도 1학년때 친구들은 모두 오른손으로 밥을 먹고 글씨도 쓰는데 난 왼손으로 밥을 먹고 글씨를 쓰는게 조금 부끄러웠지만 그래도 지금은 1학년때 열심히 오른손으로 써서 지금은 글씨는 오른손으로 쓴다. 밥을 먹을 때는 아직 왼손으로 쓰지만 그래도 열심히 오른손을 써서 밥을 먹을 것이다.이 동시는 나와 참 비슷한 것 같아. 난 이 동시를 읽고 깨달은 것이 한가지 있다 그것은 은영이처럼 부모님을 사랑하는 마음을 가지고 무엇이 처음에는 부끄럽지만 그래도 지금은 그것이 자랑스럽다는 것을 깨달았다. 이상으로 감상문을 마침.

이○률 아동은 1차 과제의 첫 느낌에서 인물의 행동과 사고 방식을 자신의 경험과 관련지어 설명하며 부모님을 존경해야겠다는 가치화의 양상을 짧은 진술문을 통해 보여주고 있으나, 감상문에서는 비교적 진술문의 길이도 더 길어졌다. 내용상으로는 시에서 마음에 드는 부분과 시 속에 나오는 인물의 마음을 추측하고 인물의 사고 방식을 자신의 경험과 비교시키고 있다. 마지막으로 '부모님을 사랑하는 마음'이라는 주제를 깨닫는 반응을 보여주고 있다.

이상에서처럼 첫 느낌보다 감상문에서 글의 길이가 더 길어지고, 반응도 더 다양해지는 것으로 보아 모둠 아동들간의 원활한 토의 활동이 토의 전의 반응보다 토의 후의 반응을 더 풍부하게 하는데 일조를 하는 것으로 분석된다.

② 우수 토의자- 최○정

최○정 아동은 무지개 모둠의 사회자 역할을 맡은 아동으로 교사와 아동들이 함께 뽑은 우수 토의왕으로 뽑혔다. 이 아동이 1차 과제에서 나타낸 반응을 순서대로 기술하면 다음과 같다.

---

2 이 름 최○정 날 짜 2003/05/14 (16:00:18) 제 목 먼저 감동적인 부분에 대해 애기해 보자. 애들아, 우리 감동적인 부분부터 애기 하자. 나는, 마지막 부분에 빗방울들이 수증기가 되어서 날아갈 때 있잖아, 빗방울들의 소원이 꽃신이 행복해 지는 것이라고 한 부분이야. 왜냐하면, 꽃신에게 그 점 을 바라는 것이 좋은 부분이라고 생각하기 때문이야. 너희들 생각은 어떠니

3 이 름 최○정 날 짜 2003/05/14 (16:18:47) 제 목 항아리의 노래를 읽고 나서는...
애들아, 항아리의 노래가 정말 꽃신의 꿈과 비슷한 내용 같아. 또 제목을 바꾸자면, 바람을 담을 수 있는 항아리. 라고 표현해도 괜찮을 것 같아. 너희들도 한번 읽어서 어떻게 생각하는지 설명 해 주렴.

4 이 름 최○정 날 짜 2003/05/14 (19:36:35) 제 목 애들아...
애들아 우리 저번 클럽처럼 글 제일 많이 올리자. 저번 클럽에도 우리가 글 많이 올렸으니 이번에도 잘 할 수 있을 꺼야. 그런데 민석이, 너 저번 클럽에도 글 한개도 안올렸더라. 그렇게 요구를 해도.. 이번 클럽에서는 글 많이 올리도록 우리모둠 파이팅!!!

7 이 름 최○정 날 짜 2003/05/15 (10:38:55) 제 목 가운데 부분
빗물이 꽃신에게 물었습니다. "넌 어떻게 해서 이 곳에 오게 되었니?" 꽃신이 대답 해 주었습니다. "난 소녀의 꽃신이었는데 소녀가 뛰나가 넘어져서 신고있던 내가 이 숲으로 날라온거야. 그땐 나도 꿈이 있었어. "너도 꿈이 있었니? 여기 까지야. 어때? 너희들의 생각은 어떠하니?

> 9 이 름 최○정 날 짜 2003/05/16 (19:43:56) 제 목 맞다.
> 나도 성현이의 의경에 찬성해. 꽃신이 오랫동안 아무도 다니지 않는 숲에 계속 있으면 썩겠지. 그래도
> 꽃신은 빗방울들을 잊지 못할 거야. 자신의 꿈이 빗방울들이 행복해 지는건데 빗방울들을 잊으면 자신
> 의 꿈을 이루지 못함거나 다름없으니까.

이 아동은 2번 반응에서 이야기의 감동적인 부분을 찾아서 그 이유를 설명하고 있는데 빗방울들이 수증기로 날아가면서 자신이 아닌 꽃신의 행복을 빌어준 것이 가장 감동적이라고 하여 바람직한 정서 표현을 하고 있다. 3번 반응에서는 상호텍스트성과 관련하여 '항아리의 노래'가 '꽃신의 꿈'과 비슷함을 말하고, 또 제목을 '바람을 담을 수 있는 항아리'로 바꾸어 표현함으로써 부분적 재창조 활동도 수행하고 있음을 알 수 있다. 4번 반응에서는 다른 동료들이 글을 아직 올리지 않아 빨리 글을 올리도록 고무하는 의사 진행 발언을 하고 있다. 7번 반응에서는 이야기의 중간 부분에 생략된 내용을 진술하여 부분적 재창조 활동을 보여주고 있으며, 9번 반응에서는 다른 동료의 반응에 동조하면서 주제에 근접하는 반응을 보여주고 있다. 이 아동이 보여주는 반응은 이야기를 읽고, 그 내용을 이해하는 능력도 우수하며, 다양한 관점의 자기 생각과 느낌을 표현하는 능력도 우수하다고 할 수 있다. 또한 의사 진행 발언을 통해 사회자로서의 자기 역할도 충실히 하고 있는 것으로 보인다.

③ 우수 감상문 선정자-이○빈

이 ○빈 아동은 한마음 모둠 토의방의 우수 감상문 쓰기왕으로 뽑혔다. 이 아동이 동화를 제재로 한 2차 과제에서 쓴 감상문은 다음과 같다.

> 2차 과제 감상문 25 이 름 이○빈 날 짜 2003/06/01 (23:12:13) 제 목 아낌없이 주는 나무를 읽고...
> 이 이야기의 주제는 '남이 자기를 아껴주고 사랑하길 바라지 말고, 그 사람을 위해 모든 것을 아낌없이
> 베풀자는 것 같다. 말 그대로 아낌없이 주는 나무는 소년이 아무리 자신의 몸까지 베어 가버려도 여전히,
> 끝까지 소년을 위했으니까.
> 아낌없이 주는 나무의 성격은 주제 그대로 남(소년)이 자신에게 베푸는 것을 바라지 않고 자신이 많이
> 베풀어 주며 행복해하는 비록 식물이지만 정말로 정직하고(?) 아름다운 마음씨를 가진 것 같다. 하지만
> 너무 많이 베풀어 버리다가는, 소년에게 더 줄 것도 없을 텐데... 과학적으로 보아서 열매나 가지를 퍼뜨려
> 자신들의 후손을 키워서 또 소년에게 주었다면 소년은 더 많은 베풂을 받았을 텐데...

소년의 성격은 내 개인적인 생각으로 얄밉고 아주 밉상이다. 그러나 소년의 성격을 말해야하니까……
소년의 성격은 남(나무)이 베푸는 것을 계속 받기만 하는 성격이다. 필요한 것이 있으면 또 오고, 또 오고…
그래도 다른 나무를 베어가지 않고 계속 친구 나무에게 가는 것을 보면 조금이나마 나무에 대한 그리움은
있는 것 같다.
 아낌없이 주는 나무를 사람으로 비유한다면 역시 부모님이다. 우리는 현재 부모님의 도움 없이는 절대로
살아갈 수 없다. 부모님은 뼈빠지게 고생하셔서 우리에게 학원비, 학교비, 용돈 등 모든 것을 베풀어 주시
면서 정작 자신은 청렴하게 아껴 써야만 한다. 이렇게 모든 것을 베풀어 주시는 점이 아낌없이 주는 나무
와 꼭 닮은 것 같다.즉 우리는 소년이나 마찬가지이고 부모님은 가엾은 나무라는 존재이라는 것이다. 그
래도 나무가 기뻐하는 것처럼 부모님들도 우리들이 조그마하게라도 좋은 일들을 하면 너무나 기뻐하신
다. 돈만 펑펑 축내는 우리들이 한 짓에 대해서 말이다. 이런 부모님들을 기쁘게 해드리려면 공부를 열심
히 해야한다. 나도 토의 토론을 열심히 할 것이다.(파이팅!!)

이○빈 아동은 2차 감상문에서 먼저 자신이 생각하는 이야기의 주제를 말하고, 그 주제
와 관련하여 인물의 성격을 비판적으로 진술하고 있다. 소년의 행동과 성격을 비판하면서도
계속 나무를 찾아오는 것을 '그래도 나무에 대한 그리움이 있다'라고 함으로써 글에 나타나
있지 않은 사실 또는 인물의 심정까지 헤아려 보는 안목을 보여주고 있다. 부모님은 아낌없
이 주는 나무이고 소년은 철없는 우리들이라는 비유의 원리를 파악하고 있으며 부모님께
잘해드려야겠다고 다짐함으로서 이야기의 주제를 가치화하는 반응을 보여주고 있다. 이 아
동은 처음 쓴 감상문을 후에 고쳐 써서 올렸다.
 위의 우수 토의 아동이나 우수 감상문 쓰기 아동은 모둠 동료들에 의해 사회자로 추천을
받은 아동들로서 아동들이 평소 국어를 잘한다고 생각하는 아동들을 사회자로 추천하는 경
향이 있었다.

④ 최저 접속자-김○현

이 아동은 최저 접속자로 1차에서 4차까지의 토의 활동에서 4차 과제를 수행하지 않았
다. 이 아동이 1차에서 3차까지의 토의 활동에서 나타낸 반응은 다음과 같다.

13 이 름 김승현 날 짜 2003/05/17 (11:56:00) 제 목 꽃신의 꿈을 읽고...
나는 꽃신의 꿈을 일고 나서 꽃신이 착하다는 걸알았다. 꽃신은 빗방울들한테 화를 안내서 착하다.

9 이 름 김승현 날 짜 2003/05/20 (11:35:27) 제 목 아낌없이 주는 나무를 읽고...
애들아 나는 아낌주는 나무를 읽고 나무는 왜 소년에게 아낌없이 모든 것을 줄까? 그리고 나무는 왜 행복하다고 할까?? 그리고 내가 아낌없이 주는 나무라면 나는 소년에게 내가 가진걸 조금씩 줄 것 같아. 그리고 애들아 나도 생각 좀 해보고 다시 글 올릴께. 그럼 안녕.

7 이 름 김승현 날 짜 2003/05/22 (10:16:35) 제 목 나도 도마뱀을 읽고...
애들아 나는 나도 도마뱀을 읽고 남을 무척 부러워하는 것 같아 왜냐하면 코끼리 코에다가 얼룩말에 줄무늬에다가 거위의 깃털까지 그리고 사자의 수염까지 부러워서 자기 몸에 부칠 정도라면 된다고 했다.

1차 과제에서는 꽃신이 화를 안 내어서 착하다는 인물의 성격 파악을 하였고, 2차에서는 나무가 왜 아낌없이 주는가에 대한 의문을 표시하여 텍스트에 대한 흥미나 태도를 형성하였음을 보여주며, 자신의 나무라면 조금씩 줄 거라는 자기 경험과의 관련 반응을 보이고 있다. 3차에서는 도마뱀이 한 일을 열거하며 남을 부러워하는 성격임을 파악하고 있다.

이 아동은 학급 아동들 중 상대적으로 학력이 하위 수준에 속한다고 할 수 있는데, 하나하나의 반응들이 거의 단편적이고 문자의 호응 관계가 비문법적인 것들이 눈에 띄는 것은 그러한 이유와 관련성이 있지 않나 한다. 이 아동과 면담을 해 본 결과 토의 활동에서 동료들의 글을 다 읽어보았다고 답하여 자신의 글은 적게 올렸으나 다른 아동들의 반응에는 관심을 갖고 있는 것으로 파악되었다.

이 아동이 글을 올린 순서를 살펴보면 모둠의 동료들이 거의 한 번 이상씩 반응을 보인 후에 자신의 반응을 올리는 것으로 보아 동료의 반응들이 이 아동의 반응 형성에 영향을 끼치고 있음을 알 수 있다.

이상으로 개별 아동들의 반응의 양상을 살펴보았다. 아동들이 보이는 반응의 양상을 정리해보면 첫째, 학급의 모든 아동들은 매 과제마다 1~2개 이상씩의 반응을 보이고 있으며, 비 실시간 토의 활동을 할 때 실시간 토의 활동보다 더 많은 반응을 보이는 것을 알 수 있다. 실시간 수업 시간보다 비 실시간 과제 학습을 할 때 즉 시간과 공간이 제약을 받지 않을 때 반응은 더 자유롭고 풍부하게 일어날 수 있는 것으로 분석된다.

둘째, 첫 느낌보다 감상문에서 글의 길이가 더 길어지고, 반응도 더 다양해지는 것으로 보아 모둠 아동들간의 원활한 토의 활동이 토의 전의 반응보다 토의 후의 반응을 더 풍부하게 하는데 일조를 하는 것으로 분석된다.

셋째, 학급에서 학업 능력이 우수한 아동들이 토의 활동에 더 적극적으로 참여하며 그 반응도 다양하고 학습 목표에 쉽게 도달하는 것을 알 수 있으며, 면대면 수업에서 발표에 부담을 느끼는 아동도 웹 토의 학습에서는 자신의 생각과 느낌을 스스럼없이 자유롭게 표현하는 것으로 보아 웹 토의 학습은 자신감이 부족한 아동들에게 자신감을 심어주는 기회를 제공하는 역할을 하는 것으로 분석된다. 학업 능력이 하위 수준인 아동은 다른 동료들의 반응 통해 미약하나마 자신의 반응을 형성하는 것으로 보아 웹 토의 학습이 하위 수준인 아동에게도 긍정적인 영향을 끼치고 있는 것으로 분석된다.

넷째, 1차 과제와 4차 과제 사이의 반응의 수에 대한 분석은 비 실시간 토의와 실시간 토의라는 차이에 의해 의미가 없으나 반응의 질적인 측면에서는 4차로 갈수록 첫 느낌 및 토의 과정에서 아동들의 반응의 진술문이 더 길어지고 내용이 풍부해지는 경향을 띠고 있는 것으로 보아 반복된 학습의 훈련이 문학 작품을 감상하는 능력의 신장에 효과가 있는 것으로 분석된다.

4) 설문 문항 분석

웹 토의 문학 감상 학습의 효과를 검증하기 위한 또 하나의 방법으로 아동을 대상으로 설문 조사를 하였다. 설문지의 문항은 이 학습 모형에 대한 흥미도를 측정하는 문항 2개, 학습력 향상에 대한 질문 문항 2개, 문학 작품 및 독서 태도에 관한 문항 2개, 개선할 점 1개로 총 7개의 문항으로 구성하였다. 이 설문 조사에 답한 아동의 반응을 분석해 보면 먼저 웹 토의 문학 학습의 흥미도 측면에서 전체 아동 33명 중 '아주 흥미 있다'와 '조금 흥미 있다'에 답한 아동이 31명으로 90.9% 아동이 흥미를 갖고 있다. 흥미를 갖는 이유로는 3가지 학습 요인에 중복해서 응답을 할 수 있게 하였는데, 웹을 이용한 학습이 흥미를 갖게 한다는 응답이 26명, 토의 학습 방법이 흥미를 갖게 한다는 응답이 26명으로 많이 나와 전체 아동의 85%정도가 웹 상에서의 토의 학습에 흥미를 갖고 있으며, 문학 작품을 감상하기 때문이라는 응답이 19명으로 문학 작품 감상의 요인도 50% 이상 아동에게 흥미를 갖게 하는 것으로 분석된다.

웹 토의 문학 학습의 감상 능력 기여도 측면에서는 웹 토의 문학 학습을 한 후 자신의 문학 작품을 감상하는 능력이 '조금 좋아졌다'와 '많이 좋아졌다'에 답한 아동이 31명으로 역시 90.9%의 아동이 긍정적인 효과를 보고 있는 것으로 생각된다. 이전과 별 차이가 없다는 아동은 2명이며 일반 수업을 할 때보다 더 안 좋아졌다고 보는 아동은 한 명도 없는 것으로 응답하여 대체로 아동들의 생각에 웹 토의 문학 감상 학습은 아동의 문학 감상 능력 신장에 효과를 끼치는 것으로 여겨지고 있다.

또한 자신의 문학 감상 학습 능력이 좋아졌다고 응답한 31명의 아동 중 감상 능력이 좋아진 이유를 중복해서 답하도록 한 결과 토의 학습 방법 때문이라고 답한 아동이 30명으로 월등히 많고, 문학 작품을 반복해서 학습한 결과라고 응답한 아동은 18명, 웹을 이용한 학습 방법 때문이라고 답한 아동이 16명이다. 아동들은 대체로 세 가지 학습 요인에 대해 긍정적인 태도를 갖고 있으며, 그 중에서도 특히 토의 활동을 통해 동료들과 생각을 나누는 과정에서 자신의 학습 능력이 좋아졌다고 생각하는 것으로 분석된다.

독서 태도 변화의 측면에서 살펴보면, 웹 토의 문학 감상 학습을 한 후 문학 작품을 더 좋아하게 되었다고 답한 아동이 31명으로 위의 흥미도 감상 능력면에서 긍정적으로 답한 아동이 문학 작품에 대한 호감도에도 긍정적으로 답하는 것으로 추측되며, 책을 더 가까이 하게 되었다고 답한 아동이 22명으로 아동들은 웹 토의 문학 감상 학습을 통해 스스로 독서 태도가 더 좋아졌다고 생각하는 것으로 나타났다. 아동들은 과제와 상관없이 홈페이지의 자료실에 자신들이 찾은 동화나 동시를 추천하는 글을 올리는 활동을 수시로 즐겨하고 있었다.

웹 토의 문학 감상 학습을 하면서 개선할 점에 대하여는 채팅방을 만들어 달라는 요구가 13명으로 가장 많았고, 문학 퀴즈방을 만들면 좋겠다는 의견과 동영상 자료를 올렸으면 좋겠다는 의견이 각각 3명, 2명으로 나왔다. 채팅방은 웹 토의 문학 감상 학습 연습 단계에서 아동들이 채팅방을 통해 학습 주제에 벗어난 대화를 주로 하고 있어 본 연구에서 제외하였으며, 이외의 아동의 요구는 앞으로 웹 토의 문학 감상 학습을 하면서 전향적으로 검토하여 개선할만한 점이라고 생각된다.

5. 나오며

본 연구는 반응 중심 문학 이론에 기초하여 웹 기반 수업을 활용한 웹 토의 문학 감상 학습 모형을 개발하고 웹 상의 문학 감상 환경을 구축하여 적용한 뒤 아동의 반응 양상을 문화 기술적으로 서술, 분석하여 그 효과를 검증하고자 하는 연구이다. 이에 다음과 같은 두 가지 연구 문제를 설정하여 실험 연구하였다.

첫째, 웹 토의 문학 감상 학습에서 아동의 반응은 어떠한 유형과 양상으로 나타나는가?

둘째, 웹 토의 문학 감상 학습 모형은 아동의 문학 감상 학습 능력 신장에 효과적인가?

실험 연구 결과 연구 문제 1의 웹 토의 문학 감상 학습에서 나타난 아동의 반응의 유형과 양상은 다음과 같다.

먼저 제재별, 웹 콘텐츠별 아동 반응의 종류와 수를 분석한 결과 아동들이 가장 많은 반응을 보이는 학습 내용은 텍스트의 내용과 인물의 사고 방식에 관한 것이었으며, 아동들은 인물의 삶에 관심을 갖고 그 인물의 긍정적인 점을 가치화하여 본받고자 하는 내면화의 단계를 보여주는 반응을 하였다.

웹 토의 전의 첫 느낌 쓰기의 반응과 토의 후 감상문 쓰기의 반응을 비교한 결과 토의 과정이 반응의 수정, 확장, 심화에 기여하고 있음을 알 수 있었다. 본 연구에서 동화 제재와 동시 제재의 차이에 대한 뚜렷한 변별점은 나타나지 않았다.

모둠 토의 과정에서는 아동들이 서로 협동적으로 의사 소통하며 자신의 반응을 표현하고, 동료의 반응을 이해하며, 다시 자신의 반응을 수정, 확장, 심화시켜나가는 것을 알 수 있었다. 아동들은 자신의 반응에 대한 동료들의 평가를 기대하거나, 동료의 평가를 칭찬하고, 긍정적으로 수용하는 태도를 보임으로써 동료간의 친밀감과 결속력을 다지는 것을 볼 수 있었다.

토의 활동을 비 실시간 과제로 수행했을 때와 실시간 수업으로 수행했을 때에는 비 실시간 과제 학습에서 더 많은 반응을 보여 충분한 시간이 주어질 때 반응의 생성과 탐색이 더 활성화되는 것을 알 수 있었으며, 감상문 쓰기에서는 1차 과제에서 4차 과제로 갈수록 다양하고 질 높은 반응이 나타나 학습의 반복 훈련이 아동의 글쓰기 능력의 신장에 영향을 미침을 알 수 있었다.

개별 아동의 학습 반응을 분석한 결과 웹 토의 문학 감상 학습은 학습 능력의 차에 따라 우수한 학습 능력 및 적극적인 발표력을 가진 아동에게는 자신의 반응을 마음껏 표현함으로써 동료의 칭찬을 받고자 하는 동기를 강화시켜 주었으며, 학습 능력이 중위, 하위인 아동과 발표에 소극적인 아동에게는 면대면 학습의 부담감을 줄여줌으로 해서 자신감을 갖고 자신의 반응을 표현하는 기회를 제공하였다.

설문 문항에 나타난 아동의 반응은 본 연구의 학습 방법에 대한 흥미, 문학 작품 감상의 이해도 향상, 문학과 독서에 대한 태도 형성 등에 대해 아동 스스로 매우 효과적인 문학 감상 학습 방법으로 평가를 하고 있음을 보여주었다.

이상과 같은 아동의 반응들을 종합해 볼 때 웹 토의 문학 감상 학습은 다음과 같은 점에서 연구 문제 2의 아동의 문학 작품 감상력을 신장시키는 효과적인 방법임을 확인할 수 있었다.

웹 토의 문학 감상 학습은 비 실시간 토의 활동을 과제로 함으로써 충분한 시간동안 활발한 상호 작용과 반응을 이끌어 내며, 아동들은 자신들이 좋아하는 학습 방법으로 학습을 함으로써 학습자 중심의 능동적인 학습 활동과 모둠 구성원들간의 친밀감과 결속력을 높이는 협동 학습을 전개하였다.

아동들은 스스로 자신의 문학 작품 감상 능력이 신장되었다고 자부하고 있으며, 교사의 관찰에 의해서도 과제를 반복할수록 반응의 질이 높아짐을 알 수 있었다.

토의 전과 토의 후의 글쓰기를 비교 분석한 결과 토의 활동이 아동의 반응을 다양하게 확장하고, 쓰기 능력의 신장에도 기여하는 것을 알 수 있었다.

웹 토의 문학 감상 학습은 동화와 동시 제재의 구별이나 학습 능력의 차이에 상관없이 두 제재 모두, 그리고 모든 아동들에게 유의미한 학습 효과를 거두었으며, 문학 작품을 좋아하고 즐겨 읽는 태도를 기르게 하는 데에도 효과를 거두었다.

교사의 입장에서는 수행 평가를 돕는 매우 경제적인 수업 방법이 될 수도 있었다.

참고문헌

1. 단행본 및 자료

강인애(1999), 『왜 구성주의인가-정보화시대와 학습자중심의 교육환경』, 서울:문음사.

교육부(1997), 『초등학교 교육과정 해설(Ⅰ)』, 서울: 대한교과서주식회사.

______(2001), 『4-1 국어 초등학교 교사용 지도서』.

권낙원(1997), 『토의수업의 이론과 실제』, 서울: 현대교육출판.

백영균(1999), 『웹 기반 학습의 설계』, 서울:양서원

서유경(2002), 『인터넷 매체와 국어 교육』, 서울:역락.

신헌재 외(2001), 『학습자 중심의 국어과 수업 방안』, 서울:박이정.

이경화(2001), 『읽기교육의 원리와 방법』, 서울:박이정.

이재승(1998), 『국어 교육의 원리와 방법』, 서울:박이정.

한철우 외(2001), 『문학 중심 독서 지도』, 서울: 대한교과서주식회사.

Rosenblatt, L. M.(1989), The transactional theory of literary work. In C. R. Cooper(Ed.), *Researching response to literature and the teaching of literature: Points of departure,* NJ: Abex Publishing Corporation.

2. 논문

경규진(1992), '반응중심 문학교육의 방법 연구', 서울대학교 박사학위논문.

김대행(2001), '문학교육 성과 측정. 국어교육연구소 제7집', 국어교육연구소.

이희정(1999), '초등학교의 반응중심 문학교육 방법 연구', 한국교원대학교 석사학위논문.

최두묵(2002), 'WBI(웹 기반)를 활용한 국어과 교수 학습 방법 연구', 한국교원대학교 석사학위논문.

한명숙(2001), '문학 작품 보고서에 나타난 아동의 반응 분석', 청람어문학 제18집, 청람어문학회.

5장 읽기 성취도를 높이기 위한 책 읽어주기 활동

1. 들어가며

　제도권 교육에서 읽기[1]를 배우는 시기는 초등학교 1학년이지만 유치원이나 가정에서 배워 오는 아동이 많은 것이 현실이다. 이와 같은 이유로 초등학교 저학년 교실에서도 읽기가 능숙한 아동과 미숙한 아동의 읽기 능력에 큰 차이가 있다. 읽기를 잘하는 아동은 묵독을 능숙하게 하고 읽기를 즐겨하는 태도가 형성된 반면, 몇몇 아동들은 한글 해득을 못했거나 했다하더라도 글자는 능숙히 잘 읽으나 글의 의미를 적절히 파악하지 못해 어려움을 겪는다. 특히, 읽기에 미숙한 아동들은 책 읽기를 싫어하는 경향이 짙으며 이러한 현상은 고학년에 올라가서도 그대로 유지되는 경우가 많다. 그러므로 이러한 읽기 능력 차이가 누적되지 않도록 초기 독서 단계에서 읽기 능력이 낮은 아동에게 적절한 교육을 제공하여 읽기에 즐겁게 참여할 수 있도록 도와 주어야 한다.

　읽기는 글로부터 의미를 구성하는 과정(이차숙, 1997)이라고 본다면 읽기의 하위 기능을 배우기 위한, 통제되고 고립된 문자 환경에서는 풍부한 의미를 구성하기 어렵다. 즉, 의미 구성을 위해서는 풍부한 읽기 자료와 책을 가까이 할 수 있는 독서 환경이 마련되어야 한다. 그리고 읽기 지도의 목적은 아동의 읽기 기능을 신장시키는 데 있지만 궁극적으로는 읽기에 대한 흥미와 동기를 증진시켜 평생 독자로서 읽기를 향유할 수 있도록 하는데 있다. 이런 점에서 읽기 지도 방법은 풍부한 읽기 환경을 제공할 뿐 아니라 아동이 흥미를 느낄 수 있는 방법으로 접근해야 한다. 또한 초등학교 저학년 아동을 지도할 때 고학년에 비해

---

1) 읽기 또는 독서라는 말의 뜻은 독자가 글을 통해 필자가 전하고자 하는 의미를 이해하고 해석하고 더 나아가 자신의 지식이나 경험까지 부여하는 넓은 의미의 '의미 구성'으로 이해되어야 한다. 그러면서도 '독서'는 책이나 글을 읽는 행위에 한정되고, '읽기'는 책, 글을 포함하여 다양한 매체 언어를 읽는 행위까지를 포함하는 행위로 확장할 수 있다. 따라서 인쇄 매체에서의 읽기에서는 '독서'와 '읽기'를 얼마든지 함께 사용할 수 있고, 다만 영상 매체 등의 읽기의 경우에는 '읽기'라는 용어가 적합하다하겠다(이경화a, 2001).

교사의 자세한 안내와 시범이 더 필요하다. 특히, 읽기를 할 때 배경지식을 적절히 활용하는 것이 의미를 구성하는데 도움을 주는데 읽기 능력이 낮은 아동들은 이러한 읽기 전략을 사용하는데 미숙하다. 이러한 점을 고려할 때 읽기 지도 방법이 가져야 할 요건으로 풍부한 문식성 환경, 흥미, 교사의 자세한 안내와 시범 등을 들 수 있으며 본 논문에서는 이러한 방법으로 '책 읽어주기 활동'을 추천하고자 한다.

2. 총체적 언어교육

본 절에서는 책 읽어주기 활동의 이론적 배경을 총체적 언어교육의 개념과 기본 원리를 통해 탐색해 보고 총체적 언어교육의 일환으로서 책 읽어주기 활동이 갖는 의미를 고찰해 보고자 한다.

가. 총체적 언어교육 개념과 기본 원리

'총체적 언어교육(Whole language) 운동'은 80년대 중반에 들어와 구미를 중심으로 두드러지게 일게 된 이른바 학생 중심의 언어 교육 운동이다. 이 운동은 종래의 기능 중심의 획일화된 언어 교육에 반대하여 일어난 것이다. 총체 언어에서는 언어의 실제적인 사용을 강조하면서 무엇보다 학습자의 입장에 서서 그들에게 진정으로 의미 있는 언어 학습이 되게 하는데 초점을 둔다(신헌재·이재승, 1994).

총체적 언어교육은 이전의 언어교육과 달리 언어, 언어학습, 학습자에 대해서 새로운 관점을 제시하고 있다.

첫째 언어의 부분보다는 전체와 언어의 실제적인 면을 강조한다. 글자 하나하나를 읽고 해독에 집중하기보다는 글 전체의 의미를 구성하는 과정을 더 중요하게 다룬다.

둘째, 총체 언어에서의 학습자는 의미를 위한 언어의 규칙을 사회적인 상호작용을 통해 스스로 꾸미고 만들어 낸다. 그렇기 때문에 언어 학습은 다른 사람들과의 의사소통 과정을 통해 이뤄지는 사회적, 개인적인 창조 과정인 셈이다(신헌재·이재승, 1994).

셋째, 총체적 언어 교육은 학습자를 중심으로 생각한다. 학습자의 기본적인 학습 능력을 믿고 학습 내용이나 방법은 학습자의 흥미와 관심에 따라 달라질 수 있다. 따라서 교사는 통제자가 아니라 아동에게 다양한 언어적 경험을 제공하고 효과적인 학습 환경을 조성해 주는 협력자와 보조자의 역할을 하게 되는 것이다.

이와 같이 총체적 언어 학습은 어떤 독단적인 견해에 의해서 쉽게 규정될 수 있는 단순한 언어 학습이 아니라, 위에서 열거된 학습자에 대한 관점, 교사에 대한 관점, 언어에 대한 관점과 언어사회학적인 관점을 묶어서 그것을 전체로 생각하게 하는 사고방식이다(최성미, 2000).

이러한 철학을 바탕으로 한 총체적 언어 교육에서 지향하는 교수 학습의 기본 원리를 살펴보면 다음과 같이 요약할 수 있다.

첫째, 학습은 전체로부터 부분으로 진행한다는 것이다. 언어의 하위 요소부터 학습되는 것이 아니라 전체적인 텍스트에서 의미를 구성하고 그 과정에서 하위 요소를 습득한다고 할 수 있다.

둘째, 학습은 학습자가 적극적으로 지식을 형성해 가는 과정이므로 수업은 학습자 중심으로 전개되어야 한다는 것이다.

셋째, 실제 언어활동 중심을 강조하는 것으로 읽기 활동 또한 단어를 파악하는 것이 아니라 의미를 창출하는 과정이다.

넷째, 언어의 네 기능을 통합적으로 지도한다. 말하기, 듣기, 읽기, 쓰기를 따로 가르치는 것이 아니라 각 기능들이 유기적으로 연관되어 있으므로 통합적으로 지도해야 한다.

다섯째, 학습자간의 상호작용을 중시한다. 사회적 산물인 언어는 사회구성원들과 의사소통을 통해 습득된다. 따라서 총체적 언어교육에서는 학생들간의 협동적 과제 해결을 중시하고 서로의 의견 교환을 통해 언어개념을 발달시킨다고 보고 있다.

여섯째, 언어학습은 학습자의 수준에 맞게 개별화한다. 총체적 언어교육은 학습자의 흥미, 관심, 배경지식을 최대한 존중해 준다.

총체적 언어교육은 학습자를 중심에 둔 철학이다. 이러한 교육적 신념을 한 마디로 정의하기 어렵지만 기본 원리를 중심으로 정리하면 학습자의 흥미와 관심, 능력을 고려한 언어 교재, 다양한 활동을 통한 의미의 구성, 실제적인 언어 상황 속에서 이루어지는 언어 기능의 통합으로 요약될 수 있다.

나. 총체적 언어교육과 책 읽어주기 활동의 관련성

총체적 언어교육은 효과적인 언어 지도 방법들에 대한 다양한 주장을 펼치고 있지만 우리나라의 교육 실정에 그대로 수용하는데는 어려움이 있다. 하지만 총체적 언어교육의 철학이나 관점을 살펴봄으로써 언어교육이 앞으로 나아가야 할 방향을 제시받을 수 있다.

신헌재등 (1994)의 총체적 언어교육이 국어교육에 시사하는 점을 참고로 제시하면 다음과 같다.

첫째, 말하기, 듣기, 읽기, 쓰기 등의 언어 기능(영역)들은 통합적으로 지도될 필요가 있다. 교과서를 구성할 때도 언어 기능을 따라 분책하는 것이 아니라 주제 중심이나 활동 중심으로 교과서를 꾸미되, 교과서를 하나의 활동 자료 또는 아이디어집으로 구성시킬 필요가 있다고 하였다.

둘째, 국어 교과의 도구 교과적인 성격을 살리려면 타 교과에서도 부분적으로나마 언어 기능 교육이 이루어질 수 있는 장치가 필요하다. 이를 달리 말하면 언어 기능을 익히기 위해 국어과에 관련된 활동으로 한정하는 것이 아니라 미술이나 체육, 음악 활동 등 다양한 영역과 관련한 시도가 필요하겠다.

셋째, 국어과 학습은 실제적이고 의미 있는 활동을 통해 이루어질 필요가 있다. 언어는 내용의 집합이 아니라 상징 체계이기 때문에, 국어과는 생물이나 과학과 같이 일련의 내용으로 꾸며질 것이 아니라 일련의 '활동'으로 구성되어야 할 것이다. 그런데 이 활동은 실제적인 것이어야 하며 의미 있는 것이 되어야 한다.

넷째, 국어 교육의 초점을 언어 자체에 둘 것이 아니라 의미에 초점을 둘 필요가 있다. 분절된 언어를 의미 없이 배우는 것이 아니라 전체 텍스트 속에서 의미를 구성하도록 실제적인 언어 활동을 구안하고, 이러한 언어 환경을 조성하는 것이 중요하다.

위의 시사점을 중심으로 총체적 언어교육의 일환으로서 책 읽어주기 활동이 갖는 의미를 살펴보면 다음과 같다.

첫째, 책 읽어주기 활동은 고립되고 분절된 언어가 아니라 의미 있는 언어자료를 교재로 삼았다. 즉, 텍스트를 선택할 때 언어 기능을 익히기 위한 단절된 언어가 아닌 아동의 흥미와 관심을 최대한 고려한 자연스런 맥락 속의 이야기가 담긴 교재를 선택하였다.

둘째, 책 읽어주기 활동은 글자를 정확하게 읽기 위함보다는 다양한 활동 속에서 의미를 구성하는 것을 더 중요시 여긴다. 활동 또한 국어교과에서 이루어지는 제한된 활동이 아니라 타 교과와 관련된 다양한 활동을 통해 그 속에서 이루어지는 실제적인 언어상황도 언어교육의 일환으로 생각하였다.

셋째, 책 읽어주기 활동에서는 교사가 읽어주는 책을 듣고 끝나는 것이 아니라 책에 대해 질문하고 스스로 읽어보기도 하고 자신의 생각을 써 보는 등 언어의 네 기능을 통합적으로 활용하였다.

이상에서 책 읽어주기 활동의 철학적 근거를 총체적 언어교육에서 찾아보았다. 본 연구에서 책 읽어주기 활동은 교사가 아동에게 단순히 이야기를 전달하는 것이 아니라 아동과 함께 의미를 구성해 가는 총체적 활동으로서 의미를 지닌다.

3. 책 읽어주기

본 절에서는 책 읽어주기가 갖는 의의를 고찰하고 책 읽어주기의 효과를 독해력과 읽기 태도로 나누어 살펴보았으며 책 읽어주기에 적합한 책의 선정 기준을 모색해 보았다.

가. 책 읽어주기의 의의

읽어주기는 아주 오랜 전부터 가정과 유아 교육현장에서 어린이들에게 동화를 전달하기 위해 활용하던 방법이다. 어린이들에게 이야기를 읽어주는 것은 가정과 유치원뿐만 아니라 초등학교 어린이들에게도 매우 중요한 교육활동이다. 그런데 초등학교 어린이들에게 책을 읽어주지 않는 이유 중 하나는 불행하게도 학부모나 교사들은 단지 어린이들 스스로 책을 읽을 수 있을 때까지만 읽어줄 필요가 있다고 생각하기 때문이다.

Jim Trelease(1995)는 부모나 선생님이 직접 책을 읽어주었을 때 다음과 같은 교육적 효과를 줄 수 있다고 하였다. 첫째, 아이들이 그 책에 대한 흥미를 갖게 된다. 책은 무엇보다도 읽는 아이의 흥미가 유발되어야 한다. 책을 읽게 하거나 책을 사주기만 하고 그대로 두면 그 날 이후에는 흥미를 갖지 않게 된다.

둘째, 책을 읽어 가는 동안 아이의 호기심과 상상력이 크게 발동한다. 아이가 혼자 책을 읽으면 모르는 부분도 많고 집중이 되지 않아 책 내용에 접근하기가 매우 어렵다. 그러나 선생님이 책을 읽어주면 내용이 쉽게 이해가 되고 자연스럽게 그 분위기에 이끌리게 된다. 그리고 아이들의 본능인 호기심과 상상력이 풍부하게 발동하여 끊임없이 질문을 하게된다.

셋째, 아이들이 차츰 책과 가까이 하게 된다. 선생님이 매일 재미있는 책을 잠깐씩이라도 읽어주면 아이들의 태도는 금방 달라진다. 아이들은 금방 선생님을 따라서 책을 가까이 하게 된다.

넷째, 언어 표현력과 사고력이 크게 늘어난다. 언어의 기본은 듣거나 말하는 것 그리고 쓰거나 읽는 것에서 나타난다. 그런데 이런 능력은 끊임없이 새로운 표현을 접하게 됨으로써 가능하다. 새로운 표현은 책을 자주 읽으면 저절로 익혀진다. 그리고 책을 많이 읽는 아이들은 사고력이 다양해지고 또한 깊어진다. 이것은 책을 읽으면 책의 내용에 이끌려 그 내용과 같은 생각을 하기 때문이다.

다섯째, 집중력이 생긴다. 학습은 우선 잘 듣는 것이 필요하다. 아이들에게 집중력을 길러 주게 하는 좋은 방법은 재미있는 책을 읽으면서 그 내용에 이끌리게 하는 것이다. 아이들에게 자주 재미있는 책을 읽어주면 자연스럽게 책의 내용에 빠져들고 이것이 반복되는 동안 집중하는 습관이 저절로 길러진다.

여섯째, 아이들의 정서가 풍부해지고 성격이 좋아진다. TV 앞에 앉아 있는 시간을 줄이고 좋은 책에 흥미를 느끼고 위안으로 삼아 정서가 풍부해 지는 것이다.

책 읽어주기는 책에 대한 흥미를 유발하고 언어발달에 기여할 뿐 아니라 정서적 안정감을 주거나 문학 작품에 대한 심미적인 경험을 줄 수 있는 활동이라고 지적하고 있다. 그러므로 읽어주기는 취학 전 아동을 대상으로 가정에서만 하는 것이 아니라 모든 학년의 언어 교육 프로그램에 포함되어야 하는 가치 있는 활동으로 의의가 있다고 여겨진다.

나. 책 읽어주기의 효과

1) 책 읽어주기와 독해

읽기는 독자가 글을 해독하고, 내용을 이해하고, 학습하고, 기억하는 정신 과정이다(노명완, 1990). 곧, 읽기는 개별 문자를 축어적으로 해독하는 것에서부터 글의 함축적인 의미를 파악, 구성해 나가는 높은 수준의 사고 작용 과정을 의미한다. 이렇듯 읽기는 문자 해독의 측면, 정보 탐색의 측면, 글의 낭독, 독해 등을 포함하는 개념인데, 이들 읽기의 여러 측면 중에서 우리의 관심의 핵심은 역시 독해 측면이다. 초등학교 저학년 아이들 중에 글자는 읽을 수 있지만 읽고 난 후 글의 의미를 잘 파악하지 못하는 아동이 있다. 이러한 현상이 읽기를 학습함으로써 해결되는 경우도 있지만 누적되어 고학년에 올라가서도 글을 읽고도 그 글의 의미를 파악하지 못해 어려움을 겪는 아동이 있다.

독해력이 부족한 아동에게 책 읽어주기가 어떤 도움을 줄 수 있을지 몇몇 외국의 연구 사례를 살펴보자. 읽기 지도를 실시함에 있어 전통적인 읽기프로그램(문자인식과 문자·음성의 일치를 강조하는 프로그램)과 이야기책 읽어주기 프로그램의 또 다른 비교 연구 결과에서 Chen(1968)은 학교에서 문학작품을 매일 체계적으로 많이 접한 2학년 학생들의 읽기 능력과 학교에서 가끔씩 이야기를 한 번씩 접한 학생들과 비교 검토한 결과 학기말에 읽기 이해 능력 평가에서 전자의 학생들이 압도적으로 우수하다는 것을 밝혔다(최성미, 2000에서 재인용).

Briechle(1984)은 6학년 학생에게 교사의 규칙적인 소리내어 읽어주기가 그들의 이해에 긍정적 영향을 줄 수 있는가에 대해 연구하였다. 실험집단은 일주일에 세 번 25분 동안 읽혀지는 것을 들었고, 통제집단은 그동안 다른 읽기 활동을 하였다. 실험결과 두 집단의 이해 점수는 유의미한 차이가 있었고(p<0.1), 소리내어 읽어주기를 한 집단에서 최고점수가 나왔다.

Forte(1995)는 교사가 이야기를 읽어주는 것이 학생들의 이해수준에 영향을 주는 가에 대해 연구하였다. 실험집단 25명은 8주 동안 읽기 수업에 덧붙여 매일 30분 정도 교사가 읽는 것을 듣고, 통제집단 22명은 일상적인 읽기 수업만 하였다. 사전-사후 검사를 한 결과 교사에 의해 읽기에 노출된 학생들의 독해력 평가에서 그렇지 않은 학생들보다 더 높은 점수를 얻었다.

여러 연구들은 책을 꾸준히 읽어주는 것이 아동의 독해력 향상에 도움을 준다는 것을 보여준다. 이는 초등학교 저학년 아동 중 글의 의미 파악에 미숙한 아동에게 규칙적인 책 읽어주기가 이해력을 증진시킬 수 있는 활동임을 시사해 준다.

2) 책 읽어주기와 읽기 태도

옥정인(1999)은 읽기 태도를 독자가 읽기 상황을 접했을 때 그 상황에 접근하느냐 회피하느냐에 대한 일관된 감정으로 경험에 의해 학습된 것이라고 정의하고 있다. 읽기에 대한 긍정적 느낌, 즉 읽기에 대한 흥미를 가진다는 것은 두 가지 면에서 가치를 가진다. 그 자체가 읽기 교육의 주요 목표이며 동시에 지속적인 책읽기를 가능하게 하는 강력한 힘을 지니게 하는 것이다(정지경, 2000). 읽기 능력이 낮은 아동은 읽기에 대한 흥미와 성취 동기가 낮고 읽기에 대한 좌절감과 자신감이 상실되어 부정적인 읽기 태도를 가지는 경우가 많다. 책 읽어주기가 읽기성취도가 낮은 아동에게 읽기에 대한 긍정적인 사전 경험을 제공해 줄 수 있는가를 여러 연구들을 통해 살펴보기로 하자.

책 읽어주기 활동을 통하여 기대되는 교육적 효과 중 하나는 책 읽기의 즐거움을 알게 되는 것이다(김숙자, 1997). Kontos(1986)는 이야기책 읽어주기가 읽기를 위한 긍정적 태도를 증진시킨다고 하였다.

Trelease(1995)도 교사가 아동들에게 정기적으로 책을 읽어주는 방법은 듣기 능력 향상뿐만 아니라 어휘력 증진, 책 감상하기, 내용의 이해 그리고 책 읽기에 대한 긍정적인 태도와 동기 유발이 될 수 있으며 책읽기는 재미있다는 것을 보여주는 읽기 모델 학습 활동이 된다고 한다.

이상에서 보면, 성인이 아동에게 책을 읽어주는 것은 아동의 독해력을 증진시킬 뿐 아니라 즐겁게 읽기를 할 수 있는 긍정적인 읽기 태도를 형성하는데 도움을 주고 아동의 독립적 읽기를 안내해 준다는 것을 알 수 있다.

다. 책의 선정 기준

읽기를 싫어하는 아동에게 책 읽기에 대한 흥미를 유발하고 긍정적인 읽기 태도를 형성시키기 위해서는 아동의 요구와 흥미에 부합되는 읽기 자료를 선정하여 제공하는 것이 중요하다. 적절한 자료를 선택하기 위해 몇 가지 살펴보기로 하자.

Holdaway의 「큰책접근법」에서는 집단 유아가 인쇄물을 보면서 함께 읽기 위해서 큰책을 사용한다. 「큰책접근법」에서 사용되는 큰책은 그림과 글이 확대된 형태라는 특성 뿐 아니라 내용이 예측가능한 특성을 지니고 있다. 「큰책접근법」에서 사용되는 큰책이 가지는 예측가능성은 유아로 하여금 긍정적인 개념을 지니고 책 함께 읽기에 적극적으로 참여하도록 유도하고 이야기의 내용 및 구조에 대한 이해를 쉽게 하며 읽기, 쓰기 과정에 대한 통찰력을 갖게 한다(이경화b, 1998).

소리내어 읽어주기에 좋은 책을 고르는 것은 실질적인 문제로서 교실의 여러 요인에 의해 달라진다. 이러한 요인으로서는 연령, 학년, 관심, 아동의 가정환경, 교육환경 등이 될 수 있다. 그러나 책을 고르는데 있어 기본이 되는 규칙은 교사와 학생들이 함께 즐거움을 느낄 수 있는 것이어야 한다. 더 자세한 교재 선택을 위한 내용은 Glazer(1981)의 기준을 참고해 볼 수 있다.

① 책이 높은 문학성과 예술적 가치를 지녔는가?
② 어린이들이 그 이야기를 이해할 수 있는가?
③ 어린이의 흥미를 끌 수 있는가?
④ 내 자신이 그 책을 좋아하는가?
⑤ 어린이들에게 읽혀질 때 삽화가 그들이 보기에 충분히 큰가?
⑥ 어린이들을 위해 적절한 행동과 태도가 묘사되었는가?

유소영(2001)은 가장 손쉽고 흔하게 하는 독서지도 활동은 어린이들에게 읽어주는 일이며, 읽어주기 위한 작품은 듣는 어린이들의 나이, 흥미, 제시되는 문학작품의 종류, 같이 듣는 어린이들의 수, 작품의 질을 고려하여 선정해야 한다고 한다. 그래서 유치원이나 초등학교 1, 2학년 어린이들은 유아들보다는 좀더 긴 이야기 그림책을 읽어 주고, 초등학교 3, 4학년 정도에는 본격 동화를 하루에 한 장씩, 초등학교 5, 6학년 이상이 되면 좀더 사고력이 필요하고 긴 작품을, 또한 중학생이라도 교사나 같은 학급의 학생이 정기적으로 읽어주는 시간을 갖도록 권하고 있다.

본 연구에서는 위의 선정 기준을 참고하여 다음과 같은 기준을 세워 책을 선정하였다. 첫째, 내용면에서는 쉽고 예측할 수 있으며 줄거리를 파악하기 쉬운 책으로 둘째, 형식면에서는 그림이 그려져 있는 동화책으로 선정하였다. 그림 동화책은 읽기 목적을 달성하기 위해 원문을 토막낸 글이 아니라 원전 그대로 사용하기 때문에 언어가 훨씬 자연스럽고 생생하다. 또한 반복된 언어가 많기 때문에 내용을 이해하기 쉽고, 저자가 의도한 내용이 삽화에 담겨 있기 때문에 글과 그림이 서로 연관되어 있어서 글의 의미가 쉽게 파악된다. 이것은 삽화가 배경지식을 활용케 하여 새로 나온 단어에 대한 설명을 통해 내용 속에서 추측

혹은 추론을 가능케 한다고 볼 수 있다. 그러므로 단어에 대한 의미 파악이 쉽고 어휘 습득을 쉽게 해줄 수 있을 것이다.

4. 책 읽어주기 활동의 설계와 적용

책 읽어주기의 대표적인 프로그램인 Holdaway(1979)의 「큰책접근법」에 대해 알아보고 책 읽어주기 활동이 읽기 지도 프로그램으로서 갖는 의미를 탐색하였다. 또한 「큰책접근법」을 중심으로 책 읽어주기 활동의 절차와 전략을 설계하여 실제 적용하였다.

가. 큰책접근법

'책 읽어주기'가 학교 초기 독서 지도에서 중요하게 다루어진 것은 뉴질랜드의 Holdway의 10년 간에 걸친 연구 프로젝트에서였다. 막연히 아이들에게 책을 읽어주는 것이 중요하다고는 생각하고 있었지만, 전통적으로 교실에서 책 읽어주는 것은 아이들이 글자를 볼 수도 없고 또 아이들이 글자를 읽는 것이 아니기 때문에 극히 제한적으로만 생각되었다. 또 책 읽어주기는 초기 독서 지도의 효과적인 방식으로 인식되기보다는 이야기를 읽어주는 재미있는 활동으로 더 인식되어 왔다. Holdaway의 '책 읽어주기'는 전통적인 방식의 책 읽어주기와는 다르다. 전통적인 책 읽어주기에서는 아이들이 듣기만 하였으나 새로운 방식의 책 읽어주기에서는 아이들도 글자 크기가 확대된 글을 같이 읽는 기회가 주어진 것이다(한철우·이삼형, 2000).

Holdaway는 글을 읽지 못하는 아동들의 생활을 관찰함과 동시에 잘 읽는 아동들의 변인을 연구한 결과, 잘 읽지 못하는 아동들은 학교에서 언어를 분절된 형태로 배우고 있었으며, 비록 글을 잘 읽지 못하더라도 일상생활 속에서는 즐겁게 언어를 사용하고 있었다는 점이다. Holdaway는 이 문제를 해소하고자 생활 속에서 즐겁고 자연스럽게 음성 언어를 학습하는 것처럼 문자 언어를 학습하는 방법에 대해 관심을 가지게 되었다(이경화b, 1998). Holdaway는 자연스러운 사회 학습 유형을 토대로 교실에서 적용할 초기 문해 학습 모델을 제시하기 위하여 먼저 음성 언어를 학습하는 자연스런 학습상황을 분석하여 문해 학습 모델을 제시하였는데 이를 「큰책접근법」(BigBook Approach)이라 하며 구체적으로 살펴보면 다음과 같다.

첫단계는 시범(demonstration)이다. 이 단계에서 교사는 읽기와 쓰기를 제시하고, 유아는 능력 있는 교사의 문해 시범을 관찰한다. 이 때 유아는 교사가 읽는 것을 듣는 청중이 되는 반면, 교사는 신뢰할 수 있는 문해 행동의 수행자이다.

두 번째 단계는 참여(participation)이다. 이 단계에서 유아는 문해 활동에 참여하고 질문을 제기하기도 하는 반면, 교사는 문해 행동에 적절한 설명을 해 주고 유아로 하여금 학급 공동체에 참여하도록 한다. 이 과정에서 유아는 교사의 도움을 받거나 안내 또는 비계를 통해 문해 활동을 수행한다. 이 때는 유아와 교사 모두 참여자가 되기 때문에 청중은 없다.

세 번째 단계는 연습(practice)이다. 유아는 전 단계에서 학습한 기술을 독립적으로 연습할 기회를 갖는다. 교사는 풍부한 문해 환경을 제공하고 유아의 학습을 격려한다. 이 단계에서 교사는 보이지 않게 뒤에서 격려하는 사람이며, 유아는 자신의 문해 활동을 규제하며, 또한 유아 자신이 청중이 된다.

마지막 단계는 수행(performance)이다. 이 단계에서 유아는 자신이 할 수 있다고 생각하면 학습을 수행하고 다른 사람과 청취를 공유하고 학습 공동체로부터 피드백을 받는다. 반면에 교사는 유아의 수행을 받아들이고 점검하고 기록하고 확인하는 등의 보상을 한다. 이때 유아는 학습을 수행하는 사람이며, 교사는 유아의 학습을 확인해 주는 청중이 된다.

Holdaway의 「큰책접근법」이 유아의 문해 학습을 돕기 위한 읽기 프로그램이지만 초등학교 아동에게 적절한 읽기 교수 학습 활동이 될 수 있다. 그 근거로는 책 읽어주기 활동에 나타나는 몇 가지 특징이 읽기 지도에 시사점을 준다.

첫째, 교사의 시범이다. 「큰책접근법」에서 교사는 유아의 문해 활동을 촉진시키기 위해 시범을 보임으로써 문해 학습 활동의 모델을 제시할 뿐 아니라 아동이 두려움 없이 학습 활동에 참여하도록 격려한다.

읽기 능력이 낮은 아동은 읽기 과제를 수행하면서 어려움을 겪고, 읽었다 하더라도 글의 의미를 정확하게 이해하지 못하는 경우가 많다. 교사가 큰 소리로 책을 읽어주는 과정을 통해 아동들은 능숙한 독자의 책 읽기 모델을 제시받는다. 모델링은 아동이 일을 수행하는 데 필요한 과정을 관찰하거나 개념적 모델을 세울 수 있도록 전문가가 수행하는 일을 보여 줄 수 있다.

교사가 읽어주는 경험을 통해 아동은 읽기 전략을 배울 수 있다. 읽기 능력이 낮은 아동들의 특성 중 읽기 전략을 활용하지 못해 독해를 제대로 하지 못하는 경우가 있다. 책 읽어 주기를 통해 교사는 적절한 읽기 전략을 활용하는 방법을 시범을 통해 제시해 줄 수 있다.

둘째, 교사와 아동이 상호작용을 한다. 책을 읽어주는 과정에서 단순히 '읽어주기'로만 끝나는 것이 아니라 함께 읽는 과정을 통해 교사는 아동의 반응을 관찰하고 적절한 질문을 제시하며 상호작용 과정을 거친다.

읽기 능력이 낮은 아동은 책 읽기 과정에서 의미를 제대로 구성하지 못하기 때문에 글 내용을 잘 파악하지 못한다. 이러한 특성을 고려할 때 교사가 책을 읽어주고 수준에 맞는 질문하며 아동의 반응을 관찰하고 적절한 도움을 주는 활동을 함으로써 아동과 책을 연결 하는 고리를 만들어 준다고 할 수 있다.

Vygotsky(1978)는 이야기 책 읽기 과정에서 성인의 중재역할을 강조한다. 이야기 책 읽기 과정에서 인쇄물의 탈맥락적인 언어는 '인지적 도약(Leap)'-독자가 의미를 만드는-을 요구한 다. 성인은 이야기 책 읽기의 사회적 상호작용에서 인지적 도약을 위해 격려하며, 다리를 제공하는 중재자 역할을 한다. 성인의 중재는 근접발달지대[2]에서 이루어진다. 이 영역에서 성인의 도움을 비계라고 하며 교수의 효과는 최대가 된다. 교사는 책 읽어주기를 하는 동안 아동의 능력이나 반응에 맞는 비계를 설정함으로써 아동이 글을 이해하고 의미를 구성할 수 있도록 도와줄 수 있으며 흥미를 유지시켜 줄 수 있다.

셋째, 책 읽어주기는 자연스러운 학습 과정이다. 「큰책접근법」은 유아가 성인과의 상호 작용을 하면서 자연스럽게 음성 언어를 학습하는 과정을 문자 언어 학습에 적용하였다. 이 는 언어를 배울 때 자연스러운 학습 환경을 제공하는 것이 중요함을 시사한다. 부모는 아이 에게 가르치기보다는 즐겁게 하기 위해 잠자기 전 책을 읽어준다. 교사와 학습자 사이의 편안하고 따뜻한 학습 환경이 교사가 책을 읽어주는 활동에서 조성된다고 볼 수 있는데 이런 점은 읽기 태도가 부정적으로 형성되어 책 읽기를 싫어하는 아동에게 긍정적인 읽기 태도를 형성하도록 도와줄 수 있다. 또한 교사도 읽기를 가르치기보다는 함께 즐긴다는 생 각을 가지는 것도 중요하다. 읽기 능력이 낮은 아동에게는 독해력이나 어휘력 증진도 중요 하지만 무엇보다도 읽는 것이 즐겁고 흥미로운 활동임을 직접 체험하게 해 주는 활동이 더 중요하다고 하겠다.

넷째, 교사의 반복적 읽어주기 과정을 거쳐 아동의 독립적 읽기 단계로 책 읽기의 책임

---

2) 근접발달지대는 Vygotsky이론의 중요한 측면이며, 아동 혼자 독립적으로 처리할 수 있는 인지적 능력과 성인
   의 도움 및 지원을 받아 처리할 수 있는 인지적 능력 사이를 말한다. 즉, 학습자의 실질적인 발달 수준과
   잠재적 발달 수준의 차이를 의미한다(Vygotsky, 1978)

이 이양된다. 또한 교사의 시범 읽기→ 함께 읽기→아동의 독립적 읽기 단계를 거치면서 책 속의 의미를 정교화하는 기회를 가질 수 있다. 성인 독자들도 주어진 글을 완전하게 이해하기 위해 두 번 읽을 필요가 있다는 연구 결과가 있고 많은 연구에서 글을 다시 읽게 하는 것이 독해력을 증진하기 위한 가장 좋은 방법이라고 결론을 맺고 있다(천경록·이재승, 1997). 특히, 읽기 능력이 낮은 아동의 경우 반복적 책 읽기 과정을 통해 독해력을 증진하는 기회를 가지는 것은 중요하다. 반복해서 읽는 것은 아동이 글을 읽는 동안 단어들을 해독하고 파악하는데 익숙해지며 독해를 하는 데에도 많은 도움을 준다.

나. 책 읽어주기 활동의 절차와 전략

「큰책접근법」의 단계를 참고하여 초등학교 교실 수업에 적용할 수 있는 책 읽어주기 활동의 절차를 설계하고자 한다.

이경화b(1998)는 Holdaway의 「큰책접근법」을 다음과 같이 제시하고 있다.

첫단계는 발견(discovery)이다. 교사는 새로운 이야기책을 소개한다. 유아는 교사의 이야기책 읽기를 듣는 상황 안에서 책의 의미를 구성하는데 능동적으로 참여하며, 또한 반복된 구절에서 적극적으로 읽기에 참여를 한다.

두 번째 단계는 탐색(exploration)이다. 이 단계에서는 이야기책을 반복해서 읽는다. 반복하여 책을 읽는 동안 유아는 능동적으로 읽기에 참여하고 책에 나오는 문자 언어에 친근감을 갖게 된다.

세 번째 단계는 독립적인 읽기와 표현(independent experience/expression)이다. 이 단계에서 유아는 자기-교정을 통해 독립적인 책 읽기를 격려한다. 이 과정에서 유아는 읽기에 대한 개인적인 성취감을 갖고 책에 대한 흥미가 고조된다. 또한 이야기책에서 학습한 언어에 기초하여 표현 활동의 기회가 격려되며 이 과정을 통해 유아는 이야기책을 분명하게 이해할 뿐 아니라 언어에 대한 내면화가 이루어진다.

한편, Strickland(1988)는 Holdaway(1979)의 전략을 토대로 다섯 단계의 교수방법을 다음과 같이 제시하였다. 먼저, 교사는 큰책을 소개한다. 책 표지를 보여주면서 제목을 읽어준다. 책 표지 그림이나 제목으로 이야기 내용을 예측해보고 유아의 생활 경험과 연결시킨다. 두 번째 단계에서 교사는 열성적인 읽기 모델을 제시하면서 읽어주고 가끔씩 글자를 짚어 주기도 한다. 세 번째 단계에서 이야기에 대한 유아의 반응을 자극하고 책 읽기에 유아의 능동적인 참여를 유도한다. 네 번째 단계에서 유아는 독립적인 책 읽기 경험을 갖는다. 마지막으로 이야기를 극화하거나 이야기를 개작하여 유아 자신의 책을 만들어보는 확장활동을 한다. 또한 Lynch(1986)는 책을 반복해서 읽을 때, 익숙해진 부분들을 가리고 가려진 부분의 단어를 채우는 예측 전략을 제시하였다 (이경화b, 1998).

읽기를 중심으로 한 총체적 언어교육 프로그램에서 소리내어 읽기를 이용한 수업의 단계의 예를 들어 보면 다음과 같다(하광호, 1996).

1단계: ① 학생들의 적극적인 응답으로 그 책의 제목, 주제, 소재, 등장인물 등과 의미상 또는 개념상 밀접한 관련이 있는 단어들의 목록을 학생과 교사가 서로 협력하여 공동 작업으로 작성한다 : 단어 목록 만들기
② 소재나 주제에 대해 생각나는 대로 글을 쓴다. : 자유롭게 쓰기
③ 제목, 삽화(표지장식·사진, 그림 등) 또는 맨 처음의 문절(paragraph)을 토대로 하여 교재에 관한 많은 예상을 시도하게 한다 : 예상하기
2단계: ① 소리내어 읽기(교사가 큰 소리로 학생들이 듣도록 읽는다) 이때 학생들은 교사를 경청하거나 필요한 경우 듣기 코너에서 학생들 몇몇이 테이프로 듣는다.
② 안내된 읽기
③ 함께 읽기 (교사와 학생들이 같이 같은 교재를 읽어 간다.)
④ 개별 읽기 (학생 각자가 따로따로 읽는다. 교사나 누구의 간섭도 받지 않고 읽는 것)
3단계: 탐색 (읽는 도중 또는 읽고 난 직후 교재를 탐험하는 과정이다.)
4단계: 반응하기 (교재를 읽은 후 교재에 대해 학생들이 하는 적극적이고 의미 있는 반응)
① 읽은 이야기를 자기 자신의 문체로 다시 쓰기
② 읽은 이야기와 유사한 주제를 지닌 다른 글과 비교하여 글 쓰기
③ 학생들과 합동하여 읽은 내용 극화하기
④ 전설적인 내용인 경우 전설에 관한 조사하기
⑤ 이야기 판 만들기 : 이야기 속에서 가장 인상깊은 또는 감동 받은 장면들을 선택하여 큰 종이 위에 여러 칸을 만든 후 간단한 그림을 그리고 그림이 풍겨주는 의미를 짧은 문장이나 낱말의 집단으로 적어 넣는다.
⑥ 읽은 책 속에 과학적 요소가 많이 있으면 그 분야의 전문가들과 인터뷰하도록 격려한다. 인터뷰한 것을 교실에 전시하거나 학급학생들에게 발표하도록 한다.

Holdaway의 「큰책접근법」과 총체적 언어교육 프로그램에서 소리내어 읽기를 이용한 수업의 단계를 참고로, 책 읽어주기 활동의 절차와 전략을 아래 【표 1】 과 같이 설계하였다.

【표 1】 책 읽어주기 활동 절차와 전략

준비 단계	○ 사전지식 활성화 ○ 제목이나 표지 그림보고 예측하기 ○ 훑어 보기

⇩

읽어주기 단계	○ 시범 읽기
	○ 함께 읽기
	○ 쉬어 가며 읽기
	○ 가리고 읽기

⇩

독립적 읽기 단계	○ 조용히 읽기

⇩

반응하기 단계	○ 다양한 독후 활동하기 ○ 독서일지 쓰기

⇩

정리 및 평가	○ 평가하기

준비 단계

　준비 단계에서 가장 중요한 활동은 사전 지식 활성화와 책에 대한 흥미를 높이는 것이다. 특히, 읽기성취도가 낮은 아동들에게 읽기 전 활동은 더욱 중요하다. 아동이 책에 대해 긍정적인 태도를 형성할 수 있도록 교사는 준비단계에서 다양한 활동을 시도해야 한다. 교사는 아이들이 책 표지 그림을 보게 하고 서로 이야기하게 하며, 어떤 내용이 나올 것인지를 예측하게 한다. 준비 단계에서 할 수 있는 활동으로 사전 지식 활성화, 예측하기, 훑어보기 등을 들 수 있다.

읽어주기 단계

1) 시범 읽기 : 교사는 책의 글자와 그림을 보여 주면서 이야기 내용에 맞게 몸짓, 목소리, 표정 등을 실감나게 바꾸면서 흥미 있게 읽는다. 이때 아동들은 청중이 되어 교사가 읽어주는 것을 듣는다. 시범 읽기에서 교사는 이야기의 전개와 내용에 적절한 감정을 넣어 읽음으로써 문학적 언어의 특성을 깨닫도록 한다(한철우·이삼형, 2000). 하지만

지나친 기교나 연극적 제스처, 성우 같은 능란한 구연보다는 교사의 따뜻한 목소리와 태도가 더욱 중요하다. 교사는 시범 읽기 할 때 큰책이나 실물화상기를 활용하여 삽화와 글자를 아동들이 볼 수 있도록 한다.

2) 함께 읽기 : 교사가 읽는 것을 아동이 따라 읽거나 교사와 아동이 번갈아 읽어도 된다. 함께 읽기를 하기 위해서는 내용이 너무 많지 않고 반복적인 운율을 느낄 수 있는 책이 적당하다.

3) 쉬어 가며 읽기 : 교사는 질문을 하며 책을 읽는다. 적절한 질문을 통해 각 학생들에게 동기를 불어넣고 지적인 자극을 불어넣어 줄 수 있다. 교사가 효과적인 질문을 하기 위해서는 어떤 주제에 대한 아동의 선행 지식을 활성화시키고, 아동에게 읽기 동기를 부여하여 글의 수준을 파악하도록 하고, 초점을 두어 읽도록 해 주어야 한다(신헌재, 1997). 교사가 책을 읽어줄 때 경험적 접근 방법이 분석적 접근 방법3)보다 이야기의 흥미를 유발하는데 더 효과적이라는 연구가 있다. 즉, 교사는 책 속의 구성요소에 초점을 맞추는 것보다는 책과 아동의 경험을 연결할 수 있는 질문을 하는 것이 중요하다. 독자의 경험과 지은이의 언어를 연관시키면서 의미를 구성해 나갈 때 진정한 읽기가 이루어진다고 할 수 있다.

텍스트의 이해 수준이 낮은 저학년 학생들을 대상으로 하거나, 학습자 수준에 비하여 텍스트의 의미가 너무 함축적이고 어려울 때에는 사고 구술하기 전략을 활용하는 것이 좋다. '사고 구술하기'란 교사가 텍스트를 읽으면서 자신의 내면에서 떠오르는 느낌, 생각, 의문점 등을 자연스럽게 말로 표현하는 것이다. 이렇게 교사가 학생들에게 작품을 소리내어 읽어주면서 떠오른 생각들을 말로 나타내면 학생들은 작품을 쉽게 이해하고 감상할 수 있게 된다(이희정, 1999). 또한 교사는 책을 읽을 때 질문을 어떻게 생성하는가에 대한 읽기 전략을 시범을 통해 가르쳐 줄 수 있다.

4) 가리고 읽기 : 책에서 중심 어휘나 새로운 어휘 등을 가려 아동이 어떤 글자가 들어갈지 예측하게 한다. 교사는 이야기에서 미리 핵심적인 단어를 선별해 두고 그 단어가 들어가는 문장 전체를 칠판에 제시한다. 효율적인 어휘 지도를 하기 위해서는 한철우 외(2001)는 어휘 선택 기준을 다음과 같이 제시하고 있다. ① 학습 내용을 이해하는 데 충분한 정보를 얻을 수 있는 것, ② 깊이 있게 가르칠 필요가 있는 것을 중심으로

---

3) 경험적 접근 방법이란 이야기를 듣는 아동이 동화의 줄거리에 반응하도록 하고, 동화를 들음으로써 얻게 되는 생활체험 획득에 관심을 두도록 하는 접근 방법이고 분석적 접근 방법은 동화의 구성요소를 확인하고 분석하는데 관심을 두도록 하는 접근 방법을 말한다(정지경, 2000)

이루어져야 한다. 그리고 ③ 학습할 내용에서 빈도수가 많지 않더라도 글의 문맥에서
충분히 이해되지 않는 중요한 어휘도 꼭 선정하여야 할 것이다.

독립적 읽기

독립적 읽기를 할 때는 묵독할 수 있도록 한다. 교사는 읽어준 책을 학생들에게 각자 나
눠주고 학생들은 조용히 책을 다시 읽어본다. 같은 책을 여러 권 준비하지 못할 경우는 교
사가 책을 인쇄물로 만들어 배부하거나 돌려보기를 할 수 있도록 아동의 순서를 정해 준다.
독립적 읽기를 하는 것은 교사가 읽어준 책을 스스로 읽어봄으로써 자기 나름대로 의미를
구성하고 묵독을 연습할 수 있는 기회를 제공하기 위한 것이다. 지속적인 묵독(SSR)을 하게
되면 어린이가 오랫동안 독서하는 습관이 자동적으로 형성된다고 한다(Jim Trelease, 1995).
본 연구에서 책 읽어주기 활동의 궁극적인 목표는 읽기 능력이 낮은 아동이 즐거운 책 읽
기를 경험하고 그 과정을 통해 스스로 읽기를 즐겨 할 수 있는 성취 동기를 부여하는데
있다. 그러므로 교사는 아동을 지도할 때 책 읽어주기 활동과 더불어 지속적인 묵독 활동을
함께 활용한다면 더 효과적일 것이다. 독립적 읽기 단계에서의 읽기 자료는 교사가 읽어준
책이지만 지속적인 묵독 프로그램에서는 각자 읽을 책을 미리 준비해서 제한된 시간 동안
조용히 책을 본다. 이때 교사는 아이들을 감시하는 것이 아니라 함께 책을 보아야 한다는
점이 중요하다. 아동들은 읽는 동안 질문하고 싶은 내용이나 책에 대한 느낌 등을 독서일지
에 기록 할 수 있다.

반응하기 단계

이 단계에서는 읽은 책과 관련된 다양한 활동을 해 봄으로써 읽은 글에 대한 의미를 구
성한다. 교사가 학생들을 위해 선택한 읽기 후 활동은 학생들의 읽는 행위뿐만 아니라, 학
생들의 읽기에 대한 관점 형성에 영향을 미칠 것이다(한철우 외, 2001). 교사가 학생들에게
읽은 글에 대해 깊이 생각하고 느낀 점을 자유롭게 표현할 수 있도록 다양한 활동을 통해
의미 중심으로 가르친다면 학생들은 읽기를 긍정적으로 생각할 것이다. 그러므로 책 읽기
가 질문에 대한 답을 찾는 기계적인 과정이 아니라 나름대로 의미를 구성하는 즐거운 과정

임을 느끼게 해 주는 것이 중요하다. 책을 읽고 난 후의 독후 활동으로 쓰기 중심의 활동만
이 아닌 미술, 음악, 체육 활동 등을 다양하게 넣을 수 있다. 독후 활동은 책의 내용에 맞게
1~2가지 선택하는 것이 시간적으로 효율적이고 아동의 특성에 맞게 선택하도록 하는 것
이 중요하다.

　반응하기 단계의 활동으로 여러 가지가 있겠지만 본 연구에서는 중요한 장면(재미있거나
인상적인 장면)을 그리고 글 쓰기, 주인공에게 하고 싶은 말하기, 책 만들기, 마인드 맵으로
책 요약하기, 새로 배운 낱말로 짧은 글짓기, 체육, 미술, 음악 등의 활동을 제안하는데 꼭
이 모든 활동을 할 필요는 없으며 책의 내용에 따라 적절한 활동을 선택하도록 한다. 독후
활동으로 독서 감상문이나 쓰기 활동, 즉 국어과에 한정된 활동만이 아닌 타 교과와 연계한
활동 중심의 수업이 된다면 책 읽기가 지겨운 것만이 아닌 다양한 능력을 가진 아동들에게
책과 가까워지는 기회를 제공해 줄 수 있을 것이다. 그리고 책의 줄거리나 자신의 생각이나
느낌을 독서일지에 기록하여 자신의 책 읽기 과정을 점검하는 활동을 해 보도록 한다.

정리 및 평가

　정리 및 평가 단계에서는 반응하기 단계에서 활동한 결과물을 발표하고 자기 평가서를
작성해 피드백 할 수 있는 자료로 삼는다. 평가 방법으로는 교사 관찰 평가와 아동의 자기
평가, 작품을 통한 평가, 아동과의 면담 등이 활용될 수 있다. 특히, 아동의 책에 대한 이해
력을 평가해 교수 학습 활동에 피드백 자료로 활용하는 것이 중요한데 이를 위해서는 아동
의 특성을 고려해 지필 평가보다는 교사가 적절한 질문을 하고 아동이 구술로 답하는 면담
형식이 더 효과적이라 생각된다.

다. 책 읽어주기 활동의 적용

1) 책 읽어주기 활동의 교수-학습 단계

　책 읽어주기 활동의 절차 및 전략을 바탕으로 교수・학습 단계를 【표 2】 와 같이 설계
하였다. 본 연구에서는 책의 분량과 수준에 따라 2차시~3차시 수업으로 운영되었으며 책

읽어주기 활동에 지속적인 묵독(SSR) 활동을 포함시켰다.

【표 2】 책 읽어주기 활동 교수·학습 단계

책 읽어 주기 단계	교수·학습 단계	비고
준비 단계	- 사전 지식 활성화로 동기 유발 - 책 표지 보고 글 내용 예측하기 - 책 훑어보기	*SSR(지속적인 묵독)활동: 책 읽어주기 활동 후 매일 10분씩 활동하였음.
읽어주기 단계	- 시범 읽기(교사의 시범 읽기) - 함께 읽기(교사와 아동이 나눠서 읽기) - 쉬어 가며 읽기(책에 관한 질문하기) - 가리고 읽기(낱말 맞추기)	
독립적 읽기 단계	- 혼자서 조용히 읽기	
반응하기 단계	- 다양한 독후 활동하기 : 중요한 장면을(재미있거나 인상적인 장면) 그리고 글 쓰기, 주인공에게 하고 싶은 말 쓰기, 책 만들기, 마인드 맵, 도전 골든벨(퀴즈), 체육활동, 음악활동 등(선택) - 독서일지 쓰기	
정리 및 평가	- 활동한 결과물 발표하기 - 평가하기(자기평가서 및 줄거리 작성)	

2) 책 읽어주기 활동 수업 실제(쏘피가 화나면–정말, 정말 화나면)

◉ 준비단계

* 사전 지식 활성화로 동기 유발

· 화날 때는 언제인가요?

- 동생이 괴롭힐 때

- 친구와 싸울 때

- 부모님이 약속을 안 지킬 때

· 화를 푸는 방법은 무엇인가요?

- 울고 나면 화가 좀 풀려요.

- 막 소리를 질러요.

- 잠을 자요.

- 그냥 조금 있으면 풀려요.

* 책의 표지 보며 내용 예측하기
  · 책의 제목과 그림을 보고 어떤 내용일지 생각해 보세요.
    - 쏘피라는 아이가 화난 이야기가 들어 있을 것 같아요.
    - 쏘피가 화나면 무서울 것 같아요.
    - 아이 얼굴이 무서워요.
  · 책을 쓴 사람과 그린 사람은 누구일까요?
    - 몰리 뱅이라는 사람이 글도 쓰고 그림도 그렸어요.
★포인트: 실물화상기를 이용하여 책 표지를 보여 준다. 이때 특징적인 부분을 확대해
        주면 아동들이 재미있어 하며 책에 관심을 기울인다.

* 책 훑어보기
  · 책 속의 그림을 훑어보고 줄거리를 예상해 보세요.
    - 쏘피가 화가 나서 밖으로 나갔다가 화가 풀려서 다시 집으로 돌아 왔어요.
★포인트: 줄거리 내용을 정확하게 아는 것이 중요하지 않다. 상상력이나 재미있게 잘
        구성한 아동에게 칭찬해 준다.

◉ 읽어 주기 단계
 * 시범 읽기
  · 교사는 책의 내용에 맞게 실감나게 책을 읽어준다.
★포인트: 연기력을 살려 읽는 것도 중요하지만 똑똑하고 큰 목소리로 읽어주는 것으로
        도 충분하다. 시범 읽기 전에 교사가 책을 여러 번 반복적으로 읽는 연습을
        하여 자연스럽게 읽어주기가 될 수 있도록 해야 하며 교사가 읽는 책에 애착
        을 갖고 즐겁게 읽는 모습을 보여 주는 것이 중요하다.

 * 함께 읽기
  · 교사와 학생이 책을 한쪽 씩 나눠 읽는다.

 * 쉬어 가며 읽기
  · 교사가 읽는 중간 학생에게 질문을 하면서 책을 읽어준다.

- 쏘피가 화가 난 이유는 무엇일까요?
-'새빨간 빨간색처럼 소리를 질렀어요'는 무슨 뜻일까요?
- 쏘피가 화를 풀게 도와 준 것들은 무엇인가요?

★포인트: 아동의 경험과 관련된 질문을 많이 하고 질문의 수가 너무 많아지지 않도록
한다. 새로운 낱말이나 재미있는 그림을 확대해서 보여 주는 것도 아동의 흥
미를 끌 수 있다.

* 가리고 읽기
· 교사는 책에서 배울 낱말을 미리 선택한다
낱말이 들어 있는 문장을 칠판에 제시한다. 이때 낱말은 괄호로 대신한다.
: 이 문장 속에 들어갈 낱말은 무엇일까요? 또 다른 알맞은 낱말을 생각해 보세요.

- 쏘피는 막 (   ) 화산 같았어요.
- 넓은 세상은 쏘피를 (   )줍니다.
- 모든 것은 다시 예전처럼 (   ).

★포인트: 낱말을 정확하게 쓰는 것도 중요하지만 문맥이 통하면 다른 낱말을 썼더라도
칭찬해 준다. 교사는 채점을 다 해 준 다음 괄호 속의 낱말의 뜻과 아동들 답
중 비슷한 의미의 낱말을 제시하여 설명한다.

◉ 독립적 읽기 단계
* 홀로 조용히 읽기
· 책을 조용히 읽어보세요.
· 궁금한 것을 궁금이 쪽지에 적어 호기심 상자에 넣어 보세요.

궁금이 쪽지
2학년 4반 이름(   )
‣ 책 제목:
‣ 질문:
‣ 답:

★포인트: 독립적 읽기를 하면서 책에 대해 궁금한 점을 쪽지에 써서 호기심 상자에 넣
       도록 한다. 교사는 아동들이 쓴 질문에 대한 답을 쪽지 아래 부분에 적어 해당
       아동에게 돌려준다. 좋은 질문을 한 아동에게는 보상을 주어 아동들이 많이
       참여할 수 있도록 격려한다.

◉ 반응하기 단계
 * 다양한 독후 활동하기
    : 책과 아동의 특성을 고려해 독후 활동을 1-2가지 정도 선택한다.
    : 가장 재미있는 장면을 그림으로 그리고 글로 써 봅시다.
★포인트: 독후 활동으로 다양한 시도를 하는 것이 중요하다. 국어과에 한정된 활동이
       아닌 타 교과와 연계하여 활동 중심의 수업이 되도록 한다.

 * 독서일지 쓰기

독서일지

2학년 (4)반 이름(김보영)
♠ 선생님이 읽어준 책의 줄거리를 써 보세요.
   쏘피는 언니가 고릴라 인형을 뺏어서 화가 났다. 막 성질을 부리다가 나무와 바람, 바다가 위로
해 주어서 화가 풀렸다.

♠ 선생님이 읽어준 책에 대한 자신의 생각을 써 보세요
  (이야기를 읽으면서 무슨 생각이 들었는가, 이야기에서 가장 재미있었던 부분, 이야기에서 궁금
한 점 등)
   쏘피가 화나는 게 무섭다. 하지만 넓은 바다가 쏘피의 마음을 위로해 주는 게 아름다웠다. 쏘피가
집으로 돌아올 때는 너무너무 귀엽고 예쁜 아이가 되었다.

◉ 정리 및 평가
 * 독서일지 발표하기
 * 자기 평가서 쓰기
   : 책 읽어주기 활동 끝난 후 자기 스스로 평가해 보세요.

평가 항목	나의 평가	평가 이유
선생님이 읽어준 책은 재미있었나요?		
읽은 책의 내용을 잘 이해했나요?		
책 읽어주기 활동에 열심히 참여했나요?		
잘함(재미있음): ◎　　　보통: ○　　　부족함(재미없음): △		

5. 나오며

초등학교 저학년에서도 읽기를 잘하는 아이, 읽기를 못하는 아이, 읽기를 즐겨하는 아이, 읽기를 싫어하는 아이는 확실히 구분되고 이러한 현상이 고학년으로 갈수록 심화된다. 이런 점을 고려할 때 읽기 능력이 낮은 아동을 위한 조기교정프로그램이나 초기독서프로그램의 개발은 중요하다. 현장에서 많이 실시되고 있는 읽기 수업이나 독서 지도는 한글 해득이나 독해력 증진을 위한 문제 풀이식의 형태로 많이 운영되고 있다. 이러한 지도 형태는 읽기를 잘하게 도와줄 수는 있을지 모르나 긍정적인 읽기 태도를 형성시켜 책을 즐겨 읽는 평생 독자로 나아 갈 수 있도록 도와주기에는 충분치 못함을 느낀다. 인지적 측면뿐 아니라 정의적 측면까지도 고려한 지도 방법일 때 읽기성취도의 향상은 높아지리라 기대된다.

총체적 언어접근은 언어 교육에 많은 영향을 끼쳐왔다. 특히 문학적 접근을 통한 총체적 언어교육은 전후 맥락이 생략된 짧은 교재가 아닌, 있는 그대로의 '원전 위주의 학습'을 하게 함으로써 언어 교육을 구체적이고 상황적이며 아동에게 의미 있는 학습 활동이 되게 하였다. 본 연구에서 책 읽어주기 활동은 Holdaway의 「큰책접근법」을 중심으로 준비 단계→읽어주기 단계(시범 읽기, 함께 읽기, 쉬어 가며 읽기, 가리고 읽기)→독립적 읽기 단계→반응하기 단계→정리 및 평가 단계로 초등학교 현장에 실제 적용할 수 있도록 설계하였다.

본 연구에서 제시한 책 읽어주기 활동을 초등교육현장에서의 적용을 위한 제언을 다음과 같이 하고자 한다.

첫째, 책 읽어주기 활동을 무리하게 운영하기보다는 책을 즐길 수 있도록 시간적 여유를 가지고 활동하는 것이 좋을 것이다. 한 주에 책 한 권을 선정해 읽어주기 활동을 하고 아동의 흥미와 능력을 고려한 다양한 독후 활동을 시도한다면 효과적인 책 읽어주기 활동이 될 것이다.

둘째, 책 읽어주기 활동을 반 전체로 하는 것도 좋지만 소그룹으로 운영하면 교사와 아동의 상호작용이 더 활발해지고 수준을 고려한 수업 운영이 될 수 있을 것이다.

셋째, 읽어준 책을 아동이 독립적 읽기 단계에서 다시 읽을 수 있도록 학교 도서실에서는 같은 책을 여러 권 소장하는 독서 환경이 되어야 할 것이다.

넷째, 책 읽어주기 활동에서 읽어주기에만 의존하지 않고 스스로 책을 읽을 수 있는 분위기를 조성하기 위해 지속적인 묵독(SSR)과 함께 병행하는 것이 좋을 것이다.

다섯째, 교과서의 읽기 자료에만 의존하지 말고 교사들이 아동도서를 선정하여 학습활동에 이용하거나 아동들에게 도서목록을 제공해 주어 풍부한 읽기 환경을 조성해 주는 노력이 필요하다.

참고문헌

1. 단행본

김숙자(1997), 『유아교육과정』, 문음사.

노명완 외(1990), 『언어와 교육』, 한국방송통신대학.

신헌재, 이재승(1994), 『학습자 중심의 국어 교육』, 서광학술자료사.

신헌재(1997), 『국어과 교수-학습 방법』, 박이정.

몰리뱅(2000), 『쏘피가 화나면- 정말, 정말 화나면』, 케이유니버스(주)

유소영(2001), 아동문학 어떻게 이용할까, 건국대학교 출판부.

이경화(2001), 『읽기 교육의 원리와 방법』, 박이정.

이차숙, 노명완(1997), 『유아언어교육론』, 동문사.

짐 트렐리즈(1995), 『아이들에게 책을 읽어보자』,오리진.

천경록, 이재승(1997), 『읽기 교육의 이해』, 우리 교육.

하광호(1995), 『영어의 바다에 빠뜨려라』, 에디터

한철우·이삼형(2000), 독서교육학 교재 개발 연구』, 한국교원대학교 부설 교과교육공동연구소.

______외(2001), 『문학 중심 독서 지도』, 대한교과서(주).

2. 논문 및 자료

옥정인(1999), '읽기 태도 형성에 영향을 미치는 요인 연구', 한국교원대학교 석사학위논문.

이경화(1998), '유아의 문해 학습에 있어서 큰책접근법의 효과', 이화여자대학교, 박사학위논문.

이희정(1999), '초등학교의 반응중심 문학교육 방법 연구-토의학습을 중심으로-', 한국교원대학교 석사학위논문.

정지경(2000), '동화책 읽어주기 접근방법에 따른 유아의 읽기 태도와 이야기 구성력에 관한 연구', 한국교원대학교 석사학위논문.

최성미(2000), '영어동화책 활용이 초등영어 읽기 능력 및 태도에 미치는 영향', 부산교육대학교 석사학위논문.

3. 외국 단행본 및 논문

Briechle, C.(1984). *Reading to Children and Achievement*. Kean College of New Jersey. ERIC Document Reproduction Service ED243 098.

Forte, F.(1995). *Reading Aloud to Fourth Grade Students*. M.A. Project, Kean College of New Jersey. ERIC Document

Reproduction Service ED379 640.

Glazer J.(1981), *Reading Aloud with Young Children In L. Lamme(Ed.), Learning To Love Literature*. USA: National Council of English.

Holdaway, D.(1979). *The Foundation of Literacy Learning*. Exter, NH: Heinemann educational Books, Inc.

Kontos, S. (1986). *What preschool childern know about reading and how they learn it*. Young childern, 42(1).

Vygotsky, L.(1978). Mind in society: *The development of higher psychological processes*. Cambridge.MA:Harvard University Press.

6장 이야기 읽기·쓰기 통합 활동을 통한 이야기 구성력 신장

1. 들어가며

인간이 태어남과 동시에 함께 하는 언어로서 국어는 학습자를 둘러싼 환경과 상호작용을 하면서 습득되고 사용되게 된다. 제7차 교육과정에서 강조하는 창조적인 국어사용 능력 향상은 학습자들이 배경 지식을 활성화하여 듣기와 말하기, 읽기와 쓰기의 통합적인 언어 활동으로 의미를 언어화하고, 언어에서 의미를 추출하여 재구성하는 과정을 통해 가능할 것이다. 학습자는 자신의 사상과 감정을 말과 글, 행동 등으로 다양하게 표현하며 문학작품을 창작하기에 이른다. 초등학교 학생들은 이야기에 많은 흥미를 갖고 이야기 속의 주인공이 되어 보기도 하고, 자신이 생각하는 방향으로 이야기를 이해하기도 한다. 따라서 자신의 느낌과 상상력을 마음대로 표현하여 이야기를 창작해 보고 싶어하는 어린이들을 학습의 주도자로 이끌어 그들의 이야기 구성력을 신장시킬 필요가 있다.

어린이는 그들을 둘러싼 특정한 담화 공동체 내에서 다른 사람과의 상호 작용을 통하여 사고를 활성화하고, 아이디어를 생성하며, 텍스트를 조정한다는 점에서 협력적인 특성을 지닌다. 학교라는 문학교육의 현장에서 교사와 학습자, 학습자와 학습자 사이의 상호 작용을 보장하며, 이야기 구성력을 신장시킬 수 있는 새로운 수업 방식을 모색해야 한다.

학생들에게 국어과 수업에서 다양한 경험을 제공해 주는 방법의 하나로 국어과에 초점을 맞추어 개발된 대표적 협동 학습 프로그램인 읽기·쓰기 통합(CIRC)활동은 국내·외의 연구에서 읽기 이해, 어휘력, 언어 기능, 초인지 등 여러 부문에서 보다 높은 성취를 이룬다는 결과를 제시하고 있다. 본 연구에서 시도하는 이야기 읽기·쓰기 통합(Story-CIRC)활동은 읽기·쓰기 통합(CIRC)활동에 이야기 구성 요소를 첨가하고, 스키마 활성화 과정을 강화하며, 문학의 수용과 창작 활동의 기반을 확장하였고, 국어과 교육과정의 문학 영역의 목표를 달성하기에 알맞은 모형으로 재구성한 것이다. 그래서 읽기·쓰기 통합(CIRC)활동을 간단하게 살펴보고, 이야기 읽기·쓰기 통합(Story-CIRC)활동을 설계, 적용한다.

1. 읽기·쓰기 통합 활동의 이해

읽기·쓰기 통합(CIRC) 활동은 읽기와 쓰기, 통합과 협동이라는 개념들이 서로 유기적인 관련을 맺음으로써 일정한 절차에 따라 읽기와 쓰기의 통합이라는 목표 달성을 위해 교수·학습이 이루어지는 교사와 학습자의 활동이다. 이 활동은 존 홉킨스 대학의 Madden, Slavin 및 Stevens(1986)에 의해 개발된 협동 학습 프로그램으로 초등학교 읽기, 쓰기 등 언어 영역에 협동 학습의 원리 및 여러 기술들이 통합되어져 서로를 강화해 주고, 이해와 기억·사고력 개발을 위한 초인지적 전략이 통합되어 있다. 개별화 교육과 협동 학습을 결합시킨 수업모형으로 언어교육의 현실적인 문제들을 분석함으로써 개발되었다(김동일 외, 1998). 연구보고서에 소개된 읽기·쓰기 통합(CIRC) 활동의 절차를 요약하면, 이야기 관련 활동, 읽기 이해를 위한 직접교수, 통합된 언어 교육과 쓰기의 세 가지 주요 요소로 이루어져 있다. 이 모든 활동은 이질적인 소집단 속에서 이루어지며, 교사의 설명, 팀 연습, 동료의 사전 검사, 추가적 연습, 평가가 포함된 정해진 절차에 의해 진행된다.

가. 협동 학습과 읽기·쓰기 통합 활동

읽기·쓰기 통합(CIRC) 활동은 국어과 중심의 학생팀 학습유형으로 협동 학습의 기본 원리가 지켜지는 협동 학습 구조로 교육과정 패키지로 접근할 수 있다. 학생들은 읽기 학습에 있어 2명씩 짝을 지어 문장과 문단, 제재학습을 하게 되며, 짝 학습 이후에는 소집단별 이야기 구성 요소와 이야기 구조학습에 관한 협동 학습을 한다. 소집단 학습에서 학생들은 팀과 함께 직접적인 쓰기 활동을 통하여 언어표현 기술을 배운다. 쓰기 활동을 하는 모든 학생들은 동료와 상의해서 초고 쓰기를 하며, 글의 내용, 문법, 기능적 정확성 등 편집 방식에 따라 동료들의 편집활동이 이루어지며 동료들의 피드백을 기초로 완성된 글을 수정한다. 읽기·쓰기 통합 활동은 충분한 개별화 학습과 읽기와 쓰기의 통합을 동시에 꾀할 수 있는 수업 모형으로 매우 유용하다.

비고츠키(Vygosty)는 언어 학습에서 '사회적 언어'와 '성인과 동료의 역할'의 중요성을 언급하였다. 피아제(Piaget)는 학습자들은 집단 속에서 서로 같이 활동할 때 그들의 잠재적 인지발달 가능성이 높아진다고 하였다. 즉 혼자 공부하기보다는 여러 사람이 같이 모여 서로 조사하고, 토의하며, 공동 활동을 할 때 수준 높은 이해력이 생기고 고차적인 문제 해결력이 형성될 수 있음을 의미한다. 읽기와 쓰기의 통합 활동의 방법적 측면에서 협동 학습은 이질집단으로 구성되는 또래 협력의 중요성을 생각하게 한다.

나. 통합과 읽기 · 쓰기 통합 활동

제7차 교육과정에서 국어과의 교과서로 말하기 · 듣기, 읽기, 쓰기(초등학교 1~3학년) 또는 말하기 · 듣기 · 쓰기, 읽기(초등학교 4~6학년)의 분책(分冊)은 교사나 학생에게 각각의 학습이 개별적이며 단계적인 과정이라는 그릇된 인식을 하게 한다. 그래서 국어과의 언어 기능별, 마당별, 단원별 체제를 고려하지 않은 채 고정된 시간표대로 국어 교육이 이루어지고 있는 경우가 많다. 그러나 언어의 각 영역은 그 사용의 실제에 있어 네 영역이 복잡하게 서로에게 영향을 주고받으면서 똑같은 언어상황을 형성하고, 학습하여야 한다.

국어과 교과서는 언어사용 목적에 따라 정보 전달, 설득, 정서 표현, 친교 표현 등 마당 체제로 하여 내용이 선정되어 있다. 국어교육 현장에서 교사는 마당이라는 대단원, 또 소단원 별로 음성언어로서 말하기와 듣기, 문자언어로서 읽기와 쓰기를 실제적이고 의미 있는 상황에서 구어와 문어가 자연스럽게 통합되도록 교육해야 할 것이다.

읽기와 쓰기 간의 통합을 강조하는 사람들은 읽기와 쓰기는 공통적인 지식을 기반으로 하며, 언어 처리 과정과 단위가 유사하며, 두 활동 모두 인지적 사고 과정이라는 점에서 공통점을 든다. 언어사용 영역은 공통 능력과 변별 특징의 합으로 읽기와 쓰기의 관계를 이야기한다(이상태, 1994). 한 편의 글이 문자로 출력되기 위해서 필자는 그 전에 읽었던 수많은 스키마를 작동시키기도 하며 복잡한 사고 과정을 거친다. 읽기에서도 문자 해독 단계 이후에도 독자가 온전한 의미를 구성하고 적절하게 반응하기까지는 복잡한 사고과정을 거친다. 즉, 읽기와 쓰기는 문자언어를 매개로 하는 의사소통 행위이면서, 의미를 재구성하는 복합적인 사고과정이라는 공통성을 가진다(권혁준, 1997). 복잡한 사고과정을 통해 출력된 글을 그와 유사한 사고 과정인 읽기 활동으로 그 의미를 이해하고, 읽기 활동을 통해 이해한 의미는 독자의 내부에 하나의 스키마로 형성되어 쓰기 활동에 직접적으로 혹은 간접적으로 관여하게 된다. 때문에 읽기 활동과 쓰기 활동은 언어로서 유기적으로 관련을 맺으며 통합적으로 다루어지는 읽기·쓰기 통합 활동을 통해 학생들의 언어활동과 관련된 스키마를 자극하여 새로운 이야기라는 문학작품을 가능하게 할 것이다.

다. 이야기와 읽기·쓰기 통합 활동

이야기란 일정한 화제에 대하여 서로 주고받는 말, 일정한 서사 구조를 가지고 있는 텍스트로 소설, 설화, 우화 등이 포함(초등학교 교사용지도서 국어 1-1, 2-1, 2-2)된다고 하여 비문학과 문학에서 모두 사용되고 있음을 보여준다. 이처럼 국어교육에서 '이야기'라는 용어는 문학적인 이야기나 비문학적인 이야기 모두를 지칭하여 사용하여 왔으나, 문학적인 이야기와 비문학적인 이야기는 나름대로 다른 미적 구조를 지닌 상이한 텍스트이다. 문학 이야기는 전래된 이야기와 창작 이야기로 나눌 수 있다. 전래 이야기는 '설화'로, 창작 이야기는 '동화'로, 비문학적이고 사실적인 이야기는 '이야기'로 칭하는 방안을 모색(한명숙, 2003)하고 있다. 여기에서 '이야기'라 함은 위의 '동화'를 칭하는 개념과 유사한 개념으로 문학 관련 단원에서 제시되는 문학 이야기 자료와 아동이 기존 문학 이야기에 덧붙이고 바꾸어 완성한 개작 이야기, 아동이 직접 창작한 새로운 창작 이야기 등을 말하며, 사실적인 이야기는 이야기 범위에서 다루지 않는다.

읽기·쓰기 통합 활동의 운영은 교과서의 문학 마당을 학습하기에 적절하도록 의도적이며 적극적으로 학생들이 이야기를 경험하도록 계획해야한다. 재미있어할 만한 이야기를 선정하고 이를 토대로 일련의 간단하면서도 흥미 있는 단원활동을 구안하여 이야기의 구조 개념, 상상력, 언어 발달적 측면에서 이야기 구성력을 신장시킬 수 있을 것이다. 학생들은 일정한 시간 동안의 교사의 직접 교수를 통해 독해의 방법을 지도 받는다. 이야기 관련활동에서 학생들은 구체적으로 이야기를 경험하게 된다. 교사의 이야기 소개활동·팀과 짝 활동을 통해 이야기를 읽고, 이야기 구조에 대한 질문과 이야기 관련된 쓰기 학습이 이루어진다. 읽은 이야기나 자신의 생각을 기초로 하여 새로운 이야기를 구성하는 활동은 학습자가 개별 문학 작품을 능동적으로 수용하고 그 결과를 다양한 방식으로 표현하는 창조적 학습 활동이라 할 수 있다. 문학 작품을 단순히 이해하는 데 그치는 것이 아니라 주체적인 관점에서 가치를 체계적으로 이해하고, 자신의 정서나 사상을 창의적으로 표현하는 활동이기 때문이다. 모든 이야기는 기본적인 구조를 가지고 있으며, 그 구조 속에 상상력이 언어라는 매체로 표현되어 있다고 할 수 있다.

라. 읽기 · 쓰기 통합 활동의 한계점

읽기 · 쓰기 통합(CIRC) 활동은 국내 · 외의 선행 연구에서처럼 읽기 교육 전반에 걸쳐 긍정적인 효과를 미치고 있으나, 본 연구의 이야기 구성력 신장이라는 문학교육에서의 긍정적인 목표 달성을 위해서는 몇 가지 한계점이 있음을 발견하였다.

첫째, 문학과 비문학을 모두 포함하는 학습은 독해의 직접 교수 활동에서 읽기를 통한 인지 전략의 학습에 치우쳐 이야기 구성력의 기초가 되는 이야기의 구성 요소의 지도를 소홀히 할 수 있다. 둘째, 이야기 관련활동은 읽기 기능 학습에 치우쳐서 교사의 스키마 활성화 전략과 이야기 구조 학습이 소홀히 될 수 있다. 셋째, 읽기와 쓰기의 통합활동의 간략한 단계는 이야기와 관련지어 문장을 쓰는 형태로 머물게 된다. 그래서 이러한 한계점을 극복하는 방법으로 이야기 구성 요소를 첨가하고, 스키마 활성 과정을 강화하며, 문학의 수용과 창작 활동의 기반을 확장하는 새로운 활동을 구안하여 적용하려고 한다.

2. 이야기 읽기 · 쓰기 통합(Story-CIRC)활동의 설계

어린이들은 아동문학 전문작가는 아니지만 그들이 구성한 이야기는 하나의 작품으로써 문학 교육의 장에서는 중요한 의미를 가진다. 문학감상이 능동적으로 극대화하는 자리에서 어린이들에게는 아주 자연스럽게 창작적 욕구가 일어나며, 문학교육에 참여하는 아동들 일반에게 적용할 수 있는 성질의 감상 과정, 문학교육과 쓰기 교육의 통합적 관점의 과정에서 더욱 강하게 드러나게 된다. 이야기와 읽기와 쓰기의 통합 활동으로 구성되는 학습활동은, 교사의 직접 교수에 의한 이야기 구성 요소의 지도와 학생들의 이해, 이야기 제재를 읽기 전 · 읽는 중 · 읽은 후 이루어지는 이야기 관련 활동이 기초가 된다. 이야기 읽기 · 쓰기 통합(Story-CIRC)활동은 읽기 · 쓰기 통합(CIRC) 활동이 읽기 기능에 치우쳤던 한계를 극복하고, 이야기 구성 요소 지도를 위한 직접 교수 활동, 스키마 활성화를 통한 이야기 관련 활동, 이야기 구성력 신장을 위한 읽기와 쓰기의 통합활동으로 설계한다. 먼저 이야기 구성력 신장을 위한 이야기 읽기 · 쓰기 통합 활동의 설계에서의 강조점을 살펴본다.

가. 이야기의 구성 요소의 첨가

제7차 국어과 교육과정에서는 문학 영역에서 기본이 되는 학습자의 능동적인 수용과 더 나아가 문학적 표현에 다양한 창작활동을 강조하고 있다. 이러한 흐름에 따라 교육현장에서는 학습자가 교과서 속에 제시된 많은 문학제재인 이야기 글을 다양한 유형의 작품 읽기를 통해 능동적인 독자가 되게 하며, 더 나아가서는 학생들이 이야기를 구성하는 창작에까지 이르게 하여 문학을 적극 수용하고 감상하게 도움을 주어야 한다. 학습자가 문학 텍스트를 통해 상상의 세계에 몰입하여 자기와 관련지어 생각하게 하고, 자신의 스키마와 관련된 초보적인 창작활동을 하게 하며 그것을 다양한 방법으로 표현하도록 도와야한다. 작품에의 몰입은 이야기의 주인공이 되어보고, 스스로 사건을 만들고 구성하는 간접경험을 갖게 됨으로써 가능해진다.

이야기는 인물, 사건, 배경의 요소를 가지며, 이들간의 긴밀한 연결 고리(시점, 문체)에 의하여 발단, 전개, 위기, 절정, 결말의 구조라는 플롯을 형성하고 주제가 드러나게 된다. 서사적인 글은 이야기 글로 볼 수 있으며 동화나 소설 등의 문학 장르로 일정한 인과적 연결 고리를 지니면서 시간적으로 연속되는 사건들에 대한 일련의 정신적 표상(Brewer, 1980)이라 할 수 있다. 이야기란 과거에 일어난 일련의 사실적 혹은 허구적 행동 또는 사건을 지칭한 것으로, 이야기를 구성하는 행동과 사건의 진행은 변형과 변화를 포함하며, 관련된 행동과 사건에 포함된 참여자는 통상 사람이다. 이야기는 배경, 일화, 사건, 반작용, 내적 반응, 외적 반응, 시도, 실천, 사전행동, 결과에 의해 구성된 것이다(Rumelhart, 1977). 대부분의 이야기는 배경에 대한 정보와 몇 개의 에피소드로 구성되어 있으며, 각각의 에피소드는 발단 사건, 내적 반응, 시도, 결과 및 해결로 이루어진다. 배경은 등장 인물을 도입하고, 장소와 시간에 대한 정보 그리고 이야기가 일어나는 상황이 된다. 등장인물은 행위를 수행하는 인물이나 동물을 말한다(김순복, 2002). 이야기 구성 요소의 특징과 제7차 교육과정·교과서에 반영된 내용을 살펴본다.

1) 플롯의 개념과 지도 방법

플롯은 일반적으로 구성, 구조, 짜임새, 줄거리 또는 틀이라고 부른다. 작가는 작품을 통해서 자신의 세계관이나 인생관, 예술성 등을 필연적인 인과 관계에 중점을 두고 보여준다. 이러한 플롯의 개념은 아동문학 작품에도 적용된다. 따라서 동화나 아동소설에서도 필연적인 인과 관계에 의한 사건의 전개가 필수적이다. 플롯의 구성은 논자에 따라 조금씩 다르나 일반적으로 발단, 전개, 위기, 절정, 결말의 다섯 단계로 이루어진다.

발단은 이야기가 시작되는 도입의 단계이다. 인물이 소개되고, 배경이 제시되며, 기본 상황, 윤곽이 드러나는 등 스토리가 전개되어 가는 기점이다. 인물과 배경 등을 통하여 앞으로 전개될 사건의 흐름과 주제에 대한 암시를 보여 주기도 한다. 전개는 이야기의 본론이며 이야기의 중심에 해당한다. 작품의 모든 것이 복잡해지고 갈등과 분규가 일어나며 사건은 변화 발전된다. 위기는 극적인 반전을 가져오는 계기를 갖게 되며 절정 단계로 이끈다. 절정은 작품의 성격과 사건의 갈등이 최고조로 이르면서 주제가 가장 잘 고조되어 나타난다. 해결에 이르는 결말에서는 등장인물의 운명이 분명해지고 성패가 결정되는 해결의 단계로 한편의 작품에서 결말을 맺는 부분이다(이재철, 1984).

초등학교 학습자에게 플롯의 개념의 생성은 대체로 4,5학년 경으로 추정해 볼 수 있다. 저학년의 경우, 스토리 라인의 개념과 혼성되어 있으며 이야기의 흐름으로 설명할 수 있다. 이야기의 흐름은 이야기가 펼쳐지는 과정으로 이야기의 흐름을 알아보기 위해서는 인물, 배경, 사건 등도 살펴보아야 한다. 이야기의 흐름을 생각하며 글을 읽으면 이야기가 어떻게 이어질지 미리 생각하여 볼 수 있고, 어떤 장면이 이야기의 흐름에서 중요한지도 알 수 있다. 플롯과 관련하여 교육과정의 지도 내용은 다음과 같다.

> ① 이어질 내용을 상상한다.(2-문-2)
> ② 작품에서 사건이 전개되는 과정을 파악한다.(3-문-2)

교과서에서 플롯은 2학년 1학기 다섯째 마당의 이어질 내용을 한 문단 정도 쓰기의 수준으로 그림을 보고 이어질 내용 꾸며 쓰기, 이야기를 읽고 이어질 내용 꾸며 쓰기, 이야기를 읽고 친구들과 협의를 통하여 이어질 내용을 쓰기를 통해 지도된다. 2학년 2학기 둘째 마당의 일이 일어난 차례를 생각하며 이야기를 읽고, 뒷부분에 이어질 이야기 상상하기, 가운데 부분에 들어갈 내용 상상하기, 꾸며 주는 말을 넣어 한 두 문단 쓰기를 통해 지도된다. 3학년 1학기 넷째 마당의 일이 일어난 차례를 생각하며 이야기를 읽고, 이야기 꾸미기 등을 통하여 작품에서 사건이 전개되는 과정 파악하기가 지도된다. 3학년 2학기 둘째 마당의 이야기를 읽고 일의 원인과 결과, 일이 일어난 차례, 이야기의 흐름을 생각하며 이어질 이야기 만들기를 통해 지도된다. 4학년 1학기 둘째 마당의 이야기를 읽고 뒷부분에 이어질 내용, 가운데 부분에 들어갈 내용 상상하기를 통해 작품의 구성 요소를 창조적으로 재구성하기가 지도되며, 5학년 교육과정에서 사건의 전개과정과 인물의 관계 파악하기, 6학년의 교육과정에서 사건의 전개와 배경의 관계를 파악하기 등에서 지도된다.

본 연구에서 살펴보고자 하는 2학년의 플롯 학습을 정리하면 다음과 같다. 이어질 내용을 상상하는 방법으로는 누가, 언제, 무엇을 어떻게 하였는지 유의하며 글을 읽고, 인물이 한 일을 자신과 비교하여 보며, 등장 인물의 성격을 파악하며 글을 읽기가 제시된다. 이야기라는 문학 작품 속에서 플롯의 학습이 다른 이야기 구성 요소의 학습과 상호작용 속에서 지도된다. 이를 위한 활동으로는 일어난 일의 차례를 알아보고, 이어질 내용 상상하기, 글의 일부분을 바꾸어 끝 부분을 상상하기, 동화를 읽고 끝 부분을 상상하여 보기, 글의 앞뒤 내용을 살펴보고, 중간 부분 상상하여 보기이다. 이러한 활동은 이질적인 소집단에서 협의에 의하여 새로운 이야기의 완성을 가져온다.

2) 인물(character)의 개념과 지도 방법

인물은 이야기에 등장하여 행위의 주체가 되는 생물 및 무생물(초등학교 교사용 지도서, 1-1, 2-1, 2-2)로 사건이나 배경이 인물이 없이 일어날 수 없으므로 동화나 소설의 핵심이 된다. 인물은 사건의 주체를 가리키며, 외형에 국한되지 않고 성격(character)의 내면적 속성까지를 말한다. 작가는 인물의 성격을 동물이나 사람 등의 인물 묘사, 인물의 생각, 행동, 대화 또 다른 사람들의 사고를 통해서 드러내며 사건의 전개에 영향을 미친다. 이야기에 나오는 인물들은 여러 가지 삶의 모습을 보여주는데, 그 인물들은 서로 비슷한 삶을 살아가기도 하고, 서로 다른 삶을 살아가기도 한다. 인물의 삶은 인물의 생각과 인물이 처한 환경에 영향을 받기 때문에 그 환경을 파악하면 인물의 삶을 이해할 수 있게 된다. 특히 학생들은 작품 속에 나오는 주요 인물을 중심으로 작품을 기억하기도 한다. '등장인물의 이해'와 관련된 지도 내용은 다음과 같다.

① 작품에 나오는 인물의 모습이나 성격을 상상한다.(1-문-2)
② 작품에 나오는 인물이 되어 본다.(3-문-4)
③ 작품에 나타난 인물의 삶의 모습을 이해한다.(4-문-4)
④ 작품에 나오는 인물의 사고 방식을 이해한다.(4-문-5)
⑤ 작품에 나오는 인물의 다양한 삶을 이해한다.(5-문-4)

이야기의 여러 가지 요소 가운데 등장인물은 어린이들의 동일시 대상이 되는 존재이다.

어린이들에게 작품 속의 주인공이나 등장인물의 유형을 살펴보게 하거나, 주인공이 되어보도록 하는 활동은 작품의 의미를 파악하고 즐겁게 작품을 감상할 수 있도록 한다. 특히 저학년의 경우에는 동식물이나 의인화된 자연 사물, 친근감 있는 인물의 동일시를 통해 이야기에 재미를 느끼며 감상에 즐겁게 참여하며, 그것을 글로 그림으로 표현해보게 하는 개작이나 창작은 보다 질 높은 문학의 수용 형태가 될 것이다.

교과서에 반영된 내용을 살펴보면, 1학년 2학기 셋째 마당에서 이야기에서 인물의 말과 행동 찾고 읽기, 이야기를 읽고 인물이 한 일에 대하여 나라면 어떻게 할지 말하기를 학습하며, 3학년 1학기 둘째 마당의 이야기에 나오는 인물의 성격을 살리며 읽기, 3학년 2학기 넷째 마당의 이야기에 나오는 인물이 되어 보기를 통하여 작품에서 나오는 인물의 성격을 이해한다. 4학년 1학기 넷째 마당의 이야기를 읽고 인물의 말이나 행동에 대한 내 생각 말하기, 다섯째 마당의 작품의 배경과 관련지어 인물의 삶의 모습 파악하기, 4학년 2학기 첫째 마당의 이야기를 읽고 인물의 생각 알아보기 학습을 한다. 5학년 1학기 첫째 마당에서 이야기를 읽고 인물의 성격을 파악하고, 인물의 성격과 사건 전개의 관계를 학습하게 되며, 셋째 마당에서 이야기를 읽고 인물의 생각과 인물이 처한 환경을 알아보고, 인물들의 삶을 비교함으로써 인물들의 삶의 태도를 알아본다.

본 연구를 적용하는 2학년에서 인물에 관한 학습은 문학 교육과정에 명시되어 있지는 않다. 그 대신에 글을 실감나게 읽는 방법의 하나로 인물의 말과 행동에 어울리게 이야기를 읽기, 인물에 어울리는 목소리로 이야기를 실감나게 읽기의 학습이 있다. 글을 실감나게 읽기 위해서는 인물이나 상황의 특징을 잡아내는 활동이 있어야 가능하므로 인물의 성격을 파악하는 학습이 될 수 있다. 또 이야기를 듣고 인물이 한 일을 알고, 인물이 한 일에 대한 내 생각이나 느낌 말하기 등 문학단원의 학습에서 주인공 및 등장 인물의 행동을 정리해보고 그들의 삶에 대한 태도 등을 이해하며 가치를 판단하게 된다.

3) 배경의 개념과 지도 방법

배경은 인물, 플롯과 함께 이야기의 주요 요소이다. 이야기의 성분을 구성하는 요소로 인물이 활동하고 사건이 전개되는 모든 시간과 공간이다. 시간적 배경은 사건이 전개되는 때로 시대, 계절, 낮과 밤 등이며, 공간적 배경은 사건이 전개되는 곳이다. 작품의 배경은 어린이의 생활 주변 어느 곳이나 가능하고 특히 판타지 동화의 경우에는 시공간을 초월하여 광대한 우주의 어느 곳이든 제약이 없다. 배경은 이야기의 흥미를 돋구는 역할을 하며,

어린이들에게 시공간에 대한 의식을 높이는데 도움을 준다(박춘식 1990).

　① 작품에 반영된 가치나 문화를 이해한다.(6-문-5)

　교과서에 반영된 내용을 살펴보면 4학년 1학기 둘째 마당의 이야기를 듣고, 또 그림을 보고, 시간순서 · 공간순서에 따라 이야기 꾸미기, 6학년 1학기 첫째 마당의 이야기를 읽고 사건과 배경을 정리하고, 사건과 배경의 상호 관련성을 파악하며 글읽기이다.

4) 시점의 개념과 지도방법

　동화나 아동소설은 작가가 상상으로 만들어 낸 이야기로 반드시 어떤 이야기꾼, 즉 화자에 의해서 사건의 전말이 전해지게 된다. 작품의 이야기꾼이 이야기를 전개하는 방식과 입장, 곧 그것이 시점이다. 이야기의 전개 방식에 따라 이야기의 시점이 결정되는데 나는 1인칭, '너'는 2인칭, '그 외의 사람'은 3인칭이라고 한다. 누구의 눈으로 바라보는가에 따라 이야기는 아주 다른 느낌을 주는데, 이같은 시점은 크게 두 가지로 구분한다. 사건을 이야기 밖에서 보고 설명해주는 형식을 3인칭 시점, 이야기의 등장 인물 '나'가 사건을 보고 전달하는 형식을 1인칭 시점이라고 한다. 3인칭 시점은 다시 작가 관찰자 시점 · 전지적 작가 시점, 1인칭 시점은 다시 1인칭 주인공시점 · 1인칭 관찰자 시점으로 나눌 수 있다.

　교육과정에 시점에 관하여 구체적으로 명시해 둔 것은 아니고, 지도 방법도 제시되지 않아 초등학생에게 시점의 학습은 매우 어렵게 느껴질 수가 있다. 하지만 자신이 주인공이 되어 원래의 내용과 다른 내용을 가정해보거나 일어난 사건을 바꿔보는 활동, 간단한 이야기의 삽화에 적합한 이야기를 창작해보는 활동, 주인공이 되어 일기 쓰기, 새로운 관점으로 대상을 이해하고 표현하기, 즉흥 연극을 해 보는 활동 등을 통하여 화자의 이야기의 전개 방식이나 입장을 다소나마 이해하게 된다.

　　양치기 소년이 마을 뒷산에서 양떼를 지키고 있었습니다. 하루 종일 혼자 있다 보니 심심해
　진 소년은 문득 마을 사람들을 골탕 먹이면 참 재미있겠다고 생각하였습니다.
　　"늑대예요, 늑대! 늑대가 나타났어요!"
　　양치기 소년은 마을을 향하여 소리쳤습니다.

　우리가 잘 알고 있는 양치기 소년은 3인칭 시점이다. 이 이야기를 1인칭 시점으로 바꾸어

써보자.

> 나는 마을 뒷산에서 양떼를 지키고 있었습니다. 하루 종일 혼자 있다 보니 심심해졌습니다.
> 나는 문득 마을 사람들을 골탕 먹이면 참 재미있겠다는 생각이 들었습니다.
> "늑대예요, 늑대! 늑대가 나타났어요!"
> 나는 마을을 향하여 소리쳤습니다.

쓰기 활동에서 계획하기, 초고 쓰기, 편집하기, 수정하기 등에서 동료 협의를 통하여 작품의 서술자를 파악하고, 바꾸어 보고 원래의 작품과 비교하여 어떤 점이 다른지 점검하고 발표·토론하는 활동을 할 수 있다. 이러한 활동은 서술자의 역할 즉, 시점을 이해하게 되어 문학의 수용뿐만 아니라 창작활동에까지 통합적으로 참여할 수 있게 된다.

5) 문체의 개념과 지도 방법

문체는 작가가 이야기를 표현하는 언어를 정리하는 방식이다. 이야기를 전개시켜 나가는 문장은 서술 문장과 대화 문장으로 구분된다. 다시 서술 문장은 '묘사하기'와 '설명하기'로 나누어 볼 수 있다. 이야기는 주로 대화 문장으로 이루어지며 초등학교 저학년에게 이야기의 대화체는 문학에 대한 흥미를 불러일으키며 내면화하는데 밀접하게 작용하게 된다. 따라서 대화 문장 위주의 이야기는 문학학습의 성패를 좌우한다고 할 수 있을 것이다.

6) 주제의 개념과 지도방법

하나의 작품은 사실의 진술에 머물지 않고 그 사건의 이면에 숨은 의미를 나타내려는 목적을 갖는다. 바로 이 의미가 작가가 하고 싶은 말로 주제는 작품 속에 나타난 중심 사상이요, 핵심적인 의미라고 할 수 있다. 동화에서 주제란 동화를 이루는 여러 구조 요소들이 의미작용을 통하여 드러내고자 하는 중심사상이나 핵심이 되는 의미를 일컫는다. 작품을 이루는 구성 요소(인물, 사건, 배경)들이 어떻게 관련을 맺는지, 구성 요소를 통해 주제를 파악하는 내용과 관련하여 학년에 진술된 내용은 다음과 같다.

> ① 작품의 구성 요소를 통하여 주제를 파악한다.(4-문-2)
> ② 작품에서 사건의 전개 과정과 인물의 관계를 이해한다.(5-문-2)
> ③ 작품에서 사건의 전개와 배경의 관계를 파악한다.(6-문-2)

문학의 구성 요소는 그 자체만으로는 의미를 가지지 못한다. 인물이나 배경이 잘 그려졌다고 하여 좋은 작품이 되는 것은 아니다. 텍스트를 이루는 요소들이 상호관계를 맺으면서 전체적으로 유기적인 관계를 형성하여야만 좋은 작품이 될 수 있다(우한용 외, 1997). 따라서, 어린이들에게 구성 요소들간의 관계를 파악하게 하여 감상하고 창작할 수 있는 능력을 기르도록 하여야 한다.

2학년 2학기 넷째 마당의 이야기를 읽고 생각이나 느낌 말하기, 3학년 1학기 넷째 마당의 작품에는 일상의 세계와 비슷한 상상의 세계가 담겨 있음을 알기, 겪은 일과 관련지어 이야기 읽기, 4학년 2학기 둘째 마당의 이야기를 듣거나 읽고 생각하거나 느낀 점 쓰기, 이야기의 내용을 이해하고 주제 파악하기, 넷째 마당의 이야기를 듣고 장소의 바뀜에 따라, 일이 일어난 차례에 따라 내용을 간추리기를 통한 이야기의 주제 파악하기, 5학년 2학기 셋째 마당의 이야기를 읽고 이야기에 대한 서로의 느낌이나 생각을 비교하기, 6학년 2학기 셋째 마당의 인물이 추구하는 삶을 이해하며 이야기 읽기 등을 통하여 각각의 이야기 작품이 추구하는, 작가가 의도하는 의미를 찾을 수 있다.

이야기 구성 요소인 인물, 사건, 배경, 플롯과 주제, 문체와 시점은 한 편의 이야기 속에 가장 적절하게 녹아있으며 서로 상호작용을 한다. 인물이 없는 이야기, 사건 없는 이야기, 배경 없는 이야기란 존재하지 않으며 이러한 이야기는 플롯을 가지며 주제를 포함한다. 이야기의 작가가 반드시 존재하기에 이야기의 시점이 있으며 문체도 드러나게 된다. 2학년 2학기 둘째 마당에서 이루어지는 이야기를 읽고 이어질 내용 상상하기, 꾸며 주는 말을 넣어 이어질 내용 상상하기는 그 구체적인 활동으로 글 속에서 일이 일어난 사건의 원인과 결과를 살펴보기, 등장 인물의 행동을 살펴보고 일이 일어난 일을 알아보는 활동을 하기, 일이 일어난 순서대로 정리하는 활동으로 사건의 전개과정을 파악하고 이어질 내용 상상하기, 글의 뒷부분 상상하기, 글의 앞뒤 내용을 파악하여 중간 부분을 자연스럽게 이어지도록 상상하여 꾸며 쓰기, 그림을 보고 이어질 내용 상상하여 쓰기 등의 활동으로 학습하도록 구성되어 있다. 이야기 구성 요소의 상호작용을 심화하고 변화시켜 이어질 내용을 다양하게 상상하는 활동을 통하여 소집단별 다양한 이야기를 창작할 수 있을 것이다.

이러한 활동을 통해서 아동은 작품의 구성 요소를 파악하고, 작품의 구성 요소를 중심으로 주제를 파악하고, 이야기의 사건 전개 과정을 파악하는 학습을 하게 된다. 또 등장하는 인물의 성격을 바꾸어 사건의 전개 양상을 상상하여 쓰기, 이야기의 시간적 배경이나 공간적 배경을 바꾸어 쓰기, 이야기의 사건 전개 양상의 일부분을 바꾸어 쓰고 어떻게 사건이 달라졌는지 말하기, 이야기의 서술자 바꾸어 쓰기, 자신의 경험이나 처지에서 어떤 생각이나 느낌이 들었는지를 생각하고 표현해본다. 이야기 구성요소의 지도는 어느 한 가지만을 지도하기보다는 구성 요소가 이야기 속에 어떻게 조화롭게 작용하는가를 지도하며 작품 속에 표현되도록 하는 것이다.

나. 스키마 활성화 과정 강화

스키마란 말은 사전 지식 또는 배경 지식이라는 말로 쓰인다. 모두 독자의 인지 구조와 관련된 것으로 사전 지식이나 배경 지식이 독자의 인지 구조에 담긴 내용적 측면이라면, 스키마는 사전 지식이나 배경 지식이 인지 구조 내에 존재하는 방식을 가리킨다. 배경 지식의 성립은 반복 자극에 의한 반복 반응이라는 개념의 착상에 의해 이루어진다(김도남, 1997). 스키마는 개인이 주위 환경과 상호 작용을 할 때 사용하는 일종의 활동이나 전략으로서, 우리가 세상을 일정한 방식으로 조직하도록 돕는 역할을 하며, 어떤 개인이 가지고 있는 지식의 구조 또는 우리의 기억 속에 저장되어 있는 경험의 총체이다. 스키마는 우리가 알고 있는 세상 모든 일에 대한 기억 내용과 지식에서 추출한 개념이다. 즉, 경험을 통한 모든 기억이 지식이라면, 이 지식을 구조로 표시하는 추상화된 개념이 스키마이다(신헌재 외, 1993). 이야기 스키마는 이야기에 나타나는 정보 유형과 이야기 구성 요소들을 연결하는 논리적 관계 형태로서 이야기를 기억하고 이해하는데 결정적인 역할을 한다. 노명완 (1988)은 이야기 스키마는 기억 속에 저장되어 있는 이야기의 일반적 개념을 표상하는 자료 구조라고 정의하였다. 채미영(2003)은 이야기 구조 개념은 구조를 갖춘 논리적 이야기를 구성하는 데 기본적으로 요구되는 능력으로 부수적으로 유아의 이야기 이해력과 문해 준비 정도에 대한 정보까지 제공한다고 하였다.

읽기에서 스키마는 글 구조 스키마와 글 내용 스키마(이경화, 1998)로 구분할 수 있다. 내용 스키마는 담화의 내용 영역에 대하여 독자가 수용하고 있는 배경 지식의 구조를 말하며, 형식 스키마란 저자가 어떻게 자신의 생각을 구성해나가는가에 대한 독자의 지식을 말한다. 읽기 학습에서 스키마는 모호한 단어의 해석, 문장 간의 추론, 예측, 정교화에 관여하므로, 읽기 과정 중에 독자가 적절한 형식 스키마와 내용 스키마를 활성화하지 못한다면 이해를 못하게 되기 때문에 교사의 스키마의 활성화 전략은 아주 중요하다. 따라서 기존 스키마를 활성화하고 스키마를 조성하는 방안은 주로 읽기 전 활동에서 이루어진다. 브레인스토밍 같은 연상하기, 책의 제목, 사진, 기타 정보로 예측하기, 미리 보기 등을 통하여 읽기의 목적을 분명히 해 주고, 호기심을 자극하고, 읽고 싶은 동기를 불러일으킨다. 읽는 중의 훑어보기, 중심생각 찾기, 글 구조 파악하기, 추론하기, 건너뛰며 읽기, 읽은 후의 요약하기, 비판적으로 읽기, 창조적으로 읽기 등은 스키마 활성화 전략이 되며 교수 학습의 과정이 된다. 특히 지역적 문화적 특성은 그들의 배경 지식과 적극적으로 연계될 수 있도록 읽기 전, 중, 후 모든 단계에서 고려되어야 한다.

　작문의 행위는 고도로 복잡한 사고체계에 의한다. 필자 마음속에 생긴 완결되지 못한 내적 의미를 언어로 표기함으로써 구조와 내용이 분명해지며, 언어적 요소의 개입과 새로운 정보들이 첨가되어 완결된 의미를 구성한다. 작문의 과제 환경과 필자의 스키마 작용으로 필자는 내적인 의미를 만들고, 이 의미를 작문과정에서 끊임없이 변화시키면서 의미를 구성하게 된다. 글의 형식과 내용 제공, 글의 방법적인 측면에서 스키마는 글을 의도하는 시기부터 한 편의 이야기가 완성될 때까지 끊임없이 작용하여 영향을 미치기 때문에 스키마의 활성화 노력은 필요하다. 작문 지도의 방법(김도남, 1997)에서 스키마를 활성화하는 방법은 매우 다양하며 감각적인 자극, 논리적인 자극, 협동적인 자극으로 나눌 수 있다. 감각적 자극은 문자적 언어 활동의 언어적 자극, 동적 영상과 정적 영상 같은 상적(像的) 자극, 직접적이고 경험을 통해 자극하는 체험적 자극이 있다. 논리적 자극으로써 사고 활동을 통한 스키마의 활성화 방안으로는 연상하기, 예견하기, 추론하기 등이 있다. 조력자들을 통한 협동적 스키마의 활성화 방안으로는 협동적인 소집단 편성에 의해 질문하고, 토론하고, 집단적 사고, 합리적 사고를 하게 한다. 학생들은 쓰려는 글과 관련된 다양한 자료의 회상과 교사의 활성화 전략 즉, 학생이 성장하면서 갖게 된 다양한 경험들의 표출, 그것들을 적재적소에 배치하는 훈련, 일관된 내용의 유지 등을 통해 내용이 풍부하며 일관성 있는 글을 쓰게 된다. 교사는 논리적인 전개나 시간의 흐름, 역설과 같은 글의 구조 변화를 새로운 자극으로 제시하고 이들에 대한 내적인 검토 과정을 거치게 하며, 형식적인 글의 구조를 익히게 하여 기억의 부담감을 줄이도록 지도한다. 글을 쓰기 전에 미리 글의 구조를 예상해 보고 적절한 구조를 선택해 보게 한다. 읽기나 쓰기의 과정에서 스키마는 독자와 필자 즉, 학생이 필요로 하는 내용과 방법적인 것들을 포함하고 있으며 계속적으로 영향을 미치기 때문에, 외부로부터 전달되는 객관적인 정보로 스키마를 자극하여 활성화시킬 수 있는 교사의 전략은 학생들의 이야기 구성에 막대한 영향을 끼치게 된다.

　읽기와 쓰기의 통합 활동으로 전개되는 이야기 읽기·쓰기 통합 활동에서 이야기 글의 이해와 표현의 향상을 위해서는 이야기 구성 요소에 대한 기존 스키마를 활성화하거나 스키마를 조성하여 주어야한다. 또 주어진 이야기를 이해하고 표현하는데 필요한 경험들을 상기시키는 활동으로 이야기 스키마를 강화해야 한다. 사람들은 어떠한 대상이나 상황에 대해 실제 모습 그대로 해석하기보다는, 자신의 머릿속의 지식체계인 스키마대로 이해하고 속성을 판단하게된다. 그리하여 자신만의 대상과 상황을 형성하여 해석을 하게 된다. 천성적으로 이야기를 좋아하는 어린이들은 이야기 글을 읽고 자신들만의 스키마로 더욱 쉽게 그 세계에 몰입하며 대상을 의인화하여 새로운 대상과 세계로 인식하게 된다.

2학년 2학기 둘째 마당에서 이루어지는 이야기를 읽고 이어질 내용 상상하기, 꾸며 주는 말을 넣어 이어질 내용 상상하기는 잘 알려진 옛이야기 두 편을 읽고 이어질 내용을 상상하기로, 일이 일어난 원인과 결과가 단순한 글을 읽고, 이어질 내용을 상상해보게 하였다. 옛이야기라는 스키마를 자극하여 친근감과 즐거움을 불러일으키고 그 뒷부분을 상상해보게 하는 활동을 한다. 또 어린이의 생활 경험과 밀접하게 연관된 창작동화를 읽고 이어질 이야기를 상상하기는, 어린이 자신의 생활 경험이라는 체험적 자극을 스키마로 동원하여 상상해 볼 수 있다. 자신과 비슷한 경험과 다양한 경험은 이야기 스키마와 결합되는 소집단의 협동적 쓰기 활동을 통하여 전혀 다른 새로운 이야기를 창작해내게 된다. 이러한 활동은 문학에 관한 친화감을 높이고 보다 적극적인 감상과 표현의 욕구를 실현하는 방법이 될 수 있다.

다. 문학의 수용과 창작 활동 기반 확장

문학 학습에서 이루어지는 문학 작품 경험의 과정은 '이해→해석→감상→체험→내면화'라고 볼 수 있다. 학생들이 문학 작품을 읽고 그 의미를 이해하고 해석한 후에, 그 의미를 새겨 감상하고 깊은 미적 체험을 얻고, 그것을 내적으로 다시 생성하여 진정한 내면화에 이르기 위해서는 창의적으로 사고하는 가운데 문학 작품을 경험해야 하며 표현되어야 한다.

문학 영역의 교육 목표는 '문학적 국어사용 능력 향상'을 지향하고 있다. 문학에 대한 지식은 문학 능력 향상에 도움을 주는 지식이어야 하고, 그 지식은 학습자가 개별 문학 작품을 읽고 해석하고 평가하는 실제의 문학 활동을 전개하는 국면에 활용할 수 있는 것이어야 하며, 실제의 문학활동을 통해 그러한 지식이 습득되도록 해야 한다. 제7차 교육과정에서는 학습자가 개별 문학 작품을 능동적으로 수용하고 그 결과를 다양한 방식으로 표현하는 창조적 학습 활동을 강조한다. '문학의 수용과 창작' 범주의 학습 내용으로 다양한 유형의 개별 문학 작품 읽기와 해석과 평가 활동을 배열하고 있다. 그러기에 문학 작품을 단순히 이해하는 데 그치는 것이 아니라 주체적인 관점에서 가치를 체계적으로 이해하고, 자신의 정서나 사상을 창의적으로 표현하는 활동을 강조하고 있다.

문학의 지도에서는 작품을 학습자 자신의 삶과 관련지으며 학습자가 감상의 주체가 되어 정서 체험을 하게 하고, 문학적 가치를 이해하여 그 수용을 생활화하게 한다. 이러한 과정을 통해 학습자의 심미적 상상력과 건전한 심성을 계발하고 바람직한 인생관을 형성할 수 있도록 지도해야 한다. 그러나 이것은 목표에서도 알 수 있듯이 교육과정에 창작을 도입하였다고 해서 전문적인 창작 기능을 학습하기보다는, 문학 작품에 대한 학습자의 반응을 표현하는 것이 창작의 첫걸음이다. 전문적이고 본격적인 문예 작품의 창작보다 문학 작품에 대한 능동적 반응을 강조하여 문학적 표현 활동을 의도하고 있다. 문학 영역의 학년별 내용은 내용 자체의 난이도, 텍스트 등을 고려하여 학습 내용을 선정하고 지도하도록 되어 있다. 지식과 기능 요인인 인지적 교육 내용으로서 '문학의 본질'과 '문학의 수용과 창작', 정의적 교육 내용으로 '문학의 가치에 대한 태도'로 구분하여 진술하고 있다.

문학의 수용 분야는 문학작품을 감상하는데 있어 가장 기본적인 개념을 인지하는데 초점을 두어, 문학에 관련된 지식을 이해하는 내용으로 구성되어 있다. 인물의 성격과 유형 파악하기, 전개과정 파악하기, 주제 알아보기, 구성 요소 분별하기 등이 각 학년에 또는 같은 학년에서도 반복되어 설정되어 있다. 이것은 교육과정 내용 조직의 원리 중 하나인 계속성의 원리를 통해 내용 학습을 반복하여 내면화하고자 하는 목적을 갖는다. 문학의 주요 요소인 주제, 플롯 등과 같은 개념의 학습은 한번에 또는 어느 학년이나 학기 동안에서만 학습한다고 완전히 습득할 수는 없다. 이러한 학습 내용은 다양한 문학텍스트를 통해 장기간의 학습 상황에서 몇 번이고 계속해서 반복 학습이 되도록 함으로써 학습자로 하여금 내면화하도록 하고자 하는데 목적이 있다.

문학의 창작은 문학 수용의 연장선에서 심화하고 다양하게 표현하는 활동으로, 교실 현장에서는 개별 문학 작품에 대한 학습자의 문학적 반응을 말하기나 쓰기 영역과 관련지어 다양한 방식으로 표현하고, 개작, 모작, 생활 서정의 표현 등 작품의 심층적 감상을 돕는 학습 활동을 다양하게 전개한다.

따라서 초등학교 2학년 수준의 학습자들은 글을 읽고 끝 부분 상상하기, 가운데 부분 상상하기, 이어질 이야기 쓰기, 이야기를 더 이어 쓰기, 느낀 점을 글로 쓰기, 이야기 주인공에게 글 쓰기 등의 활동으로 작품을 수용하고 나아가서는 초보적인 창작 활동을 수행하게 된다. 초등학교 2학년 국어 읽기와 쓰기를 교과 뿐 아니라 내용까지 통합하는 활동을 통하여 이야기에 나타난 문학요소를 인지적으로 파악하고, 그것을 느끼고 느낌을 공유하며, 또 문학요소에 대하여 일부를 추가하여 내용을 바꾸고 또 일부를 중심으로 새로운 이야기를 창작함으로써 문학을 적극적이고 능동적으로 수용하고 창작할 수 있게 된다. 이러한 관점에서 읽기·쓰기 통합 활동은 내용적 측면에서, 이야기의 읽기와 이야기의 창작이라는 읽기와 쓰기의 통합 활동이 가능하며, 문학 작품의 바른 이해와 표현을 통해, 문학의 수용과 창작이라는 내면화의 단계까지 이르게 할 수 있다. 이것은 곧 문장 구성력의 신장과도 밀접한 관계가 있음을 보여준다고 하겠다.

화이트헤드는 아동의 발달 단계(신헌재, 1998)를 네 단계로 나누고, 각 연령에 적절한 이야기의 주제, 내용, 책의 구성으로 이야기의 형태와 특성을 제시하고, 교사가 아동에게 적합한 책을 선정해 주도록 함으로써 또래에 맞는 학습 내용을 강조하고 있다. 어린이들은 많은 문학 작품을 대함으로써 음성언어와 문자언어의 총체적 발달의 향상을 경험할 수 있다. 동화나 아동 소설을 읽고 이야기 속의 주인공과 비슷한 생각이나 경험을 바탕으로 이야기를 꾸며 말하고, 작품으로 표현할 수 있다. 주인공의 경험과 자신의 경험과 생각을 비교하면서 글을 쓰면 창의적이고 비판적인 사고를 할 수 있다. 문학 교육과정과 학년, 단원, 차시별 목표와 학습 내용 요소, 수준을 통해서 본 이야기 구성 요소의 이해, 스키마의 활성화를 통한 이야기 구성활동, 그와 동시에 이루어지는 문학의 감상과 수용은 아동들의 직접적인 문학활동을 통하여 이야기 구성력의 향상을 가져오게 된다.

라. 이야기 읽기·쓰기 통합 활동의 설계

이야기 읽기·쓰기 통합(Story-CIRC) 활동은 단위 수업시간에 목표를 달성할 수 있는 수업 모형이라고 하기보다는 단원별 또는 주제별로 그 목표를 달성해 가는 활동의 일종이다. 이야기 읽기·쓰기 통합(Story-CIRC) 활동은 읽기·쓰기 통합(CIRC) 활동에 이야기 구성 요소를 첨가하고, 스키마 활성 과정을 강화하며, 문학의 수용과 창작 활동의 기반을 확장하는 방법으로 우리나라 국어교육과정의 문학 영역의 목표를 달성하기에 알맞은 모형으로 재구성한다. 문학단원에서 이야기 읽기·쓰기 통합 활동은 독해의 방법 학습과 소리내어 읽는 기회의 최대화를 통해 독해 능력을 신장시킨다. 독해력과 함께 이루어지는 소집단의 이야기 구조학습은 이야기 구성의 한 발판을 제공하게 된다. 특히 작문에 불안을 느끼며 소극적인 아동은, 또래간의 서로 고쳐주게 하는 활동과 동료참여에 힘을 얻게 된다. 그들은 자신

의 독해력에 더하여 이어지는 이야기 상상해보기, 이야기 빈자리 채우기, 다른 결말 쓰기,
주제가 비슷한 이야기 창작하기 등에서 이야기 구성력의 신장을 가져오게 된다. 때문에 이
활동을 위해서는 교재의 재구성이 요구되며 우리의 교수학습 상황에 적합하게 설계되어야
한다. 본 연구자는 문학 마당 이야기 구성 능력 신장을 위한 이야기 읽기·쓰기 통합 활동을
다음 【그림 1】과 같이 도식화하고 【표 1】로 나타내었다. 이야기 읽기·쓰기 통합 활동
을 단계별로 직접교수, 이야기 관련활동, 읽기와 쓰기의 통합활동, 평가, 홀로 읽기의 다섯
단계로 계획하였다.

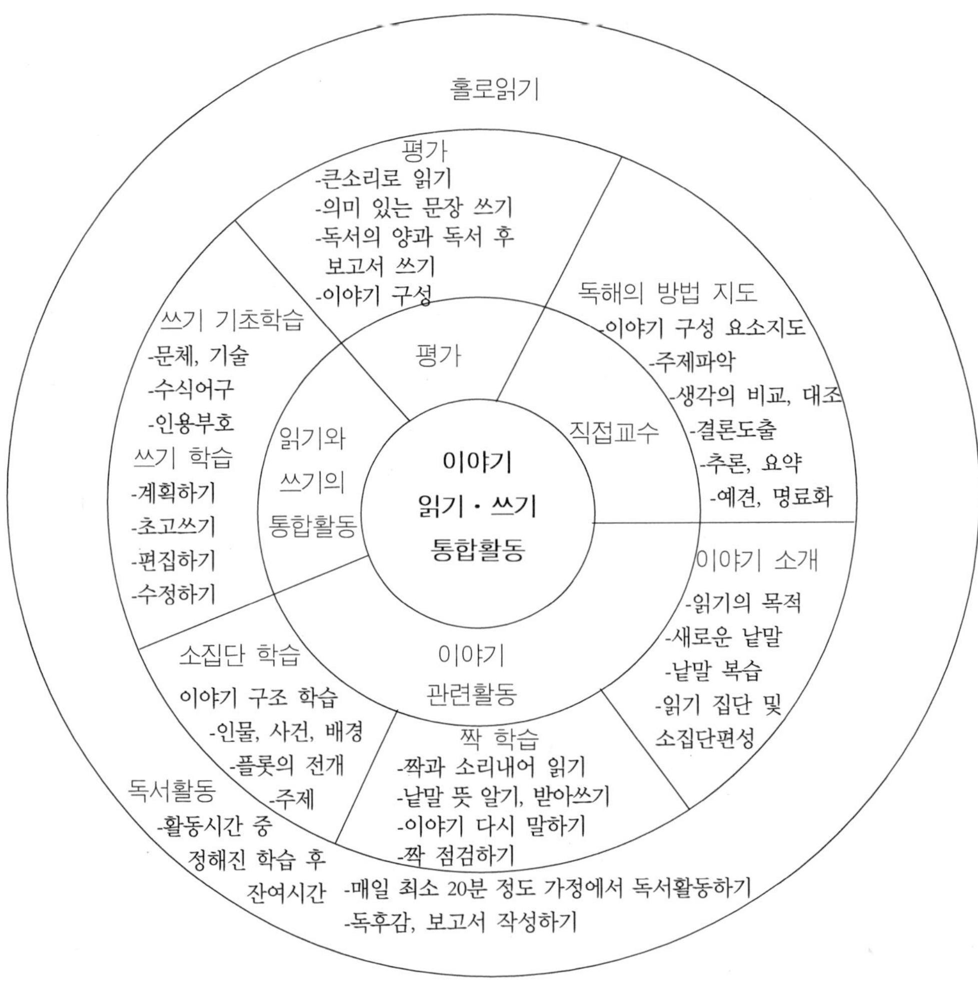

【그림 1】 이야기 구성 능력 신장을 위한 이야기 읽기·쓰기 통합 활동

직접 교수 단계는 보통 단원의 첫 차시에 해당되는 학습, 이야기 관련활동 단계는 2~3 차시, 읽기와 쓰기의 통합활동 단계는 4~5차시의 학습이다. 평가 단계는 각 과정의 평가 단계 및 이야기 읽기·쓰기 통합 활동의 후반부에 이루어지는 활동이다. 홀로 읽기는 활동 적용 시 순차적인 단계를 의미하는 것이 아니며, 정해진 학습 후 남는 시간을 활용하고 가 정에서 매일 최소 20분 정도 책을 읽게 하는 과정으로 독서의 양, 독후감, 읽은 책에 관한 보고서의 작성이 개인 및 소집단 보상에 기여하게 된다.

【표 1】 이야기 읽기·쓰기 통합 활동의 교수학습 단계

이야기 읽기·쓰기 통합 (Story-CIRC)활동의 단계		교수·학습의 단계		
직접교수활동		<교사 주도의 단계> • 이야기 구성 요소의 지도 -문제 해결 방법 탐색 -인물, 사건, 배경의 이야기 구성 요소와 관련지어 내용 파악하는 방법 지도 • 이야기 구조의 지도 -주제, 플롯, 시점, 문체 등과 이야기 구조의 지도		
이야기 관련활동	홀로 읽기	<이야기 소개 단계> -읽기의 목적 -새로운 낱말 -낱말 복습 -읽기 집단 및 소집단편성	<짝학습 단계> • 스키마 활성화를 통한 읽기 학습 -낱말, 문장, 문단을 소리내어 읽으며 서로 교정하기 -낱말의 뜻 알기 -의미 있는 짧은 글짓기	<소집단학습 단계> -이야기 구성 요소 찾아 이야기 이해하기 -줄거리 요약해보기 -주제 알아보기 -이야기 다시 말하기
읽기와 쓰기의 통합 활동		<소집단학습단계> • 쓰기 기초학습 -문체, 기술, 수식어구, 인용부호 등 • 쓰기 학습 -이야기 구성 활동 -이야기와 관련지어 상상하여 쓰기 -뒷부분 상상하기, 중간 부분 상상하기 -계획하기, 초고쓰기, 편집하기, 수정하기		
평가		• 큰소리로 읽기 • 의미 있는 문장 쓰기 • 이야기 구성 결과물 • 홀로 읽기 후 작성한 보고서		

3. 이야기 읽기·쓰기 통합 활동의 적용

이야기 읽기·쓰기 통합 활동은 학생들의 자아 정체감, 자기 표현의 욕구 및 공동체에 대한 소속감을 증진시킴으로써 학습효과를 최대한으로 살리고자 하는 협동 학습의 한 유형이다. 학습을 성공적으로 이끌기 위해서는 학생들의 내재적 동기가 충분히 형성되어 학습에 적극 참여하도록 교사는 사전에 준비하고 이끌어 주는 계획을 세워야 한다.

가. 이야기 읽기·쓰기 통합 활동 적용을 위한 준비

1) 소집단 편성

교수 학습 활동에 들어가기 전에 협동 학습을 위한 소집단을 구성하였다. 학급 구성원을 1학기초에 실시한 진단 평가자료에 따라 읽기 집단을 상, 하 두 집단으로 나눈 뒤 각 집단에서 2명씩 각 소집단에 배정하여 4명씩 협동 학습을 하도록 한다. 읽기 학습에서는 같은 수준끼리 짝 학습을 하고 다른 학습에서는 소집단원 전체와 상호보완적인 협동 학습을 한다. 소집단 운영 기간은 4주이다. 소집단 세우기 및 학급 세우기를 지원하며, 과제와 보상에 관한 철저한 계획을 세운다. 학습자는 소집단 내에서 칭찬하는 방법을 익혀 개개인을 칭찬하고, 협동 학습에서 지켜야 할 예절, 과제분담 요령, 충고하는 요령, 갈등해결 방법 등에 관한 협동 학습 기술을 익히도록 한다.

2) 문학 마당 분석 및 차시별 계획

문학 영역의 교육과정 내용이 제시된 대단원을 문학마당이라 할 때 초등학교 2학년 1학기 문학마당은 『말하기·듣기』, 『읽기』, 『쓰기』 셋째 마당 '꿈을 펼쳐요'와 『쓰기』 다섯째 마당 '상상의 나라로'이며, 2학년 2학기 『읽기』, 『쓰기』 둘째 마당 '이야기가 재미있어요'와 넷째 마당 '아름다운 꿈을 가꾸어요'이다. 2학기 문학 마당의 학습 목표 및 소단원의 차시별 목표를 살펴보면 【표 2】와 같다.

나. 이야기 읽기 · 쓰기 통합 활동의 적용

1) 이야기 읽기·쓰기 통합 활동의 절차

2학년 2학기 둘째 마당 '이야기가 재미있어요'는 [표 2]에서 볼 수 있듯이 교육과정 내용 '이어질 내용을 상상한다'를 근거로 하여 이야기 읽기 · 쓰기 통합 활동을 적용하게 된다. 먼저 이야기 구성 요소 지도를 위한 '직접교수활동'으로 2차시의 학습이 전개된다. 둘째로 스키마 활성화를 통한 '이야기 관련활동'으로 4차시의 학습이 전개되며, 이야기 구성력 신장을 위한 '읽기와 쓰기의 통합 활동'으로 4차시의 학습이 이루어진다.

【표 2】 2학년 2학기 문학 관련 단원 학습 목표

대단원명	교육과정내용	대단원 학습목표	소단원명	차시별 학습목표
읽기 둘째마당 이야기가 재미있어요	문학(2) 이어질 내용을 상상한다.	이야기를 읽고 이어질 내용을 상상한다.	1. 주인공이 되어	1차시: 이어질 내용을 상상할 때에 주의할 점을 알아봅시다. 2~3차시: 일이 일어난 차례를 생각하며 이야기를 읽어봅시다.
			2. 상상의 나라	4차시: 이야기를 읽고 뒷부분에 이어질 이야기를 상상하여 봅시다. 5~6차시: 이야기를 읽고 가운데 부분에 들어갈 내용을 상상하여 봅시다.
쓰기 둘째마당 이야기가 재미있어요	문학(2) 이어질 내용을 상상한다.	꾸며 주는 말을 넣어 이어지는 내용을 쓸 수 있다.	1. 주인공이 되어	1차시: 꾸며 주는 말을 넣어 짧은 글을 써 봅시다. 2차시: 이야기를 듣고 꾸며 주는 말을 넣어 이어질 내용을 써 봅시다.
			2. 상상의 나라	3차시: 이야기를 읽고 꾸며 주는 말을 넣어 이어질 내용을 써 봅시다. 4차시: 그림을 보고 꾸며 주는 말을 넣어 이어질 내용을 상상하며 써 봅시다
읽기 넷째마당 아름다운 꿈을 가꾸어요	문학(4) 작품에 흥미를 가지고 즐겨 읽는 습관을 지닌다.	시나 이야기를 즐겨 읽고 생각이나 느낌을 말할 수 있다.	1. 간직하고 싶은 이야기	1차시: 시나 이야기의 제목으로 재미있는 놀이를 하여 봅시다. 2~3차시: 이야기를 찾아 읽고 느낌을 정리하여 봅시다.
			2. 우리 서로 한 마음	4차시: 시를 읽고 생각이나 느낌을 말하여 봅시다. 5~6차시: 이야기를 읽고 생각이나 느낌을 말하여 봅시다.
쓰기 넷째마당 아름다운 꿈을 가꾸어요	문학(3) 재미있는 말이나 반복되는 말을 넣어 글을 쓴다.	생각이나 느낌이 잘 드러나게 글을 쓸 수 있다.	1. 간직하고 싶은 이야기	1차시: 이를 뺐을 때에 느낀 점을 글로 써 봅시다. 2차시: 이야기에 나오는 인물에게 글을 써 봅시다.
			2. 우리 서로 한 마음	3, 4차시: 친구에 대한 내 생각이나 느낌을 글로 써 봅시다.

이 모든 과정은 순차적이거나 분리되어 있는 활동이기보다는 그 강조점이 어디에 있는지에 따라 나누어 본 것이다. 5차시씩 나누어 총 2회의 학습으로 이루어진다. '평가 활동'은 이야기 관련활동과 읽기와 쓰기의 통합활동의 후반부에 이루어지기 때문에 특별한 차시 배분은 하지 않았다. '홀로 읽기 활동'은 학습이 이루어지는 모든 차시 중 짝 학습이나 소집단 학습 후 잔여 시간 동안의 독서활동, 가정에서의 독서활동으로 이루어지게 된다.

2) 이야기 읽기·쓰기 통합 활동 적용 교수·학습 적용안

단원	둘째 마당. 이야기가 재미있어요.	교과서	읽기34~51 쪽 쓰기24~35 쪽
Story-CIRC의 단계	직접교수활동	차시	1/10
학습 주제	· 이야기를 상상할 때 주의할 점 알기		
학습 목표	· 이야기 구성 요소를 알고 뒷이야기를 상상할 때 주의할 점을 알아봅시다.		

단계	학습 요소	교 수 · 학 습 활 동	시간	자료 및 유의점
도입	동기유발 학습문제 확인	○ 동기 유발하기 · 동물의 왕은 무엇일까요? · 왜 그렇게 생각하나요? ○ 학습 문제 확인하기	5′	
전개	설명하기	· 이야기 구성 요소를 알고 뒷이야기를 상상할 때 주의할 점을 알아보자. ◎ 설명하기 · 이야기에서 꼭 필요한 것을 무엇일까요? · 이야기에는 등장인물, 언제, 어디에서, 일어난 일이 드러나 있습니다. 우리가 재미있게 이야기를 읽기 위해서는 재미있는 일들이 계속해서 이어져야 합니다. · 어떤 이야기에 이어질 내용을 상상할 때 어떤 점을 주의해야 할까요? -주인공에게 어떤 일이 일어났는지 생각해야 한다. -일의 원인과 결과를 살펴본다. -일이 일어난 순서를 정리해 본다. -앞 뒤 내용과 잘 어울리는지 생각한다. ◎ 시범 보이기 · '토끼와 거북' 이야기에서 생각해 봅시다.	5′ 10′	이야기 구성 요소와 플롯 등을 생각하도록 한다 이야기 구성 요소(인물, 사건, 배경)와 플롯 등을 생각하도록 한다.
	시범보이기	누가 나올까요? 토끼와 거북이 나옵니다. 어떤 일이 있었죠? 어느 날 토끼와 거북이 경주를 하였습니다. 자, 그 다음 어떻게 되었죠? 빨리 달려가던 토끼가 나무 밑에서 쉬다가 낮잠을 자고 말았죠. 그동안 거북은 엉금엉금 열심히 달렸답니다. 깜짝 놀란 토끼가 잠을 깼을 때에는 거북이 이미 도착했어요. 거북이 경주에서 이겼답니다.		

단계	학습 요소	교 수·학 습 활 동	시간	자료 및 유의점
전개	질문하기	이 이야기에서 주인공은 <u>토끼와 거북</u>입니다. <u>어느 날</u>, 그리고 토끼와 거북이 <u>경주를 한 장소</u>는 이야기의 배경이 됩니다. <u>경주의 시작, 토끼의 낮잠, 거북의 승리</u>는 사건이 되며, 사건은 일이 일어난 순서에 따라 정리할 수 있습니다. 뒷이야기를 상상해 볼 수도 있습니다. 화가 난 토끼가 또 경주를 하자고 했습니다. 거북은 이길 방법을 곰곰이 생각하였습니다. "옳지, 좋은 수가 있다." ~ · 앞 뒤 내용과 어울리게, 일의 원인과 결과를 생각하면서 뒷이야기를 상상할 수 있습니다. ◎ 질문하기 · 주인공에게 무슨 일이 일어났는지 생각하며 '내가 왕이 될 거야'를 읽어봅시다. · 주인공은 누구일까요? -힘돌이와 센돌이 입니다. · 이들은 어디에서 살았나요? -힘돌이는 궁궐에서 살고, 센돌이는 어렵게 야생에서 살았다. · 둘이 헤어져 있는 동안 힘돌이와 센돌이는 각각 어떻게 살았나요? -힘돌이는 편안한 생활을 하였고, 센돌이는 고생을 하며 살았다. · 센돌이는 그동안 어떻게 변하였나요? · 힘돌이는 어떻게 변하였나요? · 동물들은 무엇을 하고 있습니까? · 누가 왕이 될까요?	8′	내용 해석하기, 유창성, 읽기 이해 등을 증진시키는데 중점을 둔다.
정리	활동하기 평가하기	◎ 활동하기 · 일의 원인을 알아보고 결과를 상상하여 봅시다. · 누가 왕이 될지 결과를 상상하여 봅시다. 왜 그렇게 생각하였는지 말해 봅시다. · 동물의 왕을 뽑는다면 어떤 방법이 있을까요? · 그렇게 한다면 누가 동물의 왕이 될까요? ◎ 평가로 정리·확인하기 · 이야기 구성 요소에는 무엇이 있을까? · 이어질 내용을 상상하기 위하여 어떤 점을 주의해야 할까?	8′ 4′	학생들의 다양한 생각을 인정해주어 생각의 폭을 넓힐 수 있도록 한다.

<table>
<tr><td>Story-CIRC
의 단계</td><td colspan="2">이야기 관련활동</td><td>차시</td><td>2~3/10</td></tr>
<tr><td>학습
주제</td><td colspan="4">· 이야기의 흐름을 알고 뒷이야기 상상해보기</td></tr>
<tr><td>학 습
목 표</td><td colspan="4">· 글을 읽고 이야기의 흐름을 알고 뒷이야기를 상상하여 봅시다.</td></tr>
<tr><td>단계</td><td>학습 요소</td><td>교 수 · 학 습 활 동</td><td>시간</td><td>자료 및
유의점</td></tr>
<tr><td>도입</td><td></td><td>◎ 동기 유발
· 선생님의 행동을 보고 어떤 일이 일어났는지 이야기 해 봅시다.
-마임을 보고 이야기 나누기
○ 학습 문제 안내하기</td><td>5 ′</td><td rowspan="5">다양한 스키마 활성화의 전략에 의하여 읽기전, 읽는 중, 읽기 후에 다양하게 사용될 수 있도록 함

교사는 순회하면서 추수활동을 하도록 한다.</td></tr>
<tr><td rowspan="4">전개</td><td>교사의 안내</td><td>글을 읽고 이야기의 흐름을 알고 뒷이야기를
상상하여 봅시다.</td><td></td></tr>
<tr><td>학습문제
확인

읽기 전
활동</td><td>○ 이야기 관련활동 중 스키마 활성화 전략 사용하기
· 제목에서 연상되는 것 말하기
-'농부와 세 아들'에서 연상되는 것을 말하기
· 마인드 맵으로 표현하기
-농부, 아들 등으로 마인드 맵 해보기
· 삽화로 내용 짐작해보기

○ 학습 준비하기
· 학습활동을 안내하고 읽기 집단에서 짝과 소집단을 편성한다.</td><td>8 ′</td></tr>
<tr><td rowspan="2">짝활동
읽는중 활동</td><td>◎ 짝학습 단계
○ 제재글 '농부와 세 아들' 읽기
· 교과서 제재의 내용을 소리내어 읽으며 서로 교정하여 봅시다.
-한 문장씩 돌아가며 짝과 읽어봅시다.
-짝은 틀리게 읽었을 때 고쳐 읽도록 도움주기
-한 문단씩 돌아가며 짝과 읽어봅시다.</td><td>10 ′</td></tr>
<tr><td>○ 낱말 뜻 알고 받아쓰기 해보기
· 어려운 낱말의 뜻을 알아봅시다.
-장례 : 죽은 사람의 시체를 묻거나 태워 버리는 일
-보물 : 금, 은, 진주, 옥과 같은 보배로운 물건
· 낱말을 익히고 받아쓰기 해봅시다.</td><td>7 ′</td></tr>
</table>

단계	학습 요소	교 수 · 학 습 활 동	시간	자료 및 유의점
전개	소집단활동 읽은 후 활동	○ 의미 있는 짧은 글짓기 · 낱말의 뜻을 이용해 의미 있는 짧은 글짓기를 해 본다. -장례식장은 죽은 사람의 시체를 묻거나 태워 버리는 일을 하는 곳이다. -금, 은, 진주, 옥과 같은 보배로운 보물을 찾아라. ◎ 소집단학습 단계 ○ 글의 내용 파악하기 · 농부는 왜 세 아들을 걱정하였나요? · 농부의 세 아들은 왜 포도밭을 파헤쳤나요? · 다른 해보다 더 탐스러운 포도가 열린 까닭은 무엇인가요? · 아버지의 보물은 결국 무엇인가요?	1 0 ´ 10 ´	이야기 구성 요소, 이야기의 구조의 학습의 치밀한 계획이 요구된다.
정리	평가	○ 이야기의 구조(플롯) 학습 · 이야기의 내용 중에서 중요하다고 생각되는 일은 무엇인가요? -농부가 죽으면서 유언을 남긴 일 -세 아들이 포도밭을 파헤친 일 ○ 줄거리 간추리기 · 아버지의 행동을 세 아들과 관련지으며 정리하여 봅시다. · 세 아들의 행동을 아버지의 생각과 관련지으며 정리하여 봅시다. · 일이 일어난 차례대로 정리하여 봅시다. -주요 사건을 짝에게 이야기하고 이야기 정리하기 · 이야기의 줄거리 간추려 봅시다. -이야기 구조를 차례로 연결하여 이야기의 줄거리를 간추린다. -짝과 함께 바꾸어 읽어보고 빠트린 부분은 없는지 점검해 본다. · 이야기 다시 말하고 뒤에 일어날 일 상상하여 봅시다. ○ 끝 부분 다르게 상상하기 · 농부가 유언을 남기지 않고 죽었다면 어떻게 되었을까요? · 농부가 세 아들에게 각자의 땅으로 나누어주었다면 어떻게 되었을까요? · 또 다른 상황이 되었을 때 상상하여 봅시다. ○ 평가하기 · 낱말 뜻, 의미 있는 짧은 글짓기	15 ´ 10 ´ 5 ´	

Story-CIRC의 단계		읽기와 쓰기의 통합활동	차시	4~5/10
학습 주제		·가운데 부분에 들어갈 이야기, 뒷부분 상상하여 쓰기		
학습 목표		·이야기를 읽고, 뒷부분에 이어질 내용을 상상하여 써봅시다.		

단계	학습 요소	교 수·학 습 활 동	시간	자료 및 유의점
도입	학습 문제 확인하기	◎ 동기 유발 ·'내가 한 명 더 있었으면'하고 생각한 적이 있나요? ○학습 문제 확인하기	5′	서유기,옹고집 전
전개	읽기학습	·이야기를 읽고, 뒷부분에 이어질 내용을 상상하여 써 보자.		
		○제재글 '내가 한 명 더 있었으면' 읽기 ○이야기의 내용 파악하기 ·꽃담이는 언제 내가 한 명 더 있었으면 좋겠다고 말하였나요? ·꽃담이가 말할 때마다 어떤 일이 생겼나요? -새로운 꽃담이가 자꾸 생겨났다.	8′	
		◎ 소집단학습 단계 ○뒷부분의 내용 짐작하기 ·교과서 47쪽 그림을 보고 앞으로 어떤 일이 일어날지 생각해 봅시다. ·친구들과 함께 생각한 내용을 주고받아 봅시다.	5′	자신의 경험과 관련지어 생각 해보도록 지도
	쓰기 기초 학습	○뒷부분 상상하여 꾸미기 ·소집단원끼리 협의하여 이야기의 뒷부분을 재미있게 상상하여 꾸 며 봅시다. 　-문체, 기술, 수식어구, 인용부호 등 알기 ·쓰기 과정 모형에 의하여 동료 협의를 거쳐 이야기를 꾸며봅시다. 　-계획하기 　-초고 쓰기 　-편집하기 　-수정하기 　-작품화하기	14′ 8′	앞의 내용과 잘 이어지도록 생 각하기 동료협의가 잘 이루어질 수 있 도록 교사를 순 회 지도한다.
		○평가하기 ·소집단이 완성한 이야기를 전체 친구들 앞에서 이야기를 들려주어 봅시다. -이야기 구성 요소 및 이야기 구조, 플롯이 잘 드러나며 이야기가 흥 미 있게 꾸며진 부분을 찾아보고 칭찬해 줍시다. ○상상하는 글 쓰기	5′	심화학습지
		·우리 교실에 어떤 물건이 있는지 살펴보고 적어 봅시다. -소집단 활동으로 교실에 있는 물건의 이름 적기(심화 학습지 1번) ·교실에 있는 물건들이 어떤 이야기를 나누고 있을지 적어 봅시다.	20′	

단계	학습 요소	교 수 · 학 습 활 동	시간	자료 및 유의점
전개	쓰기학습	-소집단의 개개인별로 하나의 물건에 대하여 자신의 생각 적기(심화 학습지 2번) · 물건들이 나눈 이야기를 글로 적어 봅시다. -1번 2번의 활동을 기초로 하여 이야기 꾸미기(심화 학습지 3번)한다. 동료협의를 통하는 쓰기 활동 모형에 의하여 이야기 꾸며 쓰기를 한다. -계획하기　　-초고 쓰기 -편집하기　　수정하기	10´	학생들의 창의적인 생각을 충분히 인정하여 준다.
정리	평가하기	-작품화하기 ○ 평가하기 · 소집단이 완성한 이야기를 전체 친구들 앞에서 이야기를 들려주어 봅시다. -이야기 구성 요소 및 이야기 구조, 플롯이 잘 드러나며 이야기가 흥미 있게 꾸며진 부분을 찾아보고 칭찬해 줍시다.	5´	교사는 동료 협의가 원활히 이루어질 수 있도록 순회하며 지도한다.

홀로 읽기 활동 단계

단계	학습 요소	교 수 · 학 습 활 동	시간	자료 및 유의점
	홀로읽기	◎홀로 읽기 · 학급에서 독서를 한 후 느낌을 글이나 그림으로 나타내기 -학급에서는 짝학습이나 소집단 학습을 할 때, 다른 소집단보다 먼저 학습을 끝마친 경우 시간을 활용하여 홀로 읽기를 한다. -자유시간을 활용하여 독서를 한다. -독서 후 결과에 관한 보고서를 제출한다. -독서 감상화 그리기 -주인공에게 편지 쓰기 -친구에게 책을 소개하는 글쓰기 -독서 후 느낌을 일기로 쓰기 -만화로 나타내기 -독서 퀴즈를 내고 다함께 풀어보기 -학급도서목록에 스티커 붙이기 · 매일 가정에서 일정 시간 동안 독서 활동을 하며 활동 결과에 대한 보고서나 독후감을 적기 -학부모는 학생들의 독서시간 및 양을 확인하여 학교로 보낸다. · 활동의 결과는 평가 및 보상의 근거가 된다.	수시	학급 문고 및 가정 비치도서

직접 교수활동의 설명하기 과정에서는 학생들의 읽기 이해를 돕기 위한 활동으로 이야기의 구성 요소에 관하여 교사의 설명이 이루어진다. 인물, 배경, 사건, 플롯을 학생들의 이해 수준에 맞추어서 목표에 접근한다. 시범 보이기 과정에서는 교사의 직접적인 시범이 제시되는 과정으로 이야기 구성 요소를 학생들에게 익숙한 '토끼와 거북' 이야기 속에서 실례를 들어가며 지도하였다. 질문하기 과정에서는 교과서에 제시된 이야기 제재를 가지고 질문을 통하여 이야기 구성 요소를 찾아보고 이야기의 구조를 파악하게 된다. 활동하기 과정은 이야기의 원인과 결과를 통해서 뒷이야기를 상상해 보는 활동을 하게 된다. 학생들의 상상력이 마음껏 발휘되도록 하는 것이 중요하다.

읽기 관련활동의 교사의 안내 과정은 교사가 학습 목표를 소개하고, 읽기 전 스키마 활성화 전략이 사용되는 단계이다. 학생들이 읽기 학습에 관심을 갖게 하고 자신이 가진 배경 지식과 교사의 전략으로 스키마가 활성화 될 수 있도록 한다. 짝 학습 단계에서는 동일 읽기 집단에서 온 짝과 함께 읽기 학습을 하는 단계이다. 짝과 함께 소리내어 읽기로 상호 교정하고, 낱말 뜻 학습과 받아쓰기 연습, 의미 있는 짧은 글짓기도 한다. 소집단 학습 단계 과정은 다른 읽기 집단에서 온 학생들로 편성된 소집단에서 글의 내용을 파악하고 구조를 학습하는 과정이다. 줄거리를 간추려 보고 줄거리로 이야기를 다시 말해보는 활동을 하며 뒷부분을 다르게 상상해 보는 활동을 한다. 이러한 활동은 이야기의 구조를 이해함으로써 문학을 바르게 이해하게 하며 읽기와 쓰기의 통합활동을 위한 기반이 된다.

읽기와 쓰기의 통합활동에서 읽기 학습은 이야기의 내용을 파악하고 뒷부분의 내용을 짐작해보며, 소집단의 동료들과 협의하여 뒷부분을 상상하여 이야기를 구성하는 활동을 한다. 쓰기 학습은 이야기 흐름을 생각하며 소집단원들이 돌아가며, 한 장면씩 또는 한 문장씩 이야기를 이어가게 된다. 이런 활동을 통해 쓰여진 초고를 돌려읽고, 읽은 후 협의하기를 통해서 논의된 문제점을 수정·보완함과 동시에 교정하고 고쳐 쓰기의 활동도 이루어진다. 완성된 이야기는 문학 작품의 하나로 탄생된다. 이러한 읽기 쓰기의 통합활동의 결과물은 삽화를 곁들여 동화책도 만들어 보고, 문학 게시판에 게시하고 학급 신문에 소개하고 발표함으로써, 다른 소집단 및 교사에게 평가를 받게 된다.

4. 적용 결과

어린이들은 이야기를 아주 좋아한다. 어렸을 때부터 그림책, 동화책을 보고 읽으면서 느끼고 재미있어 한다. '아이는 이야기를 먹고산다'는 말처럼 이야기 속에서 살고 싶어하며, 이야기를 읽고, 이야기를 꾸며보고, 이야기를 창작하기도 한다. 이야기에는 이야기 구조 개념, 상상력, 언어 능력이 드러나 있다(채미영, 2003). 이야기의 구조 개념은 이야기 구조에 대해 갖고 있는 지식으로서, 이야기의 구조에 대한 지식과 이야기를 논리적으로 조직할 수 있는 능력이다. 이야기 구조 개념 발달 단계를 구분하는 기준들은 사건의 논리적 연결, 주인공이나 주요 사건의 등장, 이야기 구조 범주의 출현으로 보았다. 상상력은 전혀 관계가 없어 보이는 사물들 사이에 의미 있는 관계가 있음을 파악하거나 일상생활의 경험들을 토대로 새롭고 의미 있는 형상을 창조하는 능력으로서 아동이 일상적인 경험을 재구성하여 새로운 심상을 창조하는 능력을 말한다. 상상력의 수준은 현실 변형의 출현 유무, 현실 변형의 유형, 변형의 논리성으로 보았다. 언어 능력은 의사소통에 필수적인 어휘뿐만 아니라 표현을 풍부하게 하는 어휘를 사용할 수 있고, 다양한 문장 유형을 사용할 수 있는 능력을 말한다. 언어 능력의 평가는 어휘 수준, 문장 수준에서 평가할 수 있다.

가. 이야기 구성력

본 연구에서 '이야기 구성력'이라 함은 이야기 구성 요소 지도를 위한 직접 교수 활동, 스키마 활성화를 통한 이야기 관련 활동, 이야기 구성력 신장을 위한 읽기와 쓰기의 통합 활동의 전략을 통해 일정한 구조를 갖추어 개작 또는 창작하여 이야기를 구성하는 능력이다. 그래서 완성된 이야기에는 구조개념과 상상력, 언어 능력이 드러나 있게 된다.

아동들의 학습결과물과 협동 과정을 분석하여 보았다. 초등학교 2학년의 이야기 구조 개념은 대부분의 이야기가 핵심이 되는 사건을 중심으로 논리적으로 연결되어 있고, 이야기의 범주가 출현했다. 도달할 목표가 있는 사건이 도입되는 시작, 목표 도달을 위한 노력이 나타나는 전개, 목표에 도달하려는 노력과 성공의 실패가 뚜렷이 나타나는 종료의 출현을 볼 수 있었다. 상상력의 측면에서 볼 때, 아동들은 일상적인 생활을 그대로 묘사하거나 들었던 동화를 재현하기도 하고, 아동들이 일상에서는 전혀 관계없어 보이는 것들을 관련지음으로써 비현실적인 사건을 구성하여 맥락상 그럴 듯하게 보이게 하였으며, 일상을 변형하여 실제로는 존재하지 않는 새로운 심상들을 창조하여 맥락상 매우 그럴듯하게 느껴지도록 하였다. 아동들의 언어 능력은 문장에 기본 품사 및 표현 어휘인 부사, 관형사, 형용사가 빈번하게 나타나며, 홑문장을 연결어미로 연결한 이어진 문장, 관형절·명사절을 내포한

안은 문장도 보이고 있다. 또 이야기 구성의 협동과정에서 아동들은 동료들의 비계설정으로 상호과정을 돕고 있었다.

문학 교육의 내용에 기초하여 효과적인 문학적 사고를 위한 교수 학습 방법으로써 이야기 읽기·쓰기 통합 활동은 문학 마당의 학습에서 이야기 구성력의 신장뿐만 아니라 문학 작품을 읽고, 작품을 이해하고 분석하고 토론하고, 또 작품을 개작하고 창작해보는 문학적 사고를 돕는 활동으로 매우 효율적이라고 할 수 있다.

나. 교육적 의의

어린이의 이야기 구성력의 신장을 돕기 위한 방법으로 초등학교 2학년 어린이에게 적용된 이야기 읽기·쓰기 통합 활동은 다음과 같은 교육적 의의를 찾을 수 있었다.

첫째, 독해의 직접 교수 활동은 이야기의 구성 요소 및 이야기의 구조를 교사의 설명과 시범에 의해 자세히 배울 수 있기 때문에 이야기 구조개념의 발달을 가져온다.

둘째, 계획된 교사의 스키마 활성화 강화 과정은 주위의 여러 상황과 매체를 통해 보고 듣고 경험해서 형성된 형식 스키마와 내용 스키마의 상호 작용을 이해하며 이야기를 해석하고, 이를 바탕으로 이야기를 구성하기 때문에 독해력의 발달을 자극한다.

셋째, 이야기의 뒷부분, 중간 부분에 이어질 내용의 상상하고, 상상한 내용을 꾸며 주는 말을 넣어 글을 씀으로써 좀더 자세하고, 실감나게 표현하는 문학적 상상력과 창의력이 길러진다.

넷째, 자신이 상상한 내용을 한 편의 이야기로서의 형식을 갖추게 됨으로써 이야기 구조에 대한 지식과 이야기를 순서대로 정리하고 인과 관계나 추론을 사용하며, 논리적으로 조직할 수 있는 논리적 창의력이 향상되며, 여러 친구들의 생각을 접목하여 한편의 이야기로 재구성하는 능력도 길러진다.

다섯째, 자신의 경험과 느낌 생각을 한데 모아 그것을 바탕으로 독창적인 이야기를 구성하는 과정에서 아동들은 다양한 아이디어를 탐색하는 확산적 사고 뿐 아니라 이야기를 논리적으로 연결하고 완성시킬 수 있는 수렴적 사고도 발달된다.

여섯째, 상상하여 이야기로 표현하는 활동은 아동들의 언어 능력을 기초로 수행되므로 아동들의 언어발달을 돕는다. 즉 적절한 어휘와 문장을 사용하기 때문에 아동의 어휘와 문장 발달을 돕는다.

참고문헌

1. 자료

교육부(1997), 국어과 교육과정 [별책 5], 대한교과서주식회사.

교육인적자원부(2003), 초등학교 교사용 지도서 국어 1-1, 1-2, 2-1, 2-2, 3-1, 3-2, 4-1, 4-2, 5-1, 5-2, 6-1, 6-2, 대한교과서주식회사.

2. 단행본

권혁준(1997), 『문학이론과 시교육』, 박이정.

김도남(1997), 『'배경 지식 활성화를 통한 작문 지도 방법', 쓰기 수업 방법』, 박이정.

로버트 화이트헤드, 신헌재 역(1998), 『아동문학 교육론』, 범우사.

박춘식(1990), 『아동문학의 이론과 실제』, 박문사.

스펜서케이건(1998), 『기독초등학교 협동 학습 연구모임 역(1999)』, 협동 학습, 디모데.

신헌재 외(1994), 『독서교육 이론과 방법』, 서광학술자료사.

신헌재 외(1996), 『국어과 교수·학습 방법』, 박이정.

신헌재 외(2002), 『학습자 중심의 국어과 수업방안』, 박이정

우한용 외(1997), 『문학교육과정론』, 삼지원.

이경화(2001), 『읽기교육의 원리와 방법』, 박이정.

이경화 외(2002), 『국어과 협동 학습 방법』, 박이정.

이상태(1994), 『국어교육의 길잡이』, 한신문화사.

이재철(1984), 『아동문학개론』, 서문당.

정문성·김동일(1998), 『열린교육을 위한 협동 학습의 이론과 실제』, 형설출판사.

초등국어교육학회(1998), 『쓰기수업방법』, 박이정.

최현섭 외(1999), 『국어 교육학 개론』, 삼지원.

3. 논문

김갑이(2004), '이야기 구성력 신장을 위한 이야기 읽기·쓰기 통합 프로그램의 적용 연구', 석사학위논문, 한국교원대학교 대학원.

김선배(1995), '쓰기 능력 신장을 위한 학습 지도 방법 탐색', 청람어문학제13집, 청람어문학회

김순복(2002), '이야기 구조를 통한 이야기글 지도 방안 연구', 석사학위 논문,서울교육대학교 대학원.

박주영(1992), '읽기와 쓰기의 통합 지도방법 연구', 석사학위논문, 한국교원대학교 대학원.

손갑식(2001), ‘문학 협동 학습 양상 연구’, 석사학위논문, 한국교원대학교 대학원.

이성은, 유정아(2001), ‘아동문학 중심의 Web 기반 교육활동 분석’, 열린 교육 연구.

이성은, 심선희(2002), ‘동료협의를 통한 생활문 쓰기가 쓰기 능력 및 태도에 미치는 효과’, 열린 교육 연구.

이종억(1997), ‘협동적 통합 읽기 · 작문(CIRC) 프로그램이 초등학생의 읽기메타인지에 미치는 효과’, 석사학위논문, 한국교원대학교 대학원.

장기형(2003), ‘협동적 읽기 · 쓰기 통합(CIRC) 프로그램이 아동의 읽기 능력에 미치는 효과’, 석사학위논문, 한국교원대학교 대학원.

장성욱(2000), ‘협동 학습을 통한 시 교수 학습방법 연구: 읽기와 쓰기의 통합 활동을 중심으로’, 석사학위논문, 한국교원대학교 대학원.

정혜영(2001), ‘CIRC 프로그램이 초등학생의 읽기 전략과 읽기 태도에 미치는 효과’, 석사학위논문, 부산교육대학교.

채미영(2003), ‘유아용 이야기 꾸미기 활동 평가 준거 개발’, 박사학위 논문, 한국교원대학교 대학원.

한명숙(2003), ‘독자가 구성하는 이야기 구조 교육에 관한 연구’, 박사학위 논문, 한국교원대학교 대학원.

한선희(2001), ‘서사문 쓰기 발달 양상 연구’, 석사학위논문, 한국교원대학교 대학원.

황혜연(2001), ‘CIRC 협동 학습 모형이 학습장애아동의 언어 능력과 학습태도에 미치는 효과’, 석사학위논문, 카톨릭대학교.

7장   자기 평가를 통한 문학 반응 활성화 방안

1. 들어가며

　문학 교육의 목적을 달성하기 위한 방법으로 반응 중심 문학 교육을 전제했을 때 학습자의 반응은 다양하면서도 활발하게 나타난다. 그러나 학습 과정과 반응이 내면화되어 다음 문학 경험에 영향을 끼치는 것이 아니라 일회적으로 끝나버리든가, 반응의 범주가 몇 가지로 한정되어 나타나는 경우가 많다. 반응이 일회적으로 끝나는 것은 생성된 반응뿐만 아니라 반응을 생성하고 확장, 심화시키는 과정을 학습자가 스스로 내면화시켜서 주도적으로 학습해 나가도록 하면 해결할 수 있다. 또 반응을 범주화하여 이를 체크리스트로 만들어 활용하면 자기 반응의 경향과 부족한 범주가 무엇인지 알게 되어 스스로 다양한 범주의 반응을 경험하려는 의욕을 유발할 수 있다. 반응의 일회성과 한정성을 극복할 수 있도록 평가 관점과 평가 기준을 상세하게 알고 학습자 스스로 평가의 주체가 되어 학습의 전 과정에 걸쳐 학습의 과정과 학습 결과를 평가하는 자기 평가를 활용하는 방법을 구체화하여야 한다.

2. 문학 반응과 자기 평가

가. 문학 반응의 특성

1) 반응 중심 문학 교육

반응 중심 문학 교육의 이론적 토대는 독자 반응 이론이다. 반응 중심 문학 교육은 독자 반응 이론의 문학 교육적 적용으로, 미국의 Rosenblatt에 의해 제기된 문학교육방안을, 93년 경규진이 본격적으로 소개함으로써 일반화된 경우를 지칭한다.

독자 반응 이론의 주된 관심은 학생과 문학 작품과의 진정한 관계를 제공하는 데 있다. 그리고 이를 통하여 학생 개개인에게 진정한 만족감을 얻게 하고자 하는 것이다. 여기서의 만족감이란 결국 자아 인식의 확대라 할 수 있다. 이를 통하여 학생들은 개인의 삶의 질을 향상하고, 소위 절정 경험을 통한 카타르시스를 경험하게 되는 것이다. 이것은 문학 작품을 읽으려는 동기를 제공할 뿐만 아니라 인간 삶의 질 향상이라는 문학 교육의 궁극적 목적과도 일치한다(박영목 외, 2002).

독자 반응 이론은 신비평과 같은 형식주의 비평이 텍스트를 하나의 자족적인 대상으로 보아, 텍스트 자체 혹은 텍스트 위의 단어들에서 의미를 찾을 뿐 독자의 역할을 무시한 것을 비판하여 등장하였다. 독자 반응 이론은 기존의 독서 이론이 텍스트 자체와 그 텍스트를 만든 근원으로서의 저자의 의도가 가장 객관적이고 확실한 의미의 원천이라고 보는 관점에 대응하여 여태까지 소외되어 온 독자에게로 관심을 돌린다.

문학 수업을 독자 반응적으로 접근하기 위해서 이 이론의 기본적인 가정을 살펴볼 필요가 있다.

첫째, 독자 반응 이론에서는 읽기의 과정에 초점을 맞춘다. 읽기 과정을 독자의 사전 경험, 신념, 사고 등과 텍스트 간의 상호 작용으로 여기며 의미는 이런 상호 작용의 결과로 생성된다고 본다. 텍스트는 독자의 마음에서 재구성되지 않으면 단순한 활자나 종이일 뿐이며 독자가 끊임없이 텍스트에 대한 자신의 반응을 형성하는 역동적인 과정을 통해 의미를 가지게 된다. 이런 과정을 통하여 독자는 감정적 안정과 만족을 얻고, 이 만족감은 다시 독자의 읽기 경험에 새로운 감각을 선사한다. 이 과정에서 텍스트는 작자의 것이 아니라 오히려 독자의 것이 된다. 여기서의 관심은 텍스트 자체에 함유된 객관적인 사실 자체가 아니라, 텍스트와 상호 작용 중에 독자에 의해 생성된 독자의 경험으로 재구성된 텍스트에 더욱 관심을 둔다. 다시 말하면, 독자 반응 접근은 텍스트와 더불어 독자의 사고를 중요한 해석의 차원으로 이해한다.

둘째, 독자 반응 이론에서는 개별적인 반응을 존중한다. 개별 독자는 매우 다른 경험과 사고, 언어 능력을 가지고 텍스트에 접근하여 매우 독특한 반응을 창출한다고 할 수 있다.

셋째, 독자 반응 이론에서 해석을 위한 필수 조건으로 텍스트에 정서적으로 빠져 들 것을 강조한다. 텍스트와의 정서적 교감 없이 학생들이 성숙한 판단을 하는 성숙한 독자가 될 수 없다. 다시 말하면 텍스트에 대한 정서적 교감이나 태도가 조성되어 있지 않다면 좀

더 성숙한 반응자가 되기 위한 기초를 갖고 있지 못한 셈이다. 학생들은 텍스트에 대한 호기심이나 흥미 등이 있을 때 좀더 적극적으로 반응하고 의미 창조에 능동적으로 관여한다.

넷째, 독자 반응 이론에서 관심을 두는 것은 개인을 능동적이고 성공적인 의미 생산자로 성장하게 하는 것이다. 그렇기 때문에 모든 교수 방법은 학생 중심으로 이루어지고 학생 스스로 의미를 탐구할 수 있는 환경을 조성하는 데 관심이 집중된다. 교사는 의미 구성을 위한 설계사나 의미 전달자가 아니라 텍스트와 학생 간의 상호 작용을 강화시키는 강화자로 존재할 뿐이다.

2) 문학 반응의 개념

문학 반응을 활성화시키고자 할 때, 교사는 학생들의 반응의 유형 및 특성을 알아야 반응을 중시하는 교수·학습 계획을 세울 수 있으며 학습자의 문학 텍스트에 대한 반응을 평가할 수 있다.

'반응(response)'은 현장 교사들이나 연구자들도 정의하기 어려운 개념이다. 반응은 인간 내부에서 일어나므로, 그 안을 들여다보고 어떻게 진행되는지 보기도 어렵다. '반응'이란 텍스트와 교류하면서 독자가 경험하는 내면의 변화를 포괄하는 개념이지만, 실제로 문학 교육이나 문학 연구에서 다루는 반응은 독서 후에 독자들이 말이나 글로 '표현한 반응'인 경우가 많다.

다른 독자 반응 이론가들보다 반응 중심 문학 교육에 더 많은 이론적 토대를 제공해준 Rosenblatt의 독자 반응 이론을 살펴보면, 반응의 개념을 명확히 정의하기 위하여 환기(evocation)와 반응(response)의 개념을 구별하였다. 환기를 텍스트에 의해 구조화된 경험, 즉 '텍스트와 심미적 교류[1]를 하는 동안 독자가 자신의 언어적·문화적인 삶의 과거 경험에서 끌어온 아이디어·감각·느낌·이미지를 선택하여 그것을 새 경험인 환기된 시나 소설 또는 희곡으로 종합하는 과정'으로 정의하고, 반응을 '환기하는 것', 즉 '심미적 교류 동안 그리고 후에 생성된 것'으로 각각 정의하였다. 즉, 독자는 텍스트와 교류에서 아이디어나 이미지들이 '환기'되면, 그 환기된 것들에 의해 생성되는 것들을 '반응'이라고 본 것이다.

---

1) transaction의 번역어이다. 보통 '거래'라는 말로 번역되어 사용되어 왔는데, 이희정(1999)은 '거래'라는 말이 상업적 어감이 짙고 두 대상이 역동적으로 영향을 주고 받는다는 의미를 담아내기에 부족하다고 보아, '교류'라는 용어를 사용한 것에 동의하여 '교류'로 사용하고자 한다.

Rosenblatt은 독서하는 도중에 독자의 내면에서 일어나는 표현되지 않은 반응과, 독서 후에 표현되는 반응을 모두 '반응'의 개념에 포함시키고 있다고 할 수 있다. Purves와 Rippere(1968)도 "문학 반응은 한 편의 시, 이야기, 소설을 읽는 중에 또는 읽고 나서 수행하는 인지적, 정의적, 지각적, 정신적 활동들을 포함하는 것이다"고 하여 반응의 총체적인 면을 강조하고 있다. Probst(1991)는 "반응은 한 독자와 하나의 텍스트 사이의 교류에서만 형성되는 것이 아니라, 사회적·교육적인 모든 경험에 의해 형성되는 것으로 보아야 한다"고 하여, 반응이 단순히 개인적인 교류에서 발생하는 것이 아니라, 사회적·교육적인 요소까지 복합적으로 작용하여 형성된다고 보았다. 뿐만 아니라, 그는 학생들의 반응의 차이는 선천적인 반응 발달의 차이라기보다는 교육의 차이에서 온 것이라고 주장하였다.

이러한 다양한 논의를 기초로 반응의 다양한 측면을 고려하여 이희정(1999)은 '반응'의 개념을 다음과 같이 정의할 수 있다.

첫째, 반응이란 텍스트와 교류하면서 독자가 경험하는 내면의 변화와 그것이 표현되는 양상까지를 포함하는 개념이다. 즉, 반응은 '텍스트와 교류하면서 독자의 마음 속에 일어나는 내면적 변화'와 '텍스트에 대한 사고나 감정이 외부의 징표로 드러나는 것'을 말한다.

둘째, 반응은 문학 텍스트와 교류하면서 일어나는 느낌과 감정뿐만 아니라, 인지적 이해까지를 포함하는 인지적·정의적·지각적으로 복합된 의식 작용을 반영한다.

셋째, 독자가 표현하는 문학 텍스트에 대한 반응은 주로 언어나 비언어로 나타나는데, 말, 쓰기, 그림, 연극, 몸짓 등으로 다양하게 표출될 수 있으며, 이런 표현된 반응은 독자의 내면적 반응을 짐작하게 하는 단서가 된다.

넷째, 반응은 텍스트와 독자가 교류하는 독서 과정 중에 형성되며, 독서 후에 표현되는 과정에서 더욱 명료화되고 확장·고양될 수 있다.

다섯째, 반응은 독자의 특성이나 발달 단계 등 독자 요인뿐만 아니라, 텍스트 요인, 상황적 요인 등이 복합적으로 관련되어 형성된다.

3) 문학 반응의 범주

반응 중심 문학 학습을 하고자 할 때, 교사가 학생들의 개인적이고 다양한 여러 반응들을 분석 평가하기 위해서는 반응들을 범주화해 놓은 일정한 틀 또는 기준이 필요하다. 이러한 틀을 통해서 교사는 학생들이 텍스트와의 교류를 통해 형성한 반응이 어떤 종류의 반응

인지 인식할 수 있고, 학생들의 반응을 분류하고 평가할 수도 있다.

Squire(1964)는 학생들이 문학 텍스트를 읽을 때 어떻게 반응하는가를 탐구하기 위하여 52명의 9, 10학년 학생들이 4편의 단편을 읽는 동안 그 스토리에서 미리 결정된 여섯 지점(도입, 발달1, 2, 3, 절정, 결말)에 반응하도록 했는데, 연구 결과 다음과 같이 반응의 7범주를 확인했다.

① 문학적 판단(literary judgments) : "그것은 효과적이다" 또는 "그것은 훌륭하다"와 같은 일반화된 논평을 포함하여, 예술작품으로써 스토리에 대한 직접적이거나 도는 함축된 판단들이다. 진술들은 스토리의 특수한 상황에 대한 판단이라기보다 문학적 또는 심미적 자질을 가리키는 것으로 나타난다. 또한 언어 · 스타일 · 성격화 등에 대한 특수한 반응들이다.

② 해석적 반응(Interpretational responses) : 해석적 일반화를 안내하는 스토리로부터의 증거가 되는 지시를 포함하여 독자가 스토리의 의미나 동인 그리고 인물들의 성격을 일반화하고 발견하려는 데서 오는 반응들이다. 성격 도는 플롯의 해석, 관념과 주제의 해석, 특수한 사실들의 시각적 해석을 대표하는 것으로 보이는 장면들의 재구성의 세 가지 형태가 발견되었다.

③ 서술적 즉각 반응(Narrational reactions) : 해석하려는 시도 없이, 독자가 스토리의 세부와 사실들을 보고하는 반응들이다. 이런 사실적 다시 말하기(retelling)는 독자가 텍스트 이해에서 어려움을 가질 때 일어날 수도 있다.

④ 연상적 반응(Associational responses) : 한 인물을 독자 자신과 연상하기보다 관념 · 사건들 · 장소 · 사람들을 그 자신의 경험과 연상시키는 반응들로 "여기는 내 집 같다" 또는 반대로 "여기는 내 집 같지 않다."등의 예를 들 수 있다.

⑤ 자기-몰입(Self-involvement) : 독자 자신을 인물의 행위 또는 감정과 연합시킨다. 정도의 범위는 약하게나 강렬하게 또는 동일시나 거부로 표현될 수 있다.

⑥ 규범적 판단(Prescriptive judgements) : 독자가 어떤 절대적 기준을 토대로 인물의 행동과정을 규정하는 반응들이다. 예를 들면 "그녀는 이것을 해야만 한다.

⑦ 기타(Miscellaneous) : 위의 어디에도 속하지 않는 반응들.

김은영(2003)은 아동들의 반응을 이해하기 위해 초등학교 5학년의 감상활동을 통해 나온 자료를 근거로 아동들의 구두 반응을 문화기술적으로 분석하였다. 이것은 아닌 우리 나라 아동들의 실제 수업 장면에서 나온 반응을 유형화하여 그 의미가 크다 하겠다. 좀 더 자세히 살펴보면 다음과 같다.

① 텍스트의 직접적인 의미 수용(스토리로의 진입)
  ㉠ 반복(다시 말하기) - 텍스트의 내용을 반복(다시 말하기)하는 반응
  ㉡ 요약 · 정리 - 텍스트의 내용을 요약 · 정리한 반응

② 현실 체험의 확장에 의한 의미 생산
　　㉠ 유추 - 글의 내용을 바탕으로 글의 세부 내용을 알아보거나 삽화나 주요 사건을 바탕으
　　　　로 시간적, 공간적 배경을 알아보는 활동, 또 인물의 말이나 행동을 통하여 성격
　　　　을 알아보는 데 나타나는 반응이다.
　　㉡ 예측 - 의미의 심화 단계에서 텍스트에 나타나지 않는 뒷이야기 예측하기 즉, 사건의
　　　　진행 예측하기와 이야기 상황에서 인물의 생각이나 느낌을 짐작하는 반응이다.
　　㉢ 느낌 - 동일시 또는 공감하기로 말할 수 있는 것으로 작중 인물과 동일시되고 그들의
　　　　갈등과 느낌을 나누는 반응이다.
　　㉣ 의지 - '나라면 이렇게 할텐데……'하는 식으로 이야기를 재구성 해보는 활동이다. 예
　　　　측은 등장인물의 행동이나 생각, 느낌을 짐작하는 것이지만 의지는 등장인물의
　　　　자리에 나를 대입해서 짐작하는 반응이다.
③ 가치관과 도덕성의 개입에 의한 의미 생산
　　- 자신의 경험에서 더 나아가 자신의 도덕적 판단 기준이나 가치관과 인생관이 녹아 있
　　　는 반응이다.

그 밖에 Purves와 Rippere(1968)는 참여-몰입, 지각, 해석, 평가로 분류하였고, Odell과 Cooper(1976)는 개인적인 진술, 기술적인 진술, 해석적인 진술, 평가적인 진술로 분류하였다.

반응의 범주를 설정할 때 이야기를 읽고 나타낼 수 있는 다양한 반응들을 발달 단계에 맞게 범주화하는 것이 필요하고, 학습자들이 활발하게 나타내는 반응을 세분화하면서도 반응의 수준을 끌어올리려면 한 단계 높은 수준의 반응도 범주에 포함하는 것이 바람직하다. 초등학교 현장에서 실용적으로 활용할 수 있는 반응 범주를 설정할 때 이러한 점들을 고려해야 하고 학습자들의 반응이 다양하고 활발할 때 문학 감상 능력을 신장시킬 수 있다는 점을 간과해서는 안 될 것이다.

여러 연구자들의 반응 범주 분류를 바탕으로 학교 현장에서 실용적으로 활용할 수 있도록 반응 유형을 다음과 같이 설정하였다. 김은영(2003)이 사용한 반응 범주는 용어가 더 친숙하고 용어 자체로 반응의 내용을 쉽게 짐작할 수 있으므로 이를 바탕으로 반응 범주를 설정하였다. 반면, '느낌'이나 '의지' 같이 용어 자체가 의미하는 바가 명확하지 않아서 다른 용어와 혼동될 가능성이 있는 것은 의미가 명확하고 일반화된 용어로 포괄하거나 다른 용어로 바꾸었다.

　　① **감정** - 작품을 읽으면서 받았던 개인적인 느낌의 정도를 감정을 나타내는 단어를 사용해
　　　서 표현한 진술(기쁨, 즐거움, 감동, 화남, 안타까움, 슬픔, 가슴아픔, 우울함 등), 작품에
　　　대한 흥미나 재미, 나에게 준 감동에 대한 진술, '나라면 이렇게 할텐데'와 같은 의지 표현
　　　이 해당된다.

② **연계** - 인물의 행동이나 사건에 대한 자신의 경험과 연계하여 비교하는 반응, 인물과 동일시되고 그들과 갈등을 나누는 반응이다.

③ **다시 말하기 및 요약** - 기술적인 진술, 서술적 즉각 반응이나 기술적 반응에 해당하는 것으로, 이야기의 일부분을 다시 말하는 것이나 중요한 사건의 흐름을 기술하는 것이다.

④ **유추** - 해석의 하나로 글의 내용 파악과 관련된 반응으로 글의 세부 내용을 알아보거나 삽화나 주요 사건을 바탕으로 시간적, 공간적 배경을 알아보는 활동, 인물의 말이나 행동을 통하여 성격을 알아보는 반응, 문학의 내용 요소 중 미적 구조와 관련된 것을 해석하는 반응이다.

⑤ **예측** - 의미의 심화 단계에서 텍스트에 나타나지 않는 뒷이야기 예측하기와 특정 장면에서 인물의 생각이나 느낌을 짐작하는 반응이다.

⑥ **평가** - 작가의 입장에서 이야기를 바꾸어보거나 '잘 된 부분, 이런 부분이 부족하다.' 따위로 작품에 대한 평가를 하는 것, '~에 비교해서 더 ~하다'와 같이 다른 작품과 비교해 보는 반응도 포함한다.

⑦ **판단** - 자신의 경험에서 더 나아가 자신의 도덕적 판단 기준이나 가치관과 인생관이 녹아 있는 반응이다.

반응의 범주 중 감정과 연계는 독자적으로 표현될 수도 있고, 한 문장 안에 복합적으로 나타날 수도 있다. 연계는 나의 입장에서 인물들의 말과 행동에 대한 반응을 표현하는 것이고, 예측은 그 인물의 상황에서 그 인물이 느꼈을 감정 등을 짐작하는 반응이다. 다시 말하기와 요약은 기술적 즉각 반응, 서술적 반응에 해당하는 것으로 둘 사이에는 발달 단계상에서 차이를 나타낸다. 판단은 잘 나타나지 않는 반응이라고 했지만 토의 활동이나 토론 활동에서 인물의 선택이나 행동에 대해 자신의 도덕적 판단 기준이나 가치관을 기준으로 삼아 판단하는 반응이 표현되고 있으므로 반응의 범주에 포함하였다.

위에 설명한 반응의 범주는 고학년을 대상으로 한 것이나 저학년의 경우는 취사 선택이 필요하다. 이러한 반응 분류 체계는 학습자의 다양한 반응을 조망하고 평가하는 데 유용한 시사점을 제공해 주며, 반응 중심 수업을 되돌아보고 새롭게 계획하는 데 기초가 된다.

나. 자기 평가의 특성

1) 자기 평가의 개념

자기 평가를 정의한 여러 학자들의 개념 정의를 살펴보면 상위인지의 개념과 비슷하다는 것을 알 수 있다. 상위인지라는 개념을 제안한 Flavell(1976)은 상위인지를 '문제를 해결하는 과정에서 자신에게 무슨 정보가 요구되는지를 알아낼 수 있는 전략을 의식하는 것이며, 자신의 사고결과 얻어진 산출물을 반성하고 평가해 볼 수 있는 능력'이라 했다. 자기 평가에 대한 개념을 살펴보면, 이명기(1987)는 자기 평가를 "학습자 스스로 자기의 학업, 성격, 태도, 행동 등을 평가하고 거기서 얻은 정보로 자신을 확인하며, 자기의 후속 학습과 행동을 개선하고 조정하는 일련의 과정"이라고 하였고, 김재은(1988)은 "학습하는 동안 기억으로부터 항목들을 재산출하는 일을 스스로 평가하고 확인하게 하여 학습을 마치게 하는 것"이라고 하였다. 김영천(2001)은 자기 평가를 "학습자가 학습의 전 과정에 걸쳐 자신의 학습 상황이나 행동에 적극적으로 참여하여 자신의 학습의 결과를 평가하여 바람직한 결과가 유지되고 발전될 수 있도록 학습 방법을 개선하고 조정하는 일련의 과정"이라고 하였다. 이것으로 보아 상위인지의 개념과 자기 평가의 개념은 대체로 동일하게 사용하고 있다는 것을 알 수 있다.

자기 평가는 언어 학습의 기능과 지식을 학습자가 스스로 평가하는 과정으로, 학습자 중심 교육이며 학생들이 언어 학습에 적극적이고 반성적으로 참여할 수 있는 활동이다. 자기 평가는 또한 학생들이 자신의 능력에 대한 이해를 통해 학습요구를 증진시키며 이어질 학습 목표를 설정하는데 도움을 줌으로써 학습을 촉진시키며 자기 평가의 발달은 학습자의 책임감과 학습자 중심의 교과과정이 강조되는 언어교육에 있어서의 일반적인 경향과 일치한다. 체계적인 자기 평가 과정을 통하여 제공되는 정보는 교사뿐만 아니라 학습자 자신에게도 중요한 가치를 가진다(Bailey, 1998).

자기 평가는 학생들로 하여금 그들의 학습 과정에 책임감을 가지도록 도와주는 것이며 진정한 평가와 자기 주도적 학습의 가장 중요한 요소이다. 이는 특정한 목적의 성취를 위한 동기 유발이 되고 전략적인 노력을 기울이게 하며 특히 학습에 있어서 인지적 능력과 학습에 대한 동기나 태도 등을 통합시키는데 중요한 역할을 한다. 자기 주도적인 학습자가 되려면 스스로 선택하고 학습 활동을 선정하며 어떻게 그들의 시간과 자원을 이용할 것인가에 대한 계획을 세워야 한다. 자기 주도적인 학생은 자기 학습을 스스로 통제할 수 있기 때문에 교실 안에서 또는 밖에서 그들이 이용 가능한 자원을 선택할 수 있다. 또한 그들은 다른 학생들과 생각을 교환하고 필요할 때 도움을 청할 수 있으며 필요할 땐 도와줄 수도 있다. 자기 주도적인 학습자는 자기 자신의 수행을 감지하고 그들의 발전과 성취를 평가할 수 있다.

자기 평가에 대한 여러 학자들의 개념 정의에서 공통되는 것은 학습자 스스로가 평가의 주체가 된다는 점과 학습의 전과정에서 이루어진다는 점, 자기 평가 결과가 후속학습과 태도를 조정하는 점이다. 즉 자기조정의 일부로서만이 아니라 자기조정까지 포함해서 학습의 계획, 수행, 평가, 조정하는 일련의 과정을 일컫는 뜻으로 사용되고 있다. 평가의 본래 목적에 비추어 볼 때 평가 그 자체만으로는 별 의미가 없고, 평가는 학습 과정에 중점을 두어야 하고 평가 결과는 학습 과정에 송환되어야 하기 때문에 자기 평가는 평가의 목적에 부합된다고 할 수 있다.

2) 자기 평가의 효과

자기 평가에 있어서 가장 주목이 되어온 문제 중의 하나는 학습자가 얼마나 정확하게 그들의 언어 능력을 정확하게 판단할 수 있는가 하는 문제인데, LeBlanc와 Painchaud(1985)는 학습자들이 그들 자신의 기능과 능력을 평가한 것을 외적인 평가결과와 비교하는 기준관련 타당성에 관하여 연구하였는데 이 연구에서 그는 학생들의 자기 평가와 능숙도 검사는 확실한 상관관계를 보인다고 하였다. Dickinson(1987)은 자기 평가를 권하는 이유로서 교육적으로 중요한 목적을 가진 평가를 위해 학습자를 훈련시키는 것은 그들의 학습에 도움을 주며, 자기 평가는 자기 주도적 학습의 필수적인 부분이고 이는 또한 많은 학생들을 대상으로 하는 교사에게 평가에 대한 부담을 경감시킬 수 있다는 점을 들고 있다. 자기 평가는 듣기나 말하기, 읽기, 쓰기의 전 영역의 언어 능력 측정에 적용이 가능하며 특히 각 기능의 학습 방법이나 학습 전략과 같은 영역에서도 실시된다. 이러한 연습은 학습자 스스로 자신들의 학습 방법이나 전략을 반성해 볼 수 있게 하고, 나아가 새로운 방법이나 전략을 받아들일 수 있는 좋은 기회가 되기도 한다(윤소영, 2001).

한편 Brown과 Hudson(1998)은 자기 평가의 장점으로 첫째, 비교적 짧은 시간에 시행될 수 있도록 고안되어질 수 있다. 둘째, 학생들로 하여금 직접적으로 평가에 참여하게 한다. 셋째, 학생들은 평가에 참여함으로써 언어를 자율적으로 학습한다는 것이 무엇인지를 이해할 수 있게 된다. 넷째, 학생들의 참여와 그들의 자율성은 실질적으로 언어학습의 동기를 촉진시킨다는 점을 들고 있다. Dickinson(1987)은 자기 평가를 권하는 이유로서 첫째, 교육적으로 중요한 목적을 가진 평가를 위해 학습자를 훈련시키는 것은 그들의 학습에 도움을 주며, 둘째, 자기 평가는 자기 주도적 학습의 필수적인 부분이고 이는 또한 많은 학생들을 대상으로 하는 교사에게 평가에 대한 부담을 경감시킬 수 있다는 것을 들고 있다(한화정, 2001).

자기 평가는 초인지 반성을 길러주고 확대시켜주는 효과적인 훈련 방법이자 평가 방법으로서 학습자가 자신의 과제를 계속적으로 반성하게 함으로써 자신의 생각과 성취 수행을 모니터 해보고 개선시키는 데 숙달케 한다고 하였다. 그리하여 초인지를 강화하는 방법으로서 자기 평가를 수업의 과정에서 실행하게 되면 아동의 학습의 결과는 초인지 능력이 증진됨으로써 아동의 학습의 결과가 상승한다는 것이다(Scardamalia, 1980).

자기 평가의 정확성에 대해 의문을 제기하는 연구도 있는데, Oskarson(1984)은 학생들의 외국어 기능의 자기 평가의 정확성과 그들의 교실이나 평가 상황에서의 수행사이에는 어떠한 중요한 관계도 없다는 것을 밝히면서 자기 평가된 점수는 과거의 수학 경력, 직업적 열망, 동료 그룹이나 부모의 기대, 자기 학습이나 자기 경영에서의 훈련의 부족 때문에 주관적인 오류를 범할 수도 있다는 점을 지적하였다. 그는 자율적 학습과 자기 주도적인 평가에 대한 훈련의 필요성을 강조하면서 이 분야에서의 교사의 훈련이 학생중심의 자기 평가를 효율적인 발전을 위한 선결조건이 된다고 하였다. Wagner(1992)는 사실 대부분의 학생들은 그들의 강점과 약점, 목표나 성취에 대해 제한된 관점을 가지고 있으며 그들 자신을 부정적으로 보는 경향이 있다고 하였다. 이러한 경향은 학생들이 스스로의 학습 과정과 결과를 평가하는 경험과 훈련이 되어있지 않았기 때문에, 그리고 그러한 기회가 주어지지 않았기 때문이라고 지적하면서 적극적 학습이 자기 평가와 상호관련이 있음을 강조하였다. 자기 평가의 단점으로 안호영(1997)은 학습자가 자신을 충분히 알지 못할 경우 무의식적인 심리적 방어기제나 의도적인 동기 등으로 인하여 자기보고 양식에 의해서 얻어진 자료의 신뢰도와 타당도에 많은 제한을 받을 수 있다는 점을 들고 있다. 즉 학습자가 자기 평가의 방법이나 활용 등에 대하여 충분히 인식하지 못한다면 의도하고자 하는 자기 평가의 효과를 얻지 못할 수도 있다는 것이다(한화정, 2001).

실질적으로 기존의 제도 교육이라는 틀 속에서 학생들이 스스로의 학습 과정과 결과를 평가하는 훈련이 되어 있지 않을뿐더러 이러한 기회가 주어지지 않았기 때문에 학생들이 자신들의 능력을 객관적으로 평가한다는 것이 무리일 수도 있다. 그러나 학생들에게 학습의 초기 과정부터 자기 평가의 중요성을 인식키고, 자신들의 학습 결과와 과정에 대해 객관적으로 평가할 수 있는 기회를 부여하며 체계적인 자기 평가를 위한 훈련이 이루어진다면 효율적인 학습의 방법으로 사용될 수 있을 것이다.

자기 평가는 자신이 한 활동을 스스로 판단함으로써 현재 수준을 인식하고, 자신의 미흡한 점을 점검하고, 바람직한 방향으로 조정하는 과정을 통해서 다른 활동의 전이를 돕는다. 자기 평가는 자기의 능력 개선을 위한 목표를 세우고, 이를 정확하게 평가할 수 있는 독립적인 학습자가 되도록 하는 데 목표가 있다. 따라서 독립적인 학습자가 되게 하려면 처음에는 교사가 학생들에게 평가목록을 제공하고 학생들이 수행한 요소를 기록하는 방식을 지도한다. 그 후에는 학생들이 자신의 평가목록을 실제로 만들어 학생 스스로 수행요소를 기록하여 교사의 지시 없이도 스스로 평가 작업에 참여할 수 있도록 해야 한다. 일단 자기 평가가 숙달되면 피드백 자료로 중요한 역할을 해낼 것이다(박인기 외, 1999).

이상의 논의를 통해 자기 평가의 효과를 정리하면 다음과 같다.

첫째, 자기 평가는 학습자가 학습과 평가의 주체가 되므로 적극적인 학습과 계속적인 피드백을 통해 자기 조절 학습능력을 길러준다.

둘째, 자기 평가는 자신이 한 활동을 스스로 판단함으로써 현재 수준을 인식하고, 자신의 미흡한 점을 점검하며 바람직한 방향으로 조정하는 과정을 통해서 다른 활동의 전이를 돕는다.

셋째, 학습자들이 자신에 관한 정보들을 노출시킴으로써 교사는 학습자들이 배운 것을 내면화했는지 아닌지에 관한 정보뿐만 아니라 교사 평가로 찾기 힘든 학습자와 학습 결과에 대한 다양한 정보를 제공해 준다.

넷째, 많은 학생들을 대상으로 평가하는 교사의 평가에 대한 부담을 경감시킬 수 있다.

다섯째, 자기 평가는 교사들로 하여금 학생들이 어려워하는 문제에 대하여 직접적으로 도움을 주게 하기 때문에 교수 행위를 향상시킬 수 있는 정보를 제공해 준다. 또한 자기 평가는 교사와 학생간의 대화와 상호 학습을 위한 더 나은 기회를 창출해 낼 수 있다.

여섯째, 짧은 시간 안에 평가를 시행할 수 있다.

일곱째, 평가의 관점과 자신의 현재의 수준을 알게 되고, 향상시키기 위해서 어떤 노력을 해야 되는지에 대한 구체적인 정보를 제공해준다.

3) 자기 평가의 문학 교육적 의의

반응 중심이나 학습자 중심의 문학 교수·학습의 전개 과정을 살펴 보면, 교사가 의도한 대로 학습자들은 텍스트를 읽고 그림을 그리거나, 주인공에게 편지를 쓰거나 뒷이야기를 상상하는 다양한 활동에 즐겁게 참여하도록 하고 있다. 다양한 활동의 선택의 주체는 학습자인 경우는 드물고 대부분 교사인데, 교사가 학습 목표달성에 필요하다고 생각되는 것을 선택해서 일률적으로 같은 활동을 하게 되는 경우가 많다. 그러나 학습자 자신이 '지금 하고 있는 활동을 왜 하는지', '제대로 하고 있는지' 모르는 상태에서 과연 문학 감상이 제대로 이루어질지 의문을 가지게 된다. 또 감상화를 그리거나 편지 쓰기나 인물 성격 다발짓기와 같은 활동 하나로 학습자의 작품에 대한 다양한 느낌을 다 표현해 낼 수도 없다.

반응은 타고나는 것이 아니라 교육에 의해 습득되기 때문에 Rosenblatt(1983)의 '문학을 가르치는 교사로서 해야 할 가장 중요한 역할은 문학에 대한 최초의 반응을 끌어내고 확대시킬 수 있는 교수 전략을 발전시키는 것'이라는 지적에서 알 수 있는 것처럼 교사는 용의주도하게 학생의 경험에 기초한 반응을 교실에 끌어들일 수 있는 방법을 탐구하여 다양한 반응을 체험하게 해야 한다. 따라서 교사는 학습자가 무엇을, 왜, 제대로 하고 있는지 점검하면서 문학 감상 전략을 스스로 선택하도록 교수·학습 전략을 세워야 한다. 이것은 문학 반응을 활성화시키는 전제가 될 것이다.

문학 영역은 인지적 영역과 정의적·심미적 영역이 복합적으로 존재하고, 학습자의 다양한 반응과 잠재적 능력이 변수로 작용하기 때문에 평가하기가 쉽지 않다.

또한 문학 평가에서 내면적 반응은 평가에 어려움이 많아 표현된 반응을 그 대상으로 하는 경우가 대부분이다. 그러나 반응은 표현된 반응뿐만 아니라 표현되지 않는 내면적 반응을 포함하는 것이며, 자기의 내면은 자신이 가장 잘 알 수 있으므로 내면적 반응을 짐작할 수 있는 자기 평가 항목을 작성하여 활용한다면 교사 평가로서 찾기 힘든 내면적 반응도 평가할 수 있을 것이다. 즉 자기 평가는 표현되지 않아 교사나 다른 학습자가 알 수 없는 독자의 내면적 반응을 되짚어 점검해보게 한다는 것이다. 또 생성된 반응은 그 작품을 다시 읽거나 다시 생각해보거나 토의를 통해 보다 명확하고 심화될 수 있기 때문에 작품을 다시 읽을 때 자기 평가의 관점을 제공하면 처음 생성된 막연한 반응을 명료하게 하고 확장시킬 수 있을 것이다.

학습자는 항상 자신의 학습 결과물이 어떻게 평가되었는지, 왜 그런 평가를 받았는지 궁금해한다. 이런 학습자들에게 성취 기준과 평가 기준을 상세하게 알려주고 평가 기준이 적용되는 실제 예를 설명해주어 자신이 직접 평가를 해보게 한다면, 자신의 학습 과정과 결과 및 태도가 평가 결과와 어떤 상관 관계를 가지고 있는지 알게 될 것이다. 또한 더 나은 평가를 받기 위해서는 문학 감상 과정에서 무엇을 해야되고 문학 감상문은 어떤 기준으로 써야되며, 바람직한 감상 태도와 자신의 반응의 범주를 알고 이러한 것들을 개선시키거나 좋은 점은 지켜나갈 것을 기대할 수 있게 된다. 또한 문학 교육의 본질에 적합한 평가는 교수·학습 활동 과정과 통합되어 이루어지며 평가 결과는 피드백되어 중요한 교수·학습의 도구로 사용되어지는 생태학적 접근 방법에 따라야 한다. 자기 평가는 학습자가 평가의 주체가 되어 학습의 전과정을 평가하여 학습 방법을 개선하고 조정하는 과정을 말한다. 학습자가 평가의 주체가 되는 자기 평가는 학습자의 학습과 평가에서의 책무성을 요구하는 생태학적 평가의 접근 관점을 만족시켜준다.

다. 문학 반응의 자기 평가

1) 자기 평가의 원리

문학 교육은 국어교육의 일환이다. 문학 교육에서의 자기 평가의 원리는 국어교육의 평가의 원리와 문학 평가의 원리를 기저로 삼아야 한다.

바람직한 국어 교육을 실천하고 특히 제7차 국어과 교육과정이 강조하는 학습자의 창의적 국어 사용 능력 향상을 돕는 국어 교육을 실천하기 위해서는 다음과 같은 점을 중요하게 고려하여 교수 · 학습 평가 계획을 수립하여 실천하여야 한다(제7차 국어과 교사용 지도서, 1997). 발달적 교육관에 기초하면서 교수 · 학습 방법 개선에 기여하는 평가, 인지적 학습과 정의적 학습을 균형 있게 평가하고 학습자의 장단점을 파악할 수 있는 과정 중심으로, 학습자의 언어적 성장과 발달 정도를 판단하여야 하되 표현과 이해의 복잡하고 중요한 요소를 평가하여야 하며 명백하게 진술된 객관적인 준거에 의해 평가를 하되 학습자가 평가 상황과 평가 기준 및 채점 기준을 알 수 있도록 하여야 한다. 또 평가 목표와 내용에 적합한 다양한 평가 방법 및 형식을 사용하여 학습 내용의 영역별 성취 수준을 구체적으로 알 수 있고, 이를 교수 · 학습 방법 개선의 자료로 활용하여야 한다.

최경희(1999)는 지금까지 국어과 현장에서 문학 평가는 신뢰도와 타당도가 높은 방식으로 평가되지 못하고 주관적인 총체적 평가 방식으로 실시되어 온 이유를 문학 영역에는 인지적 영역 뿐 아니라, 정의적 · 심미적 · 의지적 영역이 복합적으로 혼재해 있고, 학습자의 다양한 반응과 잠재적 능력이 변수로 작용하기 때문에 평가하기가 쉽지 않다는 점과 특히 문학 작품 감상이라는 특성상 감상의 다양성을 전제로 할 수밖에 없는데, 학습자의 다양하면서도 창의적인 반응을 평가할 수 있는 평가 기준을 마련하기가 어렵다는 점을 들었다. 또한 현실적으로 수행 평가가 강요되는 상황에서 문학 평가에 대한 인식이 달라져야 한다는 의식은 강하나, 그 방법에 대해서는 적절한 대안이 제시되지 못하고 단편적으로 읽기(독해)영역의 평가 방법 안에서 논의되고 있으므로 교육과정을 기반으로 교육 현장에 적용할 수 있는 문학 영역에 대한 구체적인 평가 방법의 개발이 요청된다고 지적하였다.

여기서 타당도와 신뢰도에 대한 새로운 관점을 살펴볼 필요가 있다. 모든 평가 도구는 어느 정도까지 개인차와 개인 내적인 성장 모두를 반영한다. 그러나 의사 결정의 특성과 지향점 때문에, 대부분의 평가 도구는 한 가지 영역에서 더 적합하게 되며, 평가 도구를 평가하는 준거(신뢰도, 타당도)에 대한 입장도 다르게 된다. 첫째, 어떤 평가 도구가 보다 더 '타당한가'하는 질문도 기존의 관점에서는 타당도를 경험적으로 평가하기 위해 한 평가 도구에서의 개인차와 그 검사와 관련된 다른 변인에서의 개인차와 비교하는 방법을 활용하게 된다. 만일 특정한 평가 도구가 준거 변인에서와 같은 방식으로 개인을 변별한다면, 타당도가 높다는 증거가 된다. 그러나 이렇게 제한된 의미의 타당도보다는 '교수 · 학습과 평가의 일체감' 혹은 "학습과 정서적 측면을 촉진하며 학습자의 능동적 참여를 강조하는 긍정적 변화" 등의 "새로운 타당도 준거"가 강조되고 있다. 객관적, 가치중립적 입장의 타당도 증거를 모으기 보다, 구성주의적으로 가치적재를 인정하는 전향적인 타당도 개념은 이미 커다란 반향을 불러 일으켰다. 특히, 타당도가 평가 도구의 특성에 관련된 것이라기 보다 평가 결과를 적용하는데 둘러싼 사회적 가치와 윤리를 고려해야 한다는 Messick(1989)의 주장은 결과 타당도로 구체화되었다. 결과 타당도란 평가를 실시하고 난 결과에 대한 가치 판단으로서 평가 결과와 목적의 합치성, 평가 결과가 현장 및 전체 사회에 주는 영향, 평가 결과를 이용할 때 나타나는 사회적 변화를 포괄한다(성태제, 1999). 이러한 맥락에서 보면, 평가가 '좋은' 평가인지 혹은 '나쁜' 평가인지 평가하기 위하여 기존의 타당도 준거보다는 이러한 결과 타당도가 활용되어야 한다는 것이다. 이는 '평가 도구'에 대한 평가가 일부 전문가의 영역을 넘어서게 되었으며 관련 집단의 참여와 사회적 결과를 중시하는 "새로운 타당도" 준거가 필요하게 된다.

신뢰도는 개념적으로 일관성과 동의어이다. 기존의 신뢰도는 평가 도구가 개인차를 일관성 있게 구별하는 것을 의미한다. 그러나, 교수 프로그램, 진전도, 학습량과 같은 교육적 의사결정에서 신뢰도는 개인차를 구별하는 데에 있어서의 일관성을 의미하는 것이 아니라 평가에서 반영되는 개인적인 성장의 일관성을 의미한다. 이러한 신뢰도를 추정하는 한가지 방법은 교수처치 전과 후에 동형검사를 실시하는 것이다. 그리하여 두 검사에서 모두 성장 및 변화를 나타내게 되면 신뢰도가 높다고 추정할 수 있다는 것이다(Carver, 1974. 김동일, 1999. 재인용).

앞서 논의한 국어과 평가와 문학 평가를 고찰한 결과 문학 반응의 활성화를 목적으로 하는 자기 평가도 문학을 이해·감상하고 표현하는 과정을 중시하여 평가해야 한다는 점, 언어수행 초인지 능력 - 방법, 과정, 전략 사용 능력 - 에 대한 평가가 되어야 한다는 점을 시사 받을 수 있다. 또 학습자의 다양하면서도 창의적인 반응을 평가할 수 있어야 하며 변화되어 가는 모습을 평가하여야 한다.

문학 평가가 문학 작품 이해 과정에 대한 평가를 할 때 기준이 될 수 있는 관점은 다음과 같다. 이해 및 감상의 과정에 몰입하는 방식이 얼마나 능동적이며 주체적인가. 의미화를 위해서 어떤 감상전략을 구사하고 있는가. 그러한 전략은 얼마나 초인지적인가. 이해 과정에 동원되는 학습자의 구체적 삶의 경험은 얼마나 진정성에 기반을 둔 것인가. 작품세계에 의미를 부여하고 가치를 매기는 방식이 얼마나 상투성에서 벗어나 창의적인가. 여러 차원의 상상력을 발휘하는 양상이 문학적 사유의 본질과 부합되는가. 구체적 문학세계 경험을 통해 개념적 인식의 자리로 나아가는 방식이 합리적인가 등의 관점이 문학 교육의 과정평가를 접근하는 구체적인 기준이 될 수 있을 것이다(박인기, 1996).

평가의 주체는 교사, 자신, 동료이다. 주로 교사에 의해 평가가 이루어지고 학습자는 자신이 왜 그런 평가를 받았는지 자세한 정보를 알지 못하고 평가 결과로 자신을 규정해 버린다. 학습자 자기주도적인 학습이 중시되고 문학 감상 과정에서의 자유로운 반응을 중요시하는 문학 교육에서는 학습자는 피평가자로 존재하는 것이 아니라 평가자로서의 역할을 담당하여 자기 자신은 물론 나아가 동료와 상호 평가를 하는 적극적인 역할을 한다.

학습자의 평가자로서의 역할을 극대화시켜 자신의 학습을 계획하고 실현하고 반성하는 평생 학습자로 기르기 위해 문학 교육의 특성을 고려하여 자기 평가의 원리를 평가 내용, 평가 방법, 평가 시기, 결과의 활용면으로 나누어 살펴보도록 하겠다.

평가 내용면에서 학습자의 반응을 중시하는 문학 교육에서의 자기 평가는 첫째, 학습자의 자유로운 반응을 평가하여야 한다. 자신의 반응을 성찰하여 반응을 확장시켜 나가도록 한다. 둘째, 감상 결과 뿐만 아니라 문학 감상 과정, 즉 학습자의 반응이 일어나는 과정에서의 장단점을 평가하여야 한다. 문학 영역의 내용을 이해하는 과정뿐만 아니라 그것을 감상하고 평가하고 또 언어활동에 활용하는 과정까지를 평가하기 위해서는 교사나 동료가 평가할 수 없는 부분까지도 학습자 자신은 평가할 수 있으므로 감상 과정이 드러나는 자기 평가 항목을 구안하여 평가에 활용할 수 있도록 한다. 셋째, 학습자의 정의적 영역도 평가해야 한다. 넷째, 문학 감상에 활용한 전략이나 전략을 선택하고 활용하는 상위인지도 평가하여야 한다.

평가 방법과 시기면에서 첫째, 평가 목표와 평가 내용에 적합한 다양한 평가 방법을 사용하여야 한다. 자기 평가에서 사용할 수 있는 평가 방법의 예로는 평가 척도법, 체크리스트, 학습 일지, 자기 평가 보고법 등을 들 수 있다. 둘째, 계획 단계에서 실시하는 진단평가에서 학습자의 발달 단계에 비추어 이미 형성되어 있는 감상 능력이 무엇인지, 본시 학습에서 필요한 전략이 이미 습득되었는지, 문학 흥미도나 태도 및 기존 문학 경험을 자기 평가하고 그에 따른 목표를 세울 수 있도록 한다. 셋째, 수업활동의 연속선상에서 교수·학습의 개선을 위해 이루어지는 형성평가는 학습자의 학습행동은 행동적 연속성은 있지만 시간적 순서에 의하여 정밀하게 위계화되어 있는 것이 아니라 상당부분이 동시적으로 작용한다(구인환 외, 2002)는 점을 고려하여야 한다. 넷째, 총괄평가에서는 한 학기나 한 학년이 끝날 때 그동안의 자신의 문학 감상 능력의 향상 정도와 태도의 변화 등을 평가하여 다음 학기의 학습 목표를 세우는 자료로 사용할 수 있도록 한다.

평가 결과를 활용하는 면에서는 평가 결과를 기록 및 보관 중심의 행정적인 자료로 활용하는 것에서 자신의 학습 과정을 성찰한 결과 획득된 구체적인 정보를 효과적인 학습을 위한 자료로 활용하도록 한다.

그 외 자기 평가 항목을 진술할 때 고려할 점으로 Blanche(1989)는 일상적인 교수·학습의 상황에서 지속적인 수행의 평가를 목적으로 사용된 여러 종류의 자기 평가 도구들 가운데 학습자의 구체적인 언어 상황의 기술을 행동적인 용어로 나타낸 자기 평가 문항이 가장 정확한 대답을 산출해 내었다고 했고, Bailey(1998)의 자기 평가 연구에서도 학습자는 언어의 4가지 기능에 대한 일반적인 자기 평가 문항보다 특정한 영역에 대한 자기 평가 문항에 대한 반응의 정확도가 높았다고 하였으며 Bachman과 Palmer(1996)는 특정한 과제에 대해 학습자가 인식하는 어려움을 진술한 자기 평가 문항이 학습자의 능력을 나타내는 '할 수 있다' 형식의 문항보다 훨씬 효율적인 정보를 제공할 수 있다고 하였다(한화정, 2001). 이를 종합해보면 자기 평가가 자기 학습 과정과 결과를 스스로 점검하여 평가결과를 자신의 학습 방법과 목표를 조정하는 본래의 목적을 달성하기 위해서는 자기 평가 문항이 학습자의 구체적인 언어 상황을 행동적인 용어로 나타내고, 일반적인 문항보다는 세부적으로, 학습 목표를 단순하게 진술하기보다는 특정한 과제를 해결하기 위해 학습자가 할 수 있는 학습 활동을 평가 문항으로 나타내어야 한다는 것을 시사 받을 수 있다.

2) 자기 평가의 내용

자기 평가의 문항들은 모든 반응 중심 수업에 공통적으로 적용될 수 있는 것을 중심으로 설정하여야 한다. 감상 내용, 감상 방법, 감상 태도로 나누고 감상의 내용은 반응의 범주인 감정, 연계, 다시 말하기 및 요약, 유추, 예측, 평가, 판단에 따라 점검해야 할 항목을 구안하였으며 감상 방법은 감상에 필요한 전략과 학습을 점검할 수 있는 항목을, 감상 태도는 문학 감상에 참여하는 태도를 평가할 수 있는 항목을 추출하였다. 이 자기 평가 내용을 바탕으로 필요에 따라 선택하거나 더 추가하여 평가할 필요가 있다.

① 감상 내용

㉮ 반응 범주별 자기 평가 내용

▶ 감정
· '~은 ~해서 안타깝다.(재미, 기쁨, 감동, 슬픔, 화남, 통쾌함, 마음이 아픔, 후련함, 불안함, 우울함, 쓸쓸함)' 등을 썼는가?
· 이 작품에서 가장 인상적인 부분은 무엇인가?
▶ 연계
· 작품에 몰입하며 읽었는가?
· 이야기에 나오는 사건, 장소, 인물들을 나의 경험과 비교하여 보았는가?
· 글을 읽는 과정 내내 나의 경험과 비교하며 읽었는가?
· 내가 주인공이라면 어떻게 하겠는지 생각하였는가?
· 인물의 성격(행동, 말)에 대한 내 생각을 썼나?
· 나의 경험이나 생활과 비교해보고 공통점, 차이점, 느낀 점 등을 썼나?
▶ 다시 말하기 및 요약
· 중요한 사건이나 사건의 흐름에 대해 썼나?
· 자신의 반응이 적절한지 작품에서 확인할 수 있는가?
· 자신의 반응이 작품의 어느 부분에 근거를 두는지 밝힐 수 있는가?
▶ 유추
· 인물의 말이나 행동을 통하여 성격을 알아보며 읽었는가?
· 문화(의식주, 언어, 풍습, 제도 등)에 대해 구체적인 예를 들어가며 비교해 썼나?

· 시간적 배경, 공간적 배경 등과 사건과의 관계를 썼나?

· 쉽게 이해되지 않는 부분은 곰곰이 생각해보고 그 뜻을 짐작해서 써 보았나?

· 마음에 드는 표현(문장)이 있어서 왜 마음에 드는지 써 보았나?

· 글에 나타난 표현, 등장 인물, 배경 등에 대해 썼는가?

· 작품의 일부나 전체를 해석하려고 했는가?

▶ 예측

· 이 이야기 다음에 어떤 일이 벌어질 것인지 예측해 보았는가?

· 인물의 생각이나 느낌을 짐작하여 써 보았나?

· 뒷부분에 이어질 이야기를 상상해서 써 보았나?

▶ 평가

· 작품이 다른 작품과 비교해서 어떤지 써 보았나?

· 이 작품이 다른 작품에 대해 재미있다고 생각하는지, 아니면 재미없다고 생각하는지 말할 수 있는가?

▶ 판단

· 내 관점에서 인물의 행동을 비판해 보았나?

㉴ 문학 교육과정의 자기 평가 내용

반응 중심 문학 교육에서는 학습자의 자유로운 반응을 중시한다. 그러나 자유로운 반응만을 강조하고 학습 목표를 무시한다면, 문학 반응은 활성화되었지만 그 수업을 성공했다고 말하는 교사는 아무도 없을 것이다. 교육과정이나 교과서를 무시하는 어떤 전략이나 학습이론도 학교 현장에 받아들여질 수 없다. 반응 중심 문학 교육에서는 자유로운 반응을 강조하되, 교육과정과 학습 목표에 구현된 문학을 이해하고 감상하는 데 필요한 지식과 기능의 습득 또한 간과되어서는 안 된다. 그러므로 학습 목표를 달성할 수 있으면서도 충분히 반응이 자유롭게 표출될 수 있는 교수·학습 상황을 만드는 것이 문학 교사의 중요한 할 일이라고 할 수 있다.

자기 평가 문항은 학습자의 구체적인 언어 상황을 행동적인 용어로 나타내고, 일반적인 문항보다는 세부적으로 나타내는 것이 좋으며, 학습 목표 진술식보다는 특정한 과제를 해결하기 위해 학습자가 할 수 있는 학습 활동을 평가 문항으로 나타내어야 한다. 그러기 위해서 문학 교육과정을 분석하여 문학 영역 성취 기준별 자기 평가 내용을 설정해보았다.

【표 1】 문학 영역 내용 요소별 자기 평가 내용

교육과정			성취 기준	자기 평가 항목
영역		내용		
본질	특성	문학의 갈래를 안다.	문학의 갈래를 이해한다	▶ 읽은 작품을 형식과 내용에 따라 비슷한 성질을 가진 작품끼리 분류하여 보았는가? ▶ 문학의 갈래의 특징을 말할 수 있는가?
문학의 수용과 창작	작품의 미적 구조	작품에서 사건의 전개와 배경의 관계를 파악한다.	작품에서 사건의 전개 과정과 배경의 관계를 파악하여 말할 수 있다.	▶ 사건의 전개 과정을 생각하거나 말하였나? ▶ 사건의 전개 과정에 따라 배경이 어떻게 달라지는지 말하였나? ▶ 작품의 시대적, 공간적 배경을 말할 수 있나? ▶ 사건의 전개 과정과 배경의 관계를 말할 수 있나?
		작품에 나오는 여러 가지 감각적 표현을 음미한다.	작품에서 여러 가지 감각적 표현을 찾아보고, 느낌을 말할 수 있다.	▶ 작품에서 인상적, 감각적인 표현의 예를 찾아 말하였나? ▶ 작품에서 감각적 표현이 주는 느낌을 말할 수 있나? ▶ 자신이 좋아하는 작품에서 감각적 표현이 쓰인 예와 그 느낌에 대하여 말한다.
문학의 수용과 창작	작품의 창조적 재구성	작품에 창의적으로 반응한다.	작품에 대한 자신의 생각과 느낌을 말할 수 있다.	▶ 나의 경험과 비교하여 읽었는가? ▶ 다양한 관점을 수용하였는가? ▶ 상상하며 읽었는가? ▶ 작품에 대한 자신의 생각과 느낌을 말할 수 있나? ▶ 다른 사람의 관점이나 하나의 관점에 얽매이지 않고 읽었는가? ▶ 시(이야기)의 의미를 구체적인 상황과 관련지어 읽었는가? ▶ 글쓴이의 의도나 경험을 추측하며 읽었는가? ▶ 다른 사람의 생각을 나의 생각과 비교하며 들었나? ▶ 인물의 생각이나 느낌을 짐작하여 말하였나?
	작품에 반영된 사회·문화적 양상	작품에 반영된 가치나 문화를 이해한다.	작품의 배경이나 인물을 통하여 그 시대의 가치나 문화를 말할 수 있다.	▶ 인물이 추구하는 삶이 바람직하고 가치로운지를 말할 수 있나? ▶ 인물의 행동이나 사건 등을 문화와 어떤 관계가 있는지 말할 수 있는가? ▶ 작품에 반영된 가치와 문화와 내가 살고 있는 시대의 문화가 어떤 차이가 있는지 비교해 보았는가? ▶ 작품에 드러난 시대적 배경을 말하였나? ▶ 여러 작품에 드러난 가치나 문화를 비교할 수 있는가? ▶ 내가 추구하는 삶은 무엇인지 작품 속의 인물이 추구하는 삶과 비교하여 말할 수 있나?

교육과정		성취 기준	자기 평가 항목
영역	내용		
문학의 수용과 창작	문학의 창작	작품을 다른 갈래로 표현한다.	작품(시, 이야기, 극본)을 다른 갈래로 바꾸어 표현할 수 있다.	▸ 시에서 말하는 이가 겪은 일을 이야기로 표현하였는가? ▸ 이야기의 흐름, 등장 인물이나 배경 등을 생각하며 이야기로 표현하였는가? ▸ 작품에 대한 내 생각이나 느낌을 잘 살려 썼는가? ▸ 이야기의 제목이 내용에 알맞는가? ▸ 대화글을 잘 살려 썼는가? ▸ 갈래의 특성을 살려 썼는가? ▸ 이야기를 극본으로 바꾸거나 극본을 이야기로 바꿀 때, 시를 이야기로 바꾸거나 이야기를 시로 바꿀 대 유의할 점을 생각하며 하였나?
태도	동기 흥미 습관 가치	가치 있는 작품이나 영상 자료 등을 선별하여 읽는 태도를 지닌다.	가치 있는 작품이나 영상 자료 등을 선별하여 읽는 태도를 지닌다.	▸ 인상 깊은 작품이나 영상 자료를 말하였나? ▸ 가치 있는 작품이나 영상 자료의 기준에 대하여 토의할 때 자신의 생각을 말하였나? ▸ 좋은 작품이나 영상 자료의 목록을 만들어 보았는가?

② 감상 방법

· 제목이나 삽화만 보고 내용을 상상해 보았는가?

· 이 이야기를 잘 이해하기 위해 어떤 전략이 효과적인지 생각해 보았는가?

· 내가 이 전략을 사용할 수 있을지 생각해 보았는가?

· 선택한 전략이 효과적인 것인지, 아니면 불필요한 것인지 생각해 보았는가?

· 이 과제를 해결하는 과정에서 나의 약점은 무엇이고 강점은 무엇인지 생각해 보았는가?

· 지금 무엇이 필요한지 자기에게 물어 보았는가?

· 이야기를 읽으면서 떠오르는 생각을 적어 보았는가?

· 내가 알고 있는 것을 모두 기억해 내려고 노력하였는가?

· 나의 부족한 점을 찾고 고치려고 노력했는가?

· 내가 잘한 점이나 부족한 점을 내 자신에게 말해 보았는가?

· 다양한 범주의 반응을 경험하려고 노력하였는가?

③ 감상 태도

· 흥미를 가지고 글을 읽으려는 자세가 되었는가?
· 이야기에 집중해서 읽었는가?
· 학습 목표가 무엇인지 생각하며 글을 읽었는가?
· 즐겁게 글을 읽었는가?
· 선생님이나 다른 사람의 생각을 받아들이려고 노력했는가?
· 수업과정에 적극 참여했는가?

3) 자기 평가의 도구

자기 평가 도구는 구조화된 점검표로부터 개방적인 기술형에 이르기까지 다양하다. Oskarson(1984)은 언어의 4가지기능별로 10구간 척도법으로 능숙도를 측정하는 자기 평가 표, 이를 상황 속에서 측정하도록 고안한 것, 설문지형, 기술형 등 5가지의 자기 평가 도구 를 개발하였고, 오랜 기간에 걸쳐 학습자의 발전을 평가할 수 있는 학습 일지(learning log)같 은 효율적이고 지속적인 기록이 필요하다고 보았다.

기존의 척도표나 체크리스트, 학습 일지 등의 평가도구를 바탕으로 자기 평가에 사용할 수 있는 도구를 개발해서 활용할 수 있다.

① 문학 반응 자기 평가 척도표

자기 평가 전략의 초기에는 【표 2】와 같은 구조적인 자기 평가 척도표를 통해 문학 교 수·학습의 상황에서 학습의 과정을 평가하고 학습자가 사용한 전략과 감상 태도를 자기 평가할 수 있도록 해, 자기 평가의 평가관점을 점차적으로 습득해 나간다.

자기 평가 척도표 항목은 '감상의 내용'과 '감상 방법', '감상 태도'로 나누는 것이 효과적 이다. 감상의 내용에서는 학습자들이 나타낼 수 있는 반응의 범주를 행동적인 용어로 표현 하였다. 감상 방법에서는 학습의 과정에서 사용한 전략의 선택의 자발성, 상위인지의 활용 등을 항목화하였고, 태도에서는 참여 태도, 수용 태도 등을 평가하도록 하였다.

문학 반응 자기 평가 척도표는 문학 교수·학습 과정에서 일반적으로 학습자들이 자기

평가의 도구로 사용할 것이다. 학습자들이 어느 정도 스스로 평가할 수 있는 안목을 갖게
되면 직접 자신이 평가 보고서로 서술할 수 있을 것이다.

【표 2】 문학 반응 자기 평가 척도표

	자기 평가 항목	상	중	하
감상 내용 평가	①중요한 사건이나 사건의 흐름에 대해 썼다.			
	②인물의 성격(행동, 말)에 대한 내 생각을 썼다.			
	③인물의 생각이나 느낌을 짐작하여 써 보았다..			
	④나의 경험이나 생활과 비교해보고 공통점, 차이점, 느낀 점 등을 써 보았다.			
	⑤~은 ~해서 (재미, 기쁨, 감동, 슬픔, 화남, 안타까움, 통쾌함, 마음이 아픔, 후련함, 불안함, 우울함, 쓸쓸함) 등을 썼다.			
	⑥문화(의식주, 언어, 풍습, 제도 등)에 대해 구체적인 예를 들어가며 비교해 썼다.			
	⑦시간적 배경, 공간적 배경 등과 사건과의 관계를 썼다.			
	⑧쉽게 이해되지 않는 부분은 곰곰이 생각해보고 그 뜻을 짐작해서 써 보았다.			
	⑨마음에 드는 표현(문장)이 있어서 왜 마음에 드는지 써 보았다			
	⑩뒷부분에 이어질 이야기를 상상해서 써 보았다.			
	⑪작품이 다른 작품과 비교해서 어떤지 써 보았다.			
	⑫내 관점에서 인물의 행동을 비판하였다.			
감상 방법 평가	①제목이나 삽화만 보고 내용을 상상하였다.			
	②이 이야기를 잘 이해하기 위해 어떤 전략이 효과적인지 생각해 보았다.			
	③이야기를 읽으면서 떠오르는 생각을 적어 보았다.			
	④선택한 전략이 효과적인 것인지, 아니면 불필요한 것인지 생각해 보았다.			
태도 평가	①제목을 보고 내용을 상상해 보았다.			
	②흥미를 가지고 글을 읽으려는 자세가 되었다.			
	③학습 목표가 무엇인지 생각하며 글을 읽었다.			
	④글을 읽는 데 집중하였다.			
	⑤짝과 의견 교환을 할 때나 토의 활동에 적극적으로 참여하였다.			
★잘 한 점, 고쳐야 할 점, 고치기 위해 내가 할 일을 써 봅시다.				

② 태도 척도표

Probst(1991)는 학습자의 반응을 쉽게 기록하기 위한 방안으로 두 갈래의 질문 목록으로
나눌 것을 제안했는데, 이것을 자기 평가도구의 예로 제시하면 【표 3】와 같다. 이 평가
도구도 교수·학습 과정에서 반응을 점검하고 학습 태도를 평가하는 데 사용할 수 있다.

【표 3】 태도 척도표

	1	2	3	4	5	
1. 읽기에 몰입함						산만함
2. 작품과 자신을 관련시킴						작품과 멀리 떨어져 있음
3. 나의 경험을 떠올림						감상적인
4. 감상 방법을 스스로 선택함						수동적임
5. 다른 사람의 의견에 수용적임						거부적임
6. 등장 인물의 생각을 짐작함						짐작하지 않음
7. 호기심 많음						무관심함
8. 느낌과 생각을 구체적으로 말함						단순하게 말함
9. 정직하게 표현함						거짓으로 표현함
10. 여러 인물들에 관심을 가짐						인물에 관심이 없음

태도 평가는 문학수업에 대한 학생들의 태도의 대략적인 모습을 짐작케 할 수 있어, 학
년초와 기말 또는 연말에 실시되어 비교된다면 학생들의 문학수업에 관한 태도의 변화와
성장의 기록이 될 것이다. 학생들이 주어진 질문들을 완성시켜 가면서 자신의 변화를 반성
하고, 자신의 성장이 텍스트의 정확한 기억 보다 더 중요하다는 것을 인식하게 하는 데 도
움이 될 것이다.

한편 교사에게도 학생들의 태도측정 결과는 교수방법의 적정화를 검토할 근거로서 그

수업의 성공 여부의 판단, 잘못된 국면의 반성을 도울 것이며, 이는 앞으로의 수업 방향을 제안하는 데 유효한 자료가 될 것이다. 또한 교사의 교수방법에 문제가 드러날 경우 그것을 수정하고 다음 수업 전략에 정보원으로 이용할 수 있다. 따라서 이렇게 수업과정과 후의 평가 질문으로부터 수집된 정보들은 교사와 학생 모두에게 가치가 있다고 볼 수 있다(경규진, 1993).

③ 자기 평가 구조도

자기 평가 구조도는 문학 감상 과정에서 나타난 학습자의 반응을 항목별로 구조화할 수 있도록 한 것으로 교수·학습 과정에서 사용할 수 있는 도구이다. 척도표와는 달리 학습자가 직접 쓸 수 있도록 구조화하는 것이다. 필요한 항목(내가 읽은 것, 내가 느낀 점, 내가 떠올린 것, 내가 선택한 방법, 내가 좋아하는 인물 등)만큼 학습지를 분할하여 사용하면 된다.

④ 학습 일지

자기 평가의 하나의 유형인 학습 일지에는 날짜와 단원, 주요 활동과 수행 방법, 어려웠던 점과 지금도 여전히 어려운 점, 다음에 해야 할 목표 등을 포함해야 하며 이는 학습자가 쉽게 이해하고 완성할 수 있도록 간결해야 한다. 이러한 학습 일지는 개인과의 면담이나, 교사가 학습자를 선정할 때 또는 자기 평가를 하는 데 있어서도 중요한 자료가 된다. 학생들은 계속적이고 공식적인 자기 평가를 의무적으로 생각하고 흥미를 느끼지 않을 수도 있으므로 성공적인 자기 평가 절차는 학생들의 계속되는 교실 활동과 통합된 활동이 될 때 보다 의미 있고 창조적이 될 수 있다.

⑤ 상상력 평가 체크리스트

문학 교육의 중요한 목표 중의 하나가 상상력의 세련이다. 학습자에 따라 상상 성향은 개인차를 보일 것이다. 교사는 상상 성향에 따라 수준에 맞는 문학 경험을 할 수 있도록 해야 한다. 교사는 자신들의 생각을 표현하거나 교사의 언어에 쉽게 이미지로 만들어 반응하는 학습자는 상상 성향이 있다고 판단할 수 있다. 그러나 문학 감상교육의 계획을 세우는

데 자료로서 가치를 가지려면 좀 더 계획적이고 구조화된 체크리스트나 문장 완성 검사지를 활용하는 것이 좋다. 자기 평가 결과 상상 성향이 낮은 데도 불구하고 교사들이 무리하게 반응의 심화를 위하여 토의·토론 활동을 강조하거나 깊이 있는 반응을 요구한다면 학습자들은 더욱 문학 감상 활동에서 상상 성향을 발휘하지 못하게 될 것이다(정유진, 2001:57).

【표 4】 상상 성향의 자기 평가 체크리스트

※다음 문제를 읽고 해당하는 곳에 표시하시오	자 주 그렇다	가 끔 그렇다	보통이다	아니다	전혀 아니다
1. 새로운 동화책을 보면 읽고 싶어진다.					
2. 책을 읽고 나서도 주인공이 어떻게 될지 궁금하다.					
3. 선생님께서 책을 소개해 주실 때 그 내용이 궁금하다.					
4. 책을 읽은 후 책 속의 세상을 생각해 보는 일이 자주 있다.					
5. 시의 단어나 이야기의 주인공을 바꾸는 일이 재미있다.					
6. 엉뚱하다는 소리를 자주 듣는다.					
7. 문학 작품을 감상하고 나서 영화나 드라마로 바꿔 보고 싶은 생각이 든 적이 있다.					
8. 시를 써 보거나 동화를 지어 본 적이 있다.					

⑥ 자기 평가에 대한 태도 척도표

자기 평가가 학습자에게 전략으로 얼마나 내면화가 되었는지, 문학 감상에 실질적인 도움이 됐는지 자기 평가할 수 있는 척도표이다. 자기 평가가 문학 감상을 하는데 구체적으로 어떤 부분에서 도움이 되었는지(예:자기 평가를 통해 감상 내용이 풍부해졌는지, 책 속의 인물이나 사건을 나와 비교하면서 책을 읽는 데 도움을 되었는지)를 측정할 수 있게 항목을 설정하면 된다.

4) 자기 평가의 전략적 지도

① 도입 단계

자기 평가가 무엇이며, 왜 필요하며, 자기 평가의 효과는 무엇인지 설명하고 안내하는 단계이다. 문학 수업에서 학습자 개인의 반응이 중요하며, 활발하게 반응하고 이를 표현하는 수업이 이루어져야 한다는 것과 수업의 흐름에 대한 안내도 되어야 한다. 고학년의 경우 이미 학습한 문학 감상전략이 무엇인지 찾아보고 필요에 따라 선택해서 쓰도록 권장한다.

교수학습에 자기 평가를 사용하는 초기에는 자기 평가가 무엇인지, 잘했다고 평가할 수 있는 경우와 노력이 더 필요하다고 평가할 수 있는 경우가 어떤지 구체적인 예와 기준을 들어 직접적인 설명을 해 줘야 한다. 학습자들은 아직 자신의 문학 감상 과정을 체계적으로 인식할 수 있는 기초지식이 없기 때문에 구체적으로 평가하는 데 제한적인 반응을 보일 수밖에 없기 때문이다. 따라서 학생들이 반응 중심 문학수업에서 사용한 전략이 무엇인지, 어떤 반응이 나타났고 참여 태도는 어떠했는지 평가하기 위해서는 구조화된 질문지나 체크리스트를 마련하여야 한다. 초기의 질문지나 체크리스트는 교사가 학생들이 이해할 수 있는 쉬운 말을 사용해야 하며 반응 중심 문학 교수 학습 과정에서 나타난 학습자의 반응과 태도를 평가할 수 있는 문항으로 고안되어야 한다.

학생들의 자기 평가는 처음에는 제한적이고 겉치레식으로 보일 수도 있으나, 그들이 자기 발전의 자기 점검을 효율적으로 하고 그들의 노력과 발전 과정을 판단하고 평가하기 위해서는 많은 시간과 훈련이 필요하다.

학습자들이 자기 평가를 할 때 중요한 것은 평가자인 그들 스스로 정확한 판단 기준을 가져야 한다는 것이며, 이는 훈련을 통하여 가능할 수 있다. O'Malley & Pierce(1996)는 자기 평가를 점검 목록이나 형식이 아니라 과정으로 인식해야 한다는 것을 강조하며, 올바른 자기 평가를 위하여 '기준 설정'과 '기준 적용'의 단계를 거쳐 독립적인 자기 평가자가 되어갈 수 있다고 하였다. 처음에는 자기 평가의 방법을 몰라서 못하기 때문에 체크리스트나 면담, 학생들 상호간의 협의 등을 통해 교사가 구체적으로 안내해 주는 것이 필요하다(신헌재 등, 1996)[2]. 자기 평가를 활용하는 초기에는 기준 적용의 수준으로, 차츰 자기 평가를 전략적으로 습득하게 되면 스스로 기준을 설정하여 그 기준에 따라 자기 평가를 할 수 있을 것이다.

② 안내와 연습 단계

학습의 단계별로 교과서의 작품을 활용하거나 짤막한 전래동화를 이용해 자기 평가를 안내하고 연습한다. 주로 시범을 통해 안내하게 되는데, 흔히 교사가 텍스트를 읽으면서 자신

---

2) 쓰기의 학습 과정 속에서 자기 조정 행위를 설명하였다. 문학 감상의 경우에도 자기 평가와 자기 조정은 전략을 습득할 단계가 따로 필요하다.

의 내면에서 떠오른 느낌, 생각, 의문점 등을 자연스럽게 말로 표현하는 '사고구술하기'(Dugan, 1997)와 학습자와의 대화를 통해 정보를 획득하는 면담을 활용한다.

면담은 참여자와의 대화를 통하여 그들의 행동을 유발시킨다는 점에서 심층적 정보와 이해를 획득하기 위한 적극적인 평가 방법이라고 할 수 있다. 면담을 통하여 언어 사용에 대하여 반성적으로 검토하고 사고를 자극하고 전략을 암시해 주고 기능을 설명해 줄 수 있다. 면담은 질문의 형태에 따라 구조적 면담, 반구조적 면담, 비구조적 면담으로 나누고, 참여자의 수에 따라 개인 면담, 집단 면담으로 나눈다. 구조화된 면담은 평가자가 체계적으로 계획한 면담으로, 교사는 미리 계획된 질문 항목과 순서에 따라 질문지, 체크리스트, 각종 검사지 등의 자료를 이용하여 면담을 진행한다. 반구조화된 면담은 구조화된 면담에 비하여 면담 과정에서 유연성과 융통성이 허용되며, 학습자가 개방적인 방식으로 응답할 수 있는 형식의 질문들이 주어진다. 평가 상황이나 학습자의 특성에 따라 질문의 순서나 속도, 질문의 폭과 범위 등을 조정할 수 있고, 면담자의 편견 작용을 줄일 수 있다는 장점이 있다. 비구조화된 면담은 자연스러운 대화의 형태로 나타난다. 평가와 교수를 동시에 할 수 있는 면담의 한 방법으로 '돌아다니며' 2분 정도 잠깐 하는 면담이다(임천택, 2003).

안내가 끝나면 연습을 하도록 하는데 한 단계가 끝나면 자기 평가 체크리스트를 보면서 처음에는 '나의 경험과 비교하며 읽었습니까?', '저도 이와 비슷한 경험이 있는데 비교하며 읽었습니다.'와 같이 교사가 묻고 학습자가 답하기의 형태로 자기 평가를 해보도록 한다.

연습하는 동안 교사는 궤간순시를 하면서 "이 부분에서 어떤 생각이 떠올랐습니까?", "주인공과 같은 경험을 해 본적이 있습니까?" 등의 질문을 통해 잠깐 면담을 하여 심층적인 안내를 하도록 한다.

③ 강화 및 점검

학습자들의 반응을 관찰하면서 보충 설명이 필요하면 해준다. 자기 평가하면서 어려웠던 점이나 느낀 점을 발표하게 하고, 교사가 다시 한번 자기 평가 항목별로 기준 적용, 피드백하는 방법을 자세히 안내하고 보충 설명해준다.

④ 학생 독립 연습 및 적용

학습자들이 단위 수업시간에 자기 평가체크리스트를 보면서 실제로 적용해보는 단계이다.

라. 자기 평가를 통한 문학 반응 활성화의 실제

1) 계획 및 반응

【표 5】 교수·학습 지도안

단원명	6-2 읽기　　셋째마당　2. 향기로운 이야기		
차시	4/9	교과서	읽기 120~123
학습 목표	작품에 반영된 문화를 이해하는 것이 중요한 까닭을 알고, 작품에 반영된 문화를 찾아볼 수 있다.		

학습 단계	학습 내용	교수 학습 활동 내용	시간	유의점 및 자료
반응 형성을 위한 준비	자기 평 가 안내 배경 지 식 이 나 경험 활 성화 낯선 개 념 친숙 하게 하 기 목표 확 인	▶ 자기 평가 필요성에 대해 이야기하고 공부하는 과정에 자기 평가를 할 것이며 평가 결과 잘못된 것은 고쳐가며 공부할 것이라고 안내 ▶ 삽화만 보고 이야기하기(표정, 옷차림) - 집과 옷차림이 허름해서 옛날 이야기 같으며, 계란을 팔려고 했는데 계란이 사라져서 황당해하고 있다. ▶ 문화 하면 무엇이 떠오르는 것 말하기 - 문화재, 역사적인 유물, 무형문화재, 예술적으로 아름다운 것 ▶ '청소년 문화, 10대 문화, 인터넷 문화' 따위에서 문화라는 용어에서 생각나는 것 말하기 - 언어, 전통옷, 나라마다 달라요. ▶ 문화의 개념 알아보기 - 의식주, 언어, 풍습, 종교, 학문, 예술, 제도 등 그 예를 살펴보기 - 문화는 사회 구성원에 의해서 습득되고 계승되는 생활 양식 - 의식주를 비롯하여 언어, 풍습, 종교, 학문, 예술, 제도 등이 모두 포함된다. - 사회 시간에 배우고 있는 세계의 여러 나라의 문화가 다양함을 지적하기 - 문화는 시대나 장소에 따라 다를 수 있다. ▶ 학습목표 찾아보기 - 작품에 반영된 문화를 이해하는 것이 중요한 까닭을 알고, 작품에 반영된 문화를 찾아볼 수 있다.	3	자기 평 가척도표 (표2 문 학반응자 기평가척 도 표 를 바탕으로 평가항목 을 재구 성한 것)
반응의 형성	심미적 자 세 로 작품 읽 기	▶ 자기 평가 척도표를 먼저 보고 자기 평가 관점에 유의하면서 이야기를 읽기 - 이야기를 읽으면서 나타난 반응을 독서 일지에 쓰기	8	몰입할 수 있는 분 위 기 조 성 에 힘쓴다.

학습 단계	학습 내용	교수 학습 활동 내용	시 간	유의점 및 자료
반 응 의 명 료화	느낌나누기 내용에 대 한 질문 해석적 질 문 평가적 질 문 문화 찾기	▶ 모둠별로 독서 일지에 쓴 자신의 느낌이나 생각을 나누기 ▶ 이 글에서 중심이 되는 사건은 무엇일까? – 달걀 훔쳐 어머니의 고무신을 사드렸다. – 큰형 졸업식 때까지 계란 반찬 못먹게 돼서 그런 일이 생겼다. ▶ 계란을 훔친 사람이 밝혀졌을 때, 어머니의 마음은 어떠하였을까?) – 역시 우리 아들 착하구나. 기특하다. ▶ 막내가 계란을 훔친 까닭은 무엇인가?) – 엄마의 고무신이 낡아서 새로 사 줄려고 그랬다. ▶ "그 시절, 우리에게 계란은 단순한 반찬이 아니었습니다."라는 말에 담 긴 뜻은 무엇인가? – 귀한 것이다. 학용품도 되고 다른 물건을 살 수 있었다. – 모자간의 정을 돈독히 하게 했고, 선물을 하게 했다. 소중하고 귀하다. 가족간의 관계를 좋게 해준다. ▶ 어떻게 가족 간의 관계를 좋게 해주는가? – 막내가 엄마의 낡은 고무신을 보고 계란을 팔아서 새고무신을 사드렸 다. 그래서 가족 간의 사랑을 느끼게 해줬다. ▶ 이 이야기를 지금까지 읽었던 이야기에 비해 감동적이라고 생각하는가? 그 이유는 무엇인가? – 계란 두 개가 소중해서, 엄마의 하얀 고무신 사드린 게, 옛날 생활을 알 수 있어서 재미있다. ▶ 이야기에 반영된 문화(언어, 풍습, 의식주, 가족관계)를 알 수 있는 부분 에 밑줄 긋고 발표하기 – 계란이 지금과는 달리 아주 귀했고, 팔아서 다른 물건을 살 수 있었다. – 우등상이 있었고 그 상을 받는 것이 대단한 일이었다. – 흰고무신을 신었다. – 대표로 상을 받는다고 옷을 새로 산다. 요즘은 아무 때나 옷을 산다. – 옷을 사기 위해 계란을 팔았다. – 엄마의 소일거리가 닭 키우기였다. – 닭장에 자물쇠를 잠그고 닭장 앞에서 보초 선 게 지금과 다르다.	24	심 미 적 읽 기 를 한 후 자 신의 느 낌을 모 둠 별 로 나누도록 한다.

학습 단계	학습 내용	교수 학습 활동 내용	시 간	유의점 및 자료
반 응 의 심 화	모둠별 토 의하기 다른 작품 과 비교해 보기	▶ 이야기에 반영된 문화와 사건의 관계, 이야기에 반영된 문화와 인물의 성격, 행동과의 관계, '사라진 계란'에 반영된 문화와 지금의 문화 사이에 어떤 공통점과 차이점에 대해 선택하여 토의하기 — 엄마 입장에서 보면 기특하고, 계란 훔친 것은 잘 못됐지만 착한 마음에서 그랬으니까 충분히 용서받을 수 있다. ▶ 다른 작품과 비교해보기 — '달걀은 달걀로 갚으렴'은 달걀을 모아서 수학여행 경비 마련하는 얘기로, 달걀을 글감으로 한 것이 비슷하다. — 가족 간의 사랑을 주제로 한 점이 '가시고기'와 비슷하다. — '황금알을 낳은 거위'와 알이 등장한다는 게 비슷하다.	2	인물망, 인물 성격, 생각그물 등의 전략을 사용하도록 안내한다.
정 리 및 평 가	내용 정리 및 자기평 가	▶ 이야기에 반영된 문화를 이해하는 것이 중요한 까닭을 말하기 ▶ 자기 평가 척도표를 보면서 이야기를 읽은 느낌이나 생각을 종합하여 독서 감상문 쓰기 ▶ 자기 평가 척도표에 기록, 태도 평가	3	

3. 나오며

　문학 반응을 활성화할 수 있는 방법은 다양하다. 그 중에서 학습자가 학습의 계획부터 결과까지 스스로를 점검하는 자기 평가를 통해 반응의 일회성과 한정성을 극복하기 위한 시도로 자기 평가 방법을 고찰하였다. 자기 평가를 활용한 문학 교수·학습에서 학습자들이 문학 수업에 흥미와 즐거움을 느끼고 반응도 활발하며 학습자가 주체가 되어 작품을 통해 생성된 의미를 내면화하는 데 효과적이었다. 또 자신의 반응의 범주를 파악하고 스스로 다양한 반응을 경험하고 표현하려는 동기를 유발하는 데 효과적이었다. 이러한 결과에서 자기 평가는 스스로의 학습발전에 대한 강한 책임감을 느끼게 되고, 자신의 장점과 단점을 파악할 수 있게 되기 때문에 효율적인 학습을 할 수 있게 유도한다는 것을 알 수 있다. 그러므로 자기 평가를 꾸준하게 실천하면 반응의 일회성과 반응의 한정성은 극복되어질 수 있다.

참고문헌

<단행본>

박인기 외(1999), 『국어과 수행 평가』, 삼지원.

박영목 외(2002), 『국어과 교수 학습론』, 교학사.

<논문 및 자료>

김영천(2002), '초등학교에서의 자기 평가 도구의 개발과 적용', 초등교육연구-진주교육대학교 제12집.

경규진(1993), '반응 중심 문학 교육의 방법 연구', 서울대학교 박사학위 논문.

김은영(2003), '문학 수업에서 아동 반응의 문화기술적 연구', 국어교육연구 제 15집.

윤소영(2001), '자기 점검 전략 훈련이 아동의 쓰기 능력에 미치는 효과', 한국교원대학교 석사학위논문.

이상구(1998), '학습자 중심 문학 교육 방안 연구', 한국교원대학교 박사학위 논문

이희정(1999), '초등학교의 반응 중심 문학 교육 방법 연구-토의학습을 중심으로', 한국교원대 대학원 석사학위 논문

정유진(2001), '문학 상상력 평가 연구', 인천교육대학교 석사학위 논문.

한국교육과정평가원(2002), 국어과 성취 기준 및 평가 기준의 개발

한화정(2001), '자기 평가 중심의 포트폴리오가 중학교 영어 쓰기 학습에 미치는 영향', 한국교원대학교 석사학위 논문

<외서>

Bailey, K. M.(1998), *Learning about language assessment: dilemmas, dicisions, and directions. Boston*: Heinle & Heinle

Probst, R. E(1991), (1991). Response to literature. In J. Flood, J. M. Jensen, D. Lapp, & J. R. Squire(Eds.), *Handbook of research on teaching the English language arts*. NY: Macmillan Publishing Company.